红色第一家

毛泽东 和他的六位亲人

杨华方 ◎ 著

中国青年出版社

(京)新登字083号

图书在版编目(CIP)数据

红色第一家:毛泽东和他的六位亲人/杨华方著
.--北京:中国青年出版社,2017.9
ISBN 978-7-5153-4869-8

Ⅰ.①红… Ⅱ.①杨… Ⅲ.①纪实文学-中国-当代
Ⅳ.①125

中国版本图书馆CIP数据核字(2017)第272590号

责任编辑	侯群雄
装帧设计	刘红刚
内文设计	李 平
出版发行	中国青年出版社
社　　址	北京东四十二条21号　邮政编码:100708
网　　址	www.cyp.com.cn
门 市 部	010-57350370
编 辑 部	010-57350401
印　　刷	三河市君旺印务有限公司
经　　销	新华书店
规　　格	710×1000　1/16
印　　张	23
字　　数	347千字
版　　次	2018年5月北京第1版
印　　次	2018年5月河北第1次印刷
定　　价	42.00元

本图书如有印装质量问题,请凭购书发票与质检部联系调换　联系电话:(010)57350337

夏红玉制作

目 录

第一章　毛泽东有尚方宝剑 ………………… 001
第二章　蛇有蛇道 …………………………… 015
第三章　拔掉眼中钉 ………………………… 021
第四章　全家福 ……………………………… 028
第五章　双十节事件 ………………………… 038
第六章　半年薪水欠条 ……………………… 049
第七章　不愿做尼姑 ………………………… 055
第八章　黄埔军校的贵宾 …………………… 068
第九章　学宫里的喜与忧 …………………… 074
第十章　双手打算盘的老板 ………………… 084
第十一章　搬家搬家 ………………………… 098
第十二章　巧拨算盘子 ……………………… 113
第十三章　别情依依 ………………………… 126
第十四章　浏阳遇险 ………………………… 135
第十五章　大哥当山大王了 ………………… 145
第十六章　特殊任务 ………………………… 150
第十七章　失约鳌山庙 ……………………… 166
第十八章　剑断衡山 ………………………… 176

第十九章　象山庵的婚礼 188

第二十章　死神前的思念 205

第二十一章　识字岭托魂 216

第二十二章　天兵怒气 225

第二十三章　三个小兄弟 232

第二十四章　算盘子越拨越大 238

第二十五章　过而能改，善莫大焉 242

第二十六章　跟着溅些屋檐水 248

第二十七章　留守的悲壮 255

第二十八章　百毒不侵 269

第二十九章　长大也要去延安 285

第三十章　红辣椒、火焙鱼 289

第三十一章　儿子回国了 301

第三十二章　蒋家祖坟 313

第三十三章　新婚的岸英 317

第三十四章　出远差的新郎 338

第三十五章　不要，不要，不要 348

第三十六章　一个人的回家 356

第一章　毛泽东有尚方宝剑

1

　　人流如织的坡子街上，摆满了卖臭豆腐、鹅肠小吃的摊子。卖鹅肠的摊贩一边往煮好的鹅肠子里放葱花、姜米、辣椒灰，一边扯开嗓子拖着长沙腔叫道："鹅肠子，鹅肠子嘞，又脆又嫩的鹅肠子嘞……"卖臭豆腐的摊贩则站在煤炉前，翻着油锅里炸着的臭豆腐，也扯开嗓子喊道："臭豆腐，臭豆腐嘞，闻起来臭，吃起来香的臭豆腐嘞……"毛泽东身着长衫，在街上匆匆走着，毛泽民、毛泽覃、毛福轩紧随其后。毛泽东鼻子耸了耸，说："泽民，好香呢。"

　　安源罢工后，毛泽东一直想组织长沙泥木工人罢工。而赵恒惕增加苛捐杂税，引得怨声载道，这无疑是送来一根导火索。

　　在毛泽东一行后面，有两个便衣悄悄跟着，身材粗壮的叫楚蛮子，另一个精瘦的姓贾，人称贾诸葛。他们是赵恒惕的得力密探。赵恒惕吩咐过，只要发现毛泽东聚众闹事，可以先斩后奏。

　　楚蛮子和贾诸葛跟踪了几天了。昨天，他们看见毛泽东带着一帮人给张家施舍，这一家的当家人张师傅跳楼死了。贾诸葛看了于心不忍，说："这个毛泽东，不像赵省长说的那样坏呀。"楚蛮子也说："是呀，你看他给人家施舍，好大气，是个好人咧。"贾诸葛说："既然毛泽东是个好人，我们就没必要跟了。"楚蛮子马上变了脸："你是哪个发的薪水？"贾诸葛说："这和发薪水有什么关系？"楚蛮子说："哪个给你发薪水，你就听哪个的，管他善良不善良。"

　　来到泥木厂，毛泽东一行被门口的几个工人迎了进去。楚蛮子和贾诸葛绕到厂后面，从围墙爬了进去。一进厂里，只听见里面闹哄哄的，他俩便鬼鬼祟祟地摸到窗户下。

厂内工人云集，大家情绪激愤，有几个工人围着泥木厂工会领头的杨福涛，在议论张师傅跳楼的事。杨福涛听到响动，朝门外一看，只见身着长衫的毛泽东领着毛泽民、毛泽覃、毛福轩向车间走来，他兴奋地高喊："大家安静，毛先生来了。"

"噢——"工人们欢呼起来，自动让开一条道。他们的毛先生来了，有毛先生在，他们就有了主心骨。

毛泽东走进车间，登上一个较高的工作台，挥挥手，车间里安静了下来。毛泽东说："工友们，我们赶走了军阀张敬尧，又来了一个军阀赵恒惕。这个赵恒惕啊，是墙头上的草，两边倒。他又想当南边广东革命政府的省长，又与北方军阀吴佩孚暗中勾结。表面上，他赵恒惕制订《湖南省宪法》，要实现湖南自治；暗地里，他们勾心斗角，肆意增加苛捐杂税，搜刮民脂民膏，扩张兵力，不顾我们工人的死活……"

有工友忍不住议论起来。杨福涛喊道："大家不要说话，听毛先生说。"

待车间静下来，毛泽东又接着说："我刚才听见有的工友说，什么都涨，就我们的工资不涨，这日子怎么过？各位工友兄弟，怎么过？这个世界没有救世主，只有靠我们自己。"

有工友叫道："毛先生，他们要涨价，我们怎样叫他不涨？"

"是啊，怎样叫他不涨？"几个工人呼应道。

毛泽东说："要按以往，他们乱涨价，我们是没有办法的，但今天不同了，我们有工会，有组织。各位工友兄弟，只要大家齐心，我们就可以去找赵恒惕讨说法。"

"毛先生，赵恒惕会听我们的？你有什么办法叫他听我们的？"

"有。"毛泽东说，"我们罢工，大家捆成团。团结就是力量。除此以外，我们还有尚方宝剑。"

"尚方宝剑？毛先生，你有尚方宝剑？"

"对，有。"毛泽东自信地说。

"毛先生有尚方宝剑？"众人感到奇怪，这位毛先生从哪个皇帝老爷那里弄到了尚方宝剑？工人们兴奋起来，"毛先生有尚方宝剑。有尚方宝剑，就不怕赵恒惕了。"

"毛先生，你起头，我们跟你干，去找赵恒惕。"

"是呀，赵恒惕要是不听，毛先生尚方宝剑一挥，就像赶张敬尧一样，把赵恒惕赶下台。"

"让他废除苛捐杂税，把物价降下来。他不听，用尚方宝剑砍了他脑壳。"

"大家静一静，静一静。"杨福涛挥手喊道，"各位工友兄弟，请毛先生起头，带我们去找赵恒惕讨个说法，大家说好不好？"

"好！"工人们齐声叫道，声音震耳欲聋，车间里发出嗡嗡的回声。

楚蛮子和贾诸葛在窗外只听见里面闹哄哄的，感觉有大事要发生，而毛泽东就是领头人。楚蛮子想起赵恒惕的交代，伸手掏出腰间的枪朝毛泽东瞄准。贾诸葛忙按下他的手。楚蛮子说："你什么意思？赵省长说了，如果发现毛泽东聚众闹事，可以先斩后奏。"

贾诸葛把楚蛮子拖到一边，说："你找死啊，打死了毛泽东，你和我跑得出去吗？再说了，你聋了，没听见他们在说什么？"

"他们说什么？"

"毛泽东有尚方宝剑。"

2

米价涨了，房租也涨了，民怨载道，赵恒惕都不关心，他关心的是扩兵。几个月下来，他的新兵增加了两万人。他到浏阳门外操场坪检阅新兵，看到新兵齐刷刷地敬礼，心里乐滋滋的。曾国藩曾带领湘军威震天下，今天，他领军的湖南在中国率先立宪，有了这些新兵，你唐生智一个师长，你毛泽东一个书生，再怎么较劲，也较不过我这个总司令。

赵恒惕在吴景鸿和副官的陪同下走出操场，背后的口令声、刺杀声、脚步声不时传来，他听着心里蛮踏实。回到公馆，他对吴景鸿盼咐道："你去扩军办，命令他们还要加快扩军速度。"

吴景鸿说："赵省长，扩军好说，但我们的财力跟不上。"

赵恒惕挥挥手说："继续增加税收。"

这时，楚蛮子和贾诸葛步入公馆，神色惊慌："赵省长，赵省长，要出大事了。"

赵恒惕望着他俩，怒道："慌什么慌，能出什么大事？"

贾诸葛说："毛泽东在泥木厂聚众闹事，我们当时想把他干掉，但听他们说毛泽东有尚方宝剑，所以没敢打草惊蛇。"

"毛泽东有尚方宝剑？"赵恒惕感到莫名其妙，现在都民国了，毛泽东还拿这一套来糊弄工人，他继而恼怒，喝道，"毛泽东有尚方宝剑？他哪来的尚方宝剑？"

"有，毛泽东有，我们听得真真切切，不会错。"贾诸葛说。

"再胡说八道，老子毙了你，现在是民国，民国！"

"没听错。"楚蛮子又说，"毛泽东还说，要带尚方宝剑来找您。"

"带尚方宝剑来找我？"赵恒惕听了更是一头雾水。

这个毛泽东真是不好惹啊！四年前，皖系军阀张敬尧督湘，恣意纵兵扰民，搞得湖南经济倒退，百姓苦不堪言。毛泽东写了份驱张檄文，揭露他的罪状，联合长沙各界赴京请愿，令张敬尧名声大臭。谭延闿、赵恒惕乘机指挥湘军节节推进。张敬尧无奈，只得退出湖南，撤兵北去。赵恒惕任湘军总司令后不久，挤走了省长谭延闿，党政军大权独揽，独霸湖南。按理说，毛泽东无形中是帮了他的大忙，但赵恒惕没这么想。毛泽东虽是个秀才，手无寸铁，但敢为工人、农民说话、请愿，老百姓都听他的，振臂一呼，应者云集啊。赵恒惕早就想砍了他脑壳，是吴景鸿一再劝阻他，说砍了他脑壳容易，但到时候长沙更会乱成一摊，不可收拾，给天下人落下口实，给对手可乘之机。赵恒惕担心自己成为第二个张敬尧，才迟迟不敢动手。

今年初，裕湘纱厂的老板找到他，说工人要求资方过年发双薪，资方不愿意，工人们就闹罢工。赵恒惕一气之下，就派了军警去镇压，打死打伤几十人，激怒了长沙民众，工商界罢工罢市，民众纷纷上街游行，到厂里去声援。纱厂工人提出了十一项要求，赵恒惕置之不理，还抓住黄爱和庞人铨砍了头。他以为杀一儆百，长沙街上就安静了。不料，不怕死的人越来越多。先是有人向他报告，长沙车站、码头四处有人在演讲，长沙市民都知道他抓了两个人审都没审就杀了，街头茶肆，无处不在传说他赵恒惕草菅人命。更叫人头痛的是，毛泽东主持了黄爱和庞人铨的万人追悼大会。那些参加会议的人，胸前都挂着一个纪念章，上面是黄、庞二人的头像，还有"黄庞精神不死"几个字。大会一结束，毛泽东带领工人、学生上街游行，浩浩荡荡来到省政府，又来到赵公馆绿茵茵的花园外，叫着喊着，为黄爱、庞人铨鸣冤。赵恒惕第二次想杀毛泽东，因担心惹怒众人，再起事端，只好忍住了。这次,毛泽东又煽动工人闹事,还带着尚方宝剑来闹。"

赵恒惕忽地一笑,说:"这个毛泽东,专门和我闹,现在是什么年代了,还带尚方宝剑和我闹,谁还怕那玩意?即使袁世凯给了毛泽东尚方宝剑,我也不怕。"

吴景鸿道:"是呀是呀,现在什么年代,毛泽东即使有十把尚方宝剑,也没用。赵司令现在扩军了,有几个师的湘军,今非昔比,还怕他?!"

"毛泽东一身反骨!和唐生智不同的是,唐生智是武反,毛泽东是文反。这次再不能放过他了。"赵恒惕忽然大喊一声,"来人,去把毛泽东抓来。"

"慢,慢,"吴景鸿忙制止说,"赵省长,我们不怕毛泽东的什么尚方宝剑,只是现在贸然去抓他,必会惹怒民众,致使长沙大乱,还会给唐生智可乘之机。不能大意,不能大意。"

"难道,要我又放过他?"

"省长,您别急。"吴景鸿对赵恒惕耳语了几句。

赵恒惕点点头,猛地一拍吴景鸿的肩,叫道:"好!"

3

大前年春节,毛泽东从长沙回韶山,鼓励弟妹跟他出去。这几年毛泽覃也在长沙读书,家里由泽民、淑兰夫妇支撑着,修房子,给母亲治病,手上已是很紧。那些土匪,还有打了败仗的兵,今天来要钱要粮,明天来抢劫打人,菊妹子也挨了土匪打。毛泽东的娘、爹相继去世,这么一折腾,家里也没什么东西了,剩下二十亩地,靠泽民、淑兰勤劳持家,也只能勉强糊口。毛泽东慨叹道:"我国还有很多人没饭吃,还要受外国列强欺侮。讲来讲去,还是国家不行啊!有人主张改良来解决中国的社会问题。我主张应该大规模改造。从事中国改造不着眼于世界改造,那是不现实的。我现在开始在找这条路,做这件事,也希望你们和我一起做这件事。我们毛氏家训十则第七条矜怜孤寡,说:天下穷民有四,孤寡最宜周全,儿雏母苦最堪怜,况复加之贫贱。寒则予以旧絮,饥则授之余馔,积些阴德福无边,劝你行些方便。"

毛泽民多次听毛泽东讲这些道理了。有一次回家过年,晚上围着灶火打讲,毛泽东特别兴奋,喜滋滋地说:"苏联十月革命成功了,中国革命有样学了。"毛泽民崇拜哥哥，知道他读书多，道理也懂得多。他愿意和哥哥出去干。王淑兰一向是夫唱妇随，这回却说："我们家比上不足，比下有余，有这样的日子我满足了。你们要走你们走，我不走。"毛泽东说："国乱民不安呀！这些年，我老想：中国为何这么羸弱？中华民族有几千年的文明史，怎么就不能振兴？范仲淹写的《岳阳楼记》说，予尝求古仁人之心，或异二者之为，何哉？不以物喜，不以己悲。居庙堂之高则忧其民；处江湖之远则忧其君。是进亦忧，退亦忧。然则何时而乐耶？其必曰：'先天下之忧而忧，后天下之乐而乐乎！'老弟嫂，如果大家都只顾自己，一旦国家衰败，都没饭吃，你还到哪里讨饭？大河有水小河满，大河无水小河干。有国才有家，国家有难，我们不能不管呀！所以，我们要舍小家为大家。"王淑兰是个明理的人，说："大哥，你讲的我懂了，我听你的。只是我们都出去了，这屋让它空着倒还可以，那些田，难道让它荒了？"毛泽东说："淑兰讲的都实在。我看，把屋捡一下，让给没屋的人来住；田咧，让给没田的人家去种。我们欠人家的账想办法还清，人家欠我们的，一笔勾销，不要他们还了。你们都跟我出去，到长沙还要读点书。要干好革命，必须有文化。"

一家人准备离开韶山冲了，毛泽民把账清了，家里的东西该送的送了，该丢的丢了。临走的前一天，菊妹子本来也要一道去长沙，却给母亲拖住了，死活不让她走。到了长沙，毛泽东安排毛泽民到湖南自修大学学习，兼任自修大学的庶务。一年多时间，毛泽民读了些马克思的书，知道了为什么会产生贫富悬殊。毛泽覃继续在长沙私立协均中学读书。安顿好后，毛泽东又专程去韶山接菊妹子。一到东茅塘，不见菊妹子人。一打听，才知是家里没饭吃，把她送给人家当童养媳了。毛泽东不由火冒三丈，跑到男家，说，"我要带菊妹子到长沙读书。"那男家说他家是给了聘礼的。毛泽东拿了几块光洋，给菊妹子解除了婚约，把她带到长沙。现在，弟妹们放学了就回清水塘，或在附近菜园挖土种菜，或帮毛泽东给湘区委员们送信、送文件。因为他是大哥，弟妹们把一生的追求和希望都交给了他。他那时只想带弟妹们离开韶山做大事，没想这件大事是有危险的，是要付出生命代价的。黄爱和庞人铨的牺牲，让他的心如吊上一块石头一样沉重。

这天，是母亲的诞辰，毛泽东按照习俗，在厅堂摆上母亲文素勤的遗像和牌位。兄妹几个点起香火，不一会，厅堂内烛光摇曳，烟雾缭绕，飘荡着一阵阵令人脑清目明的檀香。

毛泽东是文素勤的第三个儿子，生下毛泽东，她担心这个儿子又夭折，便吃斋念佛拜菩萨求佑护。棠佳阁附近山上有个龙潭，流出的泉水又清又亮，山坡上有一块巨石，约有两三丈高。据说这块大石头是天上落下来的观音石。毛泽东的外婆和母亲把他抱到这里，拜石头观音做干娘。于是，毛泽东有了个石三伢子的小名。文素勤本来心地善良，看着毛泽东顺利长大，那以后更是虔诚的佛教徒了。家中堂屋神龛上供奉着菩萨，每月初一、十五，母亲带着毛泽东烧香叩拜，还牵他到凤凰山寺院烧香拜佛还愿。饥荒年头，母亲常瞒着父亲给贫苦乡亲接济粮物。毛泽东觉得母亲就是菩萨，还和母亲动员父亲做善事。这年秋天，毛泽东在后山放牛，忽然乌云翻滚，天色转暗。他知道要下雨了，想到家里的前坪正晒着稻谷，就急忙赶回家帮父母收稻谷。经过四阿婆的晒谷坪时，雨噼噼啪啪地落下来了，四阿婆一个人拿着木铲不知如何是好。毛泽东忙跑过去帮四阿婆收稻谷。两人先是用木铲把谷拖成堆，然后用稻草盖上，四阿婆家的谷子没有让雨水淋坏，毛泽东却是淋得浑身湿透。回到家里，毛泽东被父亲骂了一顿。母亲知道他是帮四阿婆收谷子去了，高兴地把他拉进屋里换衣服，说："四阿婆家只有那么一点稻谷，要是淋雨了，日子就不好过了。"母亲还对他说，"佛教导我们要以慈悲为怀，要有喜舍、平等、博爱之心。"在湖南一师读书时，毛泽东想进一步研究佛学。有一回，他给在北京的乡友黎锦熙写信说，自己的社会理想就是怀慈悲之心，以救苦海的众生，共同走向大同圣域。并要黎锦熙遇有语言文字学和佛学两类的书，将书名告知他，他要好好研究这两门学科。而现在，在他的心中，有两尊佛了，一个是如佛的母亲，一个是马列主义这尊佛。

毛泽东先到牌位前敬了三炷香，鞠了三个躬，杨开慧、毛泽民、毛泽覃、毛泽建依次敬香行礼。毛泽东喃喃道："娘，今天是您的生日，我们不能去韶山给您祭奠，就在长沙给您叩头了。娘，您生前嘱咐我，长兄如父，叫我好生带着弟弟妹妹过日子，奔前程。我不知不觉，带着他们丢了韶山的家，在外奔波。娘呀，我是想带着弟妹们奔个好前程，但我可能要辜负您老人家的嘱托了……"

"大哥，"毛泽民忙向前一步，说，"你不要难过。你为了我们，已费心了。我们有你这样的哥，满意了。"

那次回家过年，毛泽东在灶屋烤火时给弟妹们讲马列，毛泽民说："哥，你讲的那个主义与母亲讲的佛教好相似，革命和佛教的目的都是希望人无贵贱，众生平等，行善慈悲，福极无涯，那我们像娘一样信佛算了，还革什么命？"毛泽东对弟妹们说："汉明帝时期，佛教文化传入中国，至今有一千多年了，它和我国的儒学和道学相融，成为中华民族文化的组成部分。佛学的教义是一种献身于拯救民众的精神。佛教的创始人释迦牟尼就是看到人世间百姓遭受生离死别、病患贫困、自然灾害的痛苦，才下决心抛弃荣华富贵和儿女情长，舍生取义献身于佛教事业。历史是不断向前发展的，今天我们信仰马列主义，也是在历史发展的过程中逐渐形成的。娘给我们讲的佛教，与我们今天进行的革命目的基本上一致，但佛教是想通过修行来达到，有些目的依靠修行是达不到的，所以，马列主义认为，革命必须消灭剥削，消灭压迫，让天下老百姓耕者有其田，万民乐业安居。从献身精神上来讲，共产党与佛教有相同之处，但二者本质不同，最大的区别便是共产党讲现实，通过革命推翻封建王朝、资本主义，让天下穷人都过上幸福生活。我们不能空怀一种美好的信念，不去斗争，不去努力。来世如何，一切子虚乌有，一切目标，要通过努力才能实现。"

毛泽东又面朝母亲牌位，虔诚道："娘啊，现在，我们国家外受列强欺压，内有军阀混战，百姓遭灾遭难，日子不好过啊。娘，我身为您的长子，带泽民他们做的这件事，很危险，有人为了这件事丢了脑袋。我和泽民他们日后，日后也难免……娘……"

毛泽覃忙上前说："大哥，你不要这么说，你带我们来长沙，让我们读书明事理，跟着你，是我们自己愿意的呀。"

毛泽建也上前扶着毛泽东说："是呀大哥，你帮我废除婚约，带我到长沙读书，让我成为有文化的人，你待我比亲哥哥还好。你做什么，我也做什么，跟你跟到底。"

毛泽东望着弟妹和妻子，说："这条路不好走啊，没有在韶山种田那么安逸，没有在湘潭街上当米老板那么能赚大钱，也没有在学校当老师讲课这么轻松。你们都是我的亲人，跟着我在这条路上走下去，就会遇到黄爱和庞人铨一样的危险，说不定哪一天就会招来杀身之祸。"

说到黄爱和庞人铨，室内一时沉寂。过了一会，毛泽民说："哥，你不要担心难过，自从那年我们把家里的田给了别人种，把屋给了别人住，我就没想过走回头路了。娘要我们信佛，我们现在读了书，信了马列主义这个佛。马列主义这个佛要拯救天下穷人出苦海，当家做主人，比娘信的那个佛更好，还有什么犹豫的。如果只顾自己过日子，那我们就不是娘的好崽女了。"

毛泽覃说："是呀，大哥，我们自己都愿意。"

毛泽建也说："大哥，黄哥和庞哥都不怕死，我是你妹妹，更不怕。"

毛泽东说："你们虽然不怕，我担心啊！"

毛泽建说："大哥，你不是说，这个世界上有三种人，一是损人利己的，二是利己而不损人的，三是可以损己以利人的。我们的娘就是第三种人。娘心中有佛，高风博爱，是菩萨心肠，教导我们行善积德，多做好事，希望我们怀慈悲之心，以救苦海众生。"

毛泽民点点头，说："是啊，大哥带我们走的这条路，可以让天下受苦受难的人脱离苦海，娘知道了，一定会支持我们的。"

毛泽东说："记得我九岁时，爹不信佛，我和娘想把爹转变过来，没有成功。爹开始信佛后，我长大了，现在我却开始信另外一尊佛了。我读了泡尔生的《伦理学原理》，知道宇宙世界和人类生活的千差万别。我认为神的功能是保护弱者，威慑惩罚那些欺侮弱者的坏人。在未开化之时，宗教亦有抵制蛮暴、保护幼弱之功。所以泡尔生说：'信神矣，则足以鼓其勇敢而增其希望……此等俯仰，而能立伟大之事业者，未之有也。'所以，宗教可无，信仰不可少。"

毛泽覃说："大哥，你要我们把眼光放宽看远，你说佛教的创始人释迦牟尼主张普度众生，是代表当时在印度受压迫的人讲话。为了免除众生的痛苦，他不当王子，出家创立佛教。佛教在为众生即为劳苦大众解除压迫的痛苦这一点，和我们共产党人是相通的。大哥，我有信仰，我不怕死。怕死就不跟你出韶山。"

毛泽民说："泽覃说得好，怕死就不出韶山。百年之后，我们见到娘，娘一定会讲我们做得对。"

杨开慧说："是啊，宗教可无，信仰不可少。"

"你们不怕死，我感到欣慰，但我们要注意保护好自己，尽量做到不牺牲，要争取看到革命成功。"毛泽东面向母亲的牌位又叩了三个头，想起泽民也是个有文化的人，泽覃和菊妹子都读书了，他们都有出息，过上小康日子是没问题，他们都愿意抛弃个人的安逸日子，跟着自己，自己的弟弟妹妹多好啊。他望着母亲慈祥的遗照，想说什么，却擦着眼睛，半天没说出来。

"大哥，让我跟娘说。"毛泽民上前一步，朝母亲遗像拜了三拜，道，"娘，您老人家生前是菩萨心肠，行善积德几十年，还教导我们要行善积德，多做好事。现在，大哥带我们做的是比行善积德更有意义的事。娘，您老人家在世，一定会支持我们的。"

杨开慧、毛泽覃、毛泽建跟着一齐叩拜。

毛泽东又拜了一拜，说："娘，开慧是你的好媳妇，泽民、泽覃和菊妹子是你的好崽女。我会带着他们好好做人。宗教可无，信仰不可少，我们绝不给您丢脸。"

4

几个月后，长沙泥木工人举行大罢工。这次大罢工是由毛泽东谋划，毛泽民带着毛福轩到厂里发动的，比年初黄爱和庞人铨组织的纱厂罢工规模还要大。这时，杨开慧身孕已有八九个月了，不能在外奔波，在家为罢工抄写材料。毛泽覃和菊妹子在同学中进行动员，号召声援罢工。真的是上阵父子兵，打虎亲兄弟，毛家人全部上阵，兄妹同心，其利断金。

楚蛮子和贾诸葛奉命又去跟踪毛泽东，但没有以前那么上心了。他们发现，毛泽东心慈面善，不偷不抢，并不像赵恒惕描绘的那么可怕，而且很受普通百姓喜欢。这天，他俩在街上逛荡了半天，不觉肚子饿了，想起还没吃中饭，找了个店子，点了几个菜，要了一壶酒，慢慢地喝起来。吃罢饭，两人觉得不能息惰，拔腿又去泥木厂。刚在街上走了一程，就见成千上万的工人举着小旗，打着横幅，浩浩荡荡地走了过来。两人一看，毛泽东正在人群中。他俩不由大吃一惊，才一会工夫，毛泽东就拉起一支队伍，反了，反了。两人悄悄混进人群，不时装模作样呼喊口号，眼睛却紧盯毛泽东。

楚蛮子和贾诸葛走了一阵，听队伍中的人说，他们从泥木厂开始游行，去了长沙县，又去了省府，现在要去赵公馆找赵恒惕。沿街市民受到感染，忍不住也跟在后面。这一来，游行队伍越来越壮观。楚蛮子和贾诸葛退出游行队伍，抄近道急速赶往赵公馆。

刚进门，他俩发现吴景鸿已经赶先一步到了，手里拿着一份"呈文"交给赵恒惕，说毛泽东要来找他。

赵恒惕怒道："他找我干什么？"

吴景鸿喘着气说:"毛泽东带着泥木工人罢工,要求增加工资,要求营业自由,反对乱涨价,反对苛捐杂税。长沙县无法答复,毛泽东又带他们找我。我与他们说理谈判,不想让他们来打扰你。没想,谈了半天,他们将谈判的内容当场记录下来,整理成这份'呈省长文',要我批复执行。我没有答应,批了几个字,毛泽东不满意,一定要带着泥木工人来见您。"

"见我?他想见就能见吗?他算老几?"这时,赵恒惕看见门口的楚蛮子和贾诸葛,忙叫他俩进来,说,"有什么情况吗?"

楚蛮子说:"毛泽东带泥木工人朝公馆来了。"

贾诸葛还想说什么,外面一阵阵的口号声传了进来,而且声音越来越大。吴景鸿说:"赵省长,他们来了。这些个孙猴子不见,恐怕难以收场。"

"难以收场?他是孙猴子,我就是如来佛。他孙猴子还能翻过如来佛的手掌心?"赵恒惕抖着手上的呈文,叫道,"李副官,给我传令,加强警戒,如果他们有什么越轨行为,格杀勿论!"

不一会,赵公馆四周增加了军警,荷枪实弹,虎视眈眈,李副官领着一队军警站在公馆门口。

游行队伍举着小旗,打着横幅,潮水般涌来,快到赵公馆门前时,只见那李副官一挥手,军警们端枪上前,枪口对着游行队伍。

毛泽东、毛泽民、毛泽覃、毛福轩、杨福涛走在前面,工人们跟着高呼口号冲向赵公馆大门。李副官举着枪,面向游行队伍凶狠狠叫道:"立即停步,再前进一步,我就下令开枪了。"毛泽东挥挥手,游行队伍停了下来。李副官又大声叫道:"这里是赵公馆,闲杂人等,不得入内,请你们回去。"

毛泽东扫了一眼剑拔弩张的军警,向前一步道:"告诉你,我们不是闲杂人等,我们是长沙泥木工会的,找赵省长有事,请你马上去通报。"

李副官叫道:"见赵省长?赵省长是你们想见就能见的吗?回去!"

"我再次请你通报,不是我一个人要见,是广大民众要见,你没看见吗?"毛泽东的手向身后一指,众人马上齐声高呼。

"我们要见赵省长!我们要见赵省长……"叫喊声震天动地,传进赵公馆。

赵恒惕站在窗口,看见窗外人山人海,心里有些慌乱,口里却说:"你们喊吧,看你们能闹多久。"

吴景鸿皱着眉,说:"赵省长,这样闹下去,恐怕难以收场。"

"收不了场?再调兵来。"

"不可，万万不可。以军队对付手无寸铁的民众，将会惹起公愤，正好授人以柄呀！"

授人以柄？是呀，唐生智正在衡阳瞪大眼睛等机会哩。赵恒惕一愣，在心里焦躁地念叨着："不能授人以柄！不能授人以柄！"

5

毛泽东见吴景鸿走出公馆大门，便挥挥手，工友们停止了高呼。吴景鸿走到毛泽东面前，说："赵省长同意见你们，选几个代表去。"毛泽东和众人商议片刻，带领毛泽民、毛泽覃、毛福轩、杨福涛一行十余人，随吴景鸿进了赵公馆。

赵恒惕坐在沙发上，见毛泽东一行走进来，故作镇静，头都不抬，缓缓地吸了口水烟吐出来，拖着官腔道："你们来，有么子事？"毛泽东说："赵省长，我们十二个人，是代表泥木厂罢工工人向你反映问题的。"赵恒惕故作惊讶，抬头看着毛泽东："噢，反映问题？你们有什么问题？"毛泽东说："今年以来，政府增加苛捐杂税，米价房租水涨船高，而工资却没增加，这叫大家怎么过日子？"赵恒惕放下烟壶站起来，说："你们反映涨价之事，我知道了。你们应该听从公署的指令，不要闹。告诉大家，赶快回去复工。"毛泽东说："这能复工吗？"赵恒惕眼睛一瞪："怎么就不能？"毛泽东指着窗外，不卑不亢地说："大家来找赵省长，是要解决问题的。问题没有解决，赵省长要大家复工，我不好说。赵省长，请您亲自去跟大家说吧。"

赵恒惕见毛泽东毫无惧怯之意，指指窗外叫道："你们组织游行，扰乱社会秩序，这是违法乱典，还要我说，要我说什么？"毛泽东不慌不忙地拿出一本小册子，说："赵省长，请问，这个宪法是不是您主持订的？"赵恒惕说："是啊。"毛泽东翻开手中的小册子，说："宪法中第12条规定：人民在不抵触刑事法典之范围内，有自由结社及不携带武器和平集会之权。我们今天游行，没有携带任何武器，符合您制订的宪法规定，没有抵触刑事法典。赵省长，如果宪法讲的是一套，做的又是另一套，那这个宪法是不是形同虚设？如此，赵省长以法治省、振兴湖南，也只能是一纸空谈。"

赵恒惕打量着毛泽东，突然问道："你就是毛泽东？"

"站不改姓，坐不改名，我姓毛，名泽东。"

"你是工人？"

"赵省长如果要审查资历，最好改日再查。今日我来，是以泥木工人代表的身份，要求政府解决工人的工资问题，具体事项，呈省长文上写得清清楚楚。如无意见，望赵省长给予批复。"赵恒惕忽地仰面哈哈大笑。毛泽东说："不知省长为何大笑？"

"为什么笑？要我批复。你要我批，我就批吗？是我当省长，还是你当省长？"

"当然是您当省长。赵省长，您看，"毛泽东向前一步，翻开手上的册子，"这是您当省长后在宪法里提出的一个口号，要建设一个新湖南！如果您连工人们这点正义的要求都听不进，都不能答应，还谈什么建设新湖南？《湖南新宪法》如果成为一纸空谈，失信于人，不仅令湖南人民失望，也将令天下人耻笑。"

"耻笑？"赵恒惕不由恼羞成怒，"你说耻笑就耻笑吗？"

"当然不是我一个人说。"毛泽东又指着窗外说，"赵省长，您看，这些人都在看着您呢。"

"如果我硬不批呢？"

"那工人就会继续罢工。当天下人知道新宪法说的是一套，而你做的却又是另一套，能不耻笑吗？"

"你！"赵恒惕看了一眼窗外的游行队伍，走到毛泽东身边，说，"听说，你敢带着他们来找我，是因为你有尚方宝剑？你真的有尚方宝剑？"

"有呀。"毛泽东哈哈笑道。

"你真的有？"赵恒惕惊讶地望着毛泽东，"哪个皇帝赐予你的？"

"赵省长您赐给我们的呀。"

"我给的？我什么时候给过你尚方宝剑？你带来了吗，我看看。"

"您看，"毛泽东晃了晃手上的小册子，笑着说，"这就是您赐予我们的尚方宝剑。"

"这是么子尚方宝剑？这是《湖南新宪法》。胡闹！"

"赵省长，这不是胡闹，您亲自制订的《湖南新宪法》，就是我们讲民主的尚方宝剑。"

这一下，赵恒惕对毛泽东要刮目相看了。此前，他担忧的是唐生智，想不到眼前这个三十左右的年轻人更犀利，一下子抓住了他的命脉，令他窒息，令他心悸，令他无话可说。

"有这把尚方宝剑在，谁还敢违背赵省长您的意愿？不过，赵省长，据我所知，您的部下唐生智擅自扩张军力，在衡阳虎视眈眈地盯着您。"

"你是受唐生智所托，与我作对？"

"哈哈，您误会了。我与唐生智素不相识，更不用说受他之托了。今日我来，是受全省泥木工人之托，只要您批复了，我们马上复工。您若不批，工人们罢工时间越长，聚集的人越多，影响将越大。到时候，不仅长沙，还将波及北平、上海、广州，那时对赵省长更为不利，而对您的手下唐生智，却是难得的机会啊。"

赵恒惕盯着毛泽东，似乎要把他看穿，看透，突然，他对吴景鸿说："批！给他们批了！"

吴景鸿拿出"呈省长文"，立即写完批示，赵恒惕看了看，点点头，吴景鸿将批件交给毛泽东。毛泽东看了看，指着批语说："吴厅长高人哪，这批语，若不留意，我们就被带进笼子里了。"

"何以见得？"

"赵省长，你看，'其工价尤应随时协议，不得由应工人等一方面加以限制'，这什么意思？吴厅长，请您解释。"

"这，这……"吴景鸿脸色变了，望着赵恒惕，希望他来解围。

"明白人一看就知道，这是限制工人的权利嘛。"毛泽东转向身后的工人代表说，"你们说，这句话该怎么办？"

"删掉！这句话必须删掉！"毛泽民马上接道。几个代表都叫道："对，删去！如果留下尾巴，继续罢工。"

赵恒惕看了看毛泽东手上抖着的所谓尚方宝剑的小册子，无可奈何，面无表情地对吴景鸿说："删！删！"

第二章　蛇有蛇道

1

毛泽东出了赵公馆，立即来到大公报馆。报馆主编一见毛泽东，以为他又送来自己写的文章，很是高兴。毛泽东把"呈省长文"的批文递给他，笑道："不是我的新作，是赵省长的大作。"

出了报馆，毛泽民提醒说："哥，大嫂今天要生孩子了。"毛泽东想起来，急匆匆赶往教会医院。到医院时，已是傍晚时分，毛泽建兴冲冲地迎上来，大声叫道："大哥，大嫂生了，是伢子。"毛泽东大步向产房走去，产房内传出婴儿清亮的啼哭声。毛泽东抱过小岸英，呵呵笑着，舍不得放手："开慧呀，今天我们可是双喜临门。"

第二天早上，《大公报》头版刊登了赵恒惕批复的"呈省长文"，毛泽东高兴地说："这篇批文一见报，天下人都晓得了，赵恒惕想反口也不行了。"毛泽东马上给杨福涛写了一封信，要他们利用报纸上发表的赵恒惕批文，督促工厂给工人加工资。

毛泽覃拿着信来到坡子街，看见人们在围着看墙上的一张通缉令。他挤进人群一看，大惊失色，被通缉人是他大哥毛泽东。通缉令上说毛泽东煽动民众闹事，目无政府，特要民众协助缉拿，落款赫然是湖南省省长赵恒惕。

原来，赵恒惕看到报纸，气得在电话里大骂《大公报》的主编。主编忍着气说："省长大人，我看这'呈省长文'是您批示了的，又盖了章，登出来足以说明您的开明、民主。"

赵恒惕更气了，骂道："你脑壳被门板夹了？我要这开明、民主有么子用？这个批文一发表，就等于给我脑壳戴了紧箍咒，给我的脚上了镣铐。你这猪日的东西……"赵恒惕足足骂了三十分钟，骂累了，想到罪魁祸首还是这个毛泽东，要不是他把批文拿到报馆，报馆怎么会发表？他再也无法忍受，觉得留着毛泽东，自己真的会成为第二个张敬尧。一气之下，他下令缉拿毛泽东。

毛泽覃正犹豫着是该先回家报信，还是先去送文件，突然，街上传来一阵杂乱的脚步声。他抬头一看，更是大吃一惊，前面有个身材高挑穿长衫的背影，那不是大哥吗？他张口欲喊，几个军警已从他身边冲了上去。

便衣贾诸葛也在队伍里，他早就看见了臭豆腐摊前的这个身着长衫的高个子，便让军警悄悄包抄过去。臭豆腐摊的老板见状，轻声说："先生，警察来抓你了。"高个子怔了一下，回头看了一眼，撩起长衫，拔腿就跑。贾诸葛忙喊："快，不要让他跑了。"接着那军警队长喊道："快，抓住毛泽东。"几个军警忙追了上去。高个子加快步伐，经过一屋角，一晃，不见了。贾诸葛说："应该还在附近，不会跑远。"军警们便在附近搜索。毛泽覃尾随上去，躲在屋后窥探。

拐过一个屋角，军警队长发现了高个子的背影，骂道："妈的，你跑。"他举枪砰的一声，高个子应声倒地，大腿上渗透出一股鲜红的血。军警们蜂拥而上，高个子捂住大腿，血从指缝漫了出来。毛泽覃血气上涌，从地上捡起一块砖头冲上去。哪怕他自己被抓，也不能看着大哥被抓。刚跑两步，他忽听贾诸葛说："搞错了，不是的。"军警队长也蒙了："怎么不是了？"贾诸葛说："毛泽东不戴眼睛。"

2

李维汉召集开会，要同毛泽东商量督促赵恒惕兑现批文。会议在鲁班庙召开，贾诸葛、楚蛮子得到了风声，便带了几个便衣潜伏在鲁班庙附近。不一会儿，走来一个人，贾诸葛看那身形像毛泽东，却又不敢肯定，便和楚蛮子远远地跟着，不敢太靠近。

见那人快到门口了，楚蛮子说："是的，是的，快动手。"他手一甩，大步流星要追上去。贾诸葛犹豫了一下，拖住了他。楚蛮子说："你拖住我干什么？"贾诸葛之前就认错了人，误伤了一个教书先生，心里仍有愧疚。他说："小心点，不要又搞错了。"楚蛮子说："要是的呢，如果跑了，你兜得起？"贾诸葛眼珠一转，忽然冲那人叫道："毛泽东先生，有人找你。"

毛泽东怔了一下，停下脚，回头一看，见贾诸葛、楚蛮子鬼鬼祟祟，心生疑惑，眉头一皱，哈哈一笑，说："噢，二位要找姓毛的？"

"我们找的就是……"楚蛮子本想说找的就是你。贾诸葛一看这人年纪轻轻，似乎不太像，拉了一把楚蛮子，说："我们要找毛泽东。"

"你们要找毛泽东？"毛泽东笑着说，"正好，我也要找他呢。"

"你，你也找他？你么子事找他？你不就是……"楚蛮子还想说什么，又被贾诸葛拉住。贾诸葛上前问道："你跟他很熟吗？"

"怎么不熟，他叫我在夜校给工人讲课，叫工人反对苛捐杂税，喉咙都讲干了，也没给我发一点薪水。我对他一肚子意见，今天找他，就是去要薪金的。他还不发，我再也不给他干了。"

"我们就是来抓他的。"贾诸葛心中大喜，"他如果来了，你告诉我们，有重赏。"

"有重赏？赏多少？"

"五千大洋。抓住了毛泽东，我们一起发财。"

"五千大洋？毛泽东的脑袋值五千大洋？嗬呀，五千大洋，这么多，要用几只箩筐装啰，我搞一辈子也赚不到这么多钱。好机会，好机会，我今天就借毛泽东的脑袋发一笔财。你们在这里等着，我先进去看看，如果他在里面，我就来喊你们。说好了，赏银我们一起分。"

毛泽东急中生智，转身便大步走进庙里，向迎面而来的李维汉大声叫道："哎，罗迈，你看见毛泽东了吗，我要找他。"

李维汉和毛泽东是长沙一师的校友，毛泽东早年组织的新民学会，李维汉便是会员。1919 年，李维汉去法国勤工俭学，1922 年回国，又和毛泽东在一起。毛泽东看李维汉为人实诚，便与蔡和森一起介绍他入了党。一年后，毛泽东卸任湘区委员会书记，就推荐李维汉接任。李维汉接手虽然有些时日了，但大事小事都愿意听听毛泽东的意见。今天开会，他又请毛泽东出席，不想毛泽东一进屋，就对他大喊罗迈。罗迈是李维汉的另一个名，平时不怎么用，外人大多不知道。毛泽东突然大喊这个名字，又对他挤眉弄眼，他便警惕起来，又见门外有两个人探头探脑，看出了端倪，便大声应道："润芝，你要找毛泽东，我也要找他呢，在这里等他半天了。"

"来来，那我们一起来等他。这个毛泽东，不守时，真是讨嫌。"毛泽东上前握住李维汉的手，声音也渐渐小了，"门外有尾巴，此处不可久留。"

"那，我们从后门走。"

"你叫几个人把门口那两个人拦住，争取时间，保证大家安全转移。"

贾诸葛正在盘算等下抓了毛泽东怎样向赵恒惕领赏，忽然，只听有人大吼一声："抓小偷。"贾诸葛、楚蛮子正莫名其妙，几个工人从里面冲出来，不分三七二十一，把他俩扭住了。

贾诸葛和楚蛮子赶忙叫道："我们不是小偷，不是小偷。"

一个壮汉喝道："看你俩半天了，贼头贼脑的，不就是想偷东西嘛。"

"我们是执行公务。"贾诸葛的双手被两个壮汉扭住，挣扎着喊叫。

楚蛮子一边挣扎，一边朝鲁班庙对面大声叫着："你们，你们这些混蛋，还不快些过来。""砰砰——"埋伏在屋后的便衣朝天开了两枪，冲了过来。

"你们，你们真不是小偷？"几个工人见几个持枪的人冲过来，只得放了手。

"误了老子的大事，小心你们的脑袋。"贾诸葛扯扯被扭皱的衣服，挥挥手，和楚蛮子带着便衣冲进鲁班庙。

庙里有几个香客，还有几个工人模样的人，高个子教书先生和罗迈早不见了踪影。贾诸葛带人搜了一圈，来到后门，见后门未上闩，知道上当了。

楚蛮子说："我晓得那人就是毛泽东，呔，让你这个聪明人给放跑了。"

贾诸葛也不和楚蛮子啰唆，手一挥，带人向大庙门口跑去，边跑边喊："把刚才拦我们的几个人抓住。"贾诸葛和楚蛮子跑到门外，那几个壮汉也不见了踪影。

3

掌灯时分，杨开慧听见屋外传来脚步声，忙去开门，一见毛泽东便说："赵恒惕到处抓你呢。"毛泽东笑道："我这不是好好地回来了嘛。"毛泽民也担忧地说："哥，这两年来你抛头露面，认识你的人多，赵恒惕出重金抓你，难免有贪财忘义之人。这长沙，你是不能待了。"杨开慧也说："是啊，你得赶快离开长沙。"毛泽东点上烟，抽了几口，笑道："正好，中央要我去上海。我已把湘区委员会的工作全部交给李维汉了。"

第二天，毛泽覃到码头买了一张去上海的船票。他见码头上贴有通缉令，便到出入口看了看，发现几个军警在码头的上船处站着，还有几个军警拿着画像，与上船乘客一一比照。卡得这么严，大哥怎么能逃出长沙呢？毛泽覃又来到火车站。车站也像码头一样，军警们荷枪实弹，戒备森严。毛泽覃不由眉头一皱，匆匆赶回清水塘。

毛泽覃一进屋，便急急地叫道："大哥——大哥——"毛泽东走出书房，问道："买了票吗？"毛泽覃道："票是买了，只是，那火车站和码头，都有军警把守，进站上船，一个个盘查。""噢，这个赵恒惕，我要去上海，欢送一下也是可以的，不要这样兴师动众，搞得满城风雨嘛。""大哥，你还有心开玩笑呢，赵恒惕铁了心要抓你，怎么办呀？"毛泽东说："鼠有鼠路，蛇有蛇道，车到山前自有路，不要急。"

收拾好行李，时间不早了，众人送毛泽东启程。杨开慧坚持送到塘边，毛泽东说："这里你们也不要久留，尽快和妈妈搬到板仓去。"

毛泽东走到毛泽建身边，俯下身子亲了亲她怀里的岸英，说："岸英崽崽，爸爸走了。"他直起腰，见毛泽建眼角有泪，伸手帮她擦了擦，说："没事的，别担心。"

毛泽东戴着帽子，穿着短衫，一反往日的长衫打扮。毛泽民提着藤条箱，和毛泽覃、毛福轩陪着毛泽东匆匆离开清水塘。

码头果然是戒备森严，等待上船的乘客很多，排成了长队。毛泽东把帽檐往下拉了拉，准备排队上船。毛泽覃身着长衫，排在最前面。毛泽东夹在毛泽民和毛福轩中间，在毛泽覃身后向码头挤去。

毛泽覃来到卡子上，绕过军警，低头往里走。一个军警忙拦住他，叫道："排队排队，一个个来。"毛泽覃还是一个劲地往里挤，拿画像的军警叫道："拦住他，拦住他。"两个军警扭住毛泽覃。拿画像的军警看一眼毛泽覃，又看看画像，叫道："是他，是他。"另一个军警说："不会吧，这么年轻。"那枪兵看着画像说："你看这浓眉大眼睛，还有这方头大脸，是，就是他。"

"老总，快点啰。"毛泽民在后面叫道，"别耽误我们上船啰。"

"快开船了呀，快点呀。"毛福轩也在人群中起哄。排队等着上船的人急了起来，一个劲地往前面挤。

"别挤啊，别挤啊！"毛泽民、毛福轩忙叫着，挤上前，忽然虚张声势大叫一声"哎哟"，用手肘对着扭住毛泽覃的军警的肩胛骨猛撞过去。那两个军警痛得直抽凉气，回头一看，只见后面挤挤挨挨，乱成一锅粥。毛泽民、毛福轩朝后面埋怨道："挤什么呀，哎哟，我的娘。"

毛泽覃趁机挣脱枪兵，往人群外跑。拿画像的军警忙叫道："毛泽东跑了，毛泽东跑了！快去抓呀！"军警们都挤出卡子追毛泽覃，一边追，一边喊："抓住毛泽东，不要让毛泽东跑了！"

毛泽覃在人群中穿梭着，他知道，把枪兵引开得越远，他大哥就越安全。毛泽覃从码头跑到街上，军警们紧追而来；他在行人堆中钻行，军警往行人堆中追赶……毛泽覃钻过人群又跑了一阵，只见十字街口有辆三轮脚踏车正等着。他快跑几步上了车，三轮车便往坡子街上飞速驶去。军警们追过来，三轮车已驶去好远。街上行人多，军警不敢开枪，只得眼睁睁望着三轮车飞也似的远去。

第三章　拔掉眼中钉

1

在上海环龙路有一栋坐北朝南的西式二层楼房，楼房是砖木结构，双坡顶。1924年3月1日起，这里便是国共合作的重要办公场所。毛泽东、蔡和森、恽代英、向警予等共产党人以跨党党员的身份在这里工作。

毛泽东离开长沙时，杨开慧又有了身孕，后来信说生了个儿子。他心里惦念着杨开慧和两个儿子，想把他们接来上海，可这一向部里关系复杂，便又有些顾虑。他本想只把份内工作做好，可国民党左翼和右翼的意见分歧很大，右翼分子视跨党党员如眼中钉、肉中刺，大有天不可有二日，国不可有二主之势。国共两党刚携手合作，就出现这种局面，孙中山倡导的反帝反封建大业，何时能以成功？如此纠缠下去，怕会是一句空话。毛泽东念兹忧兹，常常夜不能寐。他走到书桌前，铺开纸，挥毫誊写词牌【贺新郎】：

挥手从兹去。更那堪凄然相向，苦情重诉。眼角眉梢都似恨，热泪欲零还住。知误会前番书语。过眼滔滔云共雾，算人间知己吾和汝。人有病，天知否？

今宵霜重东门路，照横塘半天残月，凄清如许。汽笛一声肠已断，从此天涯孤旅。凭割断愁思恨缕。要似昆仑崩绝壁，又恰像台风扫寰宇。重比翼，和云翥。

写下这首词，毛泽东心中稍稍平静，站起来，举眉凝望，窗外一轮明月高照，他和衣躺下，进入梦乡……

忽然，一阵敲门声把毛泽东惊醒。他翻身起床，打开门，站在门外的是蔡和森。蔡和森一看他睡眼惺忪的样子，说："怎么，你还没睡够？"毛泽东打着哈欠，伸了伸懒腰，说："好不容易眯上眼睛，你就敲门。""昨晚又没睡好？是不是为部里的事？胡汉民不来执行部，部里是群龙无首。睡不着，吃点药吧。"毛泽东擦着眼睛说："睡不着，吃药也不管用。"向警予走过来，笑着说："和森，润芝睡不得觉，要说是病，那也是相思病。"蔡和森说："润芝是压力大。"向警予说："你呀，你想想，我开慧妹妹是教授千金，天姿国色，常说一日不见如隔三秋，润芝与开慧这么长时间没见面，能不想吗？"蔡和森说："说的也是。润芝，你就赶快把开慧接过来吧，有人照顾，你会好些。"毛泽东笑着说："和森呀，你要想清楚，警予和开慧，是最好的姐妹。开慧来了，警予说话就有了人听了，做事就有帮手了，她们还会联合组成一个同盟，对付我俩的。"向警予显得很认真的样子，说："你知道就自觉点。你要欺侮我妹妹，我不放过你。""你看，你看，"毛泽东笑着说，"人还没来，就这样嚣然了。"

蔡和森笑了笑说："润芝，最近部里有人在搜集你的材料，在背后毁谤你，贬损你，大有不把你搞臭不罢休之势。"向警予说："是呀，那个童理璋，只要有人来部里便说你的怪话，说你有野心。"毛泽东笑了笑："野心？有呀。我的野心，就是想早日实现孙先生提出的民主、共和，早日实现孙先生倡导的平等、自由、博爱，民族、民权、民生。他们要背后嚼舌头，我没办法封他的嘴，让他嚼去吧。我只要行得正，坐得稳，不怕他嚼烂舌头。"

过了几日，毛泽东走进执行部大楼，来到办公室，气愤地把报纸摔在桌上。向警予看见了，进屋问道："润芝，又遇上什么烦心事？"

原来，毛泽东根据国民党中央统一布置，为黄埔一期选拔了100多个学员，张国焘知道后，认为徐向前、桂永清、黄维都是可造之才，不该把他们都推荐到黄埔军校。毛泽东认为，黄埔军校，是国共两党合办的，是为中国革命培养人才的，这有什么错？可张国焘坚持认为，黄埔军校主要还是国民党的，这些可造之才应该吸取到中共党内来。他甚至挖苦毛泽东太痴情国共合作，简直就是胡汉民的秘书。

向警予笑道："胡汉民的秘书？哈哈，就算做了胡汉民的秘书，这并不表明你忘记了自己是个中共党员。陈独秀还是支持你的嘛。"

"陈独秀确实是支持我的意见，但他的思路不稳定，说不定哪天又会支持张国焘。"毛泽东说，"我和你、和森，还有陈独秀、罗章龙等共产党人，以个人名义加入了国民党，成为具有双重身份的革命者，这是按照党中央的决定做的。我卖劲，是为中国的前途卖劲，为中华民族的振兴卖劲。中国革命需要建立统一战线，团结更多的同盟军嘛。可现在，我们在执行部要受国民党右翼分子的排挤，在中共中央这边也要受人讽笑。我们现在成了风箱里的老鼠，两头受气啰。"

2

没过几天，童理璋带着十几个人来到执行部，指了指挂着组织部牌子的门，对为首的矮个子说："那就是毛泽东的办公室。"

矮个子叫谢持，五十岁年纪，小平头，穿着西装，打着领带，显得挺精神。谢持是四川富顺人，光绪时期的秀才，早年反清立场坚定，拥护孙中山，参与谋刺袁世凯。他的这一经历，为他在国民党内赢得很高的声誉，担任四川省主盟人，后又担任大元帅府参议，代理秘书长。国民党一大召开后，他当选为中央监察委员。后因坚决防俄拒共，被孙中山冷落，现闲居上海。那天，叶楚伧请谢持喝茶，谢持说："叶部长，我在孙先生身边都敢反共，如今丢了秘书长一职。没有这个乌纱帽，我照样反共。"叶楚伧说："谢秘书长，我知道你的意思，只是我坐在这个位置，不大方便。有什么事，童先生会协助您，帮您跑跑腿。"

谢持马上叫童理璋联络了十几个资深国民党党员在上海大学开会。学生黄仁也来了，童理璋想利用他去做学生的工作。但他不知道，黄仁也是跨党党员。这次开会，是针对毛泽东组织的重新登记一事。谢持说："这个毛泽东年纪轻轻的，怎么能管我们，叫我们重新登记？我们要想办法先杀杀毛泽东的火焰，把他赶出执行部。"几个国民党右派都认为不能听毛泽东的——毛泽东一个共产党人，要国民党人重新登记，他没有资格。谢持是国民党元老，也要重新登记，真是胡扯。会后，他们就叫叫嚷嚷地来到执行部，却不见毛泽东，又叫嚷起来。执行部本来就不大，一下子拥进十几个人，真有如闹翻了天。

恽代英听见外面闹哄哄的，走出办公室，说："你们不要喧哗。这是机关。"谢持说："我们要找毛泽东。"恽代英说："不巧得很，毛泽东有事出去了。"谢持说："出去了？什么事出去了？为什么不好好待在办公室？嗯，什么作风？"邵力子走出办公室，很不高兴地说："毛泽东收到一封电报，他妻儿从湖南来上海，他去码头接一下，难道不行？"

谢持还要叫嚷，叶楚伧走出办公室，说："噢，是谢委员呀。谢委员，各位，失敬失敬。"谢持也拱手道："不客气。"叶楚伧明白谢持的来意，却故弄玄虚，有意问道："谢委员今天大驾光临，不知有何公干？"谢持说："我一个老国民党员，在上海避难，你们却搞什么重新登记，这不是没事找事，刁难人吗？"叶楚伧说："哦，这件事啊……谢委员，这件事是毛泽东先生负责。"谢持叫道："毛泽东？他有几斤几两，能管我们吗？他人呢，他毛泽东不在？正好，换人，我们向广州要求换人。"众人神情激愤地叫起来："对，换人，要广州换人……"叶楚伧说："谢委员，这事你别急。要不，你们先到毛泽东办公室等等。邵夫子……"邵力子皱着眉头，十分愤怒，但他还是走上前，说："叶部长，有何吩咐？"叶楚伧说："你带他们到组织部去，他们找毛泽东有事。"

3

黄仁参加了会议，见谢持要带人去围攻毛泽东，就找了个机会溜出来，叫上他的女同学左姗赶到执行部报信。得知毛泽东到码头接船去了，两人又大步朝码头跑，半路上追到了毛泽东。毛泽东听说有人到部里闹事，返身往回赶，黄仁劝都劝不住。

毛泽东回到执行部，谢持等人正吵吵嚷嚷，不可开交，任恽代英等人怎么解释，谢持就是倚老卖老不买账，而叶楚伧、童理璋则躲在办公室里幸灾乐祸看热闹。毛泽东走上前，打个拱手，说："诸位，我刚才有事外出，让大家久等了。大家要找我，请到我办公室。"

十几个人拥进组织部，房间狭小拥挤，有的人只好在门外站着。毛泽东说："屋子细，凳子少，对不起，让大家站着。"

穿西装的瘦高个口气冷漠地说："不客气，我们不是来坐的。"

毛泽东指着大家手上的登记表，说："你们是来交登记表的？"

长胡子老者指着谢持对毛泽东说："你认识他吗？"

毛泽东笑道："大名鼎鼎的反清义士，曾参与谋杀袁世凯，当过孙中山大元帅府的秘书长，谢持先生，怎么不认识。"

"认识就好。"谢持仰着脖子，对比自己高出一个脑袋的毛泽东说，"我今天来，不是交表，是告诉你，我不登记啦。"

"对，我们不登记了。"众人嚷嚷道。

"你们不登记了？"毛泽东十分惊讶，"诸位，请问，为什么不登记？"

"你看这个重新登记表。"谢持拿着表向毛泽东质问，"什么'现在愿为党做何事''将来愿为党做何事'，什么'对于现社会的见解及态度''对于本党意见'，叫我填这些东西，什么意思？难道怀疑我对党的忠诚吗？我虽然不再担任大元帅府秘书长一职，但我作为一个党员的立场没有变。"

"那您的意思？"

"不登记。"

"对，对，不登记。"十几个人将手上的登记表揉成一坨，向毛泽东摔去，激动地叫嚷着，"我们不登记，不登记。"

毛泽东心平气和地说："诸位，重新登记，是中央党部的统一安排呀。"

"什么党部安排，我们就是不登记！"谢持也将手中的登记表向毛泽东扔去。

邵力子在一旁看不过意，指着谢持叫道："你们，你们这是目无党纪，欺人太甚！"

谢持高声叫道："什么目无党纪？我们就是不登记。"

毛泽东拦住激动的邵力子，又看了看谢持他们傲慢的目光，笑着打了个拱手，说："诸位，息怒息怒。有志不在年高，有理不在声高。有话好好说，有理慢慢讲。你们那么叫，那么喊，问题还没解决，房子倒要震塌了啰。诸位，请安静，听我讲几句。"

谢持不屑地挥挥手，屋子里静了下来。毛泽东说："我们入党时都宣誓过，国民党入党誓词，各位还记得吗？"

"你这什么意思？要考我们吗？"谢持见大家面面相觑，大声叫道。

"没有那个意思。"毛泽东说，"我只是想和大家重温一下。我记得国民党入党誓词第六条是：'礼节为治事之本。'谢先生当过大元帅府的秘书长，按职务，是比我高，在党党龄比我长，按资历，比我老。"谢持等人一个个摇头晃脑，洋洋自得。"各位年长于我，资格比我老，职务比我高，我是要尊敬各位的。讲礼节是治事之本嘛。"毛泽东淡然一笑，说，"诸位前辈资历深，职务高，更应是遵守党纪的模范。国民党入党誓词第六条还说：'服从为负责之本。'在座的各位都是上海党部的党员，就必须服从组织安排，按组织要求做好该做的事情。"

"服从组织安排，你能代表组织吗？"谢持说。

众人也叫嚷道："是呀，你算老几？我们不听你的，你能把我们怎么样？"

"我不能把你们怎么样。"毛泽东一改谦逊的口气，辞色严厉起来，"但有一点你们要明白，国民党在一大前，组织上处于涣散状态，不少党员只是挂名。曾有人在报纸上嘲讽说：'只要交一元钱，其他不问，就能领到一张党证。'我们决定对党员进行重新登记，就是为了清除国民党内的腐败分子，从组织上巩固国民党。难道，你们不想国民党成为一个清正廉洁，能够领导中国革命走向成功的党吗？"

众人张口结舌，面面相觑。谢持见状忙说："你不要拿条条框框压人。你一个共产党人，有什么资格来管我们？"

"谁说没资格？"毛泽东义正词严道，"倒是谢先生要考虑一下自己是不是有资格。据我所知，最近谢先生联手邓泽如和张继先生，向国民党中央提出《弹劾共产党案》，声称共产党员加入国民党'于本党之生存发展，有重大妨害'，'绝对不宜党中有党'。"

"这是向中央提出意见，是我的权利。"谢持道。

"您有权利向中央提出意见，但没有权利破坏团结。您这个提议，给孙先生施加了多大的压力，你知道吗？您想想，一个破坏党内团结的人，职务免了，还是个合格的国民党员吗？这是要掂量掂量的。"

"孙中山先生现在虽然不采纳我的意见，但我仍然是国民党人，你休想改变我的立场。"

"那好。我们既然是国民党人，就应一心一意拥护孙中山先生的三民主义，为反帝反封建竭尽所能。不是我拿条条压人，这次登记，就是纯洁组织的需要，也是确认每个国民党党员身份的需要。难道说，谢先生不希望国民党组织纯洁吗？"

"这个，"谢持一愣，结结巴巴道，"当然，当然，但与我们不登记有什么关系？"

"有关系，不登记，就是不服从组织安排，不支持组织工作。"毛泽东斩钉截铁地说，"如果有人硬是不愿重新登记，那就意味着他自动丧失了国民党党籍。"

"这……"谢持又是一愣，目瞪口呆。

"谢委员，"毛泽东说，"您曾身居要职，不管您对孙中山先生的联俄容共有什么意见，您说了，您还是国民党党员，现在您在上海，就得服从上海组织部的安排。您不重新登记，难道您不想要国民党党籍了？"

"谁说我不要国民党党籍？"谢持的底气不如先前了，但仍是一副慷慨激昂的样子，说，"我要为国民党的事业竭尽所能，奋斗一生。"

"好。"毛泽东笑着说，"如果这样，我请您还是重新登记。"

谢持不由一怔。这时，黄仁将表格一份份捡起来，在桌子上展平。毛泽东伸手把展平的表格拿着看了看，递给谢持一份，谢持不由自主地接过来。毛泽东又把自己的办公桌让给谢持，谢持拿起了笔。其他人见状，也纷纷接过登记表，找地方填写。

叶楚伧正在办公室等着好戏上演，不承想，过了一会儿，童理璋悄悄进来，说谢持被毛泽东说服了，正在填表重新登记。叶楚伧张口骂道："这个谢矮子，怎么这样没用。"童理璋说："叶部长，我们不能就这样呀。"叶楚伧说："你还有什么办法？"童理璋说："办法会有的。只要叶部长支持分共，去杀两个人，我也敢。"叶楚伧不耐烦地说："不要动不动就喊杀人。你把谢矮子叫到茶馆去，我和他再聊聊。"

第四章　全家福

1

那天，杨开慧携老带小下了船，却不见毛泽东，听表姐向警予说部里有事。后来一见到毛泽东她便问："执行部的事怎样了？"毛泽东笑道："没事了。"杨开慧不相信。毛泽东说："有几个老党员，见我年轻，在我面前倚老卖老。我呀，哈哈，点了他们的穴，他们就都老老实实、服服帖帖了。"杨开慧说："真的没事了？"毛泽东说："有事我还能这么开心？"杨开慧一看毛泽东满脸阳光灿烂，也就不再问了。夫妻俩许久没有见面，现在团聚了，自是亲热。然而，没过几天，夫妻俩大吵一架。吵架是由一张照片引起的。

毛泽东和蔡和森两家人同住一栋老式石库门房子。蔡和森和向警予住楼上，毛泽东一家有小孩，住楼下。向振熙很高兴，因为楼下是她的女儿女婿外孙，楼上是她的侄女侄女婿，楼上楼下，都是她的亲人。杨开慧比向警予小，以前向警予老带着杨开慧，事事关照她，现在她姐妹俩又住一起，向振熙自然放心。果然，两姐妹甚是亲热。只是有一点，虽然杨开慧加入共产党比向警予早一年，但向警予已是中央委员，还担任党中央首任妇女部长，天天上班下班，早出晚归。而杨开慧天天待在家里，带岸英，给岸青喂奶，洗尿片，有时还得抽空给毛泽东抄写一些文件，生活甚是烦琐。向警予为了集中精力工作，将两个小孩都丢在老家。杨开慧羡慕得很，可又不忍抛下嗷嗷待哺的幼儿，心里十分矛盾。

这天，向警予回到家，杨开慧说："姐，你天天忙忙碌碌的，事多吗？"向警予说："是呀，做不完的事。"杨开慧说："那，我帮你。"向警予说："我早想叫你呢，可你带着两个儿子，已经很辛苦了，我忍心，润芝会不忍心呀。"杨开慧笑道："我早就跟他讲好了，他同意了。"向警予说："那好呀。我正在准备办工人夜校，组织上海14家丝厂的女工大罢工，还想组建妇女解放协会，培养妇女干部，正缺人手。你来帮我，最好不过了。"杨开慧说："我去做什么？"向警予说："你会讲课，我办工人夜校，你可以当老师。"杨开慧说："你怎么知道我会讲课？"向警予说："我表妹的事我会不知道？教授的千金，肯定是讲得好的。"杨开慧笑道："你是听我妈讲的吧。好呀，你背着我，向我妈打听我的事。"向警予说："问不得？我问我姑妈，有什么问不得？我不问清，怎么放心让你来帮我。"杨开慧说："好好，问得问得。"

这以后，杨开慧就和向警予一起去纺织厂，和那些女工交朋友，办夜校。过了些日子，情况熟悉后，她就不用向警予带路了。十几家纺织厂，今天是这家，明天是那家，她和向警予分头行动。但向警予不放心杨开慧晚上一个人出去，有时便叫毛泽东陪护。毛泽东便成了临时保镖。这样开会、演讲、在夜校上课，培养了一些妇女干部。十几个厂里的女干部又分头发动，终于组织了万名女工的大队伍进行联合大罢工，轰动了全国。

罢工后，杨开慧和向警予离开工厂匆匆往家赶。岸青还没有完全断奶，她得赶回去喂奶。向警予牵着杨开慧的手说："妹子呀，这回因为有你，罢工获得了成功。俗话说，打虎亲兄弟，我们俩呀，是打虎亲姐妹，上阵呢，是夫妻兵。你说是不是？"杨开慧笑道："打虎亲姐妹，上阵夫妻兵。姐，你讲的没错。你和和森哥是'向蔡同盟'，我和润芝呢，'毛杨同盟'。哈哈，哈哈……"向警予也笑道："妹呀，你跟着我东奔西跑，累不累？"杨开慧说："不累呀。"向警予说："你在外忙得一塌糊涂，回家还有两个细伢子要招呼，我真怕把你累坏了，润芝会找我算账呢。"杨开慧笑道："润芝不会怪你的。他老对我说，要我听姐的话，好好配合姐。再说，我一点不累。姐，这回丝厂联合罢工胜利，姐妹们的积极性更高了。"向警予说："是呀，妇女解放协会成立后，工作更好开展了。我们还要好好培养一些女干部，让她们成为反帝反封建的生力军。"

两人边说边走，经过南京路，向警予见杨开慧没跟上来，回头一看，却见她站在街边，正盯着橱窗里面看。那是一家有名的照相馆，叫王开照相馆。橱窗里挂着几张照片，或是半身照，或是全家福，或是结婚照，还有几张靓丽的美女照，是彩色的，更加显目。以往事多，没时间留心看，这回刚办完一件大事，心情放松了，杨开慧不由得站住了，目光停在一张全家福上，迟迟没有离开。向警予折返过来，问道："开慧，你在看什么？"

"姐，"杨开慧指着橱窗内的全家福说，"你看，这张全家福照得真好。"

"哦，"向警予看了看，说，"你想照相？"

杨开慧和毛泽东结婚后没有在一起照过相，现在有了岸英和岸青，要是能照个全家福，那多好。她毫不迟疑地说："想，想。"

向警予说："中央有规定，我们不能照相。"

"我知道。"杨开慧一脸的沮丧和无奈，"唉，岸英和岸青长这么大，还没照过一张相。"

向警予说："也是。这样，你把岸英和岸青叫来，让他俩照一张。"

杨开慧迟疑地说："不会有问题吧。"

向警予说："就两个小孩照张相，不会有什么问题。"

杨开慧说："我怕润芝知道，会生气的。"

"怕他生气？"向警予拍着胸脯说，"有我呢。你忘了？你姐我是中共中央妇女部长，专门维护妇女权利的，还保护不了你？"杨开慧捂着嘴笑。"笑笑笑，笑什么？"向警予搂着杨开慧的肩，说，"妹子，真的，润芝敢欺侮你，我教他好看。"

2

岸英快两岁了，正是懵懵懂懂满地跑的时候，向振熙要时刻看着他，生怕他跑出弄堂跑到街上去了。岸青还没断奶，向振熙要抱着他，还要给他煮米粉子。杨开慧要出去工作，她这个做母亲的，还能不支持？但杨开慧一出门，她怀里抱一个，眼睛盯着一个，只盼着杨开慧早点回家。

这时，有敲门声，毛岸英忙扑上去叫道："妈妈，妈妈。"杨开慧亲热地搂着毛岸英，见小岸青在哭，她就又抱起来走进卧房去喂奶。小岸青一到杨开慧怀里，便不哭了。

向警予在一旁带着毛岸英读唐诗，是骆宾王的那首《鹅》，只教了两遍，小岸英便会背了。向警予说："开慧呀，岸英好聪明哩。"杨开慧笑道："他爸爸教过他了。"向警予也笑了："难怪。"

向警予看杨开慧喂得差不多了，说："趁现在还早，我们快去吧。"向振熙走出厨房，说："警予，你们刚回来，又要上哪里去？我饭快做好了呢。"

向警予说:"姑妈,我们有点事,一会就回。"向警予抱着毛岸英,杨开慧抱起毛岸青,随后跨出厅屋,走向大街。

上了街,毛岸英说:"姨,我们到哪里去?"向警予说:"去一个让你和弟弟高兴的地方。"毛岸英说:"高兴的地方,是什么地方呀?"向警予说:"给你和弟弟留个永久纪念的地方。"毛岸英似懂非懂,望着向警予。向警予看着毛岸英,不由想起自己的两个孩子——妮妮和博博。她生下他们,因为工作压头,便放在了长沙,他们现在也有岸英和岸青这么大了。她看着怀里的毛岸英,忍不住亲了一下他的脸蛋。

杨开慧见向警予眼睛里闪着泪花,说:"姐,想女儿了。"向警予说:"想,想。我家妮妮和岸英差不多大,博博也有岸青这么大了。妹子呀,别看我每天风风火火,其实,我心里时时都在想我的妮妮和博博。"杨开慧说:"你这么想他们,干脆,把他们接过来。"向警予说:"那我们这里会成幼儿园了。"杨开慧笑道:"没关系,有我妈。我妈有四个人喊她外婆,会更高兴。"向警予摸了一下岸英的小脸,叹了口气说:"我是想啊,可是,我在党组织这边、国民党上海执行部那边都担任了职务,若两个孩子来了,只有靠姑妈,姑妈怎么照顾得过来。"

来到一个十字路口,向警予在拐弯处回头看了看,见没有人跟踪,就又牵着毛岸英向前走。来到南京路王开照相馆,向警予又警惕地回头看,见街上行人无异常,便说:"进去吧。"

走进照相馆,向警予去柜台交钱开票,杨开慧忙上前拦住说:"我自己来。"向警予早掏出钱递给柜台,说:"我给我侄子掏钱照相,这有什么。"

走进摄影室,杨开慧将毛岸青放在凳子上坐着,毛岸青因为小,坐不稳,向警予便叫毛岸英在旁边扶着。毛岸英年纪小,扶不住。尽管摄影师手中的小货郎鼓摇得咚咚响,毛岸青身子还是歪着。杨开慧只得上前帮忙扶正毛岸青,可她一离开,毛岸青还是坐不稳。经过一番折腾,毛岸青哭了起来。

摄影师说:"你俩谁是孩子的妈妈?"杨开慧说:"我。"摄影师说:"小的太小了,难得坐稳,你去把小的抱起来。"杨开慧说:"你是说叫我和他俩一起照?"摄影师说:"是呀。母子三个合照,不是更好嘛。"杨开慧犹豫着,这怎么行呢,中央有规定,机关工作人员和家属不得上街照相。

"去吧,"向警予见状说,"你不去,这相照不好呢。"杨开慧还在犹豫,向警予把她推到椅子旁,把毛岸青抱起,放在她怀里,又让毛岸英站在椅子旁，说："好啦好啦，岸青，乖，看前面，看前面……"

摄影师的小货郎鼓又摇得咚咚响："看着我，看着我……哎……"毛岸青乖乖地坐在杨开慧怀里，毛岸英倚靠在她身边，母子三人看着摄影师手中的货郎鼓。只听照相机"咔嚓"一响，摄影师叫了一声："好。"杨开慧母子三人便留下了这张永恒的合影。

过了几天，杨开慧去照相馆取回相片，向振熙看得满脸是笑，说："照得好，照得好。"毛岸英拿过来看，看着看着，忽然问："妈妈，爸爸怎么不照？"杨开慧说："爸爸不照，因为……爸爸没时间。"

杨开慧虽然这么解释，可心里还是不踏实，担心毛泽东看见了会批评她，便把照片收藏起来，说："这张照片没照好。不要告诉你爹我们拍了照片。"她拿过岸英手里的相片，进了卧房收藏起来。小岸英不解，这张照片哪里不好？妈妈为什么要藏起来？他悄悄地跟在后面，见妈妈并没有毁掉照片，而是把照片藏起来了。

3

毛泽东下班后走出执行部，碰上恽代英。恽代英一脸的不悦，愤愤地说："童理璋是个卑鄙小人。"恽代英在上海大学兼任教授，听学生黄仁说谢持不愿重新登记是童理璋在背后鼓噪捣鬼的。重新登记的风波过后，童理璋和喻力沛又召集一帮人在上海大学开会，商议把执行部的共产党人挤出去。叶楚伧与童理璋、喻力沛都是名副其实的分共派。胡汉民和汪精卫去广州任职，上海执行部由叶楚伧负责，部内的分共势力也如水底的沉渣都浮了上来。

"现在国内军阀混战，革命尚未成功，这些国民党右翼分子就要求分共。我们党对依靠谁的问题也争论不休。"恽代英性格刚烈，眼睛容不得一点沙子，"我们不仅要防军阀，还要防君子，防小人。润芝，你是秘书科主任，要不，你牵头，我们把部里的情况向孙中山先生反映一下，请他叫胡汉民、汪精卫回来。若他俩不能回，请他另派人接任。不然，执行部群龙无首，会越来越乱。"毛泽东说："你这个想法好，我考虑一下。"

两人分手后，天色已暗，街上的霓虹灯亮了起来，毛泽东在夜色中来到石库门弄堂口，机警地回头看了看，见没有什么异常，才大步向家里走去。

毛泽东跨进家门，毛岸英便从卧室里跑出来，手上藏着那张刚刚找到的相片。毛泽东把毛岸英搂在怀里，亲着他的小脸蛋，道："岸英，什么事情这么高兴？我们毛家的《百字铭训》，记得了不？"

毛岸英说："记得。孝悌家庭顺，清忠国祚昌。礼恭交四海，仁义振三纲。富贵由勤俭，贫穷守本良。言行防错过，恩德应酬偿。正大传耕读，公平作贾商。烟花休入局，赌博莫从场。族党当亲睦，冤仇要解忘。奸谋身后报，苛刻眼前光。王法警心畏，阴功用力禳。一生惟谨慎，百世有馨香。"

毛泽东高兴地说："不错不错，我儿岸英好记性，孺子可教也。"

毛岸英很得意，突然亮出手上的照片，说："爸爸，你看，这张相片，有妈妈、我、弟弟。"毛泽东接过相片，看得笑了起来："好，好。"毛岸英却指着相片说："爸爸，这张相片不好。"毛泽东看看相片，又望着毛岸英："哪里不好？"毛岸英说："这张相片有妈妈，有我，还有弟弟，没有爸爸。"毛泽东看着照片说："岸英说得有道理。不过，这张照片有岸英、岸青，还有你们的妈妈，爸爸想你们了，就可以拿出来看。"说着，他亲了一下岸英的脸蛋。杨开慧没想到毛岸英把照片翻出来了，正在一旁忐忑不安地看着，见毛泽东这么说，不由松了口气。

过了一会儿，毛泽东叫岸英去外婆那屋里，向杨开慧招招手。杨开慧走近他，毛泽东拿着照片晃了晃，皱着眉头问："开慧，这什么时候照的？"杨开慧立即明白毛泽东还是不高兴，便赌着气，冷冷地说："才照没几天。"毛泽东脸色大变，说："在哪里照的？谁叫你去照的？"杨开慧说："上海王开照相馆。照张相，有什么大惊小怪。"

"有什么大惊小怪？"毛泽东的脸色更难看了，"你这不仅是大意，简直是儿戏。"

"儿戏？我照张相，怎么儿戏了？"

"你看这张照片，"毛泽东说，"我想念你们时，可以拿出来看看。可是，如果落在敌人之手，你说，会怎么样？你说，这是不是儿戏？！"

"不会那么严重吧。"杨开慧一听，声音低了几分。

"你还麻痹大意！中央制定纪律，规定领导干部及家属，不许随便上街，不许串门照相，就是防止暴露，希望大家平平安安呀。"

"我，我……"杨开慧委屈道，"岸英、岸青这么大还没照过相，我这不是……"

"没照过相,就可以这样大意,违背纪律吗?你知道中央为什么定这条纪律吗?本来,也许是一人危险,有了这张照片,甚至会给全家带来危险,给我们党带来更大的损失。要是敌人获得这张合照,你和岸英、岸青有什么闪失,我能放心吗?明知中央有规定,明知会带来危险,还去照相,你这不是明知故犯吗?"毛泽东越讲越气,越气便越担忧。忽然,他对杨开慧厉声道,"做事不考虑后果,违背纪律,会出大事的。你马上收拾东西,给我回家。"

"回家?"杨开慧一怔,委屈道,"我才来几天,你就叫我回家?我不回家,不回家。我要留在上海,我还有很多事情要做。"

"谁叫你违背纪律?谁叫你去照相?不行,你马上回家。"

"我回什么家?我的家在哪里?我嫁给你,至今你家门朝哪里开我都不知道。"毛泽东很生气,杨开慧也不退让,两人争吵的声音越来越高。

毛岸英听到父母吵架,说:"外婆,爸爸为什么叫妈妈回家?我们也要回家吗?我们的家在哪里?"向振熙摇摇手,示意毛岸英不要声张。毛岸英要出去,向振熙忙拉住他。

楼下争吵的声音传到了楼上,向警予放下正在叠的衣服,说:"和森,他们吵起来了。"在书桌前审稿的蔡和森放下毛笔,侧耳听了听,说:"好像是为相片的事。""我们去看看。"向警予拉着蔡和森向楼下走去。

毛泽东说:"你回湖南去。为了安全,必须马上给我回家去。"

杨开慧说:"你说的,四海为家。你叫我回家,这里就是我的家。"

"润芝呀,"向警予边下楼梯,边叫道,"你欺负我妹妹,欺侮我们妇女同胞?"

"润芝,"蔡和森也道,"开慧是我和警予的表妹,也是我老师的女儿,你欺负她,就是欺负我呀。"

"向蔡同盟呀,"毛泽东说,"这个时候,你们就不要逗霸(湘潭话,意为:开玩笑)了。"

向警予走到杨开慧身边,面朝毛泽东说:"润芝呀,谁跟你逗霸?你明明知道开慧是我表妹,你欺侮她,就是欺侮我。"

毛泽东欲笑不能,欲气不能,欲罢不能,说:"你们呀,就不要凑热闹了。"

向警予说:"润芝呀,这可不是凑热闹。你有什么大不了的事,对我表妹这样发火?"

毛泽东说："我会随便发火吗？警予呀，开慧带着小孩上街照相，违反纪律，留下隐患，会要出事的。你看你看。"

向警予接过照片，看了看，又递给蔡和森，说："好，照得好。和森，你看是不是？"

蔡和森看着照片说："是照得好呢。"

毛泽东说："你们还说好。"

向警予说："润芝，你说，岸英和岸青兄弟可爱不可爱？"

毛泽东说："警予呀，正因为岸英和岸青这么可爱，我才担心呀。"

向警予说："你担心什么？"

"岸英和岸青是我的儿子，我怎么能不担心？你俩都知道，现在斗争这么复杂，任何疏忽，都可能带来危险。开慧照这张相，不仅违背了中央纪律，还留下了隐患，所以，为了安全，她必须带着岸英、岸青马上回长沙。"

向警予道："噢，润芝呀，忘了告诉你，开慧去照相，是经过我特批的。"

毛泽东一愣，说："你特批的？"

"对呀，是经过我特批的。她是我的助手，和我在上海纱厂开展妇女工作，立下了汗马功劳。她有这个想法，我当然同意呀。"

"你，其他事你可以同意，这件事怎么能行？这张照片一旦落入敌手，那后果将是不堪设想的。"

向警予道："告诉你，既然是我批准的，我就要负责。"

毛泽东又一愣："你负责？"

向警予道："对。这次照相，不仅是我同意，还是我陪她去的，全部过程我都留意了，没有跟踪，没有危险因素，照相馆的老板也没有不良嗜好，底片也及时取回来了。"

毛泽东说："哦，真是你陪她去的？真的没留下什么后患？"

"我难道还会害我妹妹吗？"向警予故作认真地对毛泽东说，"润芝啊，我们正在组织妇女解放运动，维护妇女的权益，你竟然在我的鼻子底下欺侮女同胞，胆子不小啊！"蔡和森在一旁忍不住捂嘴偷笑。

毛泽东脸色也有些和缓，道："我欺侮妇女，欺侮你妹，这从何说起？"

"杨开慧同志党性原则是很强的，她还对我说，中央有规定，不能照。没有我同意，她会这么做吗？你怎么不相信她呢？你这不是明摆着欺负妇女同志吗？"毛泽东在一旁嘿嘿地笑了起来。"你嘿嘿什么？"向警予把毛泽东往杨开慧身边推了一把,说,"去,向开慧同志道歉。"蔡和森看着毛泽东的尴尬样子,呵呵地笑起来。

毛泽东走近杨开慧,说:"真是你姐同意的?"杨开慧耸着肩,甩开毛泽东的手,捂住脸委屈地抽泣。毛泽东又扶住杨开慧,杨开慧又扒开他的手,向卧室跑去。毛泽东面对向警予尴尬道:"这,这……"

向警予又推了一把毛泽东:"怪谁?进去呀。"

毛泽东快步走进卧室,杨开慧正委屈地坐在床边。毛泽东走到床边,杨开慧起身走到书桌旁。毛泽东走到书桌旁,杨开慧又起身要出去。毛泽东拦住她,扶着她坐在床边。

室内沉寂无声,毛泽东点起一根烟,抽了几口,拿起那张照片看,看着看着,看得笑了:"开慧……"杨开慧不吱声。毛泽东又叫道:"开慧呀……"杨开慧别过身子,以背对着毛泽东。毛泽东笑道:"警予讲得对,这张照片是照得好呢。"杨开慧忽地转过身,从毛泽东手上抢过相片,拿在手上撕起来。

"哎,哎……"毛泽东忙伸手拦住。杨开慧还要撕,却被毛泽东握住两只手,"不要撕,不要撕。"

杨开慧赌气道:"留着干什么?这是危险隐患,这是违背纪律的东西。"

毛泽东把相片抢过来,说:"既然是警予姐陪你去的,那就不会有安全隐患,既然经过她同意,那就不是违背纪律。"杨开慧伸手还要抢相片,但不如刚才坚决了。毛泽东说:"哎,我看还是照得不错。你看你,岸青在你怀里抱着,岸英站在你旁边,显得多温馨,多和谐哟,只是还有一点遗憾。"

杨开慧仍板着脸,说:"什么遗憾?"

"你看,要是岸英的爸爸抱着他坐在你旁边,那就更完整,更和谐了。"

杨开慧马上转过头,赌气道:"岸英的爸爸太忙,我不敢惊动他。"

毛泽东扶着杨开慧的肩,说:"还生我的气?我是担心你们的安全。若是这张照片落入敌手,你和岸英、岸青有个什么意外,那不是要了我的命吗?我不想你们有什么危险。你们三个,都是我的亲人。我怕失去你们啊。"毛泽东一脸忧戚。杨开慧终于忍不住,扑在毛泽东怀里抽泣起来。

毛泽东抚摸着杨开慧的头,说:"好了,好了。我今天犯了一个错误,没有把情况搞清楚,就急,就生气,就批评你。警予说得对,她表妹杨开慧同志原则性很强,杨开慧是毛泽东的好妻子。"

杨开慧破涕为笑,嗔怪道:"你不相信我。我什么时候对你撒过谎啊。"

毛泽东说："我应该相信你，以后绝对相信你。这张照片，你好好保存。我还没和你们照过相。其实，我经过照相馆时，也想我们照个全家福。可是，不行啊，斗争太复杂了。我们从事的事业随时会要掉脑袋的。我不想给你们留下一点危险的因素。开慧呀，等到革命成功了，我们一定一起去照张全家福。"

第五章 双十节事件

1

叶楚伧上次请谢持喝茶,是在得意茶楼,这回谢持请来几个绅士品茶,也是在得意茶楼。童理璋代谢持张罗,因为人多,他选了一个大包厢。

长胡子绅士说话结巴,却又偏偏爱说,喝了两口茶,直奔主题,说:"这憋……憋得……难受,被逼……逼重新登记,这口气憋……憋了几……几天,难受。我们得找找毛泽东出……出这口……气。"

谢持说:"我那天是鬼拍了脑壳,不知怎么就听了毛泽东的,又填表重新登记。我今天请大家喝茶,就是向大家表明,我再不会心慈手软。因为反共,我被孙中山先生冷落。但我谢持为了党国的前途,不怕被冷落。"

"好!好!"众人一齐叫道,"有谢委员带头,我们一定能把毛泽东清出去。"

这茶喝到吃晚饭时分,童理璋起身先告辞。走出茶楼,他忽然看见黄仁的背影,看来他也是从得意茶楼出去的。童理璋不由起了疑心,忙向前赶了几步,悄悄跟上去。

黄仁走了几条街,来到茂名北路,回头见身后没人跟踪,便向石库门弄堂走去。童理璋见黄仁进了毛泽东的住宅,十分惊讶,忽又见毛泽东送邵力子走出家门,这是怎么回事呢?如果说黄仁是个还不懂事的年轻人,那这个邵力子,可是前清举人呀,竟然也着了毛泽东的魔?以前他对叶楚伧说邵力子被毛泽东收买了,叶楚伧还不相信。这下好了,他亲眼看见的。

童理璋坐着车赶到叶家,喻力沛正好也在。童理璋急匆匆地说:"叶部长呀,没想到,真是没想到。黄仁是共产党,还有,那邵力子的屁股也坐在毛泽东那里去了。"

叶楚伧说："你讲话得有根据。"

童理璋把自己刚才看见的告诉叶楚伧，说："不是我亲眼所见我也不信。他们在一起谈得十分投机。叶部长，你把邵力子当朋友，他却和毛泽东穿一条裤子。"

喻力沛说："太可怕了，毛泽东真是无孔不入呀。如此下去，我党都要被他毛泽东同化了。叶部长，我们得小心提防。"

童理璋说："提防？那多麻烦。"

喻力沛说："麻烦？依你说，怎么办？"

童理璋做了个手势，狠狠地说："干脆，干掉。"叶楚伧摇摇头。

喻力沛说："叶部长的意见是？"

叶楚伧说："毛泽东是动不得的。他是孙中山先生器重的人，一大的候补执行委员，又是上海执行部委员，不能动。"

童理璋说："叶部长，猴子不能杀，我们可以杀鸡呀。"

2

邵力子是做学问出身的，对陈独秀很崇敬。早些年，他与陈独秀等人在上海发起马克思主义研究会，后又以国民党员的特别身份跨党转为中共党员。他读过杨昌济的著作，对杨昌济仰慕已久，一直想去北平拜见他，却不想杨昌济病逝，让他留下遗憾。这回听说杨昌济夫人向振熙和女儿杨开慧来了，邵力子就特来看看，并送上两包糖果给岸英、岸青。楼上蔡和森、向警予夫妇听见说话的声音，也下来陪邵力子喝茶。

闲谈中说到部里最近的事，蔡和森说："那天谢持带人那么闹，叶楚伧也没出来管管。"毛泽东说："俄国十月革命后，孙中山先生决心改组国民党，提出'联俄、联共、扶助农工'三大政策，这个谢持跳出来反对。现在，他常来执行部，和叶楚伧来往密切，叶楚伧怎么会管他？"向警予说："叶楚伧身为执行常委，谢持他们这么闹，他躲在办公室不露面，邵先生，你说他是看热闹的，还是和谢持一伙的？"邵力子说："这个，我，我不好说。"其实不用说，谁都知道谢持、叶楚伧是国民党右翼分子，一个鼻孔出气。毛泽东见邵力子不表明观点，说："警予，你不要为难邵先生，邵先生是厚道人。他和叶楚伧是老同事。"蔡和森见毛泽东来解围，便说："对，对，我们都是旁观者，邵先生不必在意。"

这时，黄仁走进来，邵力子借机告辞。毛泽东送邵力子到门外，邵力子握住他的手说："润芝呀，我敬仰昌济先生，同样也敬佩你。我有预感，你非等闲之辈，会成就一番事业。"毛泽东笑道："邵先生这是爱屋及乌呀，我沾了我岳父的光。"两人哈哈大笑。没想到这一幕落在了童理璋眼里。

第二天，毛泽东到部里不久，谢持就领着一帮人闯进来，叫嚷着直奔毛泽东办公室。毛泽东昨日已从黄仁口中略知一二，迎上去，问道："噢，你们又来了，有何公干？"

谢持盛气凌人地说："你是负责组织工作的，我们有件纯洁组织的事，要求你致电广州。这也是广大党员的意见！"

"不知谢先生有什么事要我致电广州？"

"致电广州，向孙中山先生要求，坚决反对'容共'，把国民党内的共党分子清出去。"

毛泽东眉头一皱，脸一板，冷冷道："谢先生，这事恕难从命。"

谢持说："你是负责组织工作的，为什么不能从命？"

毛泽东说："首先，这违背了孙先生的意愿；其次，这是你们少数人的意见，不是上海全体党员的意愿，所以，这个电报我不拍。"

谢持蛮横地说："你必须拍！"一道而来的人也叫嚷着："必须拍！这是我们坚决要求的，坚决要求的。"

邵力子在一旁看不过，说："谢先生，毛先生要致电广州，那必须是执行部的意见，你们不要为难毛先生。"

谢持狠狠地盯着邵力子说："我为难他？我为难他又怎么样？你的屁股坐到哪里去了？怎么和他一个鼻孔出气？"

邵力子对谢持自然是了解的，见他这么不讲理，愤然道："你这是无理取闹。"

童理璋本在一旁幸灾乐祸地看热闹，见邵力子帮毛泽东出头，挤了上去，说："你这个臭举人，管什么闲事，这里没你的事。"

邵力子本已对童理璋厌恶，见他大庭广众之下如此跋扈，也不示弱，骂道："童理璋，你是个什么玩意？卑鄙小人！"

童理璋叫嚷道："诸位，你们知道吗，这个臭举人，叶部长对他仁尽义至，他却背后捅叶部长的刀子。出卖朋友，两面三刀，这样忘恩负义的东西，大家说，该怎么办？"

有人附和道："给他一点教训。打！打！"

童理璋叫道："臭举人，怪不得老子了，这是大家的呼声，打死你了，也怪不得老子。"说着，他挥拳向邵力子打去。

邵力子欲挥手拦挡，却被其他人拖住，很被动，更无法还手。屋内乱成一团，毛泽东冲过来劝解，也被几个人拦住。向警予和几个同事上前劝阻，都被拦在外围。童理璋趁机挥拳猛击邵力子，邵力子被打得直叫。毛泽东忙登上办公桌，居高临下，大声喝道："童理璋，住手！"童理璋被毛泽东的喊声震住了。这时，恽代英、蔡和森几个人挤进来，扭住童理璋，扶起满头流血的邵力子。毛泽东指着童理璋骂道："还敢打人，无法无天了！送到叶部长办公室去。"

其实，谢持一进执行部，叶楚伧就知道了，但他反把办公室门闩了，坐山观虎斗。众人扭着童理璋去敲叶楚伧的门，谢持慌了神，想溜，忽又听毛泽东喊道："谢先生，你现在不能走。"谢持进退两难，只好随大家进了叶楚伧办公室。

叶楚伧一见邵力子被打得头破血流，装模作样地叫了一声："哎哟，邵夫子，流这么多血。"向警予、恽代英指着童理璋和喻力沛说："是他俩打的。"叶楚伧却视而不见，扶着邵力子道："救人要紧。快送医院，快送医院。"

邵力子被送到医院，头缠上了绷带，躺在病床上痛苦地呻吟着，往日的斯文和儒雅不见了。毛泽东和杨开慧、恽代英来看邵力子，部里的同事施存统、邓中夏、刘伯伦也来了。众人都愤愤不平。恽代英义愤填膺，要邵力子表态，他去联络大家找叶楚伧算账。邵力子却沉默不语。他和叶楚伧毕竟同事多年，想当初两人勠力同心，同仇敌忾，写文章编报纸揭批袁世凯，何等痛快淋漓。今天叶楚伧看着他挨打，竟黑白不分，是非不辨，他不由心寒，但又不好撕破脸皮。恽代英还想往下说，毛泽东拉了拉他，说："看来邵先生还念着旧情……我们走吧，让邵先生休息。"

走出医院，恽代英说："润芝，你刚才怎么不让我继续问呢？邵力子一定有叶楚伧的什么秘密。如果再问一问，邵先生就会说出来，我们就更主动了呀。"

"邵夫子是个厚道人，不要为难他。"毛泽东说。

回到部里，毛泽东、恽代英、施存统、邓中夏、刘伯伦一起去找叶楚伧理论。叶楚伧一见他们愤怒的脸色，吓了一跳。毛泽东说："楚伧先生，请你放心，我们不会效仿谢持，更不会像喻力沛、童理璋那样动手打人。"

"那，你们，要干什么？"

毛泽东说："要找叶先生讨个说法。谢持和童理璋、喻力沛纠众闹事，执行部是您主事，出了这么大的事，您应该站出来表明一个态度。"

叶楚伧说："态度？什么态度？"

毛泽东说："童理璋、喻力沛把邵力子打成这样，应该严肃处理，他俩不配在执行部工作。谢持不在我部工作，我们无权处理，但也要上报中央和孙中山先生。"

恽代英接着说："童理璋、喻力沛败坏党的声誉，必须清除出党。"

叶楚伧说："你们要我把童理璋、喻力沛清除出党？你们知道吗，还有相当一部分人向我反映，要把你们清除出党呢。你说，我该怎么处理？"

毛泽东说："你这是什么态度？邵先生被打，你不能不管。你这个样子，是主持不力，迹近纵容，哪像个执委常委？"

叶楚伧傲慢地叫道："我不像执委常委？毛泽东先生，请你注意自己的身份和言辞，有问题可以向组织提，或者直接与孙中山先生说。"

毛泽东说："叶先生，你主事不力还盛气凌人。告诉你，我们就是要向孙中山反映，这是对组织负责。"

叶楚伧说："你们去反映呀！哈哈，看你们能把我怎么样。"

"不可理喻。"恽代英指着叶楚伧的鼻子骂了一句，几人气冲冲地走出门。

进了毛泽东办公室，恽代英说："润芝，我们联合致函孙中山先生，控告叶楚伧主事不力。"

"好！"众人愤愤地说。他们商议了一阵，由毛泽东执笔，起草联名信，众人签上名字，寄给了孙中山。

叶楚伧听说毛泽东联合几个人致函孙中山告他，又恼又怒。晚上，他叫童理璋把谢持、喻力沛等人叫到得意茶楼。童理璋还带来两个彪形大汉，彪形大汉手臂上有青色的纹身，叶楚伧眉毛直皱。童理璋知道叶楚伧反感，忙打发两个打手到大堂去喝茶。

叶楚伧待两个打手出去，说："你打了人，毛泽东要我处分你。你又叫来两个打手，想出命案？"童理璋说："我是怕毛泽东他们报复，有这两个人，安全。"叶楚伧说:"你以为毛泽东那样蠢吗?他要搞你,只会动口,不会动手。"谢持说:"叶部长说得对,毛泽东是个君子,是只会动嘴的人。不过,毛泽东也太幼稚了,要您处理童先生、喻先生,那不是要您打自己的嘴巴?"叶楚伧说:"毛泽东要我听他的,我会听他的吗?笑话。"谢持说:"诸位,叶部长和我们肝胆相照,我可以为叶部长肝脑涂地,你们呢?"童理璋拍着胸脯说:"叶部长,我们跟着您,听您调遣。"叶楚伧说:"他们已将这件事报告孙中山先生了,但我是决不会妥协。只要大家齐心,把毛泽东赶出上海,我一定宴请诸位。"

3

这年仲夏,江浙战争爆发,江苏督军齐燮元与福建督军孙传芳、安徽督军张文生,联合攻打浙江督军卢永祥。卢永祥兵败退往上海,呼吁上海各界予以支援。国民党上海执行部一些人竟然表示要支持卢永祥。毛泽东却认为,国民革命就是要打倒军阀,军阀混战,不应支持任何一方。叶楚伧根本不理睬毛泽东的意见。

毛泽东回到家,十分郁闷,愤怒地说:"齐卢战争爆发后,嘉定全县死难者数千,流离失所者十万余众。黄渡地区为两军争夺的焦点,交火最早,相持最久,战祸最烈。黑帮匪徒乘机闯进民宅搜掠金银财宝,甚至按户索饷,纵火焚屋,很多人家被搜掠一空。卢军败退,联军又来搜掠一次。军阀混战,百姓遭殃啊。"杨开慧说:"那我们应坚决反对呀。"毛泽东说:"是呀,可有些人竟然呼吁支持卢永祥打回去。据说,东北张作霖准备帮卢永祥。如果张作霖一来,这个仗还得打下去,打来打去,还是百姓遭殃。"杨开慧说:"执行部这边不行,以中共的名义反对呀。"

毛泽东找到陈独秀,说了他的想法。陈独秀认为军阀混战,哪一方都不能支持。他让毛泽东起草一个通告。毛泽东在通告中陈述江浙战争是军阀争夺地盘与国际帝国主义操纵中国政治的一种表现,要解救中国,唯有国民革命,故共产党反对与任何军阀结盟。

陈独秀和毛泽东联合署名的通告在《国民日报》刊出来后,叶楚伧很不高兴,把童理璋、喻力沛叫到办公室,说:"齐燮元纠集孙传芳、张文生跑到浙江来打卢永祥,当然是齐燮元不对,浙江督军卢永祥保卫家园,当然是正义之师。"童理璋说:"中共还组织了工人、学生上街,宣传陈独秀、毛泽东发布的通告。叶执委,我们是不是也组织上街?"叶楚伧眉头一皱,说:"我们为什么要跟在人家屁股后面跑?双十节快来了,你们以执行部的名义,在天后宫举行辛亥革命十三周年纪念大会,力沛在会上搞个演讲,要与毛泽东、陈独秀的通告针锋相对,要公开表态,支持浙江督军卢永祥。"

天后宫是宋代创建的道教宫观,在上海县的东北方向,古称顺济庙,奉祀海神妈祖,有文昌阁、关帝祠、雷祖殿。咸丰三年,小刀会据城,毁损大半,后又得住持凤朝阳募修,游人香客甚多。

双十节那天,游人本来就够多,加之童、喻二人的组织,会场上人山人海。谢持和一些绅士遗老也来捧场。童理璋带着一帮打手,还有那两个彪形大汉,在台下监视着会场,以防有人干扰集会。

喻力沛上台演讲,挂羊头卖狗肉,说是纪念双十节,却是给卢永祥涂脂抹粉:"我们要打倒军阀,就是要帮助卢永祥打倒曹锟,打倒吴佩孚。浙江督军卢永祥保家卫国,是为正义而战,我们所有国民应一致拥护卢公……"

忽然会场骚动起来,只见一张张传单撒向天空。在会场中央撒传单的是杨开慧、向警予和几个女工,在围墙边撒传单的是黄仁,还有他的同学左姗、郭伯可、何秉以、施存统。一时间,会场上的人纷纷伸手接空中飘落的传单。

童理璋捡起一张传单,见是毛泽东、陈独秀签发的通告,还写着"打倒帝国主义,打倒军阀"等口号。他手一挥,那些打手朝撒传单的人扑了过去。

喻力沛不顾传单满天飞,也不顾台下呼喊的口号声,还在慷慨激昂地演讲,黄仁忍无可忍,气得向主席台跑去。左姗拦住道:"你去干什么?"黄仁推开左姗。杨开慧和向警予也觉得危险,朝黄仁喊道:"小黄,不要去,不要去。"

黄仁爬上讲台,喻力沛一见,喝道:"你来干什么?"黄仁站在台上说:"诸位同胞,我是上海大学的学生,喻先生刚才的演讲很精彩,我想向他请教几个问题,可以吗?"喻力沛本不想理睬,见郭伯可、何秉以、施存统也爬上了主席台,只好说:"请问吧。"黄仁说:"喻先生,浙江督军卢永祥和曹锟、吴佩孚一样,都是军阀,你为什么要帮卢永祥?"喻力沛说:"齐燮元纠集福建的孙传芳、安徽的张文生,侵犯浙江,是一种侵犯他人的行为。

卢永祥虽然是军阀，但他是保卫浙江，保卫家园，是为正义而战，我们应该支持卢公。"

黄仁说："这场战争，说到底，是军阀混战。自战争爆发以来，难民四处逃避，有遗弃婴孩而临河涉水者，有单衣外逃伏田沟二三夜者，有误中流弹毙命不及收殓者。三乡民宅，尽被捣毁搜掘一空，兵匪横行，难民无衣无食，号寒啼饥者，遍地皆是。军阀混战，百姓遭殃，卢永祥参加军阀混战，有何正义可言？你的理由似乎难以让人信服。国共合作的基础是反帝反封建，反对任何军阀。请问喻先生，你为什么要支持军阀？"

喻力沛一时语塞。黄仁说："各位同胞、各位朋友，卢永祥是个不折不扣的军阀，他参加军阀混战，争权夺利，给人民带来灾难，我们一样要反对。我们要打倒所有的军阀！"杨开慧、向警予领着台下的工人、学生大喊口号，呼应台上的黄仁。

童理璋暗中朝两个彪形大汉招手示意。两个彪形大汉点点头，又呼来几个打手，一跃跳上主席台，对黄仁、郭伯可、何秉以等人拳打脚踢。台下，军警冲进人群，驱散散发传单的工人、学生。黄仁、施存统逃出围殴，回头见郭伯可、何秉以还在被围住殴打，忙又回头救援。童理璋指着黄仁叫道："干掉他。干掉他。"一彪形大汉冲向黄仁，在他背后挥拳猛击，黄仁一个趔趄，差点摔倒。彪形大汉又抓住他，一拳猛击过去，黄仁被打得口吐鲜血，在台上踉踉跄跄。左姗爬上台，拖住彪形大汉。彪形大汉猛力一推，左姗也倒在台上。彪形大汉又对被打得晕头转向的黄仁猛地踢来一脚，黄仁猝不及防，从七八尺高的主席台上摔下来，顿时口鼻流血，不省人事。

4

杨开慧坐着三轮车在人群中穿梭，她一脸的忧愤，黄爱和庞人铨被杀仍历历在目，才多久啊，又一个可爱的小兄弟黄仁被打成重伤。医生说他的伤势太重，脑部、胸部严重内出血，危在旦夕。这是多么疯狂与野蛮啊！她不由担忧起来他的爱人毛泽东，还有那些抱着同样信仰和理念的同志！

车离三曾里尚有一段距离，杨开慧便下了车，警觉地回头左右看了看，待三轮车离开，才向中共中央机关所在地走去。

毛泽东、陈独秀正在召开会议，参加会议的还有蔡和森、罗章龙、谭平山、王荷波。毛泽东听说有人找，忙走出会议室，见杨开慧悲愤难抑，忙跑过去扶住她。

"润芝，黄仁被打成重伤，正在抢救，还不知能不能救活。"杨开慧忍不住伤心抽泣着。

毛泽东抚住杨开慧的双肩，扶她坐下。他才和陈独秀发表联合公告，叶楚伧他们就针锋相对地召开集会，还打伤学生，这不仅是给他脸色看，也是执行部内部矛盾的外延扩张。陈独秀知道情况后同样义愤填膺，吩咐毛泽东、蔡和森先去医院看望。

毛泽东、杨开慧、蔡和森赶到医院抢救室。黄仁的同学都在走廊里，左姗在向警予怀里哭得出不了声。这时，抢救室的门打开，推出两台手术车，躺着的是郭伯可和何秉以，他俩的伤已处理好了。左姗扑向一个年长的医生，询问黄仁的伤情，医生一时无语。毛泽东忙走上前，说："大夫，黄仁是她的同学。"年长医生脸色沉重，说："他的伤势太重了，已无法抢救。"

毛泽东和大家来到抢救室，只见黄仁躺在手术台上，身上的白布浸染着鲜红的血迹。左姗忽地扑在尸体上放声大哭，有几个女学生也忍不住哽咽着。

毛泽东含泪走出抢救室，说："我们不能沉默，也决不放过凶手。我们要让全上海，让全国人民知道，这是反革命的卑劣行为。"

回到茂名北路石库门住处，毛泽东点着一根烟，他想起了黄爱、庞人铨，黄仁和他俩一样，都是优秀的青年，都献出了年轻的生命。不同的是，黄仁是一个年轻的跨党党员，因为坚持打倒军阀，就被打成重伤而死。国民党中的右翼分子如此嚣张，合作还能维持下去吗？

5

这几天，叶楚伧的办公室也不安静。先是执行部议论纷纷——双十节纪念活动上打死了人，组织该活动的执行部必须承担责任！这显然是毛泽东的口气。接着，一家报纸上发表《这是右派的行动吗，还是反革命？》一文，言辞犀利，如一支支利箭。叶楚伧还没缓过劲来，又发现《中国青年》《民国日报》《向导》都发表了控诉谴责的文章。

童理璋、喻力沛两人正如丧家之犬，向叶楚伧求援，没想进了办公室，却被骂得狗血淋头。"你俩脑壳长在屁股上了？你们看，你们看！"叶楚伧把报纸向童理璋、喻力沛摔过去，骂道，"所有的报纸刊物都是这个内容。"

"叶部长，"喻力沛心虚气弱，低声下气道，"您不知道，当时我在演讲，那个黄仁仗着有毛泽东撑腰，带领几个学生冲上来与我辩论，弄得我很尴尬呀。"

"你们教训一下那小子就可以啦，怎么弄出人命来了？"

"叶部长，"童理璋点头哈腰解释道，"我是叫他们教训一下，没想他们下手重了点。"

"叶部长，"喻力沛又说，"这个黄仁跟毛泽东跟得很紧，我看，死了也好，断了毛泽东一只手。"

二人虽然愚蠢，办事倒是不惜力，以后还用得着，叶楚伧不由语气缓和了："打死一个黄仁也没什么，不过，不要在这样的场合下手呀。"

这时，外面走廊上闹哄哄的，童理璋将门拉开一条缝，只见左姗领着一群学生正在他和喻力沛的办公室前擂门大叫。

邵力子走出办公室，劝道："你们不要砸门，有事好好说。"

施存统吼道："我们要找杀人凶手。杀人凶手，快出来。"

喻力沛一听，吓得慌作一团。童理璋慌慌张张道："叶部长，来了一群学生，要找我俩算账。"

叶楚伧走到门边，从门缝窥看走廊上激愤的学生。忽然，他听有人说："童理璋到叶部长办公室去了。"他忙把门关好闩上，指着窗户说："你俩快走！"

童理璋三蹦两跃从窗户跳下去了，喻力沛走到窗口，朝窗外看了看跳下去的童理璋，扯了扯身上的西装，不敢跳。叶楚伧情急之中使劲把他往上推，他无可奈何，爬上窗台，却又不敢往下跳。童理璋叫道："快点呀，怕什么？让他们抓住，那就是死路。"喻力沛也顾不了许多，闭着眼睛跳了下去，虽是不高，还是摔倒在地，眼镜也不知摔到什么地方去了。童理璋帮他捡到眼镜，两人惶惶如丧家之犬，仓皇而逃。

叶楚伧见他俩走了，忙关上窗户，拉开门闩，拿起报纸，装模作样地看着。施存统带领一群学生拥了进来，见办公室只有叶楚伧，质问道："杀人凶手呢？怎么不见人？"

叶楚伧故作镇定，从办公桌后站起来，说："同学们，同学们，不要激动，我没参加天后宫会议，具体情况我们正在调查。"

施存统拿起桌上的报纸看了一眼，使劲一拍："报纸你都看了，还不知道？告诉你，我们都是目击证人。我们亲眼看见的，是童理璋指使打手把黄仁打死的。"

左姗说："喻力沛、童理璋是杀人元凶，把他们交出来。"

"喻力沛、童理璋不在办公室。这样吧，你们在这儿等等，我出去给你们找找。"叶楚伧想来个金蝉脱壳，赶快离开这个是非之地。

他来到走廊，不想遇上毛泽东。毛泽东拦住他说："楚伧先生，你上哪里去呀？"

叶楚伧仍匆匆往外走："噢，有点急事要出去。"

杨开慧、向警予、恽代英、蔡和森、邵力子也走了过来，拦住他。施存统听到外面的动静，带着学生从办公室跑出来，把叶楚伧团团围住。叶楚伧说："我那天没去天后宫，你们怎么找我要凶手？"

毛泽东说："楚伧先生，你那天是没去天后宫，但喻力沛、童理璋是你派去的，是执行部的人。人命关天，你是有责任的。"

叶楚伧说："喻力沛、童理璋就算是我派去的，但我没叫他们打死人啊。"

恽代英说："童理璋、喻力沛指示他人打死黄仁，罪责难逃，你脱不了干系。"

"是呀，他俩是你派去的，你有责任，他们败坏党纪，起码一点，必须将他俩清除出党。"说着，毛泽东将几份报纸递给叶楚伧，"你看看这些文章，喻力沛、童理璋的行为，在社会各界已引起公愤，严重败坏党的纪律。为挽回负面影响，维护执行部的声誉，我代表组织部向您提议，将他俩清除出党，并追究相关人员的法律责任。"

第六章　半年薪水欠条

1

第二日一上班,毛泽东、恽代英又来到叶楚伧办公室,以组织部和宣传部的名义,将处理喻力沛、童理璋的意见书交给他。叶楚伧接过意见书,什么也没说。过了几日,却一直不批。他不批,喻力沛、童理璋就无法处理。过了一段时间,黄仁被害一事传到了广州,叶楚伧迫于压力,才不得不开除两人的党籍。

叶楚伧心里很不是味道,便懒心懒意,不来上班。他不上班,执行部有如一盘散沙。这天,毛泽东经过财务室,发现里面叫嚷嚷的,是恽代英和几个人在与会计争吵。毛泽东走进去,问道:"什么事呀,这么热闹?"

"润芝呀,"恽代英说,"今天是发薪水的日子,又没钱发。部里几个月没发工资了,你说气人不。"

"是有几个月了。没钱,我也没办法呀。"女会计说。

"这个月的薪水又没有着落了?"毛泽东问。

"有什么着落,又是水中月,镜中花啰。"恽代英看了看女会计,说,"按道理,这么大一个上海,怎么会没办法?"

部里几个月不发工资,毛泽东觉得蹊跷,大家也不知到底是怎么回事。有人说是叶楚伧故意拖欠。自从汪精卫、胡汉民去了广州,叶楚伧主持工作,骑墙放纵,部内分共势力抬头,分歧不断,闹出一个个事端。问题越拖越多,叶楚伧竟以"办理党务困难"为由辞职回粤。毛泽东、恽代英联名致电广州,后在廖仲恺、汪精卫的力劝下,他才重回上海,却仍是在其位,不谋其政。

几天前,恽代英找到毛泽东,说:"我听说,叶楚伧、谢持还与童理璋、喻力沛搅在一起。"毛泽东说:"既然回来了,他为什么不到部里好好主持工作？几个月没发工资也不管管？什么原因？这不是癞子头上的虱子，明摆着的嘛，他是在拖，想拖得人心涣散，拖得执行部名存实亡，直到把执行部拖垮，最终，把我们一个个拖出国民党。"

恽代英平常发工资都要人家喊，这次怎么要得这样急。毛泽东问道："代英，你是不是有什么难处？"恽代英欲言又止。毛泽东说："有什么事就说出来，不要憋在心里。"

恽代英叹了口气，说："母亲年纪大了，体弱多病，现在几个月不发工资，我就没辙了。"

"哦，难怪，难怪。"毛泽东沉吟片刻，说，"你别急，我给你想想办法。"

"这——"恽代英推辞，"你也一样，几个月没发工资了。"

"我家里情况比你好些。"毛泽东说，"我还有些稿费没交给家里，你先拿着，应个急。"

2

毛泽东回到家已经很晚了，他见杨开慧把毛岸英、毛岸青哄上床睡觉了，就把脚步也放轻了。

"他们刚睡着。"杨开慧见毛泽东空着双手，说，"你买的米呢？"

"我……"毛泽东想起杨开慧叫他下班后买米回家，他却把买米的钱给了恽代英。

"你没空，明天我去买吧，再不买，没米下锅了。"

"钱没了。"毛泽东掏了掏口袋，笑道。

"怎么？丢了？"

"代英母亲生病了，部里几个月没发工资，我把钱给他应个急。"

"哦，老人治病是大事。"杨开慧没有责怪毛泽东，说，"只是我们积余的钱也不多了，全家五口人，在上海开销这么大，还不发工资，我们的日子也不好过。"

"我们虽有点积余，但坐吃山空也不行啊，得想个办法。"

这一夜，毛泽东迟迟不能入睡，感到身心疲惫。近来，国民党内部分共势力嚣张，共产党内部也出现了一些分歧。中共党员以个人名义加入国民党实现国共合作，是共产国际代表马林提出来的，陈独秀和张国焘当初是反对的，而毛泽东是赞同的。毛泽东认为中国革命的成功，仅依靠产业工人的力量是有限的，必须建立广泛的统一战线。中共成立到三大召开，党员仅有几百人，而自国共合作后，中共党员的数量以几何级数增长。虽然事实证明当初的决策是正确的，但马林调离中国后，陈独秀和张国焘又开始反对了，这不能不令毛泽东担忧。

毛泽东望着窗外的夜色，抽着烟，想不出个所以然，中国革命没有现成的理论，下一步该怎么走呢？他毫无睡意，便从书架上翻出《三国演义》。曹操、刘备、孙权，三人角逐，三国鼎立，各领风骚。看到入神处，他以毛笔批注，一根烟抽完，又点燃一根，浓烟缭绕，他忍不住要咳嗽，捂住嘴，但还是把杨开慧惊醒了。

一缕晨曦照射进来，天快亮了，看来毛泽东又是一夜未眠。杨开慧悄悄爬起来，来到厅堂，倒了一杯开水，走进书房。毛泽东看书正入神，全然不知。杨开慧将水递给他，毛泽东抬头望着她，一脸歉疚的微笑："我的瞌睡呀，这一向不知跑到哪里去了。我天天晚上找它，它就是不来找我，我只好又以书为伴了。"

"你别逗我开心了。"杨开慧心疼道，"老不睡觉怎么行？还是去看看医生吧。"

"看来看去，还是外甥打灯笼，照舅（旧）呀。"毛泽东忽然笑了起来，说，"张国焘听说我去了几次医院，医治不见效，说这不是一般的病呢。"

"是什么病？"

"思想病。"毛泽东呵呵笑道，"他说我这思想病，不是打针吃药能治好的。"

"你还笑。"杨开慧也知道，毛泽东近来在国民党上海执行部和中共中央两边都不是那么顺心，便安慰说，"润芝呀，张国焘说的也有道理。他说你是'思想病'，我看你是听错了，是思乡病。你是思念家乡，所以吃饭不香，夜不能眠。"

"呵呵，你这么说，我还真是犯了思乡病。举头望明月，低头思故乡。出门在外，时间一长，是想家了呢。"

"既然是思乡病，干脆回家养病去吧。"

"回家养病？"

"是呀，你去与组织说说，请假回家。"杨开慧见毛泽东还犹豫不决，叹了口气。

"怎么？开慧，你莫非也犯了思乡病？"

"我犯了思乡病有什么用？你有家可思、可想，我呢，我连想的家在哪里都不知道。俗话说，嫁出的女，泼出去的水。我是泼出去的水了，总不能老想着板仓的娘家吧。"

"哎，开慧，此话欠妥，我家就是你的家嘛。"

"你家就是我家，你的家在哪里？你带我去过吗？你说，我们结婚几年，岸英、岸青都这么大了，你带着我东奔西跑，在外颠沛流离，到现在你韶山毛家的屋门朝哪里开，我都不知道。你说，我想的家在哪里？不知道，怎么去想？"

"哈哈……"毛泽东倦意顿消，笑道，"娘子说的是，结婚几年，细伢子都生了两个，你还没进我毛家的屋门。"

"你呀，心里只装着一个大家，哪有我们的小家。"

"你这么一说，我也好想家了，想我儿时读书的学友，还有我福轩叔、新梅六哥他们。"

"我记得你说过，新梅六哥是乡里郎中，不如你回去请他看看。"

"是的，不如回去。"忽地，毛泽东的脸色明亮起来，笑道，"既然如此，我就带我堂客回家去看看。"

3

叶楚伧听毛泽东说请假，而且时间长达半年，嘴角不由露出一丝笑来。你毛泽东还是拖不起嘛，请假回家养病。什么养病？纯粹是借口。如果不是几个月没发工资，你毛泽东会走吗？叶楚伧真想放声大笑，却装着很惋惜的样子，说："回家打算看西医，还是中医？"

"我有个同宗老兄是乡里郎中，就请他帮我看看，吃点中药。乡里郎中好呢，有时一两个单方，就调治好了。如果好了，我就提前回来。"

"哦，不要急，不要急。你回家养病，慢慢调治，慢慢调治。病要养，养好为止。哦，到财务室看看，如果有钱，把这几个月的欠薪给你补发。"

"光发我一人，那就算了。"

"你是特殊情况嘛。"叶楚伧硬是把毛泽东拉到财务室，要女会计给他补发工资。

女会计皱着眉头说:"叶部长,账上没钱。"

叶楚伧道:"一点也没有吗?"

女会计说:"没有。"

叶楚伧愣愣地望着毛泽东,毛泽东也一言不发地望着他。叶楚伧说:"那就给毛先生打个欠条,打个欠条。"

毛泽东回到办公室,打开抽屉,清理文件。恽代英和邵力子前来探望。邵力子说:"润芝怕不只是回家养病吧?"

恽代英说:"邵夫子,润芝不只是养病,还要干什么?"

邵力子饶有兴趣地凑近毛泽东,说:"什么秘密?能否透露一二,让在下分享?"

毛泽东不言语,只是望着邵力子、恽代英微微地笑。恽代英说:"润芝的秘密,怎么能告诉你我。"

邵力子说:"润芝的秘密,不说我也能猜着。想当年润芝带着一帮湖南人来上海、去北平,结果干出了驱张出湘的大事。润芝回湘这么长时间,不会只是养病这么简单啰。"

恽代英说:"按你这么说,润芝是要办件与国家民族有关的大事?"

邵力子打着拱手,说:"期待,特别期待!"

毛泽东笑道:"陶渊明的《停云》就是此时风味:江左沉酣求名者,岂识浊醪妙理。回首叫,云飞风起。不恨古人吾不见,恨古人不见吾狂耳。知我者,二三子。"

邵力子笑道:"代英呀,你我皆系润芝之二三子也。"

这时,女会计走进来,将一张欠条递给毛泽东,说:"润芝先生,不好意思,六个月的薪金,只好给你打张欠条了。"

毛泽东接过欠条,只见上面写着:因资金紧缺,累计欠发毛泽东先生六个月薪水,共计七百二十大洋是实。他呵呵笑道:"公家欠发我的薪水,还怕赖账吗?这欠条,还是财务室留着吧。"

毛泽东把欠条还给会计,会计接也不是,不接也不是。邵力子说:"润芝先生是沧海胸怀,可容溪涧之流,也可纳百川之水,还会在乎这一纸欠条?"

恽代英也说:"这欠条,你拿回去吧,不要辱没了润芝先生的声名。"

4

谢持听说毛泽东告假还乡，甚是得意，他把叶楚伧请到得意茶楼，说："叶部长，等毛泽东走了，你们下个月就补发工资？"

叶楚伧说："那是当然。"

谢持说："叶部长，为将毛泽东赶出上海，诸位立下汗马功劳。你说过，只要把毛泽东赶出上海，就宴请诸位。这话还算数？"

叶楚伧笑道："算数，算数。一定要宴请诸位。"

童理璋还是有些担忧，说："谢委员，一年半载后，毛泽东卷土重来，旧事重提，我们怎么办？"

其他人也纷纷附和，说要斩草除根，才能消除后患。叶楚伧说："此事可以考虑，但不可盲动，一定要做到天衣无缝，不能再像天后宫那样，弄得无人不知，无人不晓。"

谢持忽然一拍茶桌，说："有办法了。"众人都望着谢持。谢持抿嘴微笑。

叶楚伧问道："谢委员有何高招？"

谢持说："借刀杀人。"

童理璋说："借刀杀人？哪里有刀可借？"

谢持说："据我所知，毛泽东在长沙时，赵恒惕曾悬赏缉拿他。赵恒惕若知道他又回长沙了，会怎么样？"

童理璋说："只是，您要借赵恒惕这把刀，怎么借？"

谢持说："这个我自有办法。我在四川主事时，和赵恒惕有些交情。我只需修书一封，告知他毛泽东的行踪，这毛泽东的脑袋，还用我们动手吗？"

第七章　不愿做尼姑

1

　　1925年春，赵恒惕收到谢持的信，在长沙布下重重关卡，等着毛泽东自投罗网，却竹篮打水，白忙了一场。原来，毛泽东携妻带子绕过长沙城，去了板仓。在板仓过了大年，又从湘江坐船逆水到涟河，回了韶山。

　　毛泽东名义上是回家养病，实际却以办农民夜校为名，秘密开展农民运动，带领乡亲们与当地官僚恶霸争自由，求生存。这年夏，湘潭一带遭遇大饥荒，毛泽东、杨开慧在韶山组建了中国农村基层第一个党支部，并指导韶山党支部组织农民平粜。毛泽民做过米生意，识破当地豪绅屯粮抬价的诡计，想法使当地饥民获得度荒粮食。县长都头痛的事让毛泽民一拨算盘子就解决了，当地地主豪强恼羞成怒，闹到长沙。赵恒惕知道后，派兵去韶山抓毛泽东。不想，毛泽东金蝉脱壳，又率两个弟弟坐上了去广州的火车。[①]

　　火车冒着白色的烟雾，向广州呼啸而去，两边的山向后飘过，迎面而来是一块块收割完的农田，留下一撮撮被太阳晒得枯黄的禾蔸子。毛泽东看着车窗外面荒凉的农田，回家二百多天，秘密开展农民运动，让他看到了农民是中国革命最重要的依靠力量，农民是中国革命最可靠的同盟军。而眼前的灾荒，又让他为农民担忧："这个天呀，还不下雨，这样下去，冬天都种不出什么东西，灾民度荒又会要遭难。"

　　"今年湘潭还好，"毛泽民说，"虽有天灾，没饿死人。"

---

　　① 毛泽东带着杨开慧回韶山的故事，见作者著《毛泽东在1925》，《中国作家》2007年发表，同年出版，2015年再版。

"湘潭今年能度过灾荒，那是你算盘子拨得好呀。泽覃，你二哥虽没当县长，他帮蒋先余县长打算盘，让他给平粜的成胥生戴了一个高帽子，推动全县平粜，才避免一次大饥荒。泽覃，你二哥打算盘做生意，是井底下写文章——学问不浅咧。"

"这么看，二哥的学问，是在这个蒋县长之上。"

"这还不是大哥的点拨。"毛泽民憨厚地笑了笑。

"你要不会打算盘，我再点拨，也没用的。"毛泽东看了看窗外，忽然问，"泽民，下一站是哪里？"

"衡阳。"

"哦，衡阳。"毛泽东自言自语道，"不知菊妹子在衡阳怎么样了？菊妹子从长沙来衡阳，第一次离开我出远门。我担心她，她还安慰我，说她要过饭，去过很多人家，什么恶狗都遇见过，恶狗都不怕，还怕什么。"

"菊妹子真是胆大。"毛泽民说。

"她也是苦出来的。"毛泽东感叹地说，"读书用功，进步快，我没想到，两年半的时间，学完了六年的课程。菊妹子是绳锯木断，水滴石穿咧。两年前她来衡阳，一边做事，一边又考上湖南三女师。我听郭亮说，菊妹子在衡阳搞得蛮不错。"

"菊妹子真是争气。谢谢上天，赐我们一个好妹妹。"

"是呀，我们到衡阳下车，去看看她。"毛泽东说。

"要得。菊妹子上次说在衡阳找了个对象，我们去帮她看看。"

三兄弟便从衡阳火车站下了车，来到位于市郊的湖南省立第三女子师范学校。三兄弟大步往校内走，没想传达室走出一个师傅，拦住说："三位先生，对不起，这是女校，男人不能进。"

毛泽东上前一步，递上一根烟，说："师傅，你看，我们提着箱子，背着行李，像什么？"

"外地来的。"

"对啰，师傅，我妹妹在你们学校读书，我们路过衡阳，特意下火车来看看她。"

"你妹妹叫么名字？"

"毛达湘。"毛泽东说。这是毛泽建在学校用的化名。

"哦，你就是经常给她寄书寄刊的哥哥？哎哟，"师傅这才接过烟，说，"毛先生，请进请进。你妹妹达湘呀，看见我们这些做工的就打招呼，很有礼数。她和同学关系也很好，每次出学校，身边总跟着一帮子同学。"

"哦，哈哈，"毛泽东爽朗地笑着。

这时，只见校内一栋房子里闹哄哄的，毛泽东说："师傅，那里是在开会吗？"

"你是说那个大礼堂？今天不是开会，是讲法。校长从南岳福严寺请来一个法师讲法。你妹妹和她的同学这两天到处通知，教书的、煮饭的、打杂的，还有我们看门的，都通知到了，叫我们去听。请和尚给女生讲法，我还是头一回见。学校又不做道场，请来师公子做什么？我也很想去听听，要守门，没办法。"

大礼堂挤满了人，毛泽覃要往里挤，毛泽东拉着他俩来到一个窗口，搬个砖丢在窗户下，站上去朝里看。礼堂内密密匝匝一片脑袋，女学生都是一色的齐耳短发，天蓝上衣，哪认得出谁是谁。

忽然，大礼堂里哄然大笑，只见一个老和尚在一个身着长衫、戴着眼镜的中年人引领下，来到台上。老和尚披着红黄相间的袈裟，光着脑袋，在这些身着天蓝色校服、满头乌发的女生中，显得格外刺眼。毛泽东想起守门师傅的话，这里一不做道场，二不是寺庙，是个女子学校，怎么请来一个和尚师公？

2

两天前，夏明衡在校门口碰见毛泽建，忙追了过来，喊道："达湘，达湘，等等。"

毛泽建见是夏明衡，便站在树下等她。夏明衡在长沙时，是从哥哥夏明翰那里知道毛泽东的，后来听说毛泽建就是他的妹妹，两人便很快成了铁姐们。在长沙，她总是叫毛泽建的小名菊妹子。两人考进第三女师后，毛泽建因为担任了三女师的支部书记和湘南学联女生部部长，为了安全，便起了毛达湘这个化名。夏明衡叫惯了，改口改了几个月，被毛泽建骂了好几回，现在终于喊她达湘了。

毛泽建问道："怎么样？有消息了？"

夏明衡看看没人，说："我打听到了。有人确实看到胡名高去了南岳，说是要到福严寺请和尚给我们讲课。"

"真的请和尚给我们讲课？"毛泽建还是很惊讶，胡名高，堂堂三女师的校长，怎么会想到请和尚给女生们讲课呢？

胡名高的封建保守是有名在外的。省立第三女子师范学校在衡阳市郊的荷花坪，毛泽建常带一些女生坐船到湘江中央的东洲去游玩，到回雁峰爬山。胡名高听说后，说这是不守妇道，马上出文规定，女师的学生过河，只能乘坐学校自备的划子船，不能与大众同船。毛泽建偏不信邪，硬是和夏明衡带着同学与大众同船。

毛泽建说："让女生听和尚讲法，这是哪门子事，荒唐！荒唐！"

"那我们怎么办呢？"夏明衡说，"是不是发动一下，举行罢课？"

毛泽建思索了一下，说："不罢课。组织同学来听，还请所有的老师、工友都来听。"

"达湘，你这不是帮胡名高的忙？"

"是给他帮忙，不过是帮倒忙。我听老师说，这个胡名高不仅迂腐顽固，而且自私。学校的伙食现在越来越差，米饭里掺着沙子，油水也少了，同学也都在议论。经过调查，这是胡名高和管食堂的搞的鬼。"

"哦，有这等事？"

"这是初步结论，我安排人在搜集证据。有的老师知道情况，但不敢说，怕胡名高给他们穿小鞋，把他们辞退。所以，我们要抓住这次机会，做好发动，全体师生抱成团，那就由不得他胡名高了。要把这个贪污迂腐的校长请出三女校，不让他继续胡作非为，误人子弟。"

"达湘，你大哥当年把张敬尧赶出湖南。今天你要把校长赶出三女校，胆子真不小呀。"

3

"同学们，大家静一静，静一静。"着长衫、戴眼镜的中年人叫嚷着，可台下仍然嗡嗡嗡地静不下来。

这人就是胡名高，一向认为女生上街演讲，女人放脚，关心国事，是不务正业，是多管闲事。他想，如果学生学了法，就会六根清净，与世无争，就不会跟着毛泽建瞎跑胡闹了。

"各位先生，各位同学，"胡名高抬抬头，看了看挤挤挨挨的听众，里面还有很多教职员工，不觉有些得意，"我们有的同学，不安心安意读书，一有空就去城里演讲，要革命，要学俄国，要女人放脚。我常去南岳，与福严寺素禅法师交往多次，悟到佛学的高境界。唯心论不但是无我，而且是无世界。世界上的一切皆由心造。同学们，试想一下：你不在这个世界了，那么，这里的一切就都没有了，这难道不是一个真理吗？"

"诸位，南岳福严寺是六朝陈代光大元年由高僧慧思和尚创建的，历经数百年，宋朝时改名为福严寺。素禅法师十六岁受戒，在佛殿长明灯下苦读，学力上颇有进益。素禅法师精通佛法，道法高深。今天请他来我校讲法，望大家认真听讲，悉心领教。"

台下议论纷纷，闹哄哄有如赶集。这时，一个身着天蓝色上衣的女生跳上台，转过身，朝台下挥挥手："同学们，大家静一静，静一静。"

虽是背影，但毛泽东马上认出来了，眼睛一亮，笑道："菊妹子上台了。"

"胡校长给我们从南岳请来了大法师，"毛泽建清亮的声音在礼堂中回响，"我们不要讲小话，望大家认真听讲，用心领悟。"会场安静了下来，胡名高忙到台侧把素禅法师引到台中央。

"阿弥陀佛，"素禅法师双手合十，来到台中央，躬躬示意，说，"诸位施主，今天胡校长叫我来给各位施主讲述四大皆空，真是三生有幸。何为四大皆空？平常有施主说：四大皆空的四大，就是酒、色、财、气。这个与我们出家人所说的不是一回事。佛讲的四大，是指地、水、火、风，有小乘与大乘的不同。小乘佛教观察四大种的目的，是在使人看空我们这个由四大假合而成的色身，不以色身为实在的我，不因执取色身为我而造种种生死之业，一旦把我看空，便会进入小乘的涅槃境界，不再轮回生死了。大乘所说的四大，是指物态的现象，是假非实，是幻非实……"台下的人听得云里雾里，又有了嗡嗡的议论声了。

有人忍不住了，问道："胡校长，这四大皆空到底什么？我们为什么要学四大皆空？"

"大家静一静，静一静。"胡名高走到素禅法师身边，说，"至于四大皆空是什么，刚才素禅法师讲了，大家可以慢慢领会。我们不仅要了解什么是四大皆空，还要请素禅法师给我们讲六根清净。"

"六根清净？了解这个干什么？""是呀，我们又不当和尚。"

"大家用心听听，用心听听。"胡名高叫道，"请素禅法师继续讲。"

大礼堂又静了下来，素禅法师双手合十道："诸位施主，什么是六根？说起来，很简单，那就是：眼、耳、鼻、舌、身、意。为什么我们要做到六根清净？人之流转于生死轮回的苦海之中，就是由于六根不曾清净，自从无始以来的一切罪业，均由六根所造，比如眼根贪色、耳根贪声、鼻根贪香、舌根贪味、身根贪细滑、意根贪乐境；有贪，也必有嗔，贪与嗔，是由无明——烦恼而来，合起来，就是'贪、嗔、痴'的三毒交加，恶多善少，永无出离生死苦海的日子了。

"修持解脱道的工夫，不外戒、定、慧三学，但是，慧的主要根源是戒与定，所以修持的入门工夫，应从身心两方面着手，一是修身，一是修心。把不好的念头修理掉，称为修心，修心的主要功夫是禅定；把不好的行为修理掉，称为修身，所以修身也可称为修行。修身的主要功夫是持戒，持戒的目的是在守护根门——守护住六根的大门，不让坏事从六个根门之中溜进我们的心田，以致种下生死流转的祸苗。

"因为，一个凡夫，除了进入禅定的境界而外，就不能没有妄想。佛教的戒律，就是限制妄想与六根。有戒律，六根才能渐渐地清净，一旦到了六根清净的程度，超凡入圣的境界也就快要接近了。所以，一般的凡夫僧尼，只能在戒律的保护下，勉强守住六根，至于清净二字，那是谈不上的。一般人的观念，总以为僧尼们只要不犯淫行，不贪非分之财，不介入人我是非，便算是六根清净了。事实上，凡贪逐于物境的受用，就是六根不净，不论是看的、听的、嗅的、吃的、穿的、玩的、用的，只要有了贪取不舍的情形，就是六根不净。因为除了男女及钱财等问题，都不容易觉察出来，净与不净，也就很少有人细心地注意它了。六根清净的目的，便在断绝并超越这一生生死死的生命之流……"

胡名高在一旁补充说："同学们，我们不能认为只有出家的僧尼才需要六根清净，其实，凡夫俗子，特别是我们读书人，也要做到六根清净。"

"胡校长、素禅法师——"这时，毛泽建和夏明衡跳上台，走近胡名高和素禅法师。

"阿弥陀佛——"素禅法师第一次到学校讲法，又全是女生，乱哄哄的，本就有些勉强。现在毛泽建、夏明衡跳上台，他已乱了方寸，双手合十，连连躬身示歉。

"素禅法师，您的佛法讲得好，分析得有道理，我们是要慢慢领悟。"毛泽建指了指台下说，"可是，您看，我们，这个台下，不管是先生，还是学生，都不是出家弟子，所以大师虽然讲得好，对我们这些凡夫俗子来讲，等于是对牛弹琴。"

"哈哈哈……"台下一阵哄笑，"我们都是牛呀。"

"毛达湘同学，你，你们……"胡名高气急败坏地叫道，"你俩下去，下去。"

"胡校长，请您不要动怒，我在向大师请教呢。"毛泽建又转身对素禅法师说，"素禅法师，我说的是不是实话？"

"施主所言极是。"

"再说，这是学校，大师在此处讲佛论法，是不是有些白费心思了？"

"施主所言极是，所言极是。老衲告退，告退。"素禅法师双手合十，退着走下台去，众人忙让出一条道来。

胡名高在台上暴跳如雷："毛达湘，你，你为什么把素禅法师赶走？"

毛泽建说："各位先生，各位同学，素禅法师是怎么离开大礼堂的？"

台下回道："是他自己告退的。"

毛泽建说："听见了吗？胡校长，现在请问您，您为什么请素禅法师来学校讲法？"

"我要让你们学点佛法，明白四大皆空，做到六根清净。"

"您要我们明白四大皆空，做到六根清净，您是要培养我们做尼姑吗？这是学校，是湖南省立第三女子师范，是为国家培养教师、培养人才的地方。如果我们六根清净，对落后的国家不闻不问，对帝国主义侵略不闻不问，都去寺庙里做尼姑，做和尚，那这个国家还像个国家吗？"

"我们不做尼姑。""是呀，谁喜欢住庙里，谁去。"台下议论纷纷。

"你们，你们……毛达湘，你，你……"胡名高方寸大失，语无伦次。

"大家不想做尼姑，那愿不愿意听法师讲法？"毛泽建说。

"不愿意。"众人高声回答。

"胡校长，你听，同学们不愿意。"

"毛达湘，你，你，我要开除你。"胡名高指着毛泽建，朝台下大声叫道，"诸位先生，同学们，鉴于毛达湘同学违反校规，扰乱学校讲坛秩序，我现在宣布，开除毛达湘学籍。"

4

看着这一切,毛泽东又喜又忧,喜的是毛泽建竟有如此的胆量和气度,忧的是如果被开除了,她就没书读了。

"大哥!"毛泽东听见身后有人喊,回头一看,是一个中等身材的年轻人,小平头,体格敦实,精明干练。

"大哥,"毛泽覃上前说,"他是陈芬。"

"哦,陈芬,"毛泽东握住年轻人的手,"呵呵,你就是陈芬,你怎么来了?"

"我来看菊妹子。"

"哦,这就对了。你来看菊妹子,很及时。刚才那个胡校长宣布,要开除菊妹子咧。"

"我就是为这事来的。前几天,菊妹子叫我们帮她查查,现在我们查到胡名高贪污的证据了。"

"这个校长大人,一边请和尚到学校讲六根清净,一边又搞贪污,不甘清净,这样的人,怎么能当校长?陈芬,你马上把证据告诉菊妹子,就在这个大礼堂当众公布。你还可以依靠组织发动群众,组织学生到县政府去请愿,把影响搞大,让县里、省里都知道。胡名高就算是省长的爹,省长也不好再让他当校长了。"

"好,三位哥哥,我们回头再见。"陈芬挥挥手,转身就钻进挤挤攘攘的大礼堂。

毛泽东望着陈芬的背影,笑道:"他要开除我们菊妹子,现在看来,恐怕是按牛头喝水,难啰。"

5

"你们要干什么?干什么?"胡名高见又有几个学生跳上讲台,大声喝道,"下去,下去。"

"胡校长,"夏明衡跳上讲台,说,"请您回答我们几个问题,回答完了,我们自然下去。你要开除毛达湘,请问,毛达湘同学品学兼优,尊敬师长,有口皆碑,你把这样的同学开除,我们,还有下面这些同学,是不是都要被你开除?"

"夏明衡同学,你如果态度不端正,和毛达湘站在一边,一样开除。"

"你还要开除我？好！那你宣布，向大家说清楚，为什么要开除我。"

"凭校规我就可以开除你。不过，你只要下去，不和毛达湘站在一起，我可以不开除你。"

"为什么不能和她站在一起？"夏明衡走到毛泽建身边，"你凭的是哪一条校规？"

"你冥顽不化，那就和毛达湘一样。"

这时，又有几个女学生跳上台，站在了毛泽建身边。胡名高大吃一惊，他发现其中还有个男的。那男的就是陈芬，他在毛泽建耳边说了几句，就匆匆下去了。

"胡校长，"毛泽建向前一步说，"您既然要开除我，学生先请教几个问题，可以吗？"

"你说。"胡名高下不了台，恼怒地说，"有问题当众说。"

"好，请问胡校长，三女师是寺庙，还是学校？"

"当然是学校。"

"那你是住持僧，还是校长？"

"这……"胡名高被问得瞠目结舌，沉吟一会，大声道，"三女师既然是学校，我当然是校长，怎么会是住持僧？"

"好，胡校长说了，这里不是寺庙，是学校。既然是学校，我们就应当学习文化知识。请问，您为什么把和尚请到学校讲法？是不是想把我们女生培养成为尼姑？是不是你自己想当住持方丈？"

"我们要学知识，要做有用之才，不听佛经，不做尼姑。""毛达湘没有错，不能开除毛达湘。""对，不能开除毛达湘。"女学生们高声呼喊。

夏明衡道："你说开除毛达湘的话，必须当众收回。"

"我，我……"

"同学们，"毛泽建向台下喊道，"我还有一件事情要向大家报告。"台下安静下来，一双双目光望着毛泽建。"胡名高不仅治校荒唐，请和尚给我们讲法，而且还有贪污行为……"一石激起千层浪，台下乱成了一锅粥。

"毛达湘，你不要在这里造谣惑众。"

"胡名高校长，我们不会造谣，这里有证据。"毛达湘从一个同学手上拿过一沓账单，晃了晃，"同学们，大家一直在议论，为什么学校伙食这么差？现在清楚了，原来是胡名高校长贪污了。"

"毛达湘，"胡名高气得满脸通红，指着毛泽建骂道，"你妖言惑众。"

"胡校长，你不要急，我们会让你心服口服的。"毛泽建说着向台侧一挥手，两个同学陪着一个年过半百的先生爬上台来。那先生夹着一个账簿，胡名高一看，下意识地冲过去抢账本，被夏明衡和几个同学拦住。胡名高顿时如霜打的茄子，脑袋耷拉下来，这个老账房是他最放心的人，不知这些黄毛丫头学生使了什么招，撬开了他的嘴。

那账房先生讲述胡名高授意他做每一笔假账的过程，一笔一笔，似一把把利箭向胡名高射来，令他心惊肉跳。他左右顾盼，慢慢地往后退，退到学生身后，从后台的窗口跳了出去。

"胡校长呢？他溜了？"台上有人高声叫道。众人一听他跑了，一个个横眉怒目、义愤填膺。

"走，我们去找，一定要找到他。"夏明衡招招手，几个同学立即朝礼堂外追去。

"算啦。找不找他不重要了。"毛泽建朝台下大声喊道，"各位先生，各位同学，大家都知道，胡名高身为校长，却行贪污之实，还把学校搞得像个寺庙，大家说，这样的人继续当我们的校长，行不行？"

"不行！"众人纷纷喊道。

毛泽建说："我们没权力免除他校长的职务，但我们有权利向县里反映。"

"对，我们到县里去，找县长，把胡名高的丑陋行为报告县长。"众人怒火冲天，浩浩荡荡走出大礼堂。

6

陈芬是湖南耒阳人，家境贫寒，父母省吃俭用供他读书，故他格外勤奋。同为湘南学联负责人，他与毛泽建在一起，说话也投缘。两人确定关系后，陈芬才知道毛泽建是毛泽东的妹妹，更是宠爱有加。

陈芬领着毛泽东三兄弟来到城里，进了一间租住的民房，给他们泡了茶，说："三位哥哥，你们休息一下，我要去下三女师。"

"慢点，"毛泽东端着茶杯站起来说，"陈芬，你就不要去三女师了。"

"不去三女师？"陈芬一愣，"菊妹子要去县政府请愿，我想去帮帮她。"

"你不去三女师可以帮得更好。你赶快去城里，叫上几个骨干，发动工人、市民声援菊妹子她们，和请愿队伍一起去县政府。声势一大，影响就大了，不怕县长不考虑。"

陈芬明白了毛泽东的意图，马上去城里叫了几个骨干，分头串联发动，不一会儿便集结了上百人。

毛泽建、夏明衡带着三女师的请愿队伍来到大街上，见沿街两边站满了工人、市民。陈芬挥挥手，众人也加入了请愿队伍，沿途仍不断有人加入。"三女师不要贪污校长！""胡名高滚出三女师！"众人喊着口号，浩浩荡荡地向衡阳县政府走去。

毛泽建一边走，一边对陈芬说："你想得真周到。"

"是你大哥给我出的主意呢。"陈芬笑道。

"大哥？"毛泽建脸上露出喜悦的神色，"大哥他们来了？他们在哪里？"

"在这里呢。"一个高亢而清亮的声音从后面传来。毛泽建回头一看，只见毛泽东带着她二哥、三哥从人群中大步走来。

"大哥，二哥，"毛泽建欢快地跑了过去。毛泽东笑着牵住她的手，继续随队伍向前走去。

"钝钉子，没看见我呀。"毛泽覃在后面忍不住叫道。

毛泽建嘴一嘟，说："大哥，小哥又欺侮我。"

"呵呵，小哥再欺侮你，你也不用怕了。"毛泽东边走边指着那支队伍道，"你看看，你这么多人，一人吐一口口水，都要把你小哥淹没了咧。"

"大哥讲的，听见没有。"毛泽建得意地向毛泽覃板了一下脸，"以后你小心点。"

"哈哈哈……"毛泽东、毛泽民、陈芬都笑了起来。毛泽建一边走一边问这问那，岸英、岸青在哪里，大嫂怎么样了，岸青也应该会喊姑姑了吧。毛泽东不厌其烦地回答着。

走了一阵，毛泽东指着队伍说："菊妹子，快到县政府了。龙没头不行，你和陈芬到前面去舞这个龙头吧。"

7

县政府门前有荷枪实弹的士兵把门，请愿队伍停了下来。学生们高声呼喊口号："我们不要当尼姑！""胡名高贪污腐败，滚出女师！"

县政府门前围上许多来看热闹的老百姓，游行队伍要往里冲，被士兵们端枪拦住。陈芬带着几个工人跑到前面，把毛泽建、夏明衡几个女生护住，说："自家人不打自家人，你们将枪口对着手无寸铁的女生，好意思吗？"

"是呀，这算男人吗？""不要脸。不要脸。"围观的百姓纷纷斥责。

士兵们把枪口放了下来，但也不让学生朝里迈进一步，双方僵持不下。

"大哥，"毛泽覃沉不住气了，说，"我们去帮帮他们吧。"

"不要急。"毛泽东摆摆手，掏出一根烟，点燃抽了一口，说："帮得了一时，帮不了一世。还是让菊妹子自己经历一下好。"

"万一菊妹子吃亏了呢？"

"吃点亏就吃点亏嘛。吃过黄连喝蜂蜜，才晓得苦尽甜来。再说，菊妹子是见过世面的，不用担心。"毛泽东还是不放心，探头朝前面看了看。

这时，只见毛泽建跳上门前的石狮子，一手抓住狮子嘴，一手朝人群挥了几挥，喧嚷的队伍静了下来。毛泽建说："各位老总，枪是打仗对付敌人的，你们用来对付女生，天下人都耻笑！"士兵们难为情地把枪收了回去。毛泽建又说，"请那位长官去报告县长。我们是来反映三女师校长的贪污问题。我们只派几个代表进去，他总不能不见吧。"

"好吧，姑娘，你先下来。"一个军官模样的人欲扶毛泽建。毛泽建自己跳了下来。

那军官模样的人进去一会儿又出来了，对毛泽建说了几句什么。过了一会，毛泽建带着夏明衡几个女生，进了县政府。

"大哥，我的心里还是不踏实。"毛泽覃说。

"怎么不踏实呢？"毛泽东却脸露笑意，抽了口烟。

"菊妹子毕竟是一个学生妹，若是那个县长欺侮她们，只怕菊妹子也无可奈何。"

"泽覃，你的担心是有道理。不过你看，门外这么多人，有工人，有教师，还有这么多婆婆姥姥，他们是菊妹子的后盾咧，你听，你听……"

"我们不当尼姑！""胡名高贪污腐败，滚出女师！"陈芬站在门前的台阶上，不时地带领人们呼喊着口号。

"那年你到水口山，也不到二十岁。"毛泽东望着毛泽覃说，"我和你大嫂把你送上车，你大嫂还责怪我，说你这么小就让你去矿山做冒险事，太狠心。你大嫂那里晓得，送你走后，我一直担心，看到从水口山来的人便打听，直到听说你没出事，还搞得不错，我才放心。"

"我那时一到矿里，就按你说的，和矿工交朋友。他们见我是为他们办事的，都支持我。"

"是呀，这就是关键。菊妹子虽是一个女生，她个人的能量是有限，但当她是代表大多数人的利益时，就不一样了。"

忽然，请愿的人群骚动起来，毛泽东探头一看，不觉笑了。毛泽覃也踮起脚尖，只见县政府门前的台阶上，毛泽建正在向大家挥手。

"先生们，各位叔叔、阿姨，同学们，陈祺祥县长听了我们的反映，胡名高一是贪污，二是办校荒唐，影响败坏，已轰动了衡阳，同意向省政府呈文，免去胡名高的校长职务。"

"噢噢噢，我们不要当尼姑了。"夏明衡和女生们欢欣雀跃。

第八章 黄埔军校的贵宾

1

毛泽东到广州,成了大忙人,先是被选为国民党中央候补执委,代理国民党宣传部部长,全面负责国民党的宣传工作。不久,他又兼任第六届农民运动讲习所所长,将讲习所迁到了番禺学宫。学宫是明洪武三年建的,广三路、深五进。祠后有个射圃,是旧时武试的场所。四周宫墙围绕,后筑土墩,林木葱郁。废除科举后,这里便为八桂中学所在地,射圃改为学生宿舍和操场。滇桂联军盘踞广州时,学宫成为驻兵场所。士兵们为了建造营房,拆祠毁殿,无所顾忌,甚至将神牌劈成柴火来烧,学宫内满目疮痍。毛泽东将学宫整修了一番,面貌焕然,办公室在大成门旁,学员宿舍在东西两庑,讲堂设在大成殿,饭堂在崇圣殿。

这天,毛泽东正在审阅《政治周报》,忽听见外面传来毛岸英的声音。他心里一喜,把笔放下,起身大步跨出门去。院子里,只见杨开慧牵着毛岸青,庞叔侃牵着毛岸英,毛爱堂提着箱子在院内张望。毛泽东走出门,哈哈笑着,弯腰伸出双手,搂住两个儿子,忽而左,忽而右,亲着两人的脸。

杨开慧刚进屋,见书桌左角摆着几本《政治周报》,翻了翻,说:"你现在比在上海好像要顺多了。"

毛泽东说:"是呀,现在强调国共要精诚合作,宣传部一摊子,农讲所一摊子,我的事情是多了。我们在韶山办农民夜校,秘密开展农民运动的经验,都用上了。现在你来了就更好了,可以帮我一把。"

毛泽覃因为文化功底扎实,又学了一些马列著作,便被安排到黄埔军校政治处。他听说嫂子带着侄儿来了,请假来到番禺学宫。他看见毛岸英兄弟在操场追逐玩耍,跑过去一手夹一个,抱起来满院子飞跑。毛岸英兄弟高兴得哈哈大笑。

毛泽覃身穿笔挺的军装,英气勃勃,毛泽东愉快地打量着,笑了笑:"这一向在黄埔怎么样?周主任还忙得过来吗?"

毛泽东说的周主任,就是周恩来,比毛泽覃只大几岁。在巴黎时,共产国际执委书记季米特诺夫就很赏识周恩来,听他说要回国,便给协助孙中山建立黄埔军校的鲍罗廷写了封推荐信。鲍罗廷知道季米特诺夫和斯大林是好友,不敢怠慢。二人见面后,鲍罗廷见周恩来一表人才,博闻强记,马上向孙中山建议任命周恩来为黄埔军校政治部主任,并授予少将军衔。周恩来担任政治部主任后,黄埔军校的政治工作搞得有声有色。

毛泽东笑道:"好呀,恩来人不错,你要多向他学习。"

毛泽覃说:"大哥,蒋校长说,黄埔有三杰。我们同事说,其实,黄埔还有两美,都在政治部。"

"哦?两个美男子?恩来一个,你一个?"

"是呀,他们把我和周恩来放在一起,我又高兴又忐忑。"

"你哪能和恩来比。你穿上军装也还有点英气,但恩来的学识、见解,比你高啊。你在恩来面前,一定要谦虚。"

"周主任比我大,我不仅把他当兄长,更当师长。"

"这就好。蒋校长吗?"

"蒋校长抓得很紧,希望黄埔能为革命多培养军事人才。黄埔学员都在学你发表在《革命》刊上的文章。蒋校长听说我是你弟弟,对我也特别客气。"

"噢?"毛泽东沉吟片刻,说,"泽覃,你在任何地方工作,都要靠自己,不要让人知道你是我弟弟,更不能打我的牌子。"

"大哥,你放心,我会注意的。昨天蒋校长看见我,说你的文章写得好,还要请你去黄埔演讲。"

2

毛泽覃整理了一下风纪扣,正正帽子,走进周恩来办公室,敬了个军礼。周恩来抬头看着他。毛泽覃低头看看自己的衣服,摸摸领扣,扯扯衣襟,说:"周主任,我的仪容是不是有问题?"

"没有问题。"周恩来仍看着毛泽覃,露出欣悦的微笑。毛泽覃与毛泽东很像，都是大脸大眼睛，毛泽覃身材也很魁梧，穿上灰色整洁的军装，戴着大盖帽，确实是英姿飒爽，一个英武的美男子。

"周主任，您有什么指示？"

"一件事。蒋校长要求抓好卫生工作，等一下他将带我们去检查。"

"检查？"毛泽覃心里想，蒋校长怎么对卫生这么重视，不由问道，"是不是有贵宾要来军校？"

"这个你就不要问了，到时候自然知道。"周恩来笑道，"蒋校长治学很严，我们是政治教员，不仅要给学员讲革命道理，讲军人作风，也要注意自己的形象，更不要忘记，我们是中共党员。"

这时，聂荣臻带着李富春、恽代英、萧楚女进来了。聂荣臻是政治部秘书，他看看表，提醒说："时间快到了，我们该去了。"

操场上，教育、训练、管理等部门的人都在等候着，周恩来和大家打着招呼。又等了一会，人们忽然在周恩来身边依次列队，毛泽覃一看，只见蒋介石身着军装，腰扎皮带，身板挺直，在陈立夫的陪同下大步走来。蒋介石的目光炯炯有神，和众人打过招呼，便带头走进了学员寝室。

寝室干净清爽，床铺也很整洁，被子叠得像块大豆腐。蒋介石目光锐利，面容严肃，伸出戴白手套的手，在这里抹抹，那里擦擦，见白手套上一尘不染，满意地点着头，微微笑了笑。

蒋介石又带领教官们到教室看了看，还不错，刚搞完卫生，地面干净，书桌整洁。众人来到一个教室里，学员一个个正襟危坐，等待视察，这是毛泽覃负责的班。学员们着装整齐，唰地起立敬礼。

蒋介石微微点头示意，一边四处巡视，一边用戴着白手套的手四处抹拭。他在一个课桌的边上抹了一下，发现手指上有一点灰印。"怎么回事？"蒋介石扫视了一眼身后的随从，板着脸说，"这是谁的班？"

"报告校长，"毛泽覃说，"是我的班。"

"噢，是你的？"蒋介石望着毛泽覃，绷紧的脸露出一丝微笑，"毛教官，我们要做到一尘不染啊。"

"是。校长，我们马上按您的指示组织整改。"毛泽覃随即向学员命令道，"全班起立。"众学员马上站了起来，毛泽覃说："教室里所有的课桌、窗台、角角落落，重新擦一遍，要按蒋校长的要求，做到一尘不染。"

"是！"学员们立正齐声应道，一个个找出抹布擦拭课桌。蒋介石看了一眼，点点头，拍拍手，离开了教室。

学员们见蒋介石离去，纷纷问道："毛教官，这回来的贵客是什么人？"

毛泽覃说："不知道。"

一个学员说："听说有一位中央部门的长官要来视察，不然，蒋校长也不会这么隆重，这么认真，对我们要求这样苛刻。"

3

第二天一早，蒋介石全副武装，命令加强校内警备，全体官生一千多人在大花厅礼堂集合等候。他这才带领一众人马前往黄埔码头迎接毛泽东。

蒋介石幼年时，经营盐铺的父亲病殁，他由母亲王采玉抚养成人。蒋介石能飞黄腾达，他自己认为是遇到两个贵人，一是陈其美，二是孙中山。他中学肄业东渡日本，结识陈其美。辛亥革命爆发后，陈其美为沪军都督，把已加入日本陆军的蒋介石召回，由一个士官候补生升为沪军第五团团长，并与他及沪军第二师师长黄郛三人结拜为兄弟。陈其美遇刺后，因受粤军将领排挤，蒋介石离职滞居上海做生意。陈炯明叛变时，孙中山避难于永丰舰，蒋介石去广州登舰侍护，深得信任和器重。蒋介石任黄埔军校校长兼粤军总司令部参谋长时，对孙中山的联俄、联共、扶助农工三大政策虽有不满，但还是表示拥护执行。廖仲恺被害后，他支持汪精卫驱逐胡汉民，不久又将粤军总司令许崇智驱离广州，收编了粤军部分师旅，率师第二次东征，全歼陈炯明叛军，一跃成为国民党内握有军事实力的首要人物。他虽然忌恨国民党左派和共产党合作共事，但因自己在国民党中央的地位尚未确立，故对中央各部负责人十分恭敬。

船行靠岸，毛泽东走下船，司仪官一声高喊，学员仪仗队军礼欢迎。蒋介石也毕恭毕敬，带头鼓掌，并快步走向前，握着毛泽东的手道："欢迎毛部长。"

二人寒暄几句，毛泽东依次和众人握手。见到恽代英，毛泽东笑道："代英啊，我们又见面了。"

蒋介石说："你们见过面？"

毛泽东说："何止是见过面。前年，我和代英总教官一起在上海执行部共事！"

恽代英会心一笑，说："是呀，呵呵……"

"哦，原来你们是老同事。"

来到黄埔军校，蒋介石先引毛泽东到教室、学员寝室参观。他一进教室，特意用戴着白手套的手指在课桌上抹拭了一番，手套上一尘不染。蒋介石有些得意，但不露声色。来到学员寝室，蒋介石又戴着白手套四处抹拭，手套上仍然是一尘不染。毛泽东觉得蒋介石是一个严谨板正的人。

参观完后，一行人来到校长办公室，蒋介石说："欢迎毛部长检查指导本校工作。"

毛泽东笑道："蒋校长客气。你是握枪杆子的，科班出身，又在日本留过学。我是拿笔杆子的，枪杆子也不过扛了半年，哪敢班门弄斧。"

"哦，毛部长也扛过半年枪？难怪，去年您在上海为黄埔招的那批学生，有一百多个，徐向前、桂永清、胡宗南、黄维，都不错，都是佼佼者。您虽然只扛半年枪，但您还是懂军事的，会选拔军事人才，这说明，您会用将。"

"我是瞎猫抓死老鼠，碰上的。"毛泽东当时在上海任主考官，选送的学员都是按他的眼光录取的，不拘一格，唯才是举，"那个胡宗南，我是破例了，听说你们嫌他矮了，最后是他哭了一场才进的黄埔？"

蒋介石一听毛泽东说到胡宗南，也不由笑了起来："你送的这个胡宗南，按标准个子是矮了，其貌又不扬，复试时，考官不让他考，他就放声大哭，说，廖仲恺先生个子也不高嘛，国民革命，怎能以相貌取人？"

毛泽东说："校长最后还是把他录取了嘛。"

蒋介石说："英雄所见略同嘛。毛部长认可的，我蒋某人自然也要认同的。"

这时，陈立夫倾身低语道："校长，时间到了。"

蒋介石点点头，说："毛部长，学员们都在礼堂恭候您。"

军校大礼堂是欧式红色建筑，警备森严，全体教官和学员整齐端正地坐在礼堂内。蒋介石引毛泽东走上主席台，全体教官和学生起立敬礼。蒋介石志得意满地扫视大礼堂，高声介绍道："这是中央宣传部毛泽东部长。他今天拨冗前来讲演，十分难得，大家要专心听讲，做好笔记，仔细领悟。"台下响起整齐而隆重的掌声，蒋介石满意地点点头，走下讲台，在第一排正中的位置正了正衣襟，端正坐好。

"各位同仁、各位学员，受蒋校长邀请，今天，我来和大家一起交流、探讨中国革命和我们黄埔军校的努力方向。"毛泽东演讲的声音洪亮,乡音虽重却铿锵有力,"现在,国内外革命形势于我有利,苏俄及各国工会大力支持,各省工农及学生热烈拥护革命政府,正是北伐打倒帝国主义及军阀的良好时机,只要我们团结奋斗,必能建立一个独立、民主、富强的新中国。"

蒋介石很专注地听着,并做着笔记,听到这里,他举手带头鼓掌,并侧身向后示意,礼堂里随即响起一阵热烈的掌声。

待掌声停下,毛泽东又说:"黄埔是革命军事策源地,黄埔学员既是武装战斗的骨干,又是宣传、组织、训练、配合作战、保证胜利的领导者,是一身两任的革命干部,肩上的责任很重。两次东征、两次平叛的胜利证明,你们是优秀的革命人才。"

"往后,敌人会更凶恶,更狡黠,不仅会公开和我们作战,还将钻进我们队伍内部挑拨离间,分化瓦解我们。民间有句话:'明枪容易躲,暗箭最难防。'有形的敌人看得见,无形的敌人不容易看清。历史上许多事实证明,团结牢固才能胜利,团结不好必然失败,这是极为珍贵的教训,值得我们革命队伍重视。"

每当毛泽东讲到关键时,蒋介石便回身向后微笑示意,会场上又响起热烈的掌声。毛泽东曾耳闻蒋介石对国共合作有看法,在军校支持反共,在演讲中,他从不同的角度讲团结,希望能化解国共两党之间的矛盾,团结一心去争取最后的胜利。

第九章　学宫里的喜与忧

1

一天，毛泽覃离开番禺学宫，回到黄埔军校，急匆匆地往里走，还没走进校门，忽听见一个熟悉的声音在叫道："泽覃哥，泽覃哥——"毛泽覃停住脚步回头一看，是周文楠。他有些惊喜："文楠，你怎么来啦？"

周文楠在校门口等了大半天，一见毛泽覃，激动得哭了起来，不由跑来扑在他身上，说："泽覃哥，我找你找得好苦。"

毛泽覃难为情地推开周文楠，扶着她的双肩，说："不要这样，这是军校呢。"周文楠这才站稳身子，擦着泪。毛泽覃说："你来有什么事？"

周文楠说："找你啊。"

毛泽覃说："找我？找我做什么？"

周文楠说："参加革命，和你结婚。"

毛泽覃四处看了看，把周文楠拉到一边，说："你说什么？"

周文楠又重复道："参加革命，和你结婚。"

毛泽覃望着周文楠，不由有些目瞪口呆，怕她又说出些让他更难堪的话，就把她拉到黄埔码头。不想，一到江边，两人便吵了起来。

"你为什么不让我革命？你为什么不和我结婚？"周文楠说。

"你怎么说来就来了？招呼也不打一声，信也不写一封，我没有一点思想准备。"

"我不是早就说了吗？"

"你说了？你什么时候说了？"

"我怎么没说？你来广州那天，我说，没等到你的消息，我就到广州找你。我在家一直等你的消息呀，我还到清水塘找你。呜——谁叫你不给我写信，我等你的信等了好久，一天又一天，我等不下去了。呜——"周文楠委屈地哭了起来。

"我，我说了接你来，"毛泽覃口气软下来，说，"大哥不同意。"

"大哥不同意？"周文楠抬起泪眼说，"他为什么不同意？你，你，你骗我，你没和大哥说。"

"我是说了，大哥不同意。"

"我不信。我去找大哥。"周文楠说罢，转身就要走。

"你别去。"毛泽覃拉住周文楠，说，"你去，会把事情搞砸的。你又不是不知道我大哥的脾气。上次大哥不同意，大嫂也叫我别着急。"

"泽覃哥，那你，还去找大哥说吗？"

"说，我再去说，去说。你现在相信我了吧？"毛泽覃见周文楠点点头，不吵了，便给她擦擦眼泪，道，"家里知道你来吗？"

"知道。他们不给我钱搭车，我怎么会来？我哥哥说，你出身农家，我爹当过道台，当过知府，门不当，户不对。我娘说，"周文楠学着周陈轩的口气，"会选的选儿郎，不会选的选田庄。上辈人是种田的打铁的有什么关系？泽覃这伢子聪明好学，热情仗义，我看了他三年，认定了这个女婿。"

"你娘对我是很好。"毛泽覃腼腆地笑了，说，"只是，我原来有过婚约，而你，还从未谈婚论嫁。"

"我知道，我娘也知道。那个先桂姐姐，是你爹娘做的主。现在你们解除了婚约，我不计较，我娘也不计较。泽覃哥，我只要做你的妻子，你革命，我也革命。你到哪里，我跟你到那里，为你生儿育女，我这就心满意足了。"

2

杨开慧在书房誊写文稿，毛岸英、毛岸青在学宫院子里捉迷藏。第六届农民运动讲习所已经开学，大成殿内三百多农民学员正在认真听讲。韶山的庞叔侃和毛爱堂也在学员中。毛泽东向学员阐述他1925年在韶山对农民运动探索实践的结论："中国革命，不仅要依靠工人阶级，更要依靠广大的农民兄弟。中国的农民，是中国革命最可靠的同盟军。我们要发动全国的农民兄弟，投入这场轰轰烈烈的革命……"

毛泽覃来到番禺学宫，正碰到毛泽东讲完课从大成殿出来，两人寒暄着进了屋,毛泽民早已在屋里等候着。毛泽东说:"开慧、泽民、泽覃都来了,我们一起坐一会。"

杨开慧给三兄弟泡了茶。毛泽东点着烟,抽了一口,说:"泽覃呀,你们蒋校长最近怎么样?"

毛泽覃说:"教官们认为,蒋介石在陈炯明叛变的关键时候,和周恩来主任率领第一军东征,消灭了陈炯明在东江的势力,各方面对他都是肯定的。自从他进入国民党中央执委常委,升任为国民革命军总监,最近又兼任广州国民政府军委主席,就有些不同了。"

"哦,有什么不同?"

"比方说,现在黄埔军校再也不请中央各部门负责人来演讲了,经常改变周恩来主任的人事安排,将恽代英他们四个反对他的教官视为眼中钉。早几年蒋介石曾离开军政界,离职滞居上海,投靠黄金荣,并与张静江、陈果夫、戴季陶合伙在交易所做投机生意。有传言说,一个想靠投机发财的人,会不会投机革命?掌握了大权,会不会干出损害革命的事情?"

"嗯,"毛泽东吸了一口烟,"人无远虑,必有近忧。国共合作,屡屡遭到国民党右翼分子的严重干扰。上次谢持几个国民党右翼分子,竟以中央的名义召开西山会议,要求整理党务,将共产党人清理出国民党。我担心,国共合作,如果投机分子掌权,会给革命带来想不到的损失。今天我叫你们来,就是告诉你们,泽民现在要去上海工作。"

毛泽民说:"我去上海?"

"对。蔡和森在党中央主持宣传工作,中央出版发行部急需一个有经营管理能力的人,他们推荐了你,和森希望你尽快去上海到任。"

毛泽民说:"这,我行不行啊?"

毛泽覃说:"是呀,二哥从没干过印刷发行。听说上海是个花花世界,二流子、青红帮,五花八门,不好对付。"

毛泽东面色一板,说:"泽覃,你这是什么话?如果不难,没有风险,要他去干什么?去享福?共产党人不是享受的,应该是哪里有困难去哪里。如果连这点困难都怕,那还做什么大事?"

毛泽覃说:"大哥,我并不是怕。"

毛泽东说:"你强调这些困难和危险,就是怕。"

毛泽覃说:"大哥,我绝不是怕。我的生命都随时可以为革命献出,还怕上海这花花世界？"

毛泽东说："不怕就好啊，不怕你就去。"

毛泽覃说："我从没当过家，哪能干这事。"

毛泽民说："哥、泽覃，你俩别说了，我去。"

毛泽东说："泽民，你去就好。你不仅不要怕，还要把印刷发行这个家当好。这个家，是共产党的，不是我们个人的，来往钱财，不得含糊。泽民，毛氏百字铭训还记得吗？"

毛泽民说："哥，从小就背熟了，上次去安源担任工会消费合作社经理，你叫我重温了一遍。我记得哩。"

毛泽东说："你给我背一遍听听。"

毛泽民正襟危坐，一字一句地背诵道："毛氏百字铭训：孝悌家庭顺，清忠国祚昌。礼恭交四海，仁义振三纲。富贵由勤俭，贫穷守本良。言行防错过，恩德应酬偿。正大传耕读，公平作贾商。烟花休入局，赌博莫从场。族党当亲睦，冤仇要解忘。奸谋身后报，苛刻眼前光。王法警心畏，阴功用力禳。一生惟谨慎，百世有馨香。"

"记还是记得很清楚，希望做也做得一丝不苟。你上次在安源工会当消费合作社经理，当得很好，管着公家的钱，不乱花，不嫖赌逍遥，账目清楚，经得起查。我们毛氏家诫也讲了，公家的就是公家的，拿到自己荷包，那就是'冥窃暗偷'。我们的祖宗都告诉我们，这个钱，偷不得，一朝败露，要抓起来的，'死不入祠，生有何面。'所以我们要记住：'富贵由勤俭，贫穷守本良'。人家都知道，你是我毛泽东的弟弟，更不能有一丝闪失。时时刻刻要'王法警心畏，阴功用力禳。一生惟谨慎，百世有馨香。'"

毛泽民说："大哥，我记住了。"

毛泽东说："还有，上海不比广州，还是军阀统治，泽民，你要注意保护自己。保护了自己，才能更好地工作，才能把这个'老板'当好，完成组织的任务。"

3

送走毛泽民没多久，毛泽覃又来到番禺学宫，与往日不同，他是身着便装。没想一进屋，毛泽东正在看报纸，忽地一拍桌子，站起来，怒道："阴谋，这完全是阴谋。"

杨开慧端着一杯茶过来，说："润芝，别急，喝杯水。"

毛泽东见到毛泽覃，不等他坐下，便拿着报纸指给他看，说："泽覃，你看了这个消息吗？"

毛泽覃瞄了一眼报纸题目，说："我看到了。听说中山舰事件是一个阴谋。蒋介石据此调动军队，逮捕了李之龙，扣押了第一军的几十个共产党员，还强迫几百名共产党人和国民党左派退出第一军。周恩来主任被迫离开了黄埔军校和第一军，我也离开了黄埔军校，不穿军装了，现在广东区委工作。"

毛泽东说："你和恩来都被排挤出军校了，和中山舰事件一样，这是一个信号。蒋介石掌握了军政大权，既打击共产党，又排斥汪精卫，趁机控制国民党的军政大权。"

毛泽覃说："大哥，我们该怎么办？"

毛泽东说："针对蒋介石的突然袭击，我是主张反击的。不少人支持我的意见，要求联络各方势力，予蒋氏以反击。就广州一地而论，蒋介石的实力是大，但就粤桂全局而言，蒋介石的实力是小。必要时可把我党掌握的革命武装集中到西江一带，说服国民党左派离开广州，争取第一军之外的其他各军，武装声讨蒋介石背叛革命的行为，并建议剥夺蒋介石的兵权，逼迫他下台。"

毛泽覃本想说他和周文楠的事，见哥哥一个劲地说着自己的想法，几次将到了喉咙边上的话又吞回去。毛泽东说完一通就走了，毛泽覃想起周文楠老催他，天天在等他的消息，这么下去也不是个事，不由发起愁来。

杨开慧见他愁眉苦脸，坐立不安，以为还在为被蒋介石清理出黄埔军校的事不愉快，便劝道："泽覃，人在路上走，总会磕磕绊绊的。前年，你大哥在上海，就被国民党右派多次刁难，他们就是要挤出你大哥他们。你大哥去年来广州，担任国民党中宣部部长，顺心的日子没过几天，现在蒋介石又开始清共。你被迫离开黄埔军校，说不定过不了几天，你大哥宣传部长这顶乌纱帽，也会被掠掉。你大哥说过，人生哪有一坦平洋的路呀，任何时候，都不要丧失信心。"

毛泽覃说："大嫂，我知道。不过今天，是，是其他事。"

杨开慧看着毛泽覃，说："是私事？有对象啦？"毛泽覃点点头。杨开慧笑道："有对象发什么愁，是好事呀。姑娘是哪里的？"

毛泽覃说:"是文楠。"

"长沙松桂园那个文楠?"见毛泽覃点头,杨开慧说,"文楠家虽是旧官宦人家,但爹是个贤达,娘知书达理,文楠姑娘好学上进,也是进步青年,可以呀,你发什么愁?"

毛泽覃说:"她来广州了,要和我结婚。现在局势紧张,大哥哪有时间管我,我不知该怎么办。"

杨开慧不由笑了起来,说:"这个文楠姑娘,千里寻夫,有意思。她什么时候来的?"

毛泽覃说:"来广州有一段时间了,现在妇女运动讲习所学习。"

杨开慧说:"好,你带她来我们家,大嫂给你做主。"

毛泽覃有些担忧,说:"不跟大哥说?"

杨开慧说:"你带她来再说,我有办法。"

毛泽覃来到旅店,周文楠已下课回来,毛泽覃进门就拉住她说:"走,去见我大嫂。"周文楠还犹豫着,毛泽覃已拉着她走出了门。

毛泽覃把周文楠带到番禺学宫,毛岸英兄弟正在玩捉迷藏,看见毛泽覃、周文楠,蹦蹦跳跳跑过来,指着周文楠说:"小叔叔,她是谁?"

毛泽覃说:"她是长沙来的阿姨,叫阿姨。"

毛岸英、毛岸青高兴地叫着:"阿姨,阿姨。"

杨开慧正在书房誊写材料,听到毛泽覃、周文楠来了,便放下毛笔,叫他俩进屋。周文楠进屋腼腆地坐下。杨开慧打量着,见她已经长成个窈窕姑娘,便笑着说:"文楠,你娘现在还好吧?"

周文楠说:"好,我娘还好。"

杨开慧说:"你来广州,你娘知道吗?"

周文楠说:"知道。"

杨开慧说:"你要和泽覃好,你娘同意了?"

周文楠说:"大嫂,泽覃在我家住了三年,他和大哥一样,参加了革命,我娘都知道,很喜欢他。我要来广州,我娘马上同意了,叫我跟泽覃哥一起干革命。"

杨开慧笑了,说:"文楠,在长沙时你还是一个细妹子,现在长大懂事了。好,古有孟姜女千里寻夫,哭倒万里长城,今有周文楠千里寻夫,来广州找丈夫一起干革命。大嫂给你们做一回主。"

毛泽覃说:"大嫂,那大哥那里呢?"

杨开慧说:"你们别急。文楠,不是一家人,不进一家门,我们家的情况,你也清楚了。我和你大哥的婚礼,没作俗人之举。你和泽覃的婚礼,也从简,行不行?"

周文楠说:"可以。我不要嫁妆,不坐花轿,不举行婚礼,一切从简,只要和泽覃在一起就行。"

杨开慧说:"好,那大嫂就做主了。泽覃,你把岸英、岸青喊来。"

毛泽覃去叫岸英兄弟时,杨开慧找出一个瓶子,倒出两把糖果给周文楠。周文楠推托说:"大嫂,不要客气。"

杨开慧笑道:"你拿着。等下岸英、岸青来了,喊你婶娘,你就给他俩糖,不喊,不给。"周文楠笑了,接过糖粒子。

岸英、岸青跑了进来,说:"妈妈,你叫我们?"

"是呀,你俩过来,"杨开慧指着周文楠说,"叫婶娘。"

"妈妈,"毛岸英说,"刚才我们叫她阿姨,怎么现在要叫她婶娘?"

"是呀,"杨开慧笑道,"她刚才是你们的阿姨,现在,她是你们的婶娘了,因为她和小叔结婚了,所以你们现在要喊她婶娘。"

"噢——"毛岸英围着周文楠看。

杨开慧说:"岸英,你看这个婶娘漂不漂亮?"

"漂亮,漂亮。"岸英、岸青笑着说。

"喜欢这个婶娘吗?"

"喜欢。"

"喜欢,那就喊呀。"杨开慧说。

岸英和岸青甜甜地叫道:"婶娘。"

"呃,"周文楠腼腆地把他俩揽进怀里,眼里滚动着幸福的泪花,"岸英、岸青,我以后就是你们的婶娘,你们就是我的侄儿了。来,吃糖,吃糖。"

"噢,"毛岸英、毛岸青接过糖粒子,高兴地叫着,"吃糖啰,吃糖啰。"

这时,毛泽东回来了,一见这屋里热热闹闹,又见毛岸英两兄弟在吃糖,问道:"你俩吃什么糖?"毛岸英说:"喜糖。"毛泽东说:"谁的喜糖?"毛岸英指着周文楠说:"小婶娘的喜糖。"毛泽东说:"小婶娘的喜糖?她成了你们的婶娘啦?你们,你们刚才办了一件大事?"杨开慧抿嘴笑着,毛泽覃、周文楠难为情地低下头。毛泽东故意咂着嘴说："噢，你们办大事，把我排斥在外。你们五个，我一个，五比一，小数服从多数，既成事实，我无法翻案啰。"毛岸英递给毛泽东两粒糖，说："爸爸，吃喜糖吧。"毛泽东接过糖，剥开一粒塞进嘴里，说："我也只好接受这个事实，吃喜糖。"一屋人哈哈大笑。

吃了晚饭，送走毛泽覃和周文楠，毛泽东忽然叹了口气。杨开慧问："润芝，你还有什么心事？"毛泽东说："泽覃在我身边，现在婚事办了，我放心了，只是菊妹子和陈芬在衡阳结婚，我原来说要去的，碰上这个中山舰事件，我实在是无法脱身。"杨开慧说："那也是没办法。不过，你人不去，还是要表示个意思。附近有家布店，我去买几尺布寄给菊妹子，表示一下作为哥嫂的心意。"

4

新婚燕尔，陈芬就在外奔波，傍晚回到家，还没顾得上洗漱，毛泽建就叫他闭上眼睛。陈芬顺从地闭上眼睛，伸出手，笑道："有什么好事情？"毛泽建把包裹放在陈芬手上，说："你看看是什么？"陈芬睁开眼睛，看着手里的包裹，毛泽建高兴地说："大哥寄来的。"两人一起打开包裹，里面是两本书和两块布料，还有一封毛泽东写的信，勉励他们多与老百姓交朋友，好好学习，为国民革命做贡献。

毛泽建拿起那两块布料，一块在陈芬身上比画，一块在自己身上比画。陈芬说："菊妹子，我也有一件事要告诉你，组织上要派我去广州农讲所学习，我看你啊好久没见大哥了，名额就让给你吧。"毛泽建笑道："我是很想念大哥，可这是组织安排的，让给了我啊，那不就是假公济私，大哥要知道了，还不得把我赶回来。不如我请个假，和你一起去广州。"

因为是春节期间，毛泽建的请假很快得到组织批准。过了年，两人穿上用新布料做的新衣，提着包袱和一坛子菜，坐上了去南方的火车。

到广州下了车，刚出站，毛泽建便看见毛泽覃、周文楠在出站口迎候。几个人欢喜得不得了，随人流走出火车站。

毛泽建说："文楠妹妹，你什么时候来的广州？"毛泽覃说："哎，不能这么没大没小。"毛泽建看看周文楠，又望着毛泽覃，说："什么意思？"

毛泽覃说:"钝钉子,她可是你嫂子,你怎么能这么叫?"毛泽建看着周文楠,笑道:"哈,文楠妹妹变成我嫂子了?"毛泽覃说:"嫂子就是嫂子,怎么变成嫂子?"毛泽建顽皮地笑道:"祝贺泽覃哥,祝贺文楠妹妹嫂子——"

一路上,几人有说有笑,好不兴奋。来到番禺学宫,进了屋,毛泽东见陈芬、毛泽建穿着的新衣,十分高兴,说:"开慧,你看,你选的布料蛮好看。"毛泽建向岸英、岸青招手,从包袱里掏出湖南的糕点给他俩,毛岸英迫不及待地打开,是一包衡山白糖李干。毛泽东说:"岸英,不能吃独食,有好东西,大家一起分享。"毛泽建又从包袱中拿出两包东西说:"大哥,这是我们韶山的火焙鱼、干辣椒,我特意托人从家里搞来的。"毛泽东高兴地笑道:"火焙鱼、干辣椒,好。火焙鱼,大家吃,这个干辣椒,我来包干。"杨开慧笑道:"菊妹子又不是送给你一个人的,我们都有份。"毛泽东说:"菊妹子,你大哥在广州没有辣椒吃,饭都少吃好多,这个,就送给大哥一个人享用,好不好?"毛岸英说:"爸爸,你刚才说,不能吃独食,有好东西,大家一起分享。"一屋人哈哈大笑。

5

陈芬在农讲所上课,毛泽建也坐不住,便叫毛岸英带着她在学宫内转转。毛岸英轻车熟驾,带毛泽建从棂星门转到崇圣殿,又从尊经阁转到训导署。毛泽建问:"岸英,你爸爸上课的地方在哪里?"毛岸英把毛泽建带到大成殿,说:"姑姑,你看,那就是爸爸讲课的地方。"

毛泽东正在讲课,毛泽建就站在外面仔细地听着。过了一会儿,毛岸英不耐烦了,拉拉她。毛泽建说:"岸英,你喊弟弟去玩,姑姑在这里听听课。"

中午吃饭时,毛岸英说:"爸爸,姑姑在偷听你讲课。"毛泽东明白毛岸英的意思,说:"你姑姑不是偷听,姑姑是爱学习。"毛岸英说:"姑姑爱学习,你怎么不让姑姑进去听?"

毛泽东觉得有道理,第二天上午,他去上班,没一阵就回来了,对毛泽建说:"菊妹子,陈芬参加农讲所的学习,是湖南省委派送的,名正言顺。你既然来了,我看也不能白跑。我和他们商量了,他们都同意你参加学习。"

毛泽建高兴地说:"谢谢大哥。那我也是学员了,可以名正言顺听课了。"

杨开慧说:"难得你大哥搞一回特殊。"

毛泽东点点头说:"是呀,我这个所长搞这回特权是经过大家同意的。他们也说,菊妹子本来就从事农运工作,在外面听不如到室内听。我说,菊妹子吃住在我们家,在所里听课,只是多添一张凳子。"

杨开慧笑道:"搞了半天,还是旁听。你这样安排,也算特权?"

晚上,毛泽覃来到番禺学宫,毛泽东把毛泽建、陈芬也叫过来,说:"我们家就你们二哥在上海,现在形势很紧张,蒋介石借中山舰事件做尽文章,汪精卫被迫离职去了法国。蒋介石兼任广州省政府军委主席后,又抛出一个'整理党务案',共产党员不得再任国民党各部部长。"

毛泽覃说:"这么说,大哥这个宣传部长不能当了?"

毛泽东说:"是呀。整理党务案违反了国共合作的初衷,背叛了孙中山先生的三大政策。令人遗憾的是,中共中央在讨论是否接受时,争论了七天,多数同志竟然表示同意接受。现在,共产党人的行动处处受到限制,蒋介石如愿以偿地当上了国民革命军总司令、国民党中央主席兼中央组织部部长。泽覃,从这件事可以看出,我们党内有的同志思想还很幼稚,同时也说明,我们共产党光会耍笔杆子还不行,也要会耍枪杆子。手上有了枪杆子,才有主动权。"

毛泽覃说:"大哥,我在黄埔军校虽是政治教员,但是我把克劳塞维茨的《战争论》、艾尔弗雷德的《海权对历史的影响》、若米尼的《战争艺术概论》,都借来看了。我最喜欢的还是《孙子兵法》,看了两三遍了,还看不厌,越琢磨越有味。"

毛泽东说:"好,以后我也会在这方面下功夫。不当宣传部长,我还是农讲所所长。中国革命不能葬送在这些投机分子手上,所以,从明天开始,农民运动学员要增加军事训练,学习武装斗争的基本知识。泽覃,我想请你来上军事课,没问题吧?"

毛泽覃爽快地答应了,当天晚上,他便把黄埔军校的教案拿过来,按农运学员的要求备课。

第二天,毛泽东在大成殿进行动员,强调农运学员要学军事、懂军事,要学会耍枪杆子。毛泽覃讲授军事理论,组织学员操练。那以后,毛岸英兄弟先是在一旁看,后来也拿着棍子跟着喊"一二一",喊"杀杀杀",摸爬滚打,像模像样。

第十章　双手打算盘的老板

1

上海外滩的夜景是繁华而美丽的，衣着简朴的毛泽民，在闪闪的霓虹灯照耀的街景中，显得土气而敦实。夜色中，向北海西装革履地走过来，他的穿戴打扮，与毛泽民形成极大的反差。

"泽民同志，"向北海口气有些生硬，左右看了看，说："你知道我为什么把你约到这里谈话吗？"

"不知道。"毛泽民说。

"你看，"向北海指了指繁华的上海外滩，"这是一个什么世界？"

"这个，我知道，十里洋场的花花世界。"

"你知道？你知道怎么还这样？在这个纸醉金迷、物欲横流、十里洋场的花花世界，却有一位洁身自好的大老板，这位大老板穿着朴素，没有妻室，更不要说进娱乐场所……"

"你这是说我？"毛泽民感到有些茫然。

"你自己说，"向北海板着脸说，"当你和那些花天酒地的老板在一起谈生意时，人家会怎么看？除了共产党人，有哪一个生意人会像你这样简朴？像你这样洁身自好，连妻室都没有？"

毛泽民从广州调到上海，表面上是一个印刷老板，实际上负责党中央出版书刊的印刷发行。他到上海后，对总发行机关进行调整，书刊发行量不断增大，又在上海新闸路培德里建立了秘密印刷所，负责印刷党中央的书刊文件。他公开的身份是出版商，化名杨杰，人称杨老板。由于印刷量大，保密要求高，毛泽民便从韶山调来几个党员。但他节俭惯了，布鞋、对襟土布上衣，根本不像个老板。向北海这么一说，他不由大悟，说："这，我，我还真没想到。"

"泽民同志，你负责的印刷发行工作，中央很满意，业务越做越大，发行量越来越大，但自我保护意识太淡薄。求知书店之所以暴露被查封，与你的自我保护意识不强很有关系。你现在不是毛泽民，你叫杨杰，是一个老板。"向北海语气缓和了一些，上下审视着毛泽民，"你看看，你这身穿戴打扮，哪里像个老板？"

"是的，我疏忽了。"毛泽民说，"自我保护意识不强，影响到了其他同志。今天我到求知书店时也有所感觉。嗯，我马上买两套衣服。"

"你给自己定的月薪太少了，不够花，我知道。这个，可以在公司的经费里开支。"

"不用，不用。我省着点，可以省出来的。我大哥说过，要把公司当作自己的家业来经营，但花钱要公私分明，不能以权谋私。"

"公私分明，精打细算，这很好，但工作需要，该花的还是要花。做生意就得像生意人，如果像你这样，万一暴露了，不仅你个人有危险，组织也会受损失啊，那样岂不是得不偿失？"

毛泽民憨厚地笑道："我一定改正。"

向北海点点头，又说："组织研究决定，为了安全起见，你必须马上组织一个临时家庭。"

毛泽民说："组织临时家庭？哦，好，我把我家里人接过来。"

向北海说："把家里人接过来？到湖南湘潭去接，那等到什么时候？不能等了。你这个家室，组织上给你考虑好了。组织决定，派钱希钧同志配合你，组成一个临时家庭。希钧同志今年二十岁，年轻漂亮，与你很般配。她在上海读书工作有几年了，对上海的情况要比你熟悉，正好可以帮助你。对外，你们出双入对，以夫妻相称；对内，她是你的助手，和你一起经营公司。"

"这，这……老向，不急，不急。"

"这是组织决定，工作需要，是为了你的安全，更是为了中央印刷发行工作的安全。怎么，你对组织的决定有意见？"

毛泽民说："不是，组织决定我服从，可是，我有妻室呀。我请求组织让我把家室接来。"

向北海说："那要多长时间，为了安全，一天也不能耽误。"

毛泽民说："我派人回湖南，尽快！"

"唉，好吧，我给你一周时间。一周没接来，我马上叫钱希钧来报到。"

毛泽民当晚回去就找到毛月秋，说："月秋，你马上回韶山一趟，帮我把淑兰母女接过来。"毛月秋笑道："想嫂子了？"毛泽民哪有心思笑，说："不是我想，是工作需要。"毛月秋说："泽民，你离开韶山时，不是和淑兰解除了婚约吗？"毛泽民说："那时解除婚约，我提出来的，是为了不让她们母女受我牵连。我现在对外的身份是个老板，人家老板都有太太，我身边不能没有家室。不然，组织上就要派个女同志来充当我的太太。"毛月秋说："我明白了。如果淑兰嫂子接来了，组织上就不会派别的女人来了。"毛泽民说："所以，请你帮我回家一趟，马上动身，越快越好。"

2

毛泽民去南京路买了两套西装，还买了双皮鞋，并打上领带，人是显得精神多了，却总有些不习惯。回到协盛印刷所，看见车间的工人都是工装，而自己西装革履，他更是觉得别扭。

毛泽民走进办公室，范助理见了，说："杨经理，你今天西装革履，好洋气哦。"毛泽民摆了个姿势，说："像那么回事了吗？"范助理说："像，像老板了。"毛泽民说："这就好，这就好。小范，我们虽是同志，但从今以后，你要把我当老板看，特别是有外人在的时候，你要叫我老爷。"

"是，老爷。"范助理笑道，见毛泽民有些尴尬，又摇头，"哎，我们本来是要打倒地主老爷，你倒做起老爷来了，小心以后被别人打倒哟。"

毛泽民苦笑道："小范，这是工作需要，你以为我愿意？"

毛泽民穿西装在车间检查印刷，慢慢地就习惯成自然了。这天，他一看时间，月秋走了六天了，还没有音信，向北海说好以七天为期，那明天一过，他就不等了。

第二天，向北海来到培德里，走进总经理办公室，见毛泽民西装革履，打着领带，在向一个员工交代着什么。向北海待员工出去，满意地说："嗯，好，像个老板了。"

毛泽民憨厚地笑着，叫范助理泡了杯茶。向北海接过茶，又审视着毛泽民，点点头说："这样好。嗯，你的家室，也必须马上配好。"

毛泽民说："我叫人回湖南接去了。"

第十章 双手打算盘的老板

向北海说:"来了吗?"

毛泽民说:"快了。"

向北海说:"快了?我们办事,不能含糊,几天就是几天。看你这个样,还没个准确日期,这事不能等了。"

毛泽民说:"就再等几天吧,她们可能已经在路上。"

"再给你几天,不能再等。再说,你妻子对上海的情况熟悉吗?这是工作。我叫钱希钧明天来报到。"

毛泽民说:"要是,要是湖南那边来了呢?"

向北海说:"来了好说,没关系,我自有办法。"

又几天过去了,还不见毛月秋回,毛泽民急得上蹦下跳,一会问范助理:"月秋回来了吗?"一会问:"有我的电报信函吗?"一听说没有,不由坐立不安,唉声叹气,只好拿起账本拨起算盘来。

"杨经理——"不一会儿,范助理带着一个年轻姑娘进来了,喊了一声便关上门出去了。

"什么事?说。"毛泽民双手仍聚精会神地打着算盘。没听到回应,毛泽民说,"小范,什么事?讲啊。"

"杨经理——"那姑娘站在门口,有些尴尬,说,"是我。"

"你是?"毛泽民抬头一看,眼前是个二十来岁的姑娘。

"杨经理,我叫钱希钧,前来报到。"

钱希钧五官端正,肌肤洁净,性格开朗,一看就是个读了书的女青年。她本来是上海杨浦怡和纱厂的工会干部。前些天,向北海把她约到上海外滩,告诉她组织上决定安排她去做毛泽民名义上的夫人。钱希钧听了很惊讶,说:"我没有一点思想准备,对毛泽民同志一点也不了解。"向北海说:"这是工作。你和毛泽民假扮夫妻,是为了迷惑敌人,保卫自己,以便更好地开展工作。你想想,毛泽民作为一个老板,连妻室都没有,出入十里洋场,与大老板打交道,敌人看见了,能不怀疑?"钱希钧还有些犹豫,向北海又说:"毛泽民是个好同志,他的化名叫杨杰,是经理,你的上级。他工作很有能力,原则性强,但人很朴实,对十里洋场的灯红酒绿相当不习惯。组织安排你们伪装成夫妻,他思想上还没有完全接受,所以,这些方面你要主动,在人前人后,要做得天衣无缝,不能让外人看出破绽。"

钱希钧说："我还没结过婚，还要我主动啊？"向北海严厉地说："这是工作！"

"噢，你来了……坐，坐。"毛泽民有点不自在，眼睛找范助理，见不在，便起身倒了一杯茶。钱希钧笑着起身来接茶杯，毛泽民尴尬地缩回手，钱希钧又伸出手，稳稳地把那个杯子接在手中。

"希钧同志，我和你介绍下工作。"毛泽民十分无奈，但既然组织安排了，他就必须接受，"我们印刷发行的刊物《向导》，党中央每月只拨给广告费60元，我们每月在《申报》《新闻报》《民国日报》上登广告，所需费用就要72元。出版发行部的一切经费，包括人员薪水，一概自理，靠自身的收入开支。我接手后，公司还为中央机关印发了《中国青年》《红旗》《实话》等报刊和党的文件、传单。"钱希钧听了不由刮目相看，没想到这个出版发行部管着这么大一摊子事。"希钧同志，你负责报纸、书刊的发行，还要担任地下交通联络，机密性强，要灵活，同时还要严格保密。"

"还有吗？"钱希钧说。

"主要就是这些吧。"

"应该还有。"钱希钧又强调说。

"没有了。"毛泽民说。

"还有，"钱希钧想起向北海的话，觉得自己这时要主动，说，"以后，我们就是一家人。我是你夫人，你是我丈夫。这个公司，是我们夫妻二人打理，你主外，我主内……"

"噢，这个，这个，以后再说，以后再说。"毛泽民搪塞道。他想等王淑兰母女来。到那时，她在这里，也就是一个助理。

晚上，钱希钧搬到毛泽民租的一栋房子里。钱希钧走进屋，想起今后要和毛泽民住在一间房里，有些别扭。毛泽民说："时间不早了，休息吧。"钱希钧说："怎么睡？"毛泽民说："你睡卧室，我睡外屋沙发。"钱希钧说："这，恐怕不行吧。"毛泽民说："怎么不行？"钱希钧说："我们是夫妻呀。"毛泽民说："对外是夫妻，实际上是同志。"钱希钧说："对外是夫妻，实际上是同志。我们俩虽然不是夫妻，你睡外屋沙发，如果人家突然进来，看见我们分室而居，能不怀疑我们这对假夫妻吗？"毛泽民说："你说得有道理。那，你睡床上，我睡地铺。"毛泽民说着拿着被褥打地铺。

钱希钧说："你睡地铺？恐怕不行吧。"毛泽民说："怎么还不行呢？我们现在是睡一个屋了。"钱希钧说："是睡一个屋也不行。"毛泽民说："那要怎么样？"钱希钧说："你必须睡床上。"毛泽民说："这，这怎么行！我们毕竟不是真夫妻。"钱希钧说："组织上给我交代了，除了配合你的工作，做好你的假太太，还要我对你的生活和健康负责。地上湿气重，容易得病。你睡地铺，万一伤害了身体，公司怎么办？我怎么向组织交代？"

毛泽民看了看钱希钧，不由有些感动，说："那，我还是搬到外屋去。"钱希钧说："不行。你睡床上。"毛泽民说："你睡床上，我也睡床上？"钱希钧脸一红，说："你想得美。"毛泽民说："那，你的意思？"钱希钧说："你睡床上，我睡地铺。"毛泽民说："哪有这道理，我是男人，竟然让一个女子睡地铺？"钱希钧说："那你说怎么办？"毛泽民说："我是上级，你是下级，听我安排，钱希钧同志睡床上，毛泽民是男同志，睡地下。"

钱希钧说："你睡地下？不行。"毛泽民说："不行？你是上级，还是我是上级？"钱希钧说："你。"毛泽民说："那你就服从安排。"钱希钧不好再坚持。毛泽民打好地铺，钻进被子，背向床铺，闭上眼睛睡去了。

第二天，毛泽民早早就起来了。他不想惊动熟睡的钱希钧，一个人西装革履地赶到协盛印刷所。过了不久，钱希钧也来了。她穿着入时，走到毛泽民桌边，翻着账本，亲热地喊着："Darling……"

"你，"毛泽民感觉很别扭，说，"你不要这么喊。"

"Darling，"钱希钧把门关上，看着毛泽民，轻轻地说，"你怎么了？"

"不，不习惯嘛。"

"不习惯，也要慢慢习惯。"钱希钧说，"你不要忘了，我是你太太。你这样，人家一看就知道我们是假夫妻。"

"噢，好，好，我争取慢慢习惯。"毛泽民心里盼着毛月秋快些回来，把他解救出来。

"杨经理，"这时，范助理敲门说，"月秋回来了。"

"太好了。"毛泽民不由眼睛一亮，忙起身相迎。

"杨经理，"毛月秋知道毛泽民肯定急得不行，一下船就直奔印刷所，马不停蹄地向毛泽民复命。

"你回来啦——"毛泽民看着毛月秋，又看看门外，有些失望地说，"怎么，你一个人回的？"

毛月秋看了一眼钱希钧。毛泽民对钱希钧说:"你出去一下。"钱希钧走出办公室,毛泽民就迫不及待地问:"你嫂子和远志呢?她们怎么没来?"

毛月秋从怀里掏出一个信封,交给毛泽民,信封上书有王淑兰写的三个不太工整的毛笔字:离婚书。

3

王淑兰带着女儿毛远志在上屋场前坪晒辣椒。那辣椒鲜红,一只只晒得油光闪亮。毛家人都喜欢吃辣椒,王淑兰知道毛泽东尤其喜欢,没有辣椒,吃饭不香,所以夏天辣椒出来了,她总要晒很多干辣椒,托人带给毛家兄弟。毛远志说:"妈妈,我好久没看到爸爸了,爸爸好久回家啊?"王淑兰说:"你爸爸该回的时候就会回。"

母女俩说着话,毛月秋骑马来到了韶山,经过南岸,直奔上屋场。毛远志眼尖,说:"妈妈,月秋叔叔来了。"

毛月秋到上屋场下了马,抱起毛远志,和王淑兰打过招呼,说:"淑兰嫂,告诉你一个好消息,泽民哥叫我专程接你去上海,当阔太太。"王淑兰笑道:"月秋,你开什么玩笑,泽民又不是大老板,我怎么成了阔太太?"毛月秋凑近王淑兰耳语着。王淑兰听着,脸不断发生变化,先是高兴,然后皱眉,继而茫然。毛月秋说:"泽民催你快去呢。你看,我自家屋还没进,先来告诉你。你快准备,我回家去看看,明天来接你去长沙搭船。"说罢,毛月秋骑马走了。

毛远志听说毛月秋接她和妈妈去上海,高兴得合不拢嘴。其实,王淑兰也想去,娘俩都想去上海。送走毛月秋,毛远志沉浸在去上海的喜悦中,王淑兰却是心事重重。吃完饭,王淑兰端着煤油灯,牵着毛远志,从厅堂走到厨房、卧室,还有天井、杂屋、牛栏,这么多的房子,都是早几年她和毛泽民在老屋的基础上翻盖的。家里的房屋都齐了,很好过日子了,可他们都跟着大哥出去革命了,这屋也不要了。如今,上屋场十几间房屋空落落的,现在,连她也要离开这里。

王淑兰看着屋里的一切,依依不舍,说:"远志,你知道吗,这个家,在你爷爷手上时,有十几亩田地,但你爷爷身体不好,家景也不好,你伯伯在外读书,只好叫你爸爸休学。你爸爸从小就跟爷爷学记账,算盘打得好,会当家。你爸爸把我接进门后,和我管着这个家,把这幢茅屋翻盖成瓦屋。"

毛远志说:"妈,这些事,你给我讲过。"

王淑兰说:"是呀,我是讲过。到后来,你爸爸也不管这个家了,跟着你大伯出去了,你叔叔和你姑姑也跟着大伯走了,他们都不管这个家了,剩下我一个人管着这个家。现在,你爸爸叫我们去上海。我们一走,这个家没人管了。那这个家,还是家吗?"

毛远志说:"妈,爸爸不当韶山的米老板,在上海当大老板了。上海的大老板,比韶山的米老板不知好到哪里去了。妈妈可以当老板太太,我也可以去当大小姐呀。"

王淑兰说:"远志呀,你爸爸在上海当老板的那个公司,不是我们家的,也不是大伯的,是公家的,我们去了,妈妈当不好老板太太,你也当不好大小姐,只会给你爸爸添麻烦,给公家添麻烦。"

毛远志听出什么了,哭着说:"妈,我要去,我要见爸爸。"

王淑兰给毛远志擦着眼泪,说:"你要去,妈也想去,可是,去不得呀,还有这个家,总得有人看啊。"

毛远志说什么也没用,只伤心地哭,抽泣着,睡着了。王淑兰把毛远志背进卧室,给她掖好被子,然后擦了擦自己脸上的泪水,走到书桌前磨墨,提起毛笔,在一张纸上写下三个字:离婚书。

第二天天刚亮,毛月秋就骑着快马来上屋场。王淑兰开口便说:"月秋,上海我们不去了。"

毛月秋一惊,说:"淑兰嫂,泽民哥叫我专程接你的。他在等你,你不去,我怎么向他交代?"

王淑兰说:"你告诉他,我要看着这个家。"

毛月秋说:"你不去,他就只有和另一个女人在一起了。"

王淑兰说:"那是为了工作。你就叫他和那个女的在一起吧。"

毛月秋说:"那怎么行,你不是还在嘛。"

王淑兰把一封信递给毛月秋,说:"你对他说,就当没有我了。"

毛月秋一看是离婚信,说:"淑兰嫂,你怎么能这样。泽民人这么好,你舍得?"

王淑兰含着泪说:"你帮我告诉泽民,他们跟着他大哥,什么都舍得,这个家也舍了,我还有什么舍不得。"

4

毛泽民心里一直不能平静，王淑兰是个好女人，对韶山那个家付出了很多，一直舍不得那个家。当初大哥召集全家人议事，要全家人离开韶山时，王淑兰就说："干革命，我参加，这个窝你们不要，我来守。我要守住，我为你们守住一个念想，到你们老了，想家的时候，你们还有个家在韶山。"

一阵敲门声传来，毛泽民从记忆中回过神来，见是钱希钧，忙将信封往书桌抽屉塞，抬起头，问："你有什么事？"钱希钧走到毛泽民身边，看他一脸忧戚的神色，说："没事吧？"毛泽民望着钱希钧，回道："你有事吗？"钱希钧说："向老板今晚有事要和你商量。"

吃了晚饭，毛泽民西装革履，坐在小车里，钱希钧穿着旗袍坐在他身边，俨然是一个阔太太。他们的小车在外滩停下，下了车，钱希钧挽着毛泽民的手，毛泽民感觉有些不自在，甩开步子往前走。钱希钧掐了掐他，说："亲爱的，你慢点走。"

向北海和一个穿着入时的女士早在外滩等候，见毛泽民来了，他潇洒地伸手向毛泽民打招呼："哟，杨老板，带夫人来啦。"钱希钧点头微笑，掐了掐毛泽民，说："亲爱的，你的生意伙伴呢。"毛泽民很绅士地伸出手，说："哦，向老板，您好，您好。"向北海显得很兴奋，握住毛泽民的手："杨老板的生意做得好啊。"钱希钧和那个女士一边欣赏夜景，一边留意周围的动静。

"老向呀，我可是很别扭，很难受。"毛泽民皱着眉毛说。

"泽民同志，你不用难受，也不要别扭，我看你做得很不错。"向北海高兴地说，"你负责印刷发行以来，《向导》在全国销到8万份，《共产主义ABC》一书不到半年，销数多达3万余册。你看，你们的工作做得这么好，还难受什么？哈哈哈……"

"嘿嘿嘿，"毛泽民说，"这，这是另一回事。"

"你们还负责承印了《中国青年》《红旗》和党的文件，在上海、武汉、广州、长沙、宁波等地建立了发行网，连香港和法国的巴黎也有了发行部的代售处，厉害呀。你俩的合作，有力地促进了工作。"

"应该的，"毛泽民憨厚地笑了笑，"应该的。"

"现在，南方政府正在策划以'打倒吴佩孚，联络孙传芳，不理张作霖'为主的北伐战争，我们要将这些传单及时印发下去。还告诉你一件事，'整理党务案'通过后，我党在国民党中央担任部长职务的同志都被迫辞职了。"

"哦，"毛泽民关切地问道，"这么说，我大哥也不再担任国民党中宣部长一职？"

"是呀。我党和国民党的合作前景发生了变化，我们的工作环境将更加恶劣，更要注意安全。保护自己，也就是保护了党的机关工作。你一定要记住，你和钱希钧是同事，也是一对夫妻。她一个未婚姑娘都能主动做到，你应该做得更好。"

5

半年来，印刷发行部不仅完成了各项任务，还略有盈余，毛泽民、钱希钧十分高兴。钱希钧说："你管理公司很有一套，算盘打得好，以前是不是做过老板？"毛泽民算盘拨得啪啪响，说："这印刷发行是第一次搞。不过，以前我父亲带我做过米生意。"钱希钧笑道："怪不得，怪不得你会两手打算盘，而且打得这么好。"毛泽民笑道："这个算盘，从小打起，天天打，自然熟能生巧。"范助理走进来，说："杨经理，这期《向导》排好版了，请您看看，如果没问题就开印了。"毛泽民应了一声，把算盘推给钱希钧，说："你接着算，今天把它算清。"

钱希钧接过算盘继续算着，算着算着，发现少了一张账单，她到抽屉里去找，忽然看见了王淑兰的"离婚书"，心头一愣，这么说，毛泽民离婚了？

钱希钧正发愣，外面传来脚步声，她忙把离婚书放回抽屉，心情有些复杂。毛泽民走进来，钱希钧有些不自然，问道："开印了？"

毛泽民说："我看了清样，叫他们注意墨不要太重就可以了。"

钱希钧端来一杯水，说："亲爱的，喝水。"

毛泽民抬头望了一眼，接过茶杯，喝了一口，眼睛注视着钱希钧的侧影。钱希钧和往常一样，坐了下来，低头算账。

晚上，毛泽民感冒了，睡在地铺上，不停地咳嗽。钱希钧睡在床上，听着他咳嗽，辗转反侧不能入睡。钱希钧显然生气了，打开灯，爬起来，走到地铺上，说："泽民同志，你固执己见，不听劝告，你看你，咳成什么样了？"

毛泽民咳了咳，说："吵着你啦，不好意思，对不起。"说着他又忍不住咳了起来。

钱希钧倒了一杯水，端到地铺上，看着毛泽民坐起来喝水，说："对不起，就知道对不起。泽民同志，我说过，地上湿气重，容易患病，你不听，现在得病了吧。"

毛泽民说："没关系。我能挺住。"

钱希钧说："没关系？你能挺住？你没关系，我有关系呀。你能挺住，我受不了啊。泽民同志，请你考虑一下我的感受。"

毛泽民一想，也是，道："哪，你看怎么办？"

钱希钧说："你现在还不过是感冒咳嗽，地上湿气重，时间长了，会得风湿病。你若倒下了，这个印刷厂，这个发行部怎么办？组织上质问我，哎，钱希钧同志，你怎么照顾毛泽民同志的？你说，我怎么向组织交代？"

毛泽民说："明天我叫小范弄个简易床。"

"你不是说，你主外，我主内嘛，在出版印刷发行上，你负责，我听你的；在生活上，我负责，你听我的。现在请你听我的，睡床上。"

毛泽民说："我们俩怎么能同床？"

钱希钧说："我们是夫妻。"

毛泽民说："我们不是真夫妻。"

钱希钧说："不是真夫妻，也是夫妻，也要假戏真做，把样子做足，还不能让人家看出破绽。再说，你睡地铺着了凉，到外面咳咳咳的，像什么？人家问起来，杨老板怎么得病了？我怎么解释？说是睡地铺睡的？"

钱希钧不由分说，把地铺上的被子搬在床上。毛泽民要把被子搬下来，钱希钧拦住不让，硬是在一个床上摆好两床被子。她又把地铺上的枕头捡起，往那头一丢，说："不要固执了。一人一床被子，你睡那头，我睡这头，同床，但不共枕。"

6

这天，钱希钧从银行回来，半路上，天忽然阴了，她把遮阳伞收了，坐着车，在协盛印刷所门口下来。这时，一辆小货车运着一车纸停在门口，两个装卸工人在不慌不忙地卸货。忽然间，风刮大了，接着，豆粒大的雨从天上落下来。钱希钧见状，忙爬上车，撑起伞遮住车上的纸，并大声向门口叫道："小范、杨杰，下雨了，纸要打湿了，你们快来卸货。"

毛泽民、小范在三楼办公室，小范说："杨经理，是你太太在喊。"毛泽民打开窗户，只见雨越下越大，钱希钧打着伞遮住车上的纸，仰着脖子喊着："杨杰，快，叫大家都下来。"

毛泽民答应一声，转身就往外跑，边下楼边说："小范，叫上所有的人，带上油布，快。"不一会，小范和几个工人背着油布，打着伞，冲出大门，冲进雨幕，爬上货车。

此时，电闪雷鸣，稀疏的雨点变成倾盆大雨，毛泽民和工人们七手八脚地用油布盖住纸。钱希钧见毛泽民没带雨具，忙用伞为他遮挡雨水。毛泽民抬头一看，举伞的是钱希钧，她却被雨水浇得透湿，头发上流着水滴，薄薄的衣服紧贴着身子。毛泽民起身抢过伞，把伞举在钱希钧头上。不一会儿，工人们已把纸全部盖好，一个个下了车。毛泽民打着伞，把钱希钧抱下车，然后搂着走进培德里。一进门口，毛泽民松开了钱希钧，她突然感觉到了凉，抽了口冷气，打了个喷嚏。毛泽民忙又搂住她，一边往里走，一边叫道："小范，给我拿几件干衣服来。"

钱希钧在毛泽民怀里颤抖起来，毛泽民不由把她搂得更紧。上了楼，走进办公室，范助理拿着几件工作服走进来，毛泽民挑了一套给钱希钧，说："你快换上干衣服。"毛泽民和范助理走出办公室，并关上门。

钱希钧拿着衣服，见毛泽民的背影消失在门外，知道他就在楼道换衣。倾盆大雨还在下着，楼道风大，钱希钧匆匆换好衣服，打开门说："进来吧，外面凉。"毛泽民已换上了工作衣，走进来问道："怎么样？"钱希钧等毛泽民进来，便把门一关，扑在他怀里。毛泽民僵住了，一动也不敢动，说："钱希钧同志，我们——"

这时，外面有人敲门，钱希钧只得去开门。进来的是范助理，他说："杨经理，这一车纸，除面上有几张打湿了，其他都完好无损。"毛泽民高兴地笑道："好，好，没损失就好。"范助理说："员工都说，杨经理有个好太太。今天要不是杨太太，这车纸肯定变纸浆了。"毛泽民望了一眼钱希钧，说："嗯，今天杨太太表现不错。"范助理又提醒道："杨经理，杨太太就是你自己的太太。"毛泽民不由一愣，见钱希钧狠狠地向他瞪眼，忙说，"嗯，对，今天是多亏了我太太。"

晚上，钱希钧早早地上床了，躺在床内侧的被子里，萎靡不振，显得有些疲惫。毛泽民以为她还在为白天的事生气，便坐在床边，没话找话，说："小钱同志，今天多亏了你。要不是你，那就损失大了。"

"这是应该的。"钱希钧头闷在被子里，语气软软的、轻轻的，显得有气无力。

毛泽民笑道："今天他们都说我有个好太太。我有这样的太太，公司一定会越来越兴旺。"

"谁是你太太，"钱希钧赌气地说，"泽民同志，请你记住，我不过是你工作上的太太。"

"嘿嘿，我不会忘记。你确实是个好同志，同时，也是一个好太太。"钱希钧疲惫的脸上有了点笑意。"小钱同志，很对不起，我们一起在外，假扮夫妻，都是你主动，我有时对你态度还很生硬，有时候还很别扭，要不是你主动掌握局面，我们这对假夫妻就会穿帮，就会被人怀疑。如果被敌人发现，不仅公司受影响，我们的安全也成问题了。"

钱希钧没有吱声，眼眶里盈满了泪水。她年幼时到张秋人家当童养媳，要扫地，挑水，做家务。她未行过礼的丈夫张秋人是个进步青年，反对童养媳制度，他俩一直没圆房。十七岁那年，张秋人参加了革命，写信叫她到上海读书。她在平民女校半工半读，进步很快，并成长为一名共产党员。

"希钧同志，你睡了吗？"

"我在听呢。"钱希钧擦擦眼泪说。

"希钧同志，你是不是恨我？"

"没有，没有——"钱希钧忙又否认，"我怎么会恨你？只是，我以前想不通，你为什么要和我闹别扭呢？秘密工作要求我们成为夫妻，你总好像是我赖着要和你成为夫妻似的。"

"对不起。你是个好同志，比我年轻，我们朝夕相处这么久，是块石头也该暖热了。我也不是铁石心肠，是有感情的人，只是，让你和我做夫妻，真是委屈你了。"

"怎么委屈了？"

"我不是给你说过吗？我结过婚，有一个女儿。我和她虽然是父母做主，但毕竟是患难多年的夫妻，她和我一起经营我韶山那个家。"

"这个，我听说过。"

"她为我家做了不少事，我，我不能做对不起她的事呀。"

"你这样想是对的，可你们已经离婚了呀。"

"离婚？"

"你们，你们不是离婚了吗？"

"我离婚了吗？"

"你，你们没离婚？上次你派人去湖南，你太太怎么没接来？"

"哦，是的，我离婚了。我……希钧同志……"

"既然你们离婚了，你怎么还这样？"钱希钧疲乏地说，"泽民同志，我，我好累，想睡了。"

"噢，哪里不舒服吗？那，睡吧。"毛泽民关了灯，室内一片黑暗。因为白天的疲劳，毛泽民很快入睡了。

也不知睡了好久，毛泽民被一阵呻吟声惊醒。他拉亮灯，灯光下，只见钱希钧在痛苦地哆嗦着。

"希钧同志，你怎么啦？"

"我好冷，好冷。"钱希钧说，"哎哟，好冷。"

毛泽民爬到那头，伸手一摸钱希钧的额头，说："哎呀，你发烧了。可能是白天那场雨浇的，我去喊医生来看看？"

钱希钧说："半夜三更，上哪里喊医生？"

毛泽民望了望哆嗦着的钱希钧，想找个什么给她盖上，找了一气，也没有合适的东西。最后，他目光落在自己的被子上。毛泽民把被子盖在钱希钧的被子上，为她掖好被角，说："好些了吗？"

钱希钧说："好，好一点。"

不一会儿，毛泽民抱着膀子，冻得微微打起了哆嗦，上牙敲着下牙。钱希钧睁眼一看，说："你怎么不盖被子？你的被子呢？"

毛泽民说："盖在你身上啦。"

钱希钧忽地掀开被子，毛泽民俯下身子，说："怎么啦？"

"别感冒了。"钱希钧伸手把毛泽民拉进被窝，扯着被子，往他身上盖过去。

第十一章　搬家搬家

1

北伐开始后,毛泽东在番禺学宫的办公室墙上挂了一幅地图,地图上贴着一些红红绿绿的小旗,红色代表革命军,绿色的代表各地军阀。毛泽东注视着地图,调整图上小旗的位置,自言自语道:"衡阳,衡阳……"杨开慧正在抄写毛泽东起草的文稿,见他念着衡阳,知道是在挂念着毛泽建。

毛泽建、陈芬从广州回去后,在衡阳集兵滩办起了一个农民讲习所,学员是各乡选送来的农民骨干。北伐战争伊始,毛泽建便组织学员回乡成立农民协会,建立赤卫队。等北伐军一打进湖南,毛泽建便将各地赤卫队集中起来,协助北伐军。

"开慧呀,革命军打到衡阳,菊妹子的农民武装大显神威咧。我听湖南的同志讲,菊妹子带领农军为革命军带路,配合革命军攻城,立了大功。这个菊妹子,不仅聪明,胆子大,还会带兵打仗,真是没想到啊。"

"古有花木兰从军,今有菊妹子带兵打仗,巾帼英雄啊。菊妹子在广州的讲习所没白听,虽是旁听,她灵泛,没有不懂的。"

"开慧呀,看来让菊妹子旁听,是对的,这叫学以致用,立竿见影。这些农讲所学员,来自五湖四海,学成又回到全国各地组织农会、农军。有农会、农军的配合,革命军所向披靡。这更证明了我的一个观点,农民,是中国革命最可靠的同盟军,有广大农民参加的革命,一定会成功的。"

"我也赞同你这个观点。只是,你不是北伐指挥官,打仗有蒋介石,你操这闲心干什么?"

"哎,这可不是闲心。北伐是国共两党的大事,也是关系到中国革命成功与否的大事。我虽没学过军事,也不是指挥官,了解一下这仗打得怎样了,增长一点战争知识,向人家宣传起来也不会出笑话嘛。"

"说不赢你。"杨开慧端着茶杯,走到地图前,把茶杯递给毛泽东,"喝茶吧。"

"嗯,这才像我的娘子嘛。"毛泽东接过杯子,喝口茶,指着墙上的地图说,"你看,有农军配合的地方,仗就打得痛快利索。如果照这样打下去……"

正说着,毛泽覃来到番禺学宫,扬着手中的报纸说:"大哥,好消息。"

毛泽东说:"什么好消息?"

毛泽覃看着报纸念道:"革命军占领长沙,赵恒惕仓皇北逃。"赵恒惕担心的事发生了,他手下的第4师师长唐生智与北伐军联手起兵,占领长沙,唐生智就任代理省长。

"哦,革命军占领长沙……"毛泽东拿过报纸,展开看着,脸上露出了笑意,"这个赵恒惕,在湖南霸道了五六年,今天终于结束了他的假民主统治。"

"大哥,赵恒惕抓了你三四年,最后他自己逃跑了。你再回长沙,他对你的通缉不起作用了。"

没过多久,毛泽东因担任中共中央农民运动委员会书记,和杨开慧带着岸英兄弟来到上海;待了一个月,又赶到武汉办农民运动讲习所。在武昌都府堤没住几天,他又接到湖南来的电报,请他回湘指导农民运动。

杨开慧说:"润芝,我们从广州出发,到今天才两个月时间,从广州搬到上海,又从上海搬到武汉,现在,刚到武汉安下家,又要回长沙,真是居无定所啊。"

毛泽东笑道:"这是好事啊。"

杨开慧说:"搬个家,这么辛苦,还是好事?"

毛泽东说:"我们为什么不断搬新家?是因为革命形势向好的方向发展。要不是北伐战争的节节胜利,我们想搬还搬不了咧。开慧呀,说不定我们再搬几次,革命就成功了。"

2

车到长沙,杨开慧怀有四个月的身孕,只能牵着岸英。毛泽东提着两个竹箱子,背着岸青,虽然累,心里却有一种难以抑制的喜悦。看着熟悉的车站,一切都显得那么亲切。走出火车站,毛福轩在出站口迎上来,接过毛泽东手上的箱子,又从他身上卸下包袱。毛泽东觉得轻松许多,长长呼了口气。出了站,走在长沙街上,只见一队队革命军走过去。走不多远,又见一群学生摇着彩色小纸旗,唱着《国民革命歌》。

毛泽东感慨地说:"开慧,今天的长沙,是我们的长沙了。"

毛福轩边走边说:"现在我们湘潭、韶山,都是这样了。农民当家做主,牛鬼蛇神扫地出门。润芝,一个月前,赵恒惕还悬赏一万银花边抓你,现在,他自身难保了。"

毛泽东不由眉毛一皱,道:"哎,可惜了。"

杨开慧道:"赵恒惕走了,你还不高兴?"

毛泽东哈哈笑道:"赵恒惕一走,我这个脑袋就一文不值了。"

毛福轩领着毛泽东一家来到长沙小吴门外清水塘。清水塘的房子早已打扫得干干净净。毛岸英看着熟悉的木门窗、仍按原来位置摆放的桌椅板凳,跳起来叫道:"噢,又回家啰。"毛福轩看杨开慧行动不便,说:"润芝,开慧怀上小孩,行动不便,岸英、岸青还小,是不是找个保姆?"毛泽东说:"这个事,开慧拿主意。"杨开慧笑道:"那就麻烦福轩叔帮我找一个。"

毛福轩来到长沙的南门口,这里是个集市,米、鸡、鸭、蛋、冬笋……各种农副产品,应有尽有,人来人往,熙熙攘攘,把条老街挤满了。在市场上转了一圈,毛福轩看见一个巷口站着几个等事做的女人。其中一个二十多岁的年轻女人,面目清秀,一头短发,显得精明能干。毛福轩走过去,一问,才知这个女人叫陈玉英,宁乡人。宁乡与韶山相隔不远,话音也差不多。毛福轩一眼就选中了她。

陈玉英提着包袱,跟着毛福轩来到清水塘。毛泽东正在书房伏案写作。杨开慧打量着陈玉英,见她比自己年纪小,人也清秀,问道:"大妹子,你叫什么名字?"

陈玉英忙低头躬身道:"回太太,我叫陈玉英。我男人姓孙,人家叫我孙嫂。"

杨开慧说:"孙嫂,你不要叫我太太,也不要这么拘礼。我比你大,以后你就叫我大姐吧。"

"叫您大姐?"陈玉英惊讶道,"那怎么好,我在赵省长家里做,都是叫老爷太太的。"

"有什么不好?"杨开慧愣了一下,但仍笑着,说,"我们姐妹相处,没有那么多拘谨，也要亲热些。"陈玉英是又惊又喜，喜的是遇到一个好人，惊的是怎么会有这样的好人呢？

毛福轩却在一旁急了，他把陈玉英拉到院子里，说："你在赵省长家里做过？"

陈玉英说："是呀。"

毛福轩又问："赵省长是不是叫赵恒惕？"

陈玉英回道："是呀。"

"你，你怎么不早说。"毛福轩不由分说，拉着陈玉英就往外走。

"我，我……"陈玉英一下子傻了。杨开慧说话亲切和蔼，一看就知是个知书达理的人。那时她在赵恒惕家做仆人，有谁把她当人看？都是当牲口一样使唤呀。这个夫人却把她当妹妹相处，那真是前辈子修来的福，现在叫她走，她十二分不愿意。可毛福轩劲大，几下就把她从院子拖出门去。

"哎……"杨开慧挺着肚子从客厅追出来，又从院子追出门外，一边追，一边喊着，"福轩叔，福轩叔——"

毛福轩拉着陈玉英走出院子，说："你走吧。"

陈玉英在门前站住，满腔委屈地说："我侍候过赵省长，会做菜，会干活，怎么不要我？"

毛福轩说："就是因为你侍候过赵恒惕，才不敢要你。"

陈玉英听了觉得莫名其妙，气愤地说："你说要就要，说不要就不要，还侮辱我人，你把道理讲讲，我做错了什么？"

"这有什么好讲的。你侍候过赵恒惕，不敢要。"

"你这算什么道理？你不讲清楚，就是欺侮人。"

"这……"毛福轩迟疑了一下，从口袋里掏出几张钞票，塞给陈玉英，说，"这个，算你今天的工钱。走吧。"

"你把我看成什么人了？我没做事，要什么工钱。"陈玉英把钱一丢，甩手就往水塘堤边走。

"哎，孙嫂，你等一下。"毛泽东听见外面吵架，又见杨开慧挺着肚子还往外追，忙放下毛笔，走出门，扶着杨开慧。

陈玉英回身一看，见杨开慧由毛泽东扶着追过来，不由自主地忙折身跑来，关切地说："大姐，您有身孕，别跑，别跑。"

"福轩叔，你过来一下。"毛泽东走到一边，向毛福轩招招手，轻声说，"就让她留下。"

"不行，不行。"毛福轩皱着眉头说，"她在赵恒惕家做过。赵恒惕什么角色？悬赏要抓捕你，万一她……那就防不胜防。算了，我还是去另外找一个。"

"呵呵……"毛泽东笑道，"她在赵恒惕家做过，但她不是赵恒惕呀。赵恒惕是赵恒惕，孙嫂是孙嫂。"

"那天晓得。"毛福轩还是坚持，"不怕一万，只怕万一。"

毛泽东见毛福轩态度仍坚决，便走到陈玉英身边，问道："孙嫂，你是哪里人？"

陈玉英说："宁乡。"

毛泽东说："宁乡？我们是邻舍咧。"

陈玉英说："我们是邻舍？"

毛泽东说："是呀，你是宁乡，我是韶山，从韶山到宁乡，抽根烟工夫就到了，你说是不是邻舍？"

陈玉英一见毛泽东身材魁伟，气宇轩昂，不免有些受宠若惊，连连道："是咧是咧。"

毛泽东又问："孙嫂，你怎么出来做事？"

"家里穷，我家没有田，从小给人做童养媳，十岁就出来帮工，前年经人介绍，到赵省长家做事。"

"怎么把你介绍给赵恒惕的呀？"

"他们说呀，我做事勤快，实在，放得心。"

"噢，现在怎么不给赵恒惕做了？"

"革命军一来，赵恒惕就跑了，我也就没事做了。"

毛泽东点点头，对毛福轩、杨开慧，说："是吃过苦的人。我看福轩有眼光，这个孙嫂呀，找得好。"

陈玉英一直扶着杨开慧没有松手，杨开慧微笑着来到毛福轩身边，说："福轩叔，润芝说得对，你有眼光，会看人，孙嫂心慈面善，靠得住，人也精明，做事肯定是里手。再说，人都进了门，我看就不要走了。"

"这个——"毛福轩还是不放心，这兵荒马乱的，要是有假，那就防不胜防。可毛泽东和杨开慧都同意了，他也挑不出别的毛病，只好说："既然你们都认可，就留下吧。"

毛泽东说："好了，孙嫂，我叔叔同意了，我们进屋去。"

陈玉英回过身，向毛泽东、杨开慧深深地躬了一躬，说："谢谢老爷、太太，谢谢福轩叔叔！"

杨开慧说："孙嫂，以后我们是一家人了！"

3

陈玉英做事确实麻利，有了她，屋子被收拾得干干净净、整整齐齐，杨开慧便可专心帮毛泽东抄写文稿。只是陈玉英一进厨房切菜做饭，厅堂里又乱了起来。毛岸英兄弟玩骑马游戏，这凳子、椅子便弄得歪七倒八。毛岸青跟着毛岸英骑在凳子上，手作举刀状，口打锣鼓唱着："咚咚咚咚，锵，将军来了。"陈玉英本是不高兴，见他俩玩得开心，在一旁看得乐了起来。

毛福轩来到清水塘，进了院子，见陈玉英盯着毛岸英兄弟笑，不由在一旁观察着。那天，他虽没坚持要换人，但事后嘱咐过毛泽东、杨开慧，要他们小心点好，小心驶得万年船。

陈玉英泡了一杯茶，怯生生地递给毛福轩。毛泽东见了，说："福轩叔，你有眼光咧，孙嫂里里外外一把手，岸英兄弟也很喜欢她，家里的事有孙嫂，我和开慧省好多心。"

陈玉英说："是大哥大姐人好，是我遇上了好人。"

毛泽东指着毛福轩对陈玉英呵呵笑道："你要说遇到了好人，首先是你遇到了他，你得谢谢他咧。"

陈玉英对毛福轩躬了一躬，说："谢谢福轩叔叔。"

毛福轩笑道："不客气。"陈玉英见毛福轩笑了，才释怀退去。

毛泽东今天叫毛福轩来，是因为农民运动在全国开展以后，一些土豪劣绅为躲避农会斗争，跑到城里来了。这些人在城里逢人便讲农民运动搞糟了。若是这些人讲讲也就算了，遗憾的是，党内有些同志也跟着说怪话。毛泽东是农民运动书记，又是农民运动讲习所所长，农民运动的倡导者和发起者，这农民运动到底是不是搞糟了？他必须要给公众一个交代。

毛福轩听明白毛泽东的意思后，说："听说中央陈独秀、张国焘同志也认为农民运动搞糟了？"

"是呀，农民运动是个新生事物，它的问世，总要让一些人感到惊慌，或者惶恐，党内的同志也这么跟着讲，那就是没有立场。要说服这些人，我们要有事实。"毛福轩点点头。毛泽东又说："现在，对农民运动有两种看法，一种是'好得很'，一种是'糟得很'，到底是'好得很'还是'糟得很'，中共中央很想了解农民运动的真相，国民党中央也委派我巡视党务状况，湖南党部也很重视，并派监察委员戴述人几位同行。福轩，中国的农民运动，可以说，我们1925年在韶山就开始实践了，你是了解情况，有发言权的。所以，这次农民运动调查，你这个省委委员也参加，我们一起了解一下各地的情况，让事实说话。你就准备一下吧。"

"没问题，只是……"毛福轩往厨房看了一眼，脸色有些忧虑，把毛泽东拖到书房，关上门，说，"听省农协的人说，衡山赵恒惕的叔叔赵南八，也从乡里躲到长沙，昨天被衡山农协的人找到了，准备押回衡山。上火车时，赵南八趁站台上人多，又逃跑了。"

毛泽东听后，不由一惊："这个赵南八民愤极大，比他侄子赵恒惕差不了多少。"

"是呀，赵南八在衡山是有名的恶霸，"毛福轩担忧地说，"你不在家，开慧怀着小孩，岸英、岸青又不懂事，赵南八若是和赵恒惕串通一气，暗使陈玉英陷害开慧母子，那怎么得了。"

"这个，"毛泽东说，"应该不会的。赵南八和赵恒惕有这个心，陈玉英不一定会干。"

"这谁晓得？"毛福轩觉得陈玉英是自己请来的，心里总是不安，"要有个什么意外，开慧还真不好应对。"

毛泽东被毛福轩这么一讲，也有点担心，杨开慧却说："你们放心去吧，我也是洞庭湖的麻雀，多少见过些风浪的。"

4

毛泽东考察农民运动，第一站便来到湘潭。这次考察，毛泽东是以国民党中央执行委员的身份进行的，湖南省监察委员戴述人和湖南省农协副委员长韩伟陪同，到了湘潭，毛福轩便以主人的身份陪同。

毛泽东一行数人骑马在山道上颠簸着，沿途农舍的墙上刷满了"减租减息""一切权力归农会"的标语。来到一个村子，毛泽东看见在干涸的冬田里有两个放牛的伢子在打架，饶有兴趣地挥挥手，众人下马，跟着他慢慢地走过去。

毛福轩上前劝架："哎，小家伙，有事好商量，不要打架嘛。"

厮打的双方停下手来，但嘴里不停，相互咒骂着：

"他是帝国主义列强。""他是封建恶霸。""打倒帝国主义，打倒列强。""打倒封建恶霸。"

毛泽东笑道："你们看看，细伢子们都发动起来了咧。"

到了湘乡，这是毛泽东外婆的家乡，他们由湘乡县农协干部沈春农和邹祖培带到一户农家。农家门口的坪里有狗在窜来窜去，鸡在周围觅食，方形的小木桌上摆着茶壶，还有几个青花瓷茶碗。几个农民用烟杆抽着烟，坐在木凳上和毛泽东一行聊天。

毛泽东说："你们这里有流民吗？"

一个花白胡子的老农说："有啊，以前有，没人管，他们或者要饭，或者打遛，现在呀，他们参加了农会，农会把他们管起来了，规矩了。有了农会，他们给人做工，不再惹事了。"

"那还有人赌钱抽鸦片吗？"毛泽东问。

"谁还赌钱抽鸦片？现在农会说了不准赌钱抽鸦片。"花白胡子的老农说，"农会说禁什么就禁什么，说兴什么就兴什么。农会办了不少好事，清匪、废捐、修桥补路、修塘坝……"

"老人家没说错，"沈春农是毛泽东1925年回韶山时发展的党员，现在是湘乡农协审判庭庭长。他说，"湘乡历年来牌赌盛行，鸦片流毒很广，农会一成立就禁止赌钱、禁止吃鸦片。弦歌十四都，在金石桥关帝庙前坪一次烧了10担麻将和一簸箕骰子、9支鸦片烟枪，县城和永丰、谷水两镇，烧掉鸦片烟枪400多支。"

"戴委员，"毛泽东面露喜色，说，"你说这是不是好事？"

"好事咧。"听说能禁止吃鸦片，能禁止赌钱打牌，戴述人也显得很高兴。

来到衡山，毛福轩特意叫毛泽建、陈芬来相陪。好久不见，毛泽建显得更加成熟、干练，她高兴地说："大哥，我带你去见一个人。"

毛泽东问："谁？"

毛泽建说："去了你就知道。"

毛泽建带着毛泽东来到衡山城郊，只见前面一个村子里叫嚷嚷的，走近一看，原来是一个年近花甲的人被五花大绑捆着站在赵公祠门外。毛泽东连忙上前问道："你们怎么绑着这个老人？"

村民见毛泽东一行衣着不凡，便围了上来。毛泽建指着一个中年汉子说："他是乡农协会长。"

"你问我们为什么绑他？你晓不晓得，这个人是哪个？"中年汉子说。

"不认得。"毛泽东说。

"赵恒惕晓得吧？"中年汉子又问。

"赵恒惕？当过湖南省省长的那个？"毛泽东见中年汉子点点头，不由大笑道，"哈哈，打过交道，老相识，多年的老相识。"

"你和赵恒惕是多年的老相识？"中年汉子说，"他就是赵恒惕的叔叔赵南八。"一旁被捆着的赵南八，听毛泽东说他和赵恒惕是老相识，不由眼睛一亮，抬头望着毛泽东，以为等到了救星。

"是啊，多年的老相识。"毛泽东望了一眼赵南八，说，"赵恒惕要抓我，悬赏一万银花边咧。"赵南八一听这话，眼神一暗，又耷拉着脑袋。

"哦，你是，"中年汉子指着毛泽东说，"你是毛委员，毛泽东？"

"鄙人正是。"毛泽东指着赵南八说，"这个赵南八不是逃跑了吗？"

"是啊，他想跑，又被我们抓回来了。"中年汉子说，"这个赵南八，是赵恒惕的叔父，他还是赵姓族长，看谁不顺眼就抓谁，打谁，有的被他沉潭溺死，乡亲们谁也不敢吱声。"

"这样的封建恶霸，到处都有。"毛泽东对戴述人说，"我们韶山有个成胥生，枉杀人命几十条，人称成阎王。这个赵南八是衡山的赵阎王。自古以来，杀人都偿命，戴委员，你说，今天我们国民革命，向这些恶霸问罪，讨还血债，难道还有错？"

"何错之有？"戴述人说，"杀人偿命，一点不为过。"

"乡亲们，"毛泽建见围观的人越来越多，便站在一个高坡上，说，"以前，赵南八仗势欺人，我们不敢作声。现在革命军打过来了，赵恒惕逃跑了，农民协会成立了，赵南八的威风扫地了，乡亲们扬眉吐气，把赵南八捆起来斗一斗，解解气，大家说，该不该？"

中年汉子和众乡亲齐说："该！"

赵南八斜着眼，狠狠地瞪了毛泽东、毛泽建一眼。他在长沙火车站逃跑后，又躲在武汉的一个亲戚家。不想县农协不抓回他不罢休，又派出赤卫队到武汉，和革命军找到他亲戚家硬把他捆回来。

5

1927年的春节，毛泽东在醴陵考察，直到正月初五才回到长沙。北伐军节节胜利，各界更认识到农民的重要性，因而需要培养更多的农运干部。正月初十，年还没送，毛泽东又提着两个箱子，带着妻儿，带着陈玉英，带着考察农运的调查材料，来到了武昌。

武昌的革命氛围比长沙更加浓烈，街上的革命军更多，到处贴着红红绿绿的标语，许许多多学生在街上行走，更是风风火火。

陈玉英第一次到武汉，左瞧右望，不胜惶恐。杨开慧说："孙嫂，你看什么？"陈玉英说："大姐，这武汉这么大，话也听不懂，我要出来买米买菜，一迷路，就不晓得回家了。"毛泽东笑道："孙嫂，不用担心，不用担心。"

安顿好后，过了几天，毛泽东来到书房，在书桌上摆上文房四宝，在砚内倒了点水，拿墨磨起来。看看墨磨得差不多了，他拿起笔，在一张稿纸上写下题目：湖南农民运动考察报告。陈玉英拿着盆子，到房间找脏衣服。她把毛岸英、毛岸青的衣服收在盆子里，又到书房找，看见衣架上毛泽东的衬衣领口有些脏了。她知道毛泽东的习惯，写作时不能有声响打扰，便蹑手蹑脚走进去，拿下来那件衬衣，又蹑手蹑脚地出去了。

下午，毛泽东写了一阵，放下毛笔，看了看钟，忽地站起来，将教案放进一个皮袋里，脱掉长衫挂在衣架上，然后找衬衣换。平常在家，他穿的是粗布对襟内衣，外罩长衫，那件衬衣是他唯一的奢侈品，只有演讲或上课时才穿，回到家，便脱下挂在衣架上。他记得明明是挂在衣架上的，怎么不见了呢？

毛泽东边找边朝外屋喊道："开慧，你来一下，我的那件衬衣呢？"

"你昨天上课回来后，不是挂在这里吗？"杨开慧走进书房，看了看那个衣架。

"昨天回家我是挂在这里，我现在准备穿它去讲课，不见了。"

"我没动你的。"杨开慧见毛泽东又急又气的样子，忙说。

"没动？没动怎么不见了？你要收拾我的东西，可以呀，收拾后放回原处，或者龙来脉去要有个着落，喊要，就能找到。我就这一件衬衣，你看，搞得我现在上课没得穿。"

"我没看见你的衬衣。你穿长衫也很好。"

"穿长衫去讲课?"毛泽东生气了,"我又不是去讲八股文,讲诗经,我是去给农民学员讲政治,讲斗争,穿着长衫,像个什么?"

"要不,明天再给你做一件。"

"做做做,做那么多衣干什么?"

陈玉英在院子里听见毛泽东在满屋子找衣服,又听见两人在争吵,不由又担心又尴尬。那件衬衣已被她洗了,正晾晒在院子里的竹竿上。她思虑再三,从竹竿上拿下那件湿衬衣,忐忑不安地走进屋,说:"大哥、大姐,对不起,怪我,我将白衬衣洗了,正晒着,害得你们不愉快。"杨开慧不由白了毛泽东一眼。

"孙嫂,"毛泽东明白自己错怪了杨开慧,但也没对陈玉英生气,反而笑着安慰道,"不怪你,怎么能怪你咧?"

"我将白衬衣洗了,误了大哥的事,这怎么办?"

"你又没有做错什么。"杨开慧对陈玉英说,"没关系,我去给他借一件。"

"怪我,怪我……"陈玉英自责道。

"孙嫂,"毛泽东摆摆手说,"大姐讲得对,你没错。衣服脏了,当然是要洗的嘛。要怪,只怪大哥我只有一件白衬衣。开慧,刚才错怪你了,衣服不用借了。我今天试着穿长衫去讲一回革命。孙嫂,这样呀,别有一番风味咧。"陈玉英见毛泽东打着哈哈,不由放松下来。

"好啦,"毛泽东身着长衫,提起桌上的皮包朝外走,"今天,穿长衫去讲革命啰。"

晚上,毛泽东讲课回来,在书房写了一会儿文稿,忽然喊道:"孙嫂,你过来一下。"

"来啦,来啦。"陈玉英有些忐忑地走进书房,说,"大哥,我来了。"

毛泽东放下毛笔,说:"你给我搞一块白布条来。"

"大哥,你,要白布条做什么?"

"自有妙用。"毛泽东笑道。

"妙用?"陈玉英吓得心里咯噔一跳,搞一块白布条来,还有什么妙用?陈玉英在赵府时,侍候赵省长看戏,唐玄宗带着杨贵妃逃命,走到马嵬驿,护驾的官兵杀死杨国忠,又逼唐玄宗处死杨贵妃。玄宗皇帝为了保全自己的性命，赐杨贵妃三尺白布吊颈自尽。如今毛泽东叫她搞一块白布条来，不就是用来吊颈吗？没想平时他叫我孙嫂孙嫂的，笑呵呵，一处罚起来，比赵恒惕还要狠得多啊。怎么错，也不过洗件衬衣害你夫妇吵了一架，不至于罚我一块白布条吊颈自尽呀。

　　陈玉英流着泪去翻找一番，这毛家哪有三尺白布，她只找得几块二指宽的小布条，这哪能用？她记得乡里有人吊颈自尽时，也是没有三尺白绫，便用一根棕绳往屋梁上一吊，然后往颈上一套，也是可以的。她找到一根捆棉絮的棕绳，拿着几块小白布条，来到书房，说："大——大哥，三尺白布你家没有，只有这几块小白布。我找到一根绳子……大哥，千错万错，都是我的错。"说着，她站不住了，双膝软软地往地上跪去。

　　"哎哎，孙嫂，你这是干什么？"毛泽东忙扶起陈玉英。

　　"大哥，你不是要处罚我吗？"

　　"我处罚你？"毛泽东看了看那根绳子，不由哈哈大笑，"孙嫂，我为什么要处罚你？你又没做错什么。"这时，杨开慧听见毛泽东和陈玉英在说什么，也进来了。

　　"那大哥要白布条做什么？"陈玉英疑窦满腹。

　　"自有妙用。"毛泽东在几块白布条中选了一块，在书桌上铺开，拿起毛笔，用楷书写下一行字。杨开慧一看，不由会心一笑。毛泽东写好后，拿着白布条，笑呵呵地说："孙嫂，来，给你一个宝贝。"

　　"什么宝贝？"陈玉英仍是惶恐不安，不敢接。

　　"这是个宝贝。"杨开慧笑着代她接过来，说，"这宝贝你带在身上，万一走错路，不知道回家，你就把这宝贝掏出来给人家看，你就可以回得家了。你看，上面写着：陈玉英家在武昌都府堤四十一号。"

6

　　1927年3月，毛泽东的《湖南农民运动考察报告》在《战士》周报连载，《向导》周报、《民国日报·中央副刊》也先后刊登，4月出版了单行本。瞿秋白在序言中热情赞扬这篇报告，号召中国的革命者个个都应当读一读这本书。一个月后，《共产国际》先后翻译成俄文和英文转载。这是中国革命的文献首次在国际刊上亮相。布哈林称赞这篇报告"文字精练，耐人寻味"。

费尔南多·克劳丁说："著名的《湖南农民运动考察报告》确实是第一次体现了马克思主义同中国的社会政治现实生动而充分的'结合'。"

因为毛泽东就住在农讲所院子里，农讲所的教员彭湃和邓演达下了课，常在他家"蹭"饭吃，"蹭"茶喝。这天，吃了晚饭，接着喝茶，自然少不了谈天说地。邓演达说："润芝回到湖南，实地考察了湘潭、湘乡、衡山、醴陵、长沙五县的情况，三十二天，写出了这么篇大文章，这是在给中国革命谋大局，布大篇啊！润芝做事扎实。"

彭湃也说："是呀！你听听——几万万农民从中国中部、南部和北部各省起来，其势如暴风骤雨，迅猛异常，无论什么大的力量都将压抑不住。他们将冲决一切束缚他们的罗网，朝着解放的路上迅跑。一切帝国主义、军阀、贪官污吏、土豪劣绅，都将被他们葬入坟墓。一切革命的党派、革命的同志，都将在他们面前受他们的检验而决定弃取。是站在他们的前头领导他们呢，还是站在他们的后头指手画脚地批评他们呢？还是站在他们的对面反对他们呢？每个中国人对于这三项都有选择的自由，不过时局将强迫你迅速地选择罢了。这是中国革命的宣言，也是中国革命的方向！我们的同志如果还在错误的旋涡中执迷不悟，中国革命将遭受难以衡量的损失！"

毛泽东说："还有一些材料没用进去，比如在镇压地方恶霸的时候，宁乡的杨致泽、岳阳的周嘉淦、华容的傅道南和孙伯助，好难呀，是农协与社会各界督促政府枪毙的。"

邓演达说："润芝，你写得这么好，有什么诀窍？说出来，让我们也学着点。"

毛泽东笑道："诀窍？在你们面前没有诀窍可谈，我认为，这调查研究是谋事之基、析事之要、成事之道，你去调查，首先需要了解事情的来龙去脉，得清楚：是什么？为什么？怎么办？要想做到科学决策必须先做好调查研究。没有调查，就没有发言权；没有正确的调查，就难以有正确的决策。"

陈玉英就在门外的一张小竹椅上坐着，警觉地看着外面，门里面讲什么，她都听得见。她渐渐地明白，毛泽东夫妇和他的朋友们与赵恒惕同样是人，做的事却不一样。毛泽东的心是向着他们这些穷人，就如他说："中国的革命，只有农民起来了，才会有胜利的希望。"赵恒惕从不把他们农民和用人当人看。

陈玉英走进去给他们添水，一不小心，绊了一脚，手一松，砰，热水瓶破了，开水流了一地。陈玉英急得不知所措，杨开慧忙走过来，关切地问："孙嫂，你烫着没有？"见陈玉英没事，只是一脸歉疚，又笑道，"这个热水瓶本来就不保温，早就想换了。"毛泽东也说："是早该换了。你们看，这瓶子不保温，泡的茶叶还浮着呢。"杨开慧说："你看，还不换，连大哥都有意见了。"陈玉英充满感激地望着毛泽东和杨开慧，这个热水瓶保不保温，她天天用，还不清楚？她更感觉这对年轻的夫妇把自己当人，当成这个家庭的一员。

毛泽东这一向更忙了，常常早出晚归。陈玉英将做好的饭菜端上桌，杨开慧虽然又怀孕了，马上挺着肚子摆碗筷，毛岸英和毛岸青便到外面门口迎候毛泽东。街上车水马龙，熙来攘往，不见毛泽东踪影。座钟在嘀嗒嘀嗒地走着，杨开慧和陈玉英看着饭菜变凉，在院门口张望的毛岸青喊肚子饿了。杨开慧说："再等一会。"陈玉英说："小孩子等不得,让他们先吃吧。"毛岸英和毛岸青开始吃饭。杨开慧另用碗夹了一些菜说："孙嫂，把这些菜热在锅里，大哥回来就可以吃。"

已经很晚了，陈玉英把毛岸英和毛岸青哄睡了，毛泽东才提着包回家。杨开慧迎上去，接过他的皮包，陈玉英去厨房灶上揭开锅，将热腾腾的饭菜端上桌。毛泽东擦洗了一下，坐下来说："哟，饭菜还是热的。"毛泽东一边吃，一边对杨开慧说："现在局势又紧张了，不知会变得什么样。"

第二天，毛泽东清晨出去了，又有两天没回。杨开慧挺着肚子在抄写资料，陈玉英在厅屋洗衣服。忽然，杨开慧挺着肚子站起来叫道："哎哟，孙嫂——"

"大姐，怎么啦？"陈玉英忙放下衣服，跑过来扶着杨开慧。

杨开慧说："要生了，要生了。"

陈玉英扶着杨开慧走出院子，叫了一辆三轮车，送往阅马场三医院。

7

蒋介石率东路北伐军浩浩荡荡进驻南昌，就地安营扎寨后驻足不前。陈赞贤是江西省总工会副委员长，他对东路北伐军停滞不前不理解，率领工人纠察队来到司令部请愿。蒋介石答应将率东路北伐军继续北上，陈赞贤便率领工人代表返回。与大家在街上分手后，陈赞贤拐弯进了一个小巷回家。这时，有两个便衣鬼鬼祟祟跟着他，见前后无人，一个便衣掏出枪对陈赞贤的后背开了几枪，见他栽倒在地，跑上去踢了两脚，迅速窜进旁边的一条巷子。待纠察队员闻声赶过来时，两个便衣已不见踪影，陈赞贤倒在地上已是奄奄一息。

  毛泽东得知消息后，心情更沉重起来：蒋介石为何不愿继续北伐？为什么要暗杀希望他北伐的人？当年在黄埔军校时，蒋介石对革命是多么地坚定和虔诚，对自己也是多么地礼貌和崇敬，今天怎么视工人为敌，对一个工人领袖下毒手咧？这场北伐，难道就要葬送在蒋介石手上？国民党右翼分子一直叫嚣要清共，铲共，蒋介石暗杀支持北伐的工人领袖，难道这是要用屠杀手段来对付革命志士的信号？几天后，事件的发展更加严重，蒋介石不是暗杀了，而是明令。

  毛泽东回到家，见杨开慧已去了医院，忙带着毛岸英和毛岸青赶去。走了一会儿，忽然一阵刺耳的警笛声响起，街上的行人慌乱地躲避，毛泽东忙牵着两个儿子隐于屋角后。待警车鸣叫着驶过，他才牵着两个儿子走出屋角，继续向医院走去。

  来到医院，杨开慧已经顺利分娩，人还虚弱。她见毛泽东心事重重，勉力微笑道："没事吧？"

  毛泽东道："没事。孙嫂，辛苦你了。"

  陈玉英隐约从杨开慧的神色猜度着，把婴儿抱给毛泽东，说："来，抱抱你的三伢子。"

  "我的三伢子。"毛泽东笑着抱过孩子看了看，忍不住亲了一下。

  一阵刺耳的警笛声从窗外传进来，毛泽东的脸上满是忧戚，杨开慧似乎感觉到什么了，说："润芝，外面好像很紧张。有什么情况？"

  "蒋介石和汪精卫叛变革命了！"毛泽东说，"他们通过了《取缔共产党案》，下令各机关正式清共。现在，国民党反动派正四处捕杀共产党人，叫嚣'宁可错杀三千，不可放走一个'。"

  杨开慧说："唉，我这个时候生小孩，这个老三，真是生不逢时。"

  "何止这个老三，我们全家都很危险。你和我、泽民和泽覃，还有陈芬和菊妹子，都是国民党反动派捕杀的对象。好久没有他们的消息了，也不知他们现在怎么样了。"

第十二章　巧拨算盘子

1

毛泽民和钱希钧在上海春晖里下车后，往街两头看了看，没有发现跟踪的，便迅速往前走几步，进了协盛印刷所。两个门卫点点头，毛泽民知道没事，便和钱希钧往里走，来到楼梯口，爬上三楼，进了总经理办公室。

刚进办公室，就听见街头警车齐鸣，自远处向春晖里响过来。毛泽民走到窗口，撩开窗帘往外一看，只见一台台从监狱开出来的警车，往黄浦江开去。

范助理走了进来，愤愤地说：“两车，又拉去两车。这些反动派，杀个没完没了。昨天两警车，有一百多个，都是共产党人和国民党左派。听说今天杀的这一批，是工人纠察队队员。”

"他们成杀人狂了。"毛泽民目光从窗口收回，说，"这几天，街上的警察像猎犬一样，看见可疑的人，不分青红皂白，抓来就杀。处境越来越危险了，中央的印刷任务，我们又不能不印。现在，我们更要小心，防止他们突袭搜查。"

印刷厂印的政治书刊是秘密进行的，同时对外接些社会业务，因此一直没有暴露。而昨天，警察局的内线告诉毛泽民，近日敌人发现了一批传单，上级警局指令他们要找出印传单的工厂，他要毛泽民注意防备。这批传单正好是毛泽民他们印的，若敌人突然检查，该怎么应对呢？

印刷机不仅要转，还不能出事。毛泽民在屋里踱了几个来回，把钱希钧和范助理叫到办公室一起商量。范助理说："警察如果突然检查，我们怎么办？"毛泽民说："我也在想这个问题。我们把印刷厂伪装一下，在一楼大厅业务接待间安一个秘密电铃，一有情况，一楼人员及时踩开关，楼上印刷车间得到信息，马上更换印刷内容。"钱希钧和范助理都赞同这个办法。三个人商量了一些细节，然后分头去实施，连夜装了几个暗铃。因为铃声很脆很亮，一楼都能听见，毛泽民便把铃盖拧下来，用木板钉了个罩子盖在铃锤上。试了又试，搞了一个晚上，终于试成功。铃锤敲打木板的声音较闷，楼上能听见，楼下听不见。第二天，待工人陆续来了，毛泽民便把装了暗铃的事告诉了几个骨干，并演练如何撤换印刷版，如何防止敌警搜查。

忙完这一通，毛泽民这才放松下来，觉得有些累。他和钱希钧、范助理都是通宵没睡，便到三楼办公室准备打个盹。刚闭上眼，忽然，街上响起警笛声，声音越来越大，接着嘎地停下了。毛泽民忙跳起来，说："车停在我们门口了。"他马上下楼，吩咐大家各就各位，不管警察是否来搜查，都不得大意。

果然，警车在印刷所门口停下来，领头的是三十多岁的李警官。他带着警察，已搜查了几个印刷厂。有一个印刷厂的老板悄悄向他透露，传单有可能是协盛印刷所印的。

李警官指挥警察荷枪实弹守在门外，不让任何人出进，然后带着十几个警察闯进印刷所。钱希钧和一个业务员站在柜台内，见警车停在门外，早已伸脚踩了柜台下的开关。李警官带人冲进了大门，钱希钧忙迎上去，递上一支烟，热情道："长官，请坐，抽烟。"又对身边的业务员说，"快去泡茶。"钱希钧不知楼上听到铃声没有，她只想拖，拖得越久越好。

"有人举报，这传单是你们印的。"李警官抖着传单问。

"长官，喝茶。"钱希钧端上一杯水，又是笑脸相迎，"这一定是有人见我们业务好，抢了他们的生意，眼红我们乱讲的。长官，我们业务忙不赢，怎么会印这种东西，不要命了？"

李警官对荷枪实弹的警察一挥手，说："给我搜。"

"慢点慢点，"钱希钧走出柜台，说，"楼梯间暗，光线不好，我带你们去。"

钱希钧把李警官和警察带到二楼，穿过一个暗暗的过道，来印刷车间。车间里，只见一台台型号不同的印刷机在"咔轰轰""咚吭吭"地响着，师傅们一个个都认真地盯着机器。毛泽民穿着西装，正与一个师傅在说着什么，印刷机的响声把他们的声音盖住了。

李警官看见毛泽民，径直走去。毛泽民似乎才发现李警官进来，有些惊慌地说："希钧，这是怎么回事？这位是？"

"他们——"钱希钧见毛泽民有些惊慌,不由也有些担忧,说,"他们是来例行检查。"

"哦,"毛泽民马上满脸笑容,"请您检查。我们印的都是正当物品。不过,车间易燃品多,请长官不要吸烟。"

"哼,"李警官把烟在机器上按灭,探头查看印刷品,是一份商业广告。其他的警察一个个在印刷机器间巡视着,拿着印出的东西仔细翻看,没有查出什么可疑物。

钱希钧见毛泽民神态笃定,不由有些踏实。其实,钱希钧的脚第一次踩上铃开关,毛泽民办公室的木铃已闷声响起。他关了电铃,马上往二楼车间跑去。二楼也已听到铃声,车间里的机器只有两台响着,其他全部停止运转。毛月秋招呼大家把机器上的政治书刊印版卸下来,藏在地板下,换上一块纯商业内容的印版。这些工人和毛月秋一样,大多是毛泽民从湖南调来的,很可靠,又齐心。换完后,毛泽民又和毛月秋检查了每一台机器。这时,二楼门口望风的师傅进来说:"来啦。来啦。"毛泽民吩咐开机,车间里又是轰隆咔啦的机器声。李警官进来时,印版全部更换完毕,毛泽民面上故作惊讶,其实早已胸有成竹。

毛泽民送走警察,回到车间,说:"干得好。不过,大家不要放松,还得防备敌人的回马枪。"

2

第二天,毛泽民在办公室和钱希钧算账。毛泽民两手拨算盘,十个手指,如蜻蜓点水,又似两只蝴蝶在花蕊间翻飞,算盘子被他拨拉得噼里啪啦清脆地响,像泉水叮咚,似珠落玉盘。

钱希钧看得如痴如醉,手痒痒的,说:"你打算盘和弹钢琴一样啊,让我试试,让我试试。"钱希钧一只手试打几下尚可,两只手一上算盘,便乱套了,说,"你是怎么练成这一手的?"

"这要谢谢我父亲。"毛泽民说,"我不到十岁,父亲就教我打算盘,到了十岁多点,就叫我给家里记账算账了,天天拨算盘子,就这么练出来了。"

"我也要学,"钱希钧认真地说,"你教我。"

"好啊。不过,要拜师的。"

"我跟你学也要拜师？"

"当然，"毛泽民笑着说，"拜了师，心诚，才会学得好。"

"好，拜师就拜师。"钱希钧笑着拱手作揖，甜甜地叫道，"师傅——"

突然，毛泽民听见木铃声，紧接着楼梯间有杂乱的脚步声传来。他忙到窗口往外一看，只见一楼大门口停着几辆警车。今天的警车没鸣笛就来了，而且人已上楼，令人猝不及防。毛泽民大叫一声："拐哒场①。"

原来，昨天李警官回到黄浦警察局向罗局长报告，说他带人搜查了十几个印刷所，没发现问题。罗局长将桌上的材料推给李警官，说："你看，又有人举报了协盛印刷所。"李警官说："协盛印刷所我们去看了，没有什么可疑迹象。"罗局长说："你是只猪，按惯例去查，怎么能查到？你给我动点脑筋。"李警官被骂得还真开了窍，这回警车一路上不鸣笛，到了春晖里，下车就直奔协盛印刷所，进了印刷所，不与一楼任何人打招呼，就直奔二楼印刷车间。待一楼业务接待人员踩响暗铃时，他们轻车熟路，以迅雷不及掩耳之势来到了二楼的印刷机前。

毛月秋在车间里听见木铃响，忙招呼大家停机换版。众人七手八脚地忙了一阵，已听见急促的脚步响，而且越来越快越近。不一刻，李警官带着警察冲进来，大喊一声："搜。"警察们鹰犬一样四下散开，在机器上查看，在废纸堆里搜索。毛月秋拿起机器上的印刷品，递给李警官，说："长官，我们印的是正当物品。"李警官接过看都不看，往地上一扔。

"这是什么？"忽然，一个警察在废纸堆旁叫道。

李警官忙跑过去，只见废纸堆里露出印版的一角。毛月秋一见，不由在心里叫道，拐哒场，那是印传单的印版，刚才手忙脚乱，没有来得及藏好。

"停机。都不要动。"李警官大喊一声，指挥警察看住印刷机前的一个个工人。那警察捧起印版给李警官看。李警官看了看，又从废纸堆里翻出一张传单，得意地笑了，对毛月秋叫道："这是什么？这个，你怎么解释？"

"这个，这个……"毛月秋结结巴巴地说，"我们，我们为了赚钱，有时不得不接一点这种业务。"

"这是正当业务吗？哼，你们杨老板呢？把你们杨老板叫来！"

"杨老板呀，杨老板——"毛月秋也是从韶山调来的骨干，关键时刻自

---

① 湘潭话，意为：坏事了

然想着如何保护毛泽民。他扯着嗓子喊了几声，看了看四周，道，"哦，杨老板可能谈生意去了，还没回。"

毛泽民其实已到楼梯间，听见印刷车间的机器全停了下来，又听见李警官叫嚷的声音，他对钱希钧说："快，我们快到车间去。"忽然，他们又听见毛月秋大喊杨老板，钱希钧忙拖住他，说："你听，毛月秋的意思是叫你不要下去，赶快躲起来。"毛泽民说："这个关键时候，我怎么能不去呢？"钱希钧说："你去，你去送死呀。"这时，一个工人跑进来拦住毛泽民说："去不得，他们要抓你，你快跑吧。"

"快。上楼，上楼。"李警官带着警察往楼上爬，咚咚咚的脚踩楼梯声、嘈杂的喊叫声传了上来。

钱希钧说："他们上来了，你快躲呀。"毛泽民说："你跟我一起走。"钱希钧说："我是女的，不要紧。你快走。我来应付。"毛泽民被钱希钧推到街后窗口，只好爬出窗外，躲在下水管旁。

李警官带着警察爬到三楼门口，伸手敲门。咚咚咚，敲门声急促而响亮，钱希钧一边往脸上扑粉，打口红，一边向门口走去，说："来啦。来啦。"门一打开，警察冲了进来，在屋里搜索，却不见毛泽民。两个警察用枪对着钱希钧。

钱希钧胆怯地说："啊，这，长官，你们这是什么意思啊？"李警官说："你们当家的呢？"钱希钧说："当家的呀，谈生意去了。"李警官指了指身后警察手上的印版说："这是怎么回事？"钱希钧结结巴巴地说："这，这是我上次为了赚钱买钻戒，瞒着我当家的偷偷印了一回。"李警官说："带走。"

警察押着钱希钧走出三楼，刚到楼梯间，碰上毛泽民夹着黑皮包带着范助理上来。毛泽民刚才从下水管滑到二楼，从二楼窗口朝印刷车间一看，车间停止了运转，工人们垂头丧气。毛泽民想了想，索性滑到一楼，又大摇大摆地从警察守着的大门走进来。范助理一见，忙将情况告诉毛泽民。毛泽民果断地叫上范助理又从楼梯间往三楼走。

"长官，"毛泽民指着钱希钧说，"这，这是怎么回事？"

"怎么回事？"李警官说，"你们印刷赤色传单，你这里是赤色窝点。有证据，有事实，就这么回事。"

"长官刚才说的，是真的？"毛泽民走近钱希钧，问道。

"是真的。"钱希钧可怜巴巴地点点头。

"这，"毛泽民跳了起来，凶狠狠地叫道，"这是怎么回事？我怎么不知道？"

"达令，我，我为了买钻戒，瞒着你，偷偷接了一回业务。"

"你，"毛泽民对着钱希钧就是一个耳光，"为了一个钻戒，这东西也印？"

"哎哟，"钱希钧捂着脸大哭道，"你，你下得手啊，哎哟，你，下得手啊……"

"你，你这是要命的呀，你想毁了我，你！"毛泽民对着钱希钧凶狠狠地叫道。

"不就印了一回传单吗？"钱希钧不服气地说，"我怎么就要了你的命？我怎么就毁了你？你这么怕死……"

"你还犟嘴！"毛泽民伸手对着钱希钧又是一个耳光。钱希钧晃荡了一下，倒在地上。毛泽民冲上去要用脚踢，李警官上前拦着说："好了，别演戏啦。"

"我打她是演戏？"毛泽民甩着手腕，苦着脸说，"长官，我急得要命，手都打痛了，哪还有心思演戏？长官，我从外面谈生意回来，看见你们在这里，荷枪实弹的，若这里是赤色窝点，我这不是往虎口里钻，这是演戏吗？"

李警官想想也是，常说做贼心虚，这个杨老板若真是印了赤色传单，印刷所围得水泄不通，他怎么还会飞蛾扑火回来呢？再看钱希钧被打得脸都肿起来了，还要踢，不像是演戏。但他不想就此放过他们，点根烟抽了一口，说："杨老板，你要知道，你印赤色传单是事实，这是要杀头的。"

"这,这,这个臭婆娘,唉……"毛泽民见李警官已相信他的话，揉着手腕，走到钱希钧面前，说，"这事是你惹的，要杀头了，你去吧。"

"长官，"钱希钧跑到李警官面前，说，"求求您，放过我，我该死，就知道有钱赚，你放过我吧，下次不敢了。"

"放过你？"李警官说，"这怎么放？印赤色传单，是杀头之罪！你以为是我一个人说了算的。"

"长官，"钱希钧把李警官拉到一边，将身上的戒指和耳环摘下来，塞给他，说，"长官，求求您，我会感谢您的，我会感谢您的。"

"嗯，"李警官看了看掌中的首饰，说，"你这点玩意，我上上下下打点，塞牙缝？"

"我就这些首饰,没有了。"钱希钧见状跑到毛泽民身边，哭着哀求道，"达令，求您了，看在我们夫妻一场，救我一命，我做牛做马服侍你。"

毛泽民叹了口气，把李警官拉到一边，轻声说："长官，你看，能不能通融一下？"

"通融？"李警官见毛泽民真流泪了，口气不由软了，说，"怎么通融？"

"我是商人，"毛泽民低三下四地说，"就是跟钱说话，谁给我钱多，我就给谁印。但我是不印赤色品的，这回可能人家给的是大价钱，这婆娘见钱眼开，就干了。我们不是共匪，你就是把这婆娘杀了，也没什么用。"

"嗯，也是。"李警官点点头说。

"如果你们不抓她，通融一下，"毛泽民做了个数钞的动作，说，"你罚我点，还会有所得。你看——"

"嗯。"李警官点着头说，"可以考虑。"

"好，"毛泽民说，"你看，多少？给个数。"

李警官伸出五个手指。毛泽民以为是五千。李警官摇摇头："五万！"

毛泽民目瞪口呆，半天，为难地说："长官，我上哪里弄这个数。"

"这个数不能少。"李警官口气很硬，"要不，你都得跟我走。"

"这，这……"毛泽民急得团团转，最后无可奈何地说，"好吧，我卖厂，卖厂，把厂子卖了。你这个贱货，现在满意了吧，把厂子卖了，你去当叫花子。"

"好了，别骂了。"李警官说，"三天以内，我来取钱。"

"三天？长官，三天太紧了。我答应你三天，三天后你来了，我厂子没卖掉，你拿不到钱，岂不失信于你？"

"嗯，也是。"

"我这个人怎么样，你可以打听一下，我杨某在上海滩也不是一年半载了，是个很讲信誉的人。若失信于你，我杨某还怎么在上海滩做人？"

"你说多久？"

"您想想，我要把这厂卖出去，先得打广告，广告送去报社起码两天见报，人家看了广告，要来看，来谈价，这个，起码要四五天吧，谈定了签完协议，人家筹钱，三五天会要吧，最少要十天半个月啊。"

"不行，时间太长，一个星期。"

"一个星期？"毛泽民扳着手指似乎在算着什么，片刻后，说，"好，一个星期。那我得抓紧，马上去报社打广告。"说罢，他从皮包里掏出一沓钞票，塞给李警官，"这一点，先给兄弟们喝杯茶。"

"好,一个星期后见。"李警官把钱收了,到了一楼,把一辆摩托和三个警察留在春晖里监视。

3

毛泽民看警车走了,这才来到钱希钧身边,见她脸上的红手印还没消,忙到办公桌抽屉里找出一瓶药膏,轻轻地给她抹上,心疼地说:"还痛吗?"

"怎么不痛?"钱希钧含着泪说。

"对不起,"毛泽民把钱希钧搂在怀里,"让你受委屈了。"

"没关系。"钱希钧和毛泽民结婚这么久,毛泽民从没动过她一个小手指头,她当然知道这是为了保护她,也是保护这个印刷所。她抬起头说:"你不是跑了吗?怎么又回来了?"

"我不回来,这个摊子怎么收拾?"

"幸亏你回来了,"钱希钧见毛泽民身上有灰,估计是刚才从三楼滑到一楼弄的,她拍着他身上的灰,说,"你若不回来,我真不知该怎么办。"

"我打得太重了。"毛泽民说。

"为了革命,这点痛算什么。只是,你答应他们七天以后来取钱,办得到吗?你真的打算把印刷设备卖了?"

"这些设备很贵重啊,我怎么能让组织受损失。"

"你不打算卖设备,那你这是骗他们呀?"

"我这是缓兵之计。"

"缓兵之计?七天以后他们来了,怎么办?"

"七天以后,"毛泽民说,"我想,我们已不在上海了。"

"我们人走得了,这些设备走不了呀。"

"走得了。"毛泽民自信地说,"我们人和机器一块走。"

下班时分,毛泽民和钱希钧走出印刷所,看见大门口的几个警察,便转身对范助理说:"你抓紧去报社,尽快把设备转让的广告打出去。我现在出去找找,看朋友中有没有人要这些设备。"范助理连连点头说:"好,杨老板,两条腿走路好。"

晚上,上海外滩闪烁着耀眼的霓虹灯,毛泽民和钱希钧来到外滩,和上海地下党组织负责人向北海见面。毛泽民汇报了白天发生的事，并说了自己的计划，借出售之机将设备转移到安全地方。两人商量了一些细节，决定由向北海联系轮船运送。

第二天，毛泽民一到印刷所，范助理就把一张《大公报》送到他手上，毛泽民看着广告，说："好，烟幕弹打出去了，接着叫几个人装扮成老板，轮番来印刷所看设备，谈转让，把李警官带进我们的笼子。"

4

李警官是个精明的人，为防止毛泽民耍花招，他在协盛印刷所大门口留了两个人，还在对面街边安排了几个暗哨。他也知道，这五万元他一个人是吞不下的，所以他来到罗局长办公室，报告说在协盛印刷所已查到印刷传单的印版，是杨老板的太太为了赚钱才印的。

罗局长半信半疑，说："你能肯定？你有把握？"

"估计八九不离十。那个杨老板知道后气得要死，把他太太狠狠地打了一顿，最后向我们求情，请求罚款了难。"李警官掏出那一沓钞票，递给罗局长，说，"这是他甘愿认罚的。"

"这么一点？"罗局长一看那薄薄的几张钞票，不屑地说。

"还有……"李警官得意地伸出五个手指，"五万。"

"嗯。"罗局长点点头，似乎对李警官的忠诚很满意，说，"不过，你也不可大意，倘若协盛印刷所是赤色窝点，那个杨老板是共党分子，我们就得不偿失。"

"局座的意思我明白，我已布下暗探，监督他们的一举一动。他人要走，那些价值十多万元的印刷设备也动不了。万一有个风吹草动，我马上动手，他逃不过我的手掌心。"

这时，暗探来电话，说协盛印刷所门口墙上已贴出了转让告示。罗局长也从《大公报》上看到了启事。过了两天，罗局长把李警官喊来询问情况。李警官说："一切正常，最近两天有好几个老板来看设备，洽谈转让。"罗局长说："你也可以派人化装成老板，拿着《大公报》去谈生意，试一试他们是否真转让。"李警官马上找了两个年纪大的人，穿着西装，打着领带，化装成老板，前去打探消息。

毛泽民正在和一个老板谈价钱，这是向北海化装的，他和毛泽民商量如何甩开盯梢，转移设备。这时，李警官派来的两个人也来了。上海印刷行业的老板，毛泽民基本上都熟，却从来没见过这两人。他估摸是暗探，便对化装成老板的向北海说，"余老板，我说的这个价已经很低了，您要是真有意要，先回去考虑一下，明天给我答复。"

向北海见状，连忙再三强调说："杨老板，你这个设备我要定了，价格问题上我已让步了，杨老板再让一步，我们就成交。"

"不是不愿再让了，"毛泽民说，"我跟您说了，我欠了五万元债，还了债后，总还要有点钱打发员工，我还有家，有老婆，过日子也要钱呀。"

"你讲的也是实话，只是，我一下难筹这么多钱。好吧，我回去再考虑考虑，这两天只要筹到了钱，我会尽快给你回复，你等我的消息。"向北海一语双关，起身拱手告辞。

"好走。筹到钱就告诉我。"毛泽民心里自然明白，向北海潜台词是他会尽快落实船只，这么多工人和机器要转移，要准备一只大船呢。他笑着说："我明白，你也有难处，你能理解我的难处，就拜托你帮我这个忙。"

两个暗探装模作样，但一谈到印刷设备转让具体业务，尽讲外行话，毛泽民更加相信这是两个暗探无疑。两个暗探提出要看设备，毛泽民便引着他们来到车间，工人们正在把机器卸下来打捆装箱。暗探东看看、西摸摸，问了几句不痛不痒的话，便走了。

两个暗探回到警局，把看到的情况向罗局长和李警官报告。罗局长说："他们怎么就把机器打捆了？"

暗探说："我们去时，正看见有个余老板在洽谈。杨老板说余老板的价格谈得比较理想，还说如果我们想要，也是这个价，只要先交钱，便可成交运货。"

"这个情报很重要，要防备他们金蝉脱壳，转移设备，你们要继续监视，不可大意。"罗局长又吩咐李警官说，"你也去看看那个杨老板，打探一下消息。"

李警官带着两个警察来到协盛印刷所，直奔二楼车间，看见毛泽民正指挥工人们把机器打捆装箱，已有一半机器装好箱了。毛泽民见到他们，忙迎上去，点头哈腰地招呼道："哟，李警官来啦！这，这里乱得很，到我办公室去坐。"

李警官一个个箱子查看着，说："不忙，先看看。杨老板，你这是——"

毛泽民赔着笑脸，说："我不是说了吗，我是个生意人，必须讲信誉，答应人家的事，一定要兑现。我答应您七天时间，第二天我就在报上登了转让设备的广告。"

李警官说："你登的转让广告，我看到了。"

毛泽民说："噢，李警官也看到了。这两天有几个老板看了货，有个老板的价格我比较满意，就等他交钱提货了。我可是贱卖啊，他们抢着要。我也给了他们限期，七天内，谁先交钱，谁提货。李警官，我说的七天，不会延期的。"

"不会延期，那就好。"李警官说，"你这件事，我在我们局长面前讲了很多好话，他才准许罚款了事。所罚款项，我可是全部上交。"

"哦，"听李警官这么说，毛泽民忙把他拉到一边，赔着笑脸，小声地说，"李警官，您帮忙，我心里有数。我谈的转让价，除去交罚款，还留了一点余地，我会另外感谢您的。到了约定的日子，我送钱上门。"

"不用客气。"李警官笑了笑，说，"到时还是我来吧。"

"好。"毛泽民握住李警官的手，"一言为定。"

5

已经是第五天，夜晚，春晖里街上，明岗暗哨，一刻也不放松地盯着协盛印刷所。印刷所车间里，所有的机器已被全部打捆装箱，工人们在认真听毛泽民的安排。向北海昨天又来了，说已落实了转运设备的汽车和轮船。这批设备，组织上研究决定转移到天津去。毛泽民看看准备得差不多了，认为下一步应尽快行动，等到七天后，警察会看得更紧，行动会更困难。印刷设备又沉又重，要一箱箱地扛上卡车，敌人不可能不看见，要想从他们鼻子底下运走，真是八卦阵里骑马，难得出来。最后商议，只有干掉明岗暗哨。

凌晨两点，范助理带着几个工人悄悄地摸到协盛印刷所街对面，两个暗探接连盯了几天，已是疲倦至极，哈欠连连，熬到子夜，实在是熬不住了，不由傍在屋柱旁打盹。范助理见前后左右没人，做了一下手势，几个工人分别悄悄地向暗哨身后靠近。一个暗探正伸着手打哈欠，范助理从正面走上前去,说:"哟,先生,怎么在这里?"暗探揉揉眼睛说:"咦,你不是这个协盛的吗?这么晚,你上哪里去?"范助理说:"是呀,我去吃宵夜。先生怎么认识我?"暗探说:"我天天在这里,还不知道你?"

毛月秋和两个工人拿着短棒,从后面悄悄走近暗探,趁暗探与范助理聊天,手挥短棒,将他们打晕在地。范助理和一个工友冲上去,把暗探身上的枪搜出来,然后向对面发出信号。

毛泽民在二楼看见信号,马上叫人把门口的两个明岗打昏。毛泽民说:"把这两个捆起来,锁在车间里,留着给李警官捎话。"

明岗暗哨都清理了,两辆卡车从马路上驶过来,停在协盛印刷所门口。卡车一旁,范助理拿着缴获的枪和几个工人守卫着街的两头。大家齐心协力,不到半个小时,便把包装箱搬出车间,装上卡车。

装完车,毛泽民叫大家上车,却不见钱希钧。范助理握着枪走过来,说钱希钧可能还在楼上。毛泽民爬上三楼,果然,钱希钧正在毛泽民办公室清理文件,把不要的文件丢在炉子里烧了。她从书桌的夹缝里翻到王淑兰写的"离婚书",看着看着,不由泪水盈眶。

"好了吗?"毛泽民匆匆走进来说,"大家都等你上车呢。"

"差不多了。"钱希钧拿着那个信封说,"这个,怎么办?"

毛泽民接过一看是王淑兰写的"离婚书",沉吟了一会,说:"这个不能带,万一落在敌人手上,会暴露我的真实身份。"说罢,他把离婚书丢在火炉里。钱希钧伸手去抢,信在炉子里已化成一片火焰。

汽车轰隆隆地启动了,在寂静的夜里向大街驶去。钱希钧怀里捂着个包,注视着毛泽民。毛泽民穿着西装,打着领带,浓眉大眼,目光炯炯地看着前方。

卡车在寂静的夜里驶过外滩,来到码头。码头上停着一条轮船,向北海带着两个工友站在码头上,正焦急地打望着。他看见两辆卡车的灯光照射过来,忙向前招手。卡车停住,毛泽民从驾驶室跳下来。向北海高兴地握住他的手,脸上满是笑意,说:"好,干得漂亮。"

6

李警官早早地来到警察局,因为今天是与毛泽民约定的取罚款日子,他准备带人去协盛印刷所。这时,一个暗探神色慌张地跑进来,说:"李警官,我们刚才去接班，昨晚几个值班的都不见了。"

李警官一怔，马上问："协盛有什么情况？"

"门上一把锁。"

"啊？不可能。"李警官不敢相信，又问，"那个杨老板呢？"

"没看见人。我们喊了，协盛印刷所里好像一个人也没有。"

"看来，你失算了。"罗局长指着李警官说，"快去看看吧。"

李警官一声吆喝，一辆摩托开路，一辆警车随后，鸣叫着开出了警察局。到了春晖里，只见协盛印刷所大门紧闭，一把大锁挂在门上。李警官不由大怒，拔出枪，对着锁一扣扳机，砰砰，锁被崩开。李警官手一挥，几个警察冲了进去，车间里的机器早已不见踪影，地上尽是碎木板和碎纸屑，一片狼藉。靠墙边的废纸堆中有什么东西在动，并发出一声声怪叫，几个警察吓得直跳，大叫道："有鬼，有鬼。"

李警官拿着枪跑过来说："大白天有什么鬼？大惊小怪。"一个警察指着废纸堆说："这废纸里有动静，还有怪叫。"李警官把手枪插入枪套，从一个警察手上拿过一把长枪，走向废纸堆，用枪杆对准废纸堆使劲一杵，"嗯，嗯嗯……"废纸堆里发出更加急促而痛楚的怪叫。

众警察用枪把废纸挑开，废纸堆里露出四只被捆住的脚，再一拨，露出两个人的脸，是在印刷所站岗的两个明岗。李警官蹲下去，扯出他们嘴里的破布，问："怎么回事？"

"他们，他们，他们把机器搬走了。"

"追。"李警官起身怒吼道。

"恐怕，恐怕，追不上了，昨天半夜，就搬走了。"

第十三章　别情依依

1

这是一艘从上海开往武汉的江轮。江轮在长江的风浪中逆流前行,毛泽民像个阔老板,与阔太太打扮的钱希钧坐在头等舱内。毛泽民和钱希钧虽然没有暴露身份,但已经引起上海警方的注意,并贴出他俩的通缉布告。上海是不能待了,组织上安排他俩转移。

窗外是滚滚东流去的长江水,舱内是干净的铺盖,舒适的空间。这是头等舱。太贵了,价格是二等舱的两倍,要两个月的工钱呢。毛泽民从小节俭惯了,毛泽东离开家去外地读书,父亲就教他如何拨算盘子,也教他过日子如何节俭打算盘。父亲说,如果你今天要花十吊钱,结果只花了五吊,那就等于轻轻松松赚了五吊。你若是专门去赚五吊钱,要费多大心思,买一盒火柴要两文钱,少一文人家不会给你。你哥不会打算盘,也不会过日子,你不能像你哥。毛泽民觉得父亲的话有道理。十七岁那年,大哥在一百多公里外的长沙一师读书,写信找家里要学费。父亲叹着气凑齐钱,叫他去送。他从韶山走到长沙,将钱送到毛泽东手上。毛泽东一数钱,惊讶道:"爹这回怎么大方了,多给我了一块银花边。"毛泽民笑着说:"那一块是我赚的。"毛泽东说:"你赚了钱不交给爹,爹不骂你?"毛泽民说:"爹不晓得。"毛泽东说:"你做什么赚的?"毛泽民又笑笑说:"走路赚的。"毛泽东感到奇怪,走路怎么可以赚钱?原来毛泽民这回来长沙,为省下车船钱,一百多公里路全是走着来的。这回坐头等舱,毛泽民怎是不习惯,心痛得不行,可票是向北海给买的。向北海说:"为了安全,这两个钱不要省。何况这票钱都是你自己在上海赚的。"上了船,毛泽民才觉得头等舱是要不同些。那些警察似乎认定共产党都是无产阶级,是不会坐头等舱的,搜查时只在舱门口看一下，然后去了二等舱和三等舱。

船已到了江苏地带，钱希钧说："我们到甲板上去看看，江苏离我们浙江近呢。"两人便走出舱，到甲板上去透透风。

钱希钧和毛泽民在甲板上一边说着话，一边沿着船栏散步。他们在上海常常要遭遇敌人的盘查，时刻面临着危险，一天天紧张而小心地过着日子，从没这么放松开心过。钱希钧像是飞出了竹笼的小鸟，叽叽喳喳地说个没完，嘻嘻哈哈地开心大笑，似乎要把这两年在心里的压抑都释放出来。

忽然，前面甲板上围着一群人，有人叫喊着："放开她。放开她。"毛泽民感觉这声音有点耳熟，便牵着钱希钧朝人群中挤，进去一看，是毛泽覃在喊。两个便衣扭住毛泽覃的手。毛泽覃的衣服被撕烂了。便衣对毛泽覃唬道："老实点，不然，杀了她。"周文楠也被一个便衣扭住，另一个便衣用匕首抵着她的脖子，她虽在极力挣扎，但不敢动得厉害，那把匕首随时可能会划伤她的脖子。毛泽覃怕他们伤害周文楠，跳起来咒骂。一便衣掏出枪，抵住毛泽覃的背道："你再叫，老子崩了你！"

"住手！"毛泽民拨开人群，大声叫道，"为什么抓人？"

便衣抬头一看，见毛泽民穿着打扮气度不凡，又是居高临下的口气，估计是个人物，客气地说："老板，请您不要管闲事。"

"管闲事？"毛泽民脸一板，指着便衣厉声喝道，"说，为什么抓他俩？"

"他俩，"便衣觉得毛泽民似乎有些来头，不由有了怯意，"他俩说从广东来，我们怀疑是革命党。"

毛泽覃见穿着西装的人是二哥，激动地想喊，毛泽民手一挥，上前一步，大声道："小覃，你怎么搞的，和他们闹起来了？"

毛泽覃道："不是我找他们闹，是他们无故找我的岔子。"

毛泽民从西装内衣口袋掏出一个蓝色封面的证件，打开，在便衣眼前晃了一下，两个便衣不由惶然不安。

"老板，请问，您认识他？"便衣问。

"他是我的人。"毛泽民说。

原来，毛泽覃和周文楠在三等舱里坐了两天，周文楠说闷，要到上面透透气。甲板上人多，风又大，说话都听不清，两人便走到甲板人少的偏静处。便衣跟了过来，围住他俩盘问。毛泽覃脾气暴躁，没讲几句，便打了起来。毛泽覃个子高，便衣不是对手，被打翻在地。有个便衣却趁机扭住周文楠，用匕首抵着她威胁毛泽覃。

"我又没犯事,他们毫无理由盘查我,还要抓我。"毛泽覃叫道。

"哦,"毛泽民将证件塞进口袋,说,"两位老总,你们还要盘查吗?"

"不用查了,不用查了。"两个便衣忙放了毛泽覃,又向毛泽民点头鞠躬,"对不起,不知他是长官的人。冒犯,冒犯。"

"不知者无罪。好吧,你们走。"便衣退出人群,围观的人也渐渐散去。

久别遇亲人,分外高兴。毛泽民便把毛泽覃和周文楠带进头等舱内,相互做了介绍。两妯娌见面,自是十分亲热。周文楠才十八岁,对钱希钧一口一个嫂子叫得好生亲切。

"你不是在广州吗?"毛泽民问毛泽覃,"怎么也去武汉?"

"是呀,你离开广州时,我在黄埔军校。后来发生中山舰事件,我们被迫离开。恩来同志主持建立叶挺独立团后,又到上海领导工人武装起义,我也奉命取道上海,前往武汉。"

"你也去武汉?"

"我是去革命军第四军政治部任书记。二哥也去武汉?"毛泽民点点头。毛泽覃高兴地叫道,"太好了。到了武汉,我们就可以见到大哥了。"

2

这年夏日,都府堤41号欢声笑语不断,三兄弟三妯娌相见,有说不完的话。钱希钧虽然与毛泽东的家人是第一次见面,却也是格外地亲切。

杨开慧说:"希钧,我看过你的相片,你人比相片更漂亮。"

钱希钧谦恭地说:"大嫂,你别笑我,我这长相还漂亮?"

杨开慧笑道:"你不漂亮,怎么会安排你做杨老板的阔太太呀。"这话说得连毛泽东都哈哈大笑。

毛泽东自是十分高兴,抽着烟,问这问那。钱希钧讲到毛泽民双手打算盘,怎样与敌警周旋,怎样化险为夷。毛泽东呵呵笑着,说:"我这个大弟弟呀,确实会打算盘,所以找了一个姓钱的。以后呀,天天可以看见钱啰。"

杨开慧见周文楠挺着肚子,问道:"文楠,几个月啦?"

周文楠有点羞涩地低下头,说:"五个月了。"

杨开慧笑道:"好呀,润芝,五个月后,你又要多一个喊大伯的了。"

毛泽东高兴地说："好，十几年后，我们的队伍又多一个革命者。"

屋子里烟雾飘荡，陈玉英听着毛泽东风趣的话语，也忍不住笑了。

毛泽覃说："我们全家，只差菊妹子了，好久没见到她了。"

毛泽东说："上次考察农民运动，我回家一趟，在衡山看见了菊妹子。"

毛泽民说："菊妹子怎么样？"

毛泽东笑道："菊妹子呀，有出息了啰。我在衡山考察，菊妹子是县农民自卫队长，专门陪着我。不简单啊，英姿飒爽，农民兄弟看见她喜笑颜开，土豪劣绅看见她胆战心惊。"

毛泽民说："大哥，当初你下决心叫菊妹子出来读书，她才有出息了！"

毛泽覃更是感慨，说："是啊，顶多韶山冲里的一个堂客们。菊妹子要是个伢子，会比我更出息。"

"今天，我们一家在武汉相聚，就差菊妹子夫妇了。菊妹子虽然结了婚，我们不能把嫁出去的女当成是泼出去的水。菊妹子嫁到哪里，还是我们的老妹，仍然要关心她，帮助她。泽民，还有淑兰，她也是个好女人。她虽然和你分了手，可还带着远志守在韶山。去年我回湘潭，她参加了农会，带着韶山的妇女做了不少好事。所以，我们要记住她，要永远把她当作毛家人。现在，汪精卫和蒋介石叛变了革命，国民党大肆屠杀共产党人，白色恐怖弥漫呀！"毛泽东不无担忧地说，"泽民和希钧在上海几经风险，泽覃和文楠坐船也被人盘查，现在，我们的处境比以往任何时候更危险，随时都可能会被抓被杀。"

毛泽覃说："我不怕死，我早就做好了牺牲的准备！"

毛泽民见毛泽东脸色忧郁，忙说："泽覃，大哥说危险，是要我们注意。"

"泽覃呀，不是怕不怕的问题。"毛泽东知道弟妹们跟着他，为了中国的未来，为了天下的百姓，是不会怕牺牲的，可他们都是他的亲人，"我不怕，你们也不会怕。人总是要死的，有时重于泰山，有时轻于鸿毛。我们的生命是父母给的，不能随便去死，要死得有价值，要学会在危险中保护自己，让生命发挥更大的作用。泽覃，你要学你二哥，他这次在上海虽不是打仗，但和打仗一样危险，因为他动了脑筋，注意了策略，带领大家脱离了危险，安全转移了，印刷设备毫发无损，他和所有的工人师傅都还好好活着，还可以更好地工作。所以以后呀，你们遇事要小心点，要学会保护自己。我希望你们平平安安。这个脑壳，不要随随便便就让蒋介石砍了。革命尚未成功，我们还需努力。"

3

蒋介石发动"四·一二"政变三个月后，武汉汪精卫也开始驱逐、迫害共产党人。共产党人认为不能再沉默了，要发动起义反抗国民党反动派的屠杀，联合国民党左派，挥师南下广东，建立革命根据地，进行二次北伐，实行孙中山联俄、联共、扶助农工的三大政策。

相聚日短。毛泽东一家人又要各奔东西了。毛泽覃奉命准备随武汉的部队去南昌参加起义，毛泽民回长沙组织工人纠察队，并筹集钱粮，为毛泽东领导的秋收起义做准备。毛泽覃要去江西，周文楠也要跟着去。她自十六岁到广州找毛泽覃参加革命，和他结了婚，就没离开过他。现在毛泽覃去江西，不让她去，她觉得心里要空了一大块。周文楠说，公不离婆，秤不离砣，反正是毛泽覃到哪里，她也去哪里。毛泽覃打仗，她也要去。周文楠怀着孩子，跟着他东奔西颠，这怎么能叫人放心？毛泽覃生气了，坚决不让她去。周文楠觉得委屈，不由哭了起来。

杨开慧扶着周文楠走进卧室，说："舍不得和泽覃分手？谁叫你找泽覃做老公的？"

"我自己。"周文楠想了想又说，"我妈也同意了。"

"你和泽覃有一年多了吧，好像还从没离开过。你俩比我和你大哥好。我跟着你大哥六年，前后离离别别就有十多次了。这次，泽覃去江西，是要打仗的。你大哥也要去打仗，我也想去呢。"

周文楠说："你也去？你怎么能去？你去了，岸英三兄弟怎么办？岸龙才生下来没几天呀。"

杨开慧说："是呀，我是不能去，所以只好回长沙，不给他们添麻烦。"

周文楠趴在杨开慧的肩上哭道："大嫂，我真不想离开泽覃。"

杨开慧安慰道："现在是特殊时期，我们只能这样了，何况你肚子里还有个孩子。"

周文楠似乎明白了什么，忽地不哭了。她从十三四岁开始，就随母亲为毛泽东他们送信。她一个旧官宦家庭的小姐，但也知道革命的坎坷。当然，她毕竟还是一个不到二十岁的小女子，刚刚步入婚姻的甜蜜中，自然是不舍。

杨开慧帮周文楠擦着脸上的泪痕，说："文楠是知书达理的。"

周文楠说："我的书哪有大嫂读得多。泽覃跟我说，大嫂是教授千金，在韶山给乡亲们讲课，男人听得都忘了抽烟，女人听了都忘了打鞋底，细伢子一听都不吵不闹了。"

杨开慧笑道："有你说的这么好吗？"

周文楠说："泽覃不会和我讲假话的。大嫂，我是得多向你学。"

这天晚上，周文楠躺在毛泽覃身边，久久不能入睡。她对毛泽覃说："还有四个月，我就要生了。我和大嫂回湖南，生了小孩，就来找你。"

毛泽覃知道是杨开慧做了工作，说："行啊。你回长沙，好好把小孩生下来。只要稳定了，我就来接你们母子俩。你看这样行不行，若是生个女孩，叫楚英，生了男孩，叫楚雄。我们现在武汉，古时这里和湖南都是楚地，希望他能成为湘楚之地的英雄。"

"好。要得。"周文楠偎贴在毛泽覃怀里，满口答应。一想到这次分离，不知何日才得以相见，她忽地又把毛泽覃抱得紧紧的，泪水溢满了眼眶。而这次相拥，竟成了永诀。

4

毛泽覃去江西参加南昌起义，毛泽东是又激动又兴奋，共产党人将在南昌向国民党反动派打响武装反抗的第一枪，他也将去领导秋收起义。早在两年前，毛泽东在衡阳东山庙时，就指示湘南区委要将工作重点放在发动群众上，准备进行武装斗争。"四·一二"政变后，毛泽东又在中央政治局扩大会上提出："不保存武力，则将来一到事变，我们即无办法。"因此，在周恩来筹划南昌起义的同时，毛泽东也在积极筹备秋收起义和湘南起义。

这第一枪，是毛泽东最盼望的，也是最关注的。没有枪杆子，自然要被动挨打，建立自己的武装，势在必行。共产党人虽然不怕死，但国民党的武装力量强大，南昌起义能否成功，自然是令人担忧。而且，打仗是要流血的，毛泽覃也是起义大军中的一员，他不得不多了一份担忧。

南昌不时地传过来一些情况，据说由于起义消息泄露，周恩来临时决定起义提前。朱德亲自率部冲在前面。毛泽覃任起义军25师政治部宣传科科长。起义军当晚两点发动攻击，激战至拂晓，先后拿下了牛行车站、旧藩台衙门、大士院街，打败了松柏巷天主教堂和百花洲的守军。

南昌起义后，起义军发表了国民党左派拟定的《中央委员宣言》，揭露蒋介石和汪精卫背叛革命的种种罪行，表达了拥护孙中山"三大政策"和继续反对帝国主义、封建军阀的斗争决心。南昌市各界数万人集会，庆祝南昌起义的胜利。这时，张发奎和朱培德等部奉汪精卫令向南昌进攻，起义军闻讯分批撤出南昌，沿抚河南下，计划去广东发展。

南昌起义的第七天晚上，毛泽东和瞿秋白在武汉城里的一户民宅里喝茶。瞿秋白是个热爱文学之人，对一身文豪之气又有政治抱负的毛泽东十分欣赏。他力劝毛泽东去上海，认为中央政治局需要毛泽东这样有政治远见的人。

毛泽东语重心长地说道："秋白兄，不是我不想去上海。这几年，国共合作，我们以共产党员的身份加入国民党，不做主人，做客人，结果客人吃了主人的亏。我越来越觉得，没有枪杆子，我们就被动挨打。你看，这几个月来，蒋介石和汪精卫四处捕杀我们共产党人，大有斩尽杀绝之势。陈独秀错就错在始终无当主人的决心，让我党处于被动挨打的局面。我们不能坐以待毙呀，必须有自己的武装。有了枪杆子，工农才有可能掌握政权。所以，我想把精力放在建立我们的工农武装上。"

瞿秋白说："你在会上说，政权是由枪杆子中取得的，以后应注重军事，武装夺取政权。这个已成为与会大多数人的共识。你草拟的《中共湖南省委关于湘南运动的大纲》，我也很支持。只是，你没学过军事，怎么领导秋收起义？怎么带兵打仗？以我对你的了解，你最得心应手的应该是握笔杆子。"

毛泽东哈哈笑道："是啊，我是没上过军事院校，但并不说明我不会用兵打仗。没有这个金刚钻，我不会揽这个瓷器活。"

中共中央根据毛泽东的提议，发布了《关于湘鄂粤赣四省农民秋收暴动大纲》，对秋收暴动进行了部署，准备在湘南建设革命政权及一切革命团体。毛泽东是中共中央任命的第一任湘南特委书记。南昌起义是在城市进行，而毛泽东部署的起义立足于乡村。可以说，毛泽东开始进行中国革命独辟蹊径的思想萌芽了。

瞿秋白说："我相信你能成功。南昌起义部队正向广东进军，我已向恩来同志写了信,要他们拨两个团参加秋收起义。"

毛泽东说:"好,这样我更有把握了。"

瞿秋白说:"现在汪蒋太猖狂,你要注意保护自己。"

毛泽东也嘱咐道:"上海是蒋介石的老窝,中央机关在上海,也不可大意。"

5

已是深夜了,杨开慧见毛泽东还没回,焦虑不安。她看到最近几天的报纸,天天报道一些共产党人被抓捕被枪杀,昨天还在一起吃过饭的人,眨眼间便没了。毛泽东每次一出门,她不免提心吊胆,担心他回不来了。

陈玉英安慰道:"大姐,不要担心,大哥不会有事的。"忽然,外屋传来几声清脆的敲门声。陈玉英忙到门口侧耳一听,道:"大姐,是大哥回来了。"

毛泽东闪进门,回头看了看,再把门关上,把杨开慧和陈玉英拉进屋,开门见山说:"我们要立即回湖南。"杨开慧说:"不是说要你去上海吗?"毛泽东说:"是啊,秋白兄提议我去上海到中央工作,但我想还是去搞武装,去打仗。"

杨开慧知道毛泽东没打过仗,也没带过兵,现在却要去搞武装,不由更加担心。然而毛泽东既然决定了,她又有什么办法呢?

毛泽东一家从武汉回到长沙,杨开慧想着毛泽东要搞秋收起义,毛泽建都要拿枪了,她也想去搞武装。毛泽东说:"你刚生下岸龙,跟着我跑,三个孩子怎么办?我把秋收起义的这面旗一打,蒋介石会放过我吗?不会。所以,你不能跟着我,长沙也待不得,你带着岸英他们回板仓。在板仓,你也可以做些事。等情况稳定了,我就来接你。"

第二天,毛泽东雇了一辆马车,把杨开慧母子和陈玉英送去板仓。乡间马路不那么平坦,一路上,马车不时地颠簸。毛泽东吩咐毛岸英说:"爸爸这次是要出远门,你们跟妈妈好好待在外婆家,岸英,你是大哥,要帮妈妈带好两个弟弟。"马车经过一片农田,又穿过一段山路,天色已晚,来到一片松树林间,前面隐隐约约可见板仓杨宅的院墙。

待马车一停,毛泽东跳下车,对杨开慧说:"你们先回去,我等一下再去,免得让人看见我来过。"

马车来到板仓杨宅门口时,天已经黑了下来,狗吠叫着,在夜里显得格外刺耳揪心。杨开智闻声出来,从车上抱下毛岸英和毛岸青,问道:"润芝呢?"杨开慧轻声说:"他在山那边,等下再来。"向振熙从厅屋迎出来,毛岸英和毛岸青扑过去叫道:"外婆,外婆!"向振熙搂着岸英兄弟,道:"我的乖孙孙,乖孙孙。"

杨开智帮杨开慧把三个儿子安顿好,用布蒙住窗子,点上灯,说:"你快把润芝叫来吧。"

杨开慧走出杨宅,来到松树林,毛泽东正点燃一支烟在吸着。他已不知吸了几根烟了,手上的烟在黑夜中闪耀着。毛泽东见杨开慧来了,把烟熄灭,跟着杨开慧走进杨宅。杨开智迎上来,毛泽东忙握住他的手:"开智兄,又要麻烦你们了。"杨开智说:"说哪里话。我听开慧说,你今晚就要赶回长沙。"毛泽东说:"是呀,从武汉回长沙就是要把开慧母子送回板仓。你还在常德当森林局局长?"杨开智说:"是啊,这一向很乱,回家避避。你今晚要回长沙,有什么话,抓紧说吧。这么晚了,我不陪你了。"

杨开智走了,卧室里只剩毛泽东和杨开慧。毛泽东看了看熟睡的毛岸龙,说:"开慧,我走了,岸英三兄弟,就全靠你了。"杨开慧说:"你放心,有我妈,还有我哥,他们会帮着照顾的。"毛泽东抚摸着杨开慧的头发,说:"也许我命大,中国革命在我们手上成功,岸英他们就不用像我们这样颠沛流离,四处奔波了。"杨开慧在毛泽东怀里轻声啜泣起来,说:"你一定能成功,一定能成功。"

忽然,一阵夜鸟的鸣叫声传来,毛泽东一惊,推开怀里的杨开慧,说:"时间不早了,我得走了。"杨开慧抬起头,已是泪眼婆娑。毛泽东心疼地伸出手,帮她擦去脸上的泪水。杨开慧抱住毛泽东,偎得紧紧地,不忍放开手。毛泽东说:"我也不想离开你,可我得走了。"

毛泽东走过天井,经过陈玉英的房间。陈玉英一直坐在床边,听见响声,忙走到门口,看见毛泽东,轻声道:"大哥,要走了?"毛泽东点点头,走进屋,看着熟睡的毛岸英和毛岸青,忍不住摸摸他们,俯身亲了亲他们充满稚气的脸。

杨开慧把毛泽东送到板仓后山松树林,忍不住又扑过去抱住他。夜风吹着松树林,发出呼呼呼的涛声,那一对相拥的影子,在松涛的波浪中迟迟不忍分开。

第十四章　浏阳遇险

1

　　日头很猛，毛泽东身着白色长衫，步履匆匆地往松桂园走去。眼看周家就在前面，他的脚步慢了下来。他往后看了看，欲站住擦擦头上的汗，还未站定，两个便衣从一侧冲上来，一前一后围住他。一个精瘦的便衣用枪逼着毛泽东，向另一个矮墩墩的便衣示意。

　　矮便衣搜了搜毛泽东身上，没找到什么，便问道："你干什么的？"毛泽东说："做生意的。"便衣审视着："做生意到这里干什么？"毛泽东说："走亲戚呀。"精瘦的便衣不相信，又问道："你鬼鬼祟祟，行色匆匆，有你这样走亲戚的吗？我们跟了你半天了。你分明是共党分子，来接头的。走，去警察局。"毛泽东说："老总，我是走亲戚的，不是共产分子。"矮便衣拿枪顶住毛泽东的腰，推着他往前走："跟我们走一趟。到了警察局，就知道你是不是了。"

　　毛泽东来松桂园周家，是叫周陈轩通知省委常委们去沈家大屋开会的。他要在会上传达中央武装起义的精神，商量秋收暴动，他无论如何也不能跟他们走。

　　"大哥，大哥，"毛泽东正在与两个便衣纠缠不清，听见有人叫他，抬头一看，只见周文楠抱着个婴儿从周家大院走出来。

　　"妹子呀，"毛泽东见周文楠早两个月挺着的大肚子没有了，估计怀里抱着的是刚出生不久的侄子，"满月了？"

　　"是呀。大哥来了，怎么不进屋呀？"

　　"这两位老总客气，看天这么热，我风尘仆仆大老远赶来，要请我去茶馆喝茶咧。"

"两位老总，到了我屋门口还去什么茶馆，不嫌弃，一起进屋喝茶。"

两个便衣见两人熟络，便不再扭着毛泽东，说："不客气，不客气。"

毛泽东乘机走到周文楠身边，亲昵地摸摸婴儿的小脸蛋，但两个便衣仍跟着他，生怕他跑掉。周文楠看出了门道，说："两位老总，客气什么，到屋门口了，还到外面喝茶，叫人笑话我，我家里也有好茶叶咧。我儿子刚满月，他舅舅从益阳赶过来喝满月酒。两位老总不嫌弃，赏光喝两杯。"

便衣听周文楠这么说，疑惑地注视着毛泽东。毛泽东亲热地摸摸小毛毛的脸蛋。天热，小毛毛穿着开档裤，敞开着小鸡鸡。毛泽东高兴地说："呵呵，带着把咧。"他伸手去摸毛毛的小鸡鸡。毛毛正好要尿尿了，经毛泽东一摸，朝天一射，一泡尿水洒向了正侧脸打量周文楠的矮便衣。

矮便衣被洒了一脸尿水，忙跳到一边抹着脸，"啊咦，啊咦"地叫着。他一跳开，那注尿水便射到精瘦便衣身上，他忙往后退着身子叫道："嗬，嗬——这个小屁股，这个小屁股。"

"呵呵，"毛泽东看着两个便衣狼狈的样子，笑道，"老总，你俩运气好咧。"

"还好运气？"两便衣有气又不好发出来。

"两位老总有所不知，满月伢子的尿，止劳渴，润心肺，是最好的轮回酒、还元汤。"

"我也听说，童子尿是好家伙。"精瘦便衣忍不住笑了。

"这童子尿是一宝，别人想求还求不到。"

"是吗？"矮便衣摸摸嘴角的尿，在鼻子前闻了闻，自我调侃道，"看来，今天是交上好运了。"

"两位老总有福，"周文楠在一旁道，"不嫌弃，进去喝两杯。我代我伢子给你俩敬酒。"

"我们哪有时间喝酒，还有好多事。"精瘦便衣说着叫上矮便衣，嘀嘀咕咕地走了。

毛泽东一走进周家，周陈轩高兴地迎出来，给他泡上一杯茶。毛泽东在太阳下赶了半天路，出了一身汗，口渴得厉害，接过茶，一口气喝完了。喝完茶，毛泽东高兴地说："毛家又多了一个带把的，起名字了吗？"

周文楠说："起了，叫楚雄。"

毛泽东点点头，说："楚雄，楚国的英雄，这个名字好。我们楚雄呀，到这个世界才几天，就已经当了一回英雄了。刚才我在门外被两个老总纠缠不清，要被他们抓去了，会耽误大事。还是楚雄灵泛，对着他俩屙了一泡尿，就把两个家伙尿跑了。楚雄给大伯帮了个大忙咧。"周陈轩听毛泽东这么一说，不由开怀大笑。

2

虽然立秋了，日头还是很厉害，走在乡村的路上，毛泽东热得汗流浃背。他在长沙沈家大屋与湖南省委研究了起义方案，就赶到江西安源去发动，然后又马不停蹄地赶往铜鼓。毛泽东一身商人装扮，随行的还有化装成伙计的彭清泉。

彭清泉是浏阳县委书记。他的家庭殷实，在长沙时就叫王震到他家挑谷做党费。浏阳建立党组织后，他又动员母亲参加革命。他虽然才二十出头，但头脑清楚，也认为革命必须有武装力量，并在浏阳组建了工农义勇军。他所率领的浏阳农军已在铜鼓待命，不断有浏阳的农民翻山越岭来找农军，要求他们打回去。彭清泉告诉毛泽东，武汉政府的警卫团已来到江西修水和铜鼓一带，并已联系上了，随时准备起义。起义人员原来是以安源工人纠察队为主，另有湘赣两省的农民军，现在正规军也来了，这无疑是个好消息。

经过周密的筹划，起义的武装力量计有五千余人，准备兵分三路会攻长沙。第一路是安源二团，由煤矿工人举行暴动，然后进攻萍乡和醴陵，向长沙逼进。第二路是修水一团，以原国民政府中央警卫团和平江农军为主力，夺取平江后，再向长沙进攻。第三路是铜鼓三团，以浏阳农军为主，由铜鼓向浏阳进攻，夺取浏阳后，再向长沙挺进。三路起义部队分别占领醴陵和平江、浏阳后，对长沙形成包围态势，并以毛泽民组织的长沙工人纠察队暴动为内应，相机攻克长沙。毛泽东要从江西安源赶到铜鼓，必须经过浏阳。彭清泉是浏阳人，自然是轻车熟路。

在湖南省委常委会上，毛泽东被委任为工农革命军第一军第一师师长、前敌委员会书记。到安源后，他得知参加起义的正规军中有一个代师长叫余洒度，从大局出发，他只以前委书记的身份参加指挥起义。

赶了两天的路，穿过一片松林，下了山，迎面是浏阳的一个乡镇。恰好是正午时分，毛泽东肚子饿了，和彭清泉商量，打算到镇上吃点东西再赶路。走进一家饭店，伙计走上来问："二位要点什么？"彭清泉用浏阳话说："来两碗面条。请快点子，我们要赶路。"店伙计一看彭清泉是本地人，爽快地应着。毛泽东说："我那碗多放点辣椒。"伙计一听，便问道："老板好像是湘潭人？""是呀。"毛泽东应了一声，环顾了一下四周，选了张靠窗口的桌子坐下。

不一会，伙计端着面条上来。毛泽东拿起筷子，一边在碗里夹起面条和着辣酱，一边不时朝窗外看一眼。街外太阳正烈，鲜有行人。

"还有好远？"毛泽东一边吃着面一边问。

"还有一百多里。"彭清泉说。

"那明天这个时候可以到了。"

"你脚长，我是要费点劲。"

"呵呵，"毛泽东笑道，"吃了饭，我们还得买两双草鞋。"

忽然，窗外小街上来了一群人，是当地团防局的团丁。为头的那个姓廖，带着团丁押着十几个人去县城，经过小镇，正向饭店走来。

彭清泉轻声问："怎么办？"

毛泽东轻声说："你我装作不认识。你是本地人，可能好脱身。如果你先脱身，就去铜鼓和修水，按安源会议上的决定去宣布。记住，我不在，还有总指挥，一定要统一行动，按时起事。"彭清泉点点头。

那个廖队长是要把人押去县里请赏的。有几个人辩说自己不是共党，被他打了一顿，骂道："他妈的你们还是老实点。蒋总司令说了，宁可错杀三千，也不可放走一个。错杀了，也活该倒霉。"

廖队长叫几个团丁押着那些人蹲在街檐下，自己带着另外几个人进饭店找了一张桌子坐下。他叫了面，一边吃，一边像贼似的打量店堂里的人。他看到毛泽东个子高大，面貌生疏，目光不由停下来。

毛泽东和彭清泉吃完面，先后起身，准备离去。廖队长拔出枪，带着团丁拦住毛泽东和彭清泉，喝道："站住！哪里人？"毛泽东和彭清泉只得站住。彭清泉说："我浏阳的，做点小生意。"廖队长围着彭清泉看了看，看不出什么破绽。

毛泽东一则不会讲浏阳话，二则为了让彭清泉脱身，便操着湘潭口音说："老总，我是来这里做生意的。"

"你也是做生意的？"廖队长一听毛泽东讲外地话，便把枪指向他，问道，

"哪里人？"

"湘潭人。"毛泽东镇定自若地说。

"湘潭人？"廖队长手一挥，团丁立马围上前。他打量一下毛泽东，满腹狐疑问道，"你湘潭人，跑到浏阳做什么生意？"

毛泽东说："浏阳有好多生意可以做，浏阳的鞭炮、太平桥的豆豉，还有金橘子、大茂才的菊花石、大围山的蜂蜜，在湘潭蛮俏咧。"

"哈哈，看样子是像生意人。"廖队长笑了笑，忽然脸一板，双目一瞪，吼道，"你是生意人吗？你不是，你是假冒的。"

"老总，这生意人怎么能假冒咧？"

"看你的相貌，天庭饱满，地阁方圆，是个福相，个子高大魁伟，气宇轩昂，非等闲之人，就算是个生意人，也应该是个大生意人。做大生意的人，怎么会跑到浏阳这个山冲里？做豆豉和鞭炮生意能赚几个小钱？"

"哈哈老总，你抬举我了。我家底子薄，只能做这些小生意呀。"

"你呀，不是做小生意的，也不是做大生意的，你分明就是一个共党分子，而且呀，还不是一般的共产分子。"说到这里，廖队长朝团丁一挥手，大声叫道，"给我抓起来，送到县党部去。"两个团丁冲上来，扭住毛泽东。

"老总，你别急，让我把话说完再抓不迟。"毛泽东还要辩解，团丁不由分说，扭住他推出店子。

彭清泉已趁机悄悄溜出饭店，见团丁扭住毛泽东要送县党部，他心急若焚，挤出人群，捡了块砖头，悄悄向团丁的身后走去。

"你不能这样呀！"毛泽东瞄见彭清泉要救他，忙大声叫起来，"我是个生意人，我约了人家谈生意，人家在等我，我不去谈，这笔生意就做不成了。老总，你抓我事小，坏了我的生意事大啊。"彭清泉不由放慢了脚步，他听出了毛泽东的话意，这是对他说的，要他记住刚才的约定。

"少啰唆，"廖队长挥挥手，他觉得毛泽东像是共产党的大鱼，送到县里，说不定可得一大笔赏金，便说，"谈什么生意，有话到县党部去说。"

"老总呀，"毛泽东见彭清泉还在犹豫不决，又大声叫道，"你这样，会耽误我的生意大事呀。人家在等我的信，我难得做一回大生意，我不能毁约，要不，我会亏大本咧。只要做成了这笔生意，你叫我怎么样都要得。"

彭清泉见毛泽东又在督促他快走，知道光凭他一个人，也是救不了毛泽东的。起义在即，他必须以大局为重。是呀，只要"做成了这笔生意"，起义军攻下浏阳，救毛泽东那还是什么问题呢？一切以毛泽东说的"生意"为重。想到这，他转身大步往铜鼓方向走去。

毛泽东见彭清泉走远了，这才松了口气，不再叫喊，任团丁扭住，押到一串人中。被押送的人用一根绳子串在一起，好像一串蚱蜢，谁也跑不了。

3

一行人在山路上走着。太阳很大，毛泽东被晒得汗流浃背，口干舌燥。到了傍晚，太阳威力渐渐小了，但还是燥热，一行人来到一条乡村的石板路，路一边是条圳，圳水流向不远处的小河。路不宽，两边长着齐脚背深的杂草，中间只能容一个人前行。毛泽东见廖队长带着几个团丁走到前面去了，后面只剩下两个团丁，忽然，他脚下一绊，身子一个趔趄，叫道："哎哟。"

一个矮团丁问："怎么啦？"

"哎哟，脚扭了。"毛泽东蹲下来，弯腰伸手去揉脚，可手被绑着，揉不到，还牵着前面几个人不能行走。

"怎么回事？"廖队长在前面问道。

"有一个人崴了脚。"矮团丁说，"他要揉揉。"

"揉什么，叫他快赶路。"

矮团丁对毛泽东喊道："别揉了，快赶路。"

"哎哟，老总，"毛泽东试着走了一下，痛得咧着嘴巴直皱眉头，然后又蹲下身去，扯得一串人歪歪咧咧。

"队长，不行啊！艄公不能动，耽误一船人。"

"那，那把他松开。你俩看着他。"

矮团丁答应一声，忙给毛泽东松绑，那一串人又被团丁赶着往前走。毛泽东蹲下身子去揉脚，络腮胡子团丁见他蹲下去有困难，便扶了他一把。

"多谢老总。"毛泽东弯腰揉着脚罗拐，不住地道谢。

"好些了吗？"络腮胡子看着毛泽东痛苦的样子，不由心生同情。

"好一些。"毛泽东一边揉，一边说，"老总，一看你，就知道是好心人。"

"你没看错，"矮团丁说，"我俩都是好心人，一对难兄难弟。"

"你们快一点。"廖队长在前面喊道，"天一黑，就不好走了。"

"好。"矮团丁答应一声，对毛泽东说，"没办法，走吧。"

毛泽东站起来，一颠一跛地往前走，嘴里不时地哼着："哎哟，哎哟……"络腮胡子和矮团丁上前搀扶住毛泽东，跟着队伍走过田垅，穿过一座茶山，来到大溪河的堤岸上。这时，太阳下山了，眼见着夜幕就要降临。

"两位老总，"毛泽东说，"我今天遇上你们两个好心人，是好运气，要换上其他人，我会倒霉透了。"

"呵呵，"络腮胡子问毛泽东，"老板，你真是湘潭人？"

"是呀，"毛泽东说，"这湘潭人还能冒充么？你听我讲的么子话，就是湘潭话。"

"是湘潭话，没错。我说老板，你湘潭没好东西吗，跑到浏阳做生意？"

"湘潭有好东西咧，龙牌酱油灯芯糕，砣砣妹子随你挑。"

"呵呵，这个，听说过，听说过。"两个团丁都笑了起来。

"吴元泰的龙牌酱油、仔油姜、仔油萝卜，是湘潭酱食中的三绝，一百年前在巴拿马国际博览会上，湘潭的龙牌酱油与贵州的茅台酒同时获得金奖。"

"老板，看来你真是生意人。"络腮胡子说，"你不该说你是湘潭人。"

"怎么呢？湘潭人有什么不好？"

"听说有个大共党分子，叫毛泽东，就是湘潭人。我们队长说，抓住了那个姓毛的大共党，可得一万银圆赏金。一万银圆，就是一万银花边啦。你说，谁不想发财？是你也不会舍得放过。"

"哦，原来是这么回事，"毛泽东装着很惊讶，"那是那是。那个姓毛的这样值钱，谁要是抓到他，发大财啰。"

"是呀，你说，我们当官的怎么不想抓住那个姓毛的呢？"

"可惜，难得碰到。"毛泽东说，"要我真是那个姓毛的，二位老总可是发了，哈哈……"

矮团丁笑着说："是呀，如果你是那个姓毛的，我们就可以发大财。可是老板呀，我看你是个面善之人，怎么也不可能是共党。"

"老总，"毛泽东说，"我讲了我是湘潭人就是湘潭人，明人不讲暗话，要不，人家谁还会和你做生意？你们看，我像那个姓毛的湘潭人吗？"

"哈哈，"矮团丁看了看毛泽东说，"如果像，我们还会给你松绑？"

河边水草丛生，河水缓缓地流着，被晚霞映得波光粼粼。队伍已沿着小河走得远了，毛泽东跛着脚慢慢走着，和两个团丁开心地聊着。前面有一石板小拱桥，两个团丁搀着毛泽东一颠一跛地往石板桥拱上爬。爬上了桥拱顶，毛泽东忽然站住说："哎呀，好闷。"两个团丁也站住，捞起衣襟擦汗，说："又闷又燥。热死了。"

要下桥了，毛泽东也捞起衣襟擦汗，几块银花边从他袋子里往石板桥上掉去。银花边掉在石板桥上，发出叮咣咣清脆的响声。毛泽东故作惊慌地叫道："嗬，嗬嗬……"两团丁一见，忙弯腰去捡，银花边叮咣咣向桥拱下滚弹而去。矮团丁捡起一块，站起来向桥拱上的毛泽东晃着。毛泽东笑道："两位老团，你们留着喝茶吧。"矮团丁又弯腰在路上寻找着，捡起一块，与络腮胡子相视一笑，又弯腰继续寻找。天已暗了下来，他俩又用手拨开路边齐脚背深的草，在草丛中继续寻找。毛泽东跛着脚，往回走下拱桥。下了桥，他的脚一点也不跛了，在河堤上快步飞跑而去。

矮团丁在草丛中又寻得一块银花边，捡起塞进口袋。忽然，络腮胡子直起腰，看着空空的桥拱顶，说："那个生意人呢？是不是跑了？"矮团丁一看，说："跑了？是跑了！"络腮胡子说："我们快去追。"矮团丁弯腰继续在草丛中寻找，说："跑了就跑了，尽他去跑，追什么。"络腮胡子说："不追？人跑了，怎么办？"矮团丁站起来，看了看桥上桥下，毛泽东已不见踪影，说："好办。来，拿着。这些银花边，我们一人一半。得人钱财，替人消灾。何况，他人又不坏。"络腮胡子接过银花边，塞进怀里，跟着矮团丁来到桥拱上。矮团丁端着枪，向毛泽东逃跑的方向举着，络腮胡子也把枪往那边一举，"砰——砰——"矮团丁叫道："跑了，跑了哟！"络腮胡子也跟着叫道："快追！快追！"

前面的廖队长听到枪声，拔出枪，叫了几个团丁，打转往回跑。跑到桥拱上，他见矮团丁和络腮胡子还在朝毛泽东逃跑的方向瞄着，便问道："怎么回事？怎么回事？"

"跑了，跑了。"拱桥上，矮团丁和络腮胡子慌乱地叫着，"这家伙兔子一样，一下桥就跑得不见了。"

"快追，快追呀！"廖队长挥挥手，几个团丁跟着他往河堤上跑去。

毛泽东在河堤上跑了不远，就听见团丁的喊叫声，回头一看，见廖队长带着几个团丁追过来了，而且越追越近。毛泽东见河边长着茂盛的芦苇，闪身往芦苇丛里一钻，身子没入水里，只露出头在水面。

廖队长带团丁追了一阵，不见毛泽东人影，说："不会跑那快，到河边搜搜看。"团丁们端枪钻进芦苇丛。矮团丁和络腮胡子也端着枪走进芦苇丛，装模作样地叫道："出来，不出来我开枪了。"矮团丁持枪朝水草里刺着，在芦苇丛挥舞着，做样子给廖队长看。

毛泽东正好躲在这里，见矮团丁来了，忙将头往水里缩。矮团丁正好看见毛泽东的头，没想他还真躲在这里，不由得叫了一声。廖队长一听，忙向几个团丁挥挥手，朝这边围过来。

矮团丁慌慌张张从芦苇丛跑出来，边跑边叫道："蛇，一条蛇，一条好大的蛇。"

众团丁一听说蛇，又见矮团丁恐慌的样子，扭头就往回跑。廖队长眉头一皱，骂道："他妈的，一条蛇就吓成这个样，吃什么长大的！"

4

彭清泉脱身后，一路上马不停蹄，赶到铜鼓县的萧家祠堂时，已是第二天下午了。

萧家祠堂集结着从武汉来的一个警卫团。这个团有两个营长正盼着毛泽东。一个是张子清，湖南桃江人，自幼受父亲的爱国教育，有精忠报国思想。十八岁在云南讲武堂毕业学成回湘，参加过反赵恒惕运动。在广州农讲所，他听过毛泽东的演讲，对他是崇拜有加。这次他随团来湘赣边界参加起义，听说领导起义的是毛泽东，激动不已。还有一个是伍中豪，湖南耒阳人。毛泽东在广州农讲所增加军事课，到黄埔军校要军事教官，见伍中豪块头大，气度不凡，便选了他。伍中豪在农讲所任军事考官，见毛泽东风趣幽默，平易近人，便视年长他十岁的毛泽东为兄长。毛泽东也喜欢伍中豪，总亲切地叫他豪子。后因参加北伐，伍中豪离开了农讲所。这回他俩知道毛泽东要来，派出几拨侦察员，在前往浏阳方向的各个路口接应。可两天了，派出的各路人马还没有接到毛泽东。

张子清和伍中豪正焦灼地等待着，忽然，两个侦察员扶着彭清泉跟跟跄跄地走进祠堂。张子清认识彭清泉，忙扶他坐下，说："彭书记，这是怎么回事？毛委员呢？"

彭清泉头上流着汗，喘着气，喉咙似在冒烟，说不出话来，伍中豪倒了杯水递过去。彭清泉接过杯子，咕噜咕噜喝了几口，用衣襟擦了擦头上的汗,才喘息着道:"毛委员,被,被抓去浏阳县党部了。"

"啊?妈的民团。"伍中豪大吃一惊,叫道:"子清,我们马上去浏阳,打下县城,救出毛委员。"

张子清从腰上拔出枪,也大声叫道:"三营马上集合,出发!"

"哈哈,"张子清和伍中豪还没跨出祠堂门,一个声音从外面传过来,"不用去啦。"

伍中豪和张子清朝门外一看,惊喜地叫道:"毛委员。"毛泽东拄着一根棍子,在一个战士的搀扶下,走进门来。

话说毛泽东等团丁走后,从水里爬上岸,全身都是泥水,草鞋也不知什么时候跑丢了。他没有去过铜鼓,也不知道该怎么走,便朝与浏阳县城相反的方向走,翻过一个山岭,还真到了江西地界。这时,他看见有个砍柴的。那人纯朴敦厚,便和他交谈起来。砍柴人在暮色中见毛泽东脚虽然有点跛,却仍不失气宇轩昂,就把他带到山下一个祠堂,给他买了一双草鞋,安排他吃饭和住宿。第二天,那砍柴人给毛泽东一根挂手棍,又带他抄近路来到铜鼓县。毛泽东将两枚银花边硬塞进砍柴人口袋里。送走砍柴人,毛泽东没走几步脚,便看见萧家祠堂,遇上几个接应的战士。

毛泽东一见伍中豪和张子清,高兴得丢了拐棍,叫道:"豪子、寿山,想不到我们在这里相见了!"

"毛部长,我们等你等得好焦急!"伍中豪和张子清兴奋不已,上前扶着毛泽东坐下。

"我现在不是国民党的部长了,这个职务,早就被他们免了。"毛泽东坐在凳子上,呵呵笑着,见警卫员递上水,接过来喝了一口。

"毛委员,你现在是我们的毛委员了。"张子清和伍中豪望着毛泽东哈哈大笑,"终于把你盼来了。"

"清泉好久到的?"

"我前脚刚进屋,你后脚也进了门。你被团丁抓去县城了,怎么和我同时到了?"

"我有个砍柴人带路,他带我抄近道了。"

"毛委员,你真是吉人天相,这次虎口脱险,必有后福。"

毛泽东笑道:"起义成功了,有福的不是我一个人,是大家,是天下的老百姓。"

第十五章 大哥当山大王了

1

沈家大屋会议后,毛泽民便穿着一身白色的土布短衫,挑着担子,悄悄地回到韶山冲。他在韶山住了三天,把家里值钱的家当全部变成现钱。他回韶山,就是为秋收起义筹措军费的。把军费交给毛泽东后,他在长沙组织了上千工人纠察队,悄无声息地隐藏在长沙东门和南门,等候起义部队攻打,来个里应外合,拿下长沙。

毛泽民和纠察队等了几天,过了预定时间,还是不见起义部队打过来。隐藏在各街巷的队员都等得不耐烦了,纷纷派人前来询问。

一个姓陈的师傅是负责南门的队长,三十来岁年纪,行动敏捷,性子暴躁,风风火火地来到毛泽民所在的指挥部,叫道:"泽民呀,下令撤兵吧,起义军不打长沙了。"

"不打了?你哪里听到的消息?"

"人家都知道了,只有你才蒙在鼓里。"

"你听到什么情况,如实说呀。"毛泽民说。

"你哥,你哥擅自改变中央计划,决定不攻打长沙,带着起义军到井冈山当土匪去了。"原来,有的队等了两天,还不见起义军打过来,便派人直接去沈家大屋打探情况。得到的消息是毛泽东擅自改变中央和省委的决定,不打长沙,上井冈山去了。大家都知道毛泽民是毛泽东的弟弟,不好说。只有这个陈师傅和毛泽民关系好,忍不住直说了。

"进山当土匪?不可能,我大哥不会上山当土匪的。"毛泽民说。

"不可能?他们都这么说,你哥临阵脱逃,胆小怕死,躲进山里当山大王去了。"

"一定是他们搞错了！"毛泽民还是不相信，"说好了的，怎么不打长沙了，上山当土匪，我大哥不是这样的人！"

"是呀，毛委员怎么会这样？"陈师傅是泥木工人，听过毛泽东的演讲，还跟毛泽东一起找过赵恒惕为工人讨公道。那时，毛泽东手无寸铁，面对赵公馆荷枪实弹的枪兵都不怕，现在怎么就临阵脱逃了呢？陈师傅想不通，说，"我也认为可能搞错了。毛委员怎么会上山当土匪？可，可他们说，有个姓余的师长是黄埔毕业的，还劝过你哥，可怎么劝都劝不过来。你哥确实上山了，中央还要处分他。"

几个纠察队的分队长都知道这个情况，问毛泽民："泽民，我们怎么办？"

毛泽民也不解，大哥带着秋收起义的部队为什么不打长沙？为什么进山当土匪？大哥搞武装斗争是很坚决的，还要他回韶山变卖家产筹集军费，怎么半途而废呢？难道他要搞的武装斗争，就是为了上山当个山大王？

2

毛泽民来到松桂园，只见周陈轩家一屋的人都愁眉不展。周文楠抱着毛楚雄沉默不语，钱希钧也坐在一旁发呆，估计她们也听到了和他一样的消息。果然，周陈轩也不像往常那样去给他泡茶了。家里有个人去当土匪，去当山大王，人家的脸色自然就不一样了。钱希钧和周文楠想从毛泽民这里得到一个准确的消息。当毛泽民说的结果和她们听到的是一样时，她俩异口同声地说："大哥怎么会当土匪？他做绿林好汉，除非鬼迷心窍了。"

周陈轩说："我也问了一下，他们都这么说。我想，你们大哥带兵上山当土匪，一定有他当土匪的道理，他绝不会是往常的那类土匪。"

周文楠说："妈，当土匪还有当土匪的道理？按你这么说，土匪还有好土匪？"

周陈轩说："当然有呀，梁山泊的宋江一百零八条好汉，不也被官府称为土匪吗？他们是打抱不平和劫富济贫的英雄好汉，说不定，你们大哥也是走这条路。"

"妈，大哥是共产党呀，怎么能学宋江？"

"你们不希望你们大哥是土匪，我也不想呀。现在，他们开会都不来我们家了。你们能不能得到信任，还让不让你们革命，也难说呀。"

周文楠说:"那怎么办呢?妈有什么办法吗?"

周陈轩想了想,说:"办法只有一个,你们上山,去把大哥劝下山。"

把毛泽东劝下山,周文楠和钱希钧都觉得是个主意好,叫毛泽民带她俩去劝。毛泽民说:"若大哥这事是真的,组织上肯定要慎之又慎。能劝大哥下山是最好,但你们不要去。现在正是白色恐怖时期,蒋介石杀了这么多人,你们去上山,是送死啊。这是我们男人的事,你们别急,待我想想办法。"周文楠和钱希钧也就只得作罢。

回到纠察队,陈师傅和几十个队员又围住毛泽民。他们是纠察队的骨干,都曾跟着毛泽东出生入死搞工运,不相信毛委员会不革命,去当土匪。陈师傅说:"如果毛委员真的去当土匪了,我们也要上山找他问个究竟。当年他鼓动我们闹革命,今天为何自己去当土匪?"

众师傅都说:"去,我们找毛委员当面对质。"

3

毛泽民把自己决定去井冈山劝毛泽东下山的想法向省委汇报,省委马上同意了。一些工友听说他要去井冈山,都喊着要跟他一起去。毛泽民好说歹说,最后叫陈师傅选了二十个纠察队的骨干一同前往。他们化装成民团模样,全副武装,骑着快马,匆匆往浏阳方向而去。

来到浏阳境内,毛泽民向路人询问情况。果然,一些路人说看见起义军打着红旗,手持梭镖、长矛和枪支,跟着一个高个子到山里去了。毛泽民又设法找到文家市地下党的人,打听到的情况也差不多,他们甚至说,井冈山千峰竞秀、万壑争流,山清水秀,飞瀑流泉,比梁山泊好汉占领的梁山不会差,确实是个占山为王的好地方。毛泽民听了别扭,更觉得要上山看个究竟。

这支小队伍走过一段山路,经过一道田垅,不觉出了浏阳地界,步入铜鼓县。这是两县交界之处,只见前面有一队民团荷枪实弹地把住路口。两个团丁横枪一拦,喝道:"站住!干什么的?"

队伍只得停下,陈师傅走上前,说:"上山抓共匪。"

团丁说:"路条呢?"

陈师傅说:"没有!"

团丁说:"没路条不能通过!"

毛泽民骑着马来到队伍前列,陈师傅说:"这是我们团长。"

那团丁说:"对不起,团长的爹来也不行。"

陈师傅生气地拔出手枪,骂道:"你敢骂我们团长!"

"砰——"一声枪响从山上传来,哗啦啦,从山上钻出一百多团丁,拉开枪栓,举枪瞄着毛泽民一行。原来是铜鼓县民团团总带着人马在山里巡逻,刚下山,见此情景,他开了一枪,叫道:"谁敢不守规矩,我毙了谁!"

毛泽民见对方人多势众,赶紧翻身下马,挥挥手,工友们忙退向安全地带,以路口山坡为掩体,伏下身子。双方相互瞄准,僵持不下。

毛泽民大声叫道:"喂,你们哪部分的?"

团总骂道:"妈的,你倒问起我来了,我就是这个山上的。不,老子就是管这山的。你哪里来的?"

"我们是奉命上山抓赤匪的。"

"你上山抓赤匪?"团总哈哈笑道,"告诉你,山高林密,山上赤匪是很多。不过,你一没路条,二不说出来你是哪路神仙,我凭什么相信你,让你进山?"

"我们从长沙来的,是特别行动队的。"毛泽民说,"告诉你,你要误了我们的事,小心你的脑袋。"

"对不起,蒋委员长的行动队我也不能让你们上山。告诉你,毛泽东带着一帮赤匪才上的山,你没有路条,要上山,那就有通'赤匪'之嫌。"

"泽民,"陈师傅悄悄挪到毛泽民身边,说,"我们攻上去。冲过这一关,前面就到井冈山了。说不定毛委员听见这边打仗,会派人下山接应我们。"

"不行,"毛泽民说,"他们人多,地势险要,如果打起来了,毛委员他们不在附近,不能来接应,那我们会很被动。不能强攻,只能智取。"

忽然,两匹马从毛泽民他们身后飞奔而来,毛泽民不由紧张起来,担心腹背受敌。那两个人翻身下马,毛泽民一看,是熟人,不由放下心来,其中一个是面熟的浏阳人,一个是省总工会的干事小姜。

"总算找到你了,全靠这位同志带路。"小姜指了指和他一路来的那个浏阳人——他是昨天接应毛泽民一行的浏阳地下党。

"这么急,有事吗?"毛泽民问。

"是啊,十万火急。"小姜俯在毛泽民耳边轻声道,"中央指示,命你立即去上海,仍然担任中央出版发行部经理。"

毛泽民思忖着，这说明组织上仍然信任他，没把他和上山当了土匪王的大哥等同看待；也可能，大哥虽然上了山，并没有当土匪。
　　"喂，"团总看见两个骑马人和毛泽民嘀咕着，叫道，"是送路条来了吗？"
　　"接到新任务，不上山了。"毛泽民向山上叫道，"山上的赤匪，你们去抓吧。不过，你们要小心点，别没抓着赤匪，倒被赤匪抓去了。"

第十六章　特殊任务

1

毛泽覃参加南昌起义后,又跟着朱德一路征战,向广东方向进发。南征途中,不断遭到蒋军的拦阻围剿。仗打得很残酷,刚攻下一座城,又要阻击后面的追兵。在进攻会昌县城时,起义军经过四天激战,歼敌六千余人,攻占了县城,但起义军也伤亡近两千人,毛泽覃营里也牺牲了几十个战士。攻城结束后,毛泽覃又带领战士阻击追赶而来的敌军,伤亡惨重,直到接到撤退的命令。

会昌激战后,起义军陆续折返瑞金,改道东进,经福建长汀和上杭,沿汀江、韩江南下。九月下旬,占领广东大埔县三河坝,继续南进占领潮州和汕头。在此期间,李济深令钱大钧残部牵制起义军,调三个师一万五千人组成东路军,由河源东进,寻起义军主力决战。

起义军主力在揭阳县山湖附近同东路军遭遇,将其击溃,继续向汤坑推进,在汾水村地区与敌再次激战,伤亡两千余人,无力再战,只得向揭阳撤退。撤退经过流沙西南莲花山时,再次遭到东路军的截击,起义军大部溃散,只剩一千三百余人进入海陆丰地区,在饶平县境同由潮汕撤出的第三师会合。这两支部队转战闽粤赣湘边,会合时只剩下八百多人。

部队越打越少,不断遭到伏击、拦阻,这不仅令毛泽覃和起义军战士感到迷茫,本是直性子的陈毅也沉不住气了:"朱军长,这样打下去,何时是个头?"

朱德也犯愁,说:"没有给养和兵源,没有大本营,我们只有被动挨打,这样不行啊,我们得找个靠背。"

李济深兵马数十倍于朱德所率部队,起义军无力南征,又由广东向江西方向进发。队伍进入江西赣州南部,已是疲惫不堪。毛泽覃带着侦察兵骑马来到朱德宿营地报告侦察情况。

"赣州南部有一个信丰县?"朱德问。

"是。朱军长,这个信丰,原来叫南安县,春秋时属吴国,战国时曾归楚地。玄宗天宝元年,发现福建泉州也有个南安县,故改名信丰。"

朱德苦笑道:"我们这几个月打了不少仗,也跑了很多地方,快成了地名考察队了。"这时,参谋进来报告说敌人又追上来了。朱德说:"看来,我们又得去考察新地名了。命令部队,向信丰进军。毛泽覃,你率三营断后。"

2

起义军来到江西信丰,在一个祠堂设立临时指挥部,参谋把地图挂起来。朱德说:"南昌起义后,我们南进、东进,从江西一路打到福建和广东,又从广东打到江西。我们刚进入江西,粤桂湘三省军阀又勾结起来对付我们,以七个师的兵力对我们进行'协剿',看来势,是不吃掉我们不罢休啊。"

陈毅说:"朱军长,从南昌撤出,我们东奔西跑,疲于奔命,打了几个月,这样打下去,人越打越疲,部队越打越少,不是办法呀。"

朱德说:"是啊,你有什么好办法吗?"

陈毅说:"一下子还想不出呢。"

朱德说:"滇军范石生是我的朋友,我和他商议了一下,在他那里暂时找一个栖身之地。他的意思是要将我部改为他第十六军的一个团,可以解决我们的给养问题。"

王尔琢说:"把我们革命军改成滇军?朱军长,这条路走不得,走不得。"

"我知道这条路不能走。可是,我们现在山穷水尽,无路可走。如果要保存实力,这也是权宜之计。"朱德离开地图,在屋里来回踱着步。

毛泽覃手拿一沓报纸来到门外,陈毅一见,忙喊他进来,问道:"有什么情况吗?"毛泽覃进来笑着说:"有个好消息。"朱德问:"这上面有好消息?"毛泽覃点点头,把报纸递给朱德说:"有好消息。"

原来,毛泽覃带领几个战士到县政府搜查,在县长办公室桌上发现一堆报纸,便如获至宝地翻看起来。翻了一会,他发现一张报纸上的头版内容,情不自禁地叫道:"好。好。"小心翼翼地把那张报纸收起来,像拿了个宝贝一样。

朱德接过报纸，放在桌上展开。毛泽覃指着头版的一条消息说："你们看，是不是好消息？"报纸说秋收起义部队已被击溃，剩下残部，已仓皇逃往井冈山为匪。陈毅说："你哥他们上山为匪，是什么好消息？"毛泽覃说："是呀，上山为匪不是什么好消息，而且是气人的消息。我大哥上山为匪，我还有什么脸见人？我马上找到信丰党组织了解情况。据他们介绍，我大哥和秋收起义的部队是上山了，但不是为匪，而是选择井冈山安营扎寨，建立了革命根据地。"

朱德和陈毅不由相视一笑，又把报纸看了看，然后快步来到墙边，看看报纸，又看看地图，神情异常兴奋。陈毅指着地图说："这，这是个好地方啊。"朱德也很高兴，感慨地说："好地方。井冈山山高林密，易守难攻，建立根据地，太好了。润芝虽不是行伍出身，但眼光独特。秋收起义后，他马上选择到井冈山落脚，进可攻，退可守，还可以向周边农村发展。这是保存实力，发展革命武装的好办法。从这点看，润芝很有战略眼光，思路也要高人一筹。"

这天从下午到吃晚饭，朱德和陈毅都是讨论这件事。第二天，他俩还是议论这件事。朱德说："我们南昌起义后，什么都听中央的。按照中央的精神，南征，选择在广州发展，结果一路疲于奔命，被动挨打，队伍越打越少。目前，广州的革命力量很薄弱，我们难以在这样的城市建立自己的落脚点。"

陈毅也很赞同朱德的看法，说："我们走了不少弯路，吃了不少亏。听说中央叫毛泽东打长沙，毛泽东审时度势，没打长沙，带着队伍上了井冈山，这才是切合实际的决策呀。朱军长，看来我们也得找个落脚点，不能这么被动挨打了。"

"我在想呢，我们这里离井冈山也不远，不如也上井冈山，和毛委员一起发展根据地。"

"好，我看这个主意很好。"陈毅兴奋地一拍巴掌，说，"朱军长，事不宜迟，我看，我们开会研究决定。"

朱德马上召集军部的人开会。大家都同意上井冈山。会上有人迫不及待地说："事不宜迟，马上派人去联络。"

朱德看着陈毅说："参谋长，你看，让谁去井冈山合适？"

陈毅笑着说："我看，三营的党代表毛泽覃最合适。"

3

起义军与湘南特委联合发动宜章年关暴动，打响了湘南起义第一枪，成立了宜章县苏维埃政府，组建了工农革命军独立第三师。此时快过年了，毛泽覃一到湖南宜章，就想起菊妹子很久没见面了，也不知她现在怎么样了。

这天，毛泽覃打听毛泽建的情况。宜章县的同志说不认识她，也没听说过这个人。毛泽覃想，菊妹子这么有名的人，他们怎么会不认识？难道菊妹子离开了湘南？或者是有什么意外？毛泽覃正在寻思，传令兵来到三营，说朱军长叫他去一趟。

到了军营，朱德笑着拍拍毛泽覃的肩，说："泽覃同志，今天叫你来，有个特别任务要交给你。我们商量了多次，也统一了意见，准备上井冈山，和秋收起义部队会师，特派你去井冈山与毛泽东同志联络。怎么样，愿意吗？"

毛泽覃一听，喜不自禁，忙道："报告朱军长，坚决完成任务！"

朱德脸上的笑容忽地没有了："不过，从这里去井冈山虽说不是很远，但也不近，路上情况复杂。你此行关系到我们这支部队的前途和命运，路上一定要小心，要随机应变，一切以完成任务为重。"

"请军长放心，我一定完成任务。"

"有什么困难和要求吗？"

"没有困难。要求……"毛泽覃想起还没打听到菊妹子的消息，犹豫了一下，又说，"也没有。"

"你呀，"朱德笑着说，"我听说你还有个妹妹，叫毛泽建，是不是？"

"朱军长，您怎么知道的？"毛泽覃一时惊讶。

"哈哈，你家的事，我能不知道吗？你还有个二哥，会做生意，会打算盘。"朱德笑着说，"据湘南特委同志介绍，在湘南有两支最活跃的农民武装，一支是衡北游击师，一支是衡山游击大队。衡北游击师的队长萧觉先我见过了。据他介绍，他在衡阳读书时，是毛达湘介绍他入的党。"

"萧觉先，毛达湘？"毛泽覃想起来了，毛泽建为工作方便，改名叫毛达湘了。

"我问了萧觉先,没有你妹妹毛泽建的消息。"

"你刚才说,萧觉先入党,是在衡阳读书时由毛达湘介绍的,毛达湘现在哪里?"

"毛达湘现在是衡山游击队的队长,游击队政委叫陈芬。"

"哦,毛达湘,"毛泽覃高兴地叫道,"毛达湘就是我菊妹子,陈芬,就是我妹夫。"

"那好呀。"朱德哈哈笑道,"你是不是去看看你妹妹?"

"去看看,看看……"毛泽覃高兴得难以言表,可沉吟了一会,又说,"她在衡山,从宜章到衡山要几天时间,我去看菊妹子,会耽误去井冈山。朱军长,我不去了,完成任务回来再说。"

"也好。"朱德说,"回来见也好。我们将和湘南的各路游击队一起,举行湘南起义,那时,你会见到妹妹的。"

4

毛泽覃领了任务,心情很愉快。据朱德透露,毛泽覃去井冈山这段时间,部队将带动湘南地区的农民武装起义,然后,全体参加起义的武装都上井冈山。毛泽覃想,只要菊妹子率领她的游击队参加湘南起义,上了井冈山,他和大哥就都能见到菊妹子了。

毛泽覃挑了一个十七岁的警卫小栗子随行。小栗子年纪不大,却很机灵。毛泽覃和小栗子都换上国民党的军服,拟经桂东、茶陵再上井冈山。他俩尽量选择山中小路行走,需要跋山涉水,但可免除军警和团丁的盘查。有时遇上关卡,两人穿着的军服帮了不少忙,一路上闯关过卡都比较顺利。

不觉来到一座高山上,只见这里山林清秀,溪水潺潺,两人在溪边洗了一把脸,下了山,来到一个村子。路口有几个团丁把守。

团丁见毛泽覃他俩走过来,盘问道:"干什么的?"

小栗子说:"执行特别任务的。"

团丁说:"哪部分的?"

"没看见吗?"小栗子拍了拍胸前的胸章,又指指毛泽覃,"这是我们长官。"

团丁上下打量着毛泽覃和小栗子,毛泽覃掏出证件,小栗子接过来,在团丁面前晃了一晃。团丁伸手要看,小栗子收回不让看。毛泽覃说:"让他们看看吧。"

小栗子把证件递过去。团丁接过,打量一下毛泽覃看一眼证件,说:"覃泽,覃副官,长官,失敬,失敬。"团丁双手将证件奉还给毛泽覃,说,"长官,对不起,我们是例行公事。"毛泽覃把证件插进上衣口袋,和小栗子大摇大摆地继续往前赶路。

过了一个时辰,不觉来到桂东,远远地看见县城门口有几个哨兵在站岗。来到城门口,两个哨兵横枪拦住盘问。守卫班长听小栗子讲什么特别任务,走过来,板着脸问:"什么特别任务?"小栗子说:"对不起,这个不能告诉你。"守卫班长忽然对几个哨兵叫道:"严查,给我严查。"毛泽覃掏出证件递给守卫班长。守卫班长看了证件,忙把证件双手奉还。毛泽覃和小栗子正准备走,忽然,一个骑马的警官带着两个警卫跑过来,大声叫道:"把他俩抓起来。"几个哨兵一拥而上,扭住毛泽覃和小栗子。

骑马的是彭警官。他跳下马,喝道:"你们执行特别任务?你以为我是瞎子,看不出来?我跟了几个卡子了,哈哈,你俩就是朱德的探子。朱德的部队从广东打到江西,又从江西打到湖南,在湘南一带闹暴动,这位长官,你知道吗?"

"这个,听说过。"毛泽覃说,"不过,我们没去宜章,详细情况不清楚。"

"不清楚?那就对不起,到了牢里,你就清楚了。"

5

毛泽覃和小栗子被关进县城的牢里。毛泽覃发现牢房里关押着十几个人,看样子大都是农协干部。他俩一进来,因为穿着国民党的军服,这些人都投来疑忌的目光。隔壁是个女牢房,只两个人,一个年轻的二十多岁,后来才知道她是县妇救会的主任胡玉珍。她见对面牢里毛泽覃穿着国民党的军装,不由多看了几眼。

下午,两个狱警把毛泽覃押到审讯室。他们把他捆在一个十字架上。毛泽覃无法动作,被拷打了一阵后,什么也没说。彭警官走到毛泽覃身边,说:"你嘴硬不说,好,我问你,桂东往南就是朱德占领的宜章,桂东往东就是茶陵和井冈山,毛泽东的部队就在井冈山。你到这里来的目的还用说吗,你就是朱德的奸细。你来桂东，下一站是茶陵，然后经酃县去井冈山，是不是？"

毛泽覃哈哈大笑，道："我要真是朱德的奸细，你就可以立一大功了。可惜我不是，请你立即放了我们。要耽误了大事，你拿十条命也担当不起。"

"他妈的，你唬谁，还犟，给我打！"

彭警官退后两步，一个满脸横肉的狱警手持皮鞭走上来，挥手狠狠朝毛泽覃抽去。毛泽覃身上被抽出一道道鞭印，军装被打烂了，殷出斑斑血迹，旧伤加新伤，像被抹了辣椒一样地痛。

彭警官挥了挥手，手持皮鞭的狱警退下来。彭警官走上前，托起毛泽覃的下巴，说："怎么样，可以说实话了吗？"

毛泽覃忍着身上的疼痛，说："你要我说什么实话？"

"你到桂东干什么？"

"执行特殊任务。"

"你，你还嘴硬。"彭警官气得又向那狱警挥手，狱警又挥鞭向毛泽覃身上打。彭警官见毛泽覃打死也就是这几句，竟有些把握不住，这覃泽到底是个什么角色？

毛泽覃被狱警拖回牢房，小栗子忙扑上去，见他被打得遍体鳞伤，急得哭了起来。一个狱警不耐烦了，走过来骂道："叫什么，不要叫了。"

小栗子骂道："狗娘养的，你们把覃副官打成这样，耽误我们的特殊任务，有你们好果子吃。"

过了一会儿，两个狱警把小栗子拖出牢房，推到审讯室。彭警官把毛泽覃拷打了一番，却没得到他想要的东西，不由心虚，我真的抓错了人？难道他真是十六军的副官？那就得罪不起呀，要是十六军兴师问罪，我就惨了。彭警官想了想，叫人把小栗子抓来问问。

小栗子被打得直叫，但一口咬定说毛泽覃是十六军的副官。彭警官诈唬说："那个覃泽已招供了，他是朱德的奸细，是来打探上井冈山的路。"小栗子说："哎哟，他告诉你了，你还问我干什么？我就知道他是我们十六军的副官。"狱警又把小栗子拉到老虎凳上施刑。小栗子痛得大叫大骂："哎哟，这骨头，骨头断了呀……"彭警官说："痛吗？那就说，说了，就放了你。"小栗子大叫道："我说了，我们确实是执行特别任务，覃泽是十六军的副官。我的妈呀，哎哟……"

6

两个狱警把昏迷的小栗子拖进牢房。毛泽覃一见，忙给他擦拭身上的血水。过了一会儿，小栗子睁开模糊的眼睛，轻声说："覃哥，我挺住了。"

毛泽覃抱着小栗子说："你是条汉子。"

胡玉珍和一个年纪大的堂客一直注意观察毛泽覃和小栗子。听口音，他俩不是本地人。他俩穿的是国军军服，为什么却被关进国民党的监狱，受到严厉的审讯？他俩总是说执行特别任务，到底是哪方面的特别任务？难道说，他俩是红军，穿国军军服是为了迷惑敌人？

已是深夜，狱警在牢门间巡视。小栗子睡了一会，睁开眼睛，看了看周围，爬到毛泽覃身边，轻声道："覃哥，这样拖下去，会耽误我们的任务呀。"

毛泽覃说："是呀，不能拖延，朱军长在等我们回信。你怎么样，能动吗？"

小栗子伸伸手臂说："能。覃哥，他们打我时，我故意装的，说骨头被打断了，他们信以为真。"毛泽覃悄悄对小栗子耳语几句，小栗子听得咧嘴偷笑。

隔壁的胡玉珍试探地问了问毛泽覃，经过简单交流，毛泽覃知道她是当地妇救会负责人，便说了自己的越狱计划。胡玉珍马上表示赞同，并悄悄地通知了其他牢房的难友。

已到二更，两个值夜班的狱警支撑不住，开始打瞌睡，矮的那个趴在桌上打起鼾来。毛泽覃碰了碰身边的小栗子，小栗子忽地大声叫道："覃副官，你怎么啦？你怎么啦？"毛泽覃痛苦地抽搐着说："哎哟……"胖狱警被吵醒了，揉着眼睛跑过来，骂道："叫什么，叫什么！"小栗子仍大声叫着，并哭起来："哎呀，覃副官，你，你怎么啦？你可不能出事啊。覃副官，你要有个三长两短，我回去怎么向军长交代呀。覃副官，你可不能出事啊……"胖狱警站到门口，说："深更半夜的，叫什么！他妈的，老子眯下眼睛，你们就吵，吵死人。"小栗子气冲冲地来到牢门口，大声骂道："狗娘养的，你们把覃副官打成重伤，现已经感染了伤寒。"胖狱警说："伤寒？伤寒就伤寒，大不了一死，正好省心。"小栗子大声骂道："大不了一死？狗娘养的，你说得轻松，我们覃副官若真有什么事，首先你们两个死定了。"胖狱警说："我们两个死定了？"

小栗子叫道:"你不信?我们覃副官是军长的表弟,万一有个不测,我们军长会放过你们吗?惹怒了我们军长,只消派一个团,就得踩平你们警察局。你们两个,是第一要死的。"胖狱警说:"你吓唬谁你?我怕你个屁。"

"好,你不怕,等着,到时有你们好果子吃。"毛泽覃仍在地铺上呻吟。小栗子叫道:"覃副官,我没办法救你呀,这两个狗娘养的见死不救,你万一有什么事,我只能到时如实向你军长表哥报告呀……"

矮狱警有些心怯,拉了拉胖狱警说:"看来,他俩真是有来头的。"

胖狱警说:"你别听他诈唬,我不怕。"

矮狱警贴着胖狱警的耳朵,轻声说:"我听说,昨天他们拿出了十六军的证件,彭长官也是没把握,也担心抓错人了。若真是十六军的,到时,你我这脑袋,怕是……"

胖狱警也有点怯了,说:"那,依你看——"

矮狱警说:"我们还是给自己留条后路好。"

这时,小栗子又叫了起来:"你们快点呀,救命呀,快点呀。"

胖狱警又来到牢门边,说:"好啦好啦,别叫了,去医院。去,去。"矮狱警打开牢门,走进牢里。

小栗子扶毛泽覃,半天扶不起,叫道:"你们帮我一把呀。"胖狱警向矮狱警示意,矮狱警走到毛泽覃身边,和小栗子把毛泽覃扶了起来,蹒跚地向门口走去。

走出牢房门,毛泽覃示意小栗子,小栗子双手往矮狱警脖子一扼,矮狱警本来就被毛泽覃一手搂着肩,猝不及防,哎哟一叫,被扼倒在地。毛泽覃腾出手,忽地从身后将胖狱警挽住,就地一摔,胖狱警应声倒下,无法挣扎。

毛泽覃和小栗子换上狱警衣服,打开牢门,难友们一个个走了出来。胡玉珍面呈喜色,将桂东县赤卫队吴队长带到毛泽覃身边。毛泽覃说:"你们叫我覃泽,我的公开身份是十六军副官,我们一起走。"

"好。"吴队长转身向各位难友说,"同志们,听这位覃副官的指挥,一起逃出监狱。"

毛泽覃和小栗子穿着狱警服,背枪走在前面,吴队长和胡玉珍率众难友随后紧跟。牢狱大门口有两个狱警站岗,岗亭上有个岗哨不时打着手电往院内照着。毛泽覃和小栗子大摇大摆穿过操坪,朝大门口走过去。大门口的狱警说："这么晚，你俩上哪儿去？"毛泽罩说："肚子饿了，去吃宵夜。"门口的狱警忽地伸长脖子问："你是谁？声音好耳生。"毛泽罩说："哎呀，我的声音也听不出，你是在梦游呀。要不要给你们带点宵夜来，我请客。"门口的狱警犹在梦里，伸了伸懒腰，打个哈欠，说："好啊。"

毛泽罩乘机大步向前，冲过去，捂住了一个狱警的嘴，把他的脖子一扭，那狱警身子往下一坠，倒在地上。另一个狱警还未来得及举枪，小栗子冲上去，对准他就是一枪托。那狱警被杵翻倒地，小栗子扑过去，又是一枪托，那狱警一阵战栗，脑袋一歪，没动静了。

毛泽罩持枪回身向里招手，胡玉珍和吴队长一见，率众难友穿过院子，悄悄来到监狱大门口。岗亭的狱警听见院子里有声音，打着手电往院内照着。恰巧胡玉珍和吴队长率众难友走出监狱大门，一难友慌恐中踩到一块石头，失脚摔倒。狱楼岗哨打着手电往声响处一照，叫道："什么人？"毛泽罩举枪向灯光瞄准，"砰——"电筒灭了，一个黑影从狱楼上摔下来。

"有人越狱了！有人越狱了！"另一个哨兵叫了起来。一时间，警笛声和喊叫声，还有零乱的枪声混成一片。

7

听见枪响，正在床上酣睡的彭警官从梦中爬起，叫了几个狱警，冲进牢房，却见牢房门大开，唯有一间牢房门锁了。彭警官令狱警将门砸开，只见胖狱警和矮狱警穿着内衣内裤被捆绑在一起，口里还塞了破布。彭警官扯开胖狱警的塞嘴布，胖狱警喘着气说："十六军的，罩副官，跑了。"

彭警官来到大院操坪里，朝慌乱的狱警大声叫道："给我追！"众狱警忙持枪跟着他跑出牢狱大门，向黑黢黢的野外追去。

毛泽罩和众难友受了刑，行进艰难，不一会儿，背后就传来狱警的脚步声。毛泽罩对胡玉珍和吴队长说："你叫大家分开跑。"

胡玉珍和吴队长指挥众难友向密密的山林中分散逃跑，毛泽罩和小栗子持枪守住路口掩护。狱警人多密集，中弹倒下几个，一时畏缩不敢向前。毛泽罩打了几枪，发现胡玉珍握着缴获的枪，正在射击，忙问："你怎么还在这里？"胡玉珍说："我和吴队长商量好了，他带其他同志突围，我熟悉这里，给你俩带路。"毛泽罩说："同志们都走远了吗？"胡玉珍看了看身后说：

"覃同志，我们可以撤了。这个山后有个深涧，我们从小桥上过去，然后把桥断了，他们就追不上了。"

毛泽覃和小粟子又朝追赶的敌人打了几枪，然后跟着胡玉珍往山林中跑去。子弹不停地从他们身边穿过，忽然，小粟子身子一软，歪倒在地上。毛泽覃忙去搀扶小粟子，见血从他的后背涌出来。胡玉珍脱了外衣，撕成布条，给小粟子包扎上，可怎么捂堵也止不住往外涌的血。小粟子缓缓地睁开眼，有气无力地说："覃哥，我不行了。"毛泽覃说："小粟子，我们说好了，一起上井冈山。"小粟子说："覃哥，特殊任务，有你，就有希望。"

这时，狱警叫喊着追上山来。胡玉珍打了几枪，对毛泽覃说："敌人追上来了，快跑。"小粟子说："覃哥，你快走吧，不要管我，朱军长在等回信呢。"毛泽覃回头打了两枪，敌人一时不敢贸然前进。毛泽覃趁机背起小粟子就走。

后面的追喊声越来越近，枪声也越来越密。小粟子嘀咕着："覃哥，我不行了，不要管我……"突然，毛泽覃感觉身上一沉，小粟子的脑袋歪在他的肩膀上，再也不言语了。

8

湘东靠近江西一带，山高林密，溪水哗哗穿山而过，风景秀丽迷人。在桂东往鄌县的山路上，毛泽覃头扎罗布帕，腰系罗布巾，一身当地客家人的打扮，跟着胡玉珍在山间穿行。胡玉珍白净秀气，眼睛黑亮，精明俊俏，大襟短衫，合裆裤，一身客家女人的穿戴。两人个子长相很是般配，俨然是一对年轻的客家小夫妇。

走过一段崎岖的山路，不觉来到鄌县的一个山村。毛泽覃和胡玉珍还没到村口，两个赤卫队员就从树后闪出来，以梭镖抵住他俩。两人一看是赤卫队员，不由相视一笑，配合地举起了手。

"做咋个的，是不是白军的探子？"赤卫队员操一口浓重的鄌县口音问。

"我们不是白军探子。"胡玉珍见毛泽覃没听懂，忙接话说，"我是桂东县妇救会主任，他是革命军。我是给他带路的。"

"革命军？妇救会主任？哪个晓得你们是真的还是假的。"

"哈哈，我若不是革命军，早就拔枪了。"毛泽覃笑着将枪拔出来，交给一个光脑壳赤卫队员，说，"枪都给你了，请你俩赶快带我去见毛委员。"

"你要见毛委员？哈哈，"光脑壳赤卫队揶揄道，"癞蛤蟆打喷嚏，好大的口气。"

"我们有特殊任务呢。"胡玉珍从怀里掏出一张字条，递给光脑壳。

"哦，是真的。"光脑壳接过字条看了看，又打量着毛泽覃，和另一个队员嘀咕了几句，把枪奉还给毛泽覃，说，"枪还给你。你们要见毛委员，自己去吧，我们要站岗。"

毛泽覃接过枪，笑着插在腰上，又和胡玉珍往酃县走去。翻过一座山，只见一片开阔的垅田，在对面山林中，有金黄的琉璃瓦在冬天的阳光中闪耀着。

"覃同志，你看，"胡玉珍指着树林中那耀眼的琉璃瓦说，"那就是酃县的炎帝陵。我们的老祖宗炎帝神农氏就葬在那里。酃县过去，就是井冈山了。"

"好。"毛泽覃疲惫的脸上呈现欣喜的神色，"太好了。"

"酃县刚成立了西乡游击总队，总指挥是潘祖浩。这里去井冈山不远了，西乡游击队可以帮你，我就不送你了。"

"这，"毛泽覃有些不舍，说，"这一路上，辛苦你了。"

"我也要谢谢你。"胡玉珍说，"不是你和小栗子，我和桂东的很多同志还在牢里。"

毛泽覃虽是不舍，也只得告别胡玉珍，下山朝酃县走去。到了山下，他回头一望，只见胡玉珍还在山路口望着他，见毛泽覃回头，忙不住地挥手致意。

9

炎帝陵周围古树参天，景色秀丽，陵前一条洣水环绕，流水叮咚，很是宜人，可惜毛泽覃无心观赏。两个游击队暗哨斜刺里冲上来，横枪将毛泽覃拦住。毛泽覃一见游击队员，兴奋地说："我是……"

"你是种田人？"那游击队员说，"看你这样子，还种田人。"

"哈哈，"毛泽覃高兴地笑道，"你说对了，我不是种田人。"

"那你从哪里来，干什么去？"

"我从广东来，执行特殊任务。"毛泽覃说，"我要找你们潘祖浩总指挥。"

"你要找潘总指挥？你是什么人，口气还蛮大。"

"同志，请你带我见你们潘总指挥，我有急事要请他帮忙。"

两个游击队员见毛泽覃态度诚恳,不像坏人,便带他来到西乡游击队指挥部。潘祖浩听明毛泽覃的来意,马上派了两个战士,叫他俩送毛泽覃去井冈山。毛泽覃一行三人,又走了半天的路,来到江西地界。在一处山路口,遇上两个红军岗哨,毛泽覃喜不自禁地说:"同志,我是来专程找毛委员的。"

一个高个红军说:"你要见毛委员?你什么人,口气蛮大。"

另一个红军却盯着毛泽覃左看右看,说:"这个人好像毛委员呢。"

"哈哈,你说对了。"毛泽覃笑道,"我叫毛泽覃,是毛泽东的弟弟。"

"你敢冒充毛委员的弟弟。把他绑起来。"

"你们要绑我到哪里去?"

"少啰唆。到时就明白了。"为安全起见,高个红军将毛泽覃的枪下了,五花大绑捆上,将他的眼睛蒙上,说,"老实跟我们走。"

黑暗中,毛泽覃感觉一会儿在田垄间行走,一会又在山路上攀爬,押送他的人换了几拨,后来把绳索解开了,但布条却一直没有揭下来。终于来到一个宽敞平坦的地方,押送的战士报告说:"抓住一个可疑的人,这人指名点姓要见毛委员。"

里面有人回复道:"带他进来!"

押送的战士揭走蒙布,对毛泽覃说,"你可以进去见毛委员了。"

毛泽覃睁开眼睛,有些模糊,揉了揉,才看见自己站在一处祠堂前。他刚才听见了特别熟悉的声音,激动得眼泪都涌了出来,大步跨进祠堂门,见毛泽东正伏案研究地图,高兴地叫道:"大哥。"

毛泽东听见这亲切的呼唤,不由得一愣,转过身一看,惊喜道:"小弟,哎呀,小弟。"

"大哥。"毛泽覃高兴地走上前。毛泽东搂住毛泽覃的臂膀,惊喜万分。

自"八七"会议后,他们三兄弟各奔东西,过得都很艰难。几个月前,毛泽东差点被阎王爷拖到阴间去了,几次死里逃生,才在这座幽静而高深的祠堂里住下来。他听说八一南昌起义后,革命军频频转战,境况艰难,打了很多仗,只剩下几百个人了。他很担心毛泽覃。今天,小弟突然站在他面前,他如何不惊,如何不喜!

"小弟,我的小弟。"毛泽东见毛泽覃脸上满是拉拉杂杂的胡子,神情憔悴,不由摸了摸,喃喃道,"你瘦了,吃了苦,长大了。"毛泽东给毛泽覃倒了杯水,望着他喝了几口,说,"你不是在朱德军长那里吗,怎么跑到我这里来了?"

"朱军长叫我来的。"毛泽覃说,"我们随朱军长从南昌打到福建,从福建打到广东,又从广东打到江西,打到湖南,部队越打越少,只剩几百人了。朱军长听说你在井冈山建立了根据地,就想上井冈山与你会合,派我和小栗子前来联络。"

"好啊,好!"毛泽东高兴地说,"朱军长上山来,我举双手欢迎。他一来,井冈山如虎添翼。那个小栗子呢?"

"小栗子牺牲了。"毛泽覃不由悲伤起来,"大哥,这一路上,我几次死里逃生,差点见不到你了。以前没吃过的苦,我都吃到了。在山里赶路时,我吃过树叶子、树皮,我们还睡过山洞。"

"这么远,你俩不容易呀。"毛泽东望着憔悴而悲伤的毛泽覃,缓缓地说,"南昌起义部队如果上了井冈山,小栗子的牺牲是值得的。泽覃呀,你在家里是最小的,以前爹娘心疼你,怕你吃苦,二哥也心疼你,处处关心你,让着你。娘临终前,交代我好好照顾你,我却带你走上这条路,吃这么多苦,怨不怨大哥?"

"大哥,我怎么会怨你?要不是你,我哪能读那多书,明白许多道理?这回我虽然吃点苦,心里却很踏实,我在做一件大事,这件大事很有意义,吃点苦,值得。"

"孟子说'故天将降大任于斯人也,必先苦其心志,劳其筋骨,饿其体肤',还记得吗?"

"记得,'空乏其身,行拂乱其所为,所以动心忍性,曾益其所不能。'"

"嗯,记得就好。你能吃的苦吃过了,能经受的磨难也经受过了,死里逃生,以后再碰到磨难,便能处变不惊,临危不乱,泰然应对。"

勤务兵端来饭菜,毛泽覃狼吞虎咽般吃了一碗后,速度才慢下来。毛泽东在一旁看着,不由有些心疼,点上烟,走出门外。祠堂前坪,红军正在列队操练。虽然大家的武器不一致,有砍刀,有梭镖,有的没穿军装,还穿着对襟布扣子衣,可一个个都精神抖擞。

毛泽东来到坪里,举目远望,恰逢骤雨初歇,满山林木郁郁葱葱,令人心旷神怡。对面一处山上有一束清泉,自高而下,落入山下那一泓碧玉清潭。去年秋天,他坚持带队伍上山,是为了找处安全的地方让部队休整歇脚。可刚到宁冈茅坪扎根，就被中央指责，并撤掉他的政治局候补委员。人若没有屁股，就不能坐下来歇息，这井冈山就是革命队伍的屁股呀。自部队上了山，能坐下休整了，如今再向外扩展，有如猛虎下山，帮地方重建党组织，改编袁文才和王佐两支地方武装，还建立了茶陵、遂川、宁冈三个县的红色政权，根据地进入了初创时期。朱德从南昌到广东，一路打拼，因为没有屁股坐下来歇息，疲于奔命，现在也感觉到了屁股的重要。南昌起义部队打算上山，这不仅是对他的支持和肯定，更让他看到了井冈山的明天。

10

次日上午，张子清和伍中豪来到毛泽东住处。见到他俩，毛泽东向屋里喊道："泽覃，你来。"毛泽覃刚起床，正在吃早饭，闻声嚼着饭就跨出门来。

"来，我介绍一下。"毛泽东指着毛泽覃说，"这是朱德军长派来的联络员，毛泽覃，我的小弟弟。泽覃呀，这位是张子清，这位是伍中豪。"

"毛教官。"张子清和伍中豪一见毛泽覃，十分亲切地打招呼。他们在黄埔军校时都很熟悉。

"泽覃呀，这个豪子是北京大学的高才生；子清，18岁就是上尉副官，他俩是文武全才，是我们红军中的虎将，你喜欢军事，以后多向他俩学习。"

"好。"毛泽覃高兴地说，"以后请二位多指教。"

"你大哥夸张了。"张子清谦逊地说。

"是呀，"伍中豪也笑道，"毛委员，我在黄埔时，泽覃同志是我们的政治教官呢。"

毛泽东笑着说："你俩不要脱袜子嘛。他是政治教官，军事嘛，你俩是里手。今天把你们二位请来，有一件重要的事商量。泽覃跋山涉水，专程来井冈山，就是奉朱德军长的指令，前来向我们转达他们的意愿，南昌起义部队希望上井冈山，和我们一起建立根据地。"

张子清和伍中豪听了这个消息都很兴奋。张子清说，"毛委员，这是件好事。你说，我们怎么办？"

"孔子曰：有朋自远方来，不亦乐乎。有客人要来，我们要腾出一条大道，让他们一路浩浩荡荡，畅通无阻。"

"毛委员，"张子清说，"从湘南到井冈山，这条路还是比较远，路上还有赣粤湘三省的军阀，要打通这条路，不容易呀。"

毛泽东招招手，把他们带到地图前，说："你们看，从郴州到井冈山，沿途关卡是很多，但还是有空隙的。我们可派出几支接应部队下山，牵制敌人的力量，保证朱军长他们有一条畅通的大道上井冈。"张子清和伍中豪不断地点头。毛泽东又问："茶陵县城的情况你们清楚吗？"

"摸了一下，"伍中豪说，"没有正规军，只有几百个挨户团。"

毛泽东笑着说："这几百个挨户团，对你俩来说，不过是小菜一碟。"张子清和伍中豪相视一笑。

"大哥，"毛泽覃说，"朱军长在等你的回信。你看我是不是马上赶回去，把你的接应计划告诉他？"

毛泽东走到毛泽覃身边，望着他憔悴的脸，说："与朱军长联系，我另派专人去。你一路上辛苦了，休息两天，我另有任务给你。"

第十七章　失约鳌山庙

1

毛泽覃在山上休息几日后，毛泽东便派他去遂川县开展工作。只三个多月，毛泽覃便在遂川县建立了党组织，组建了县游击大队，自任游击大队党代表。正当他干得风生水起时，一天，他接到通知，叫他去宁冈茅坪。

毛泽覃来到茅坪，毛泽东上下打量着他，问："小弟，这几个月休息得好吗，身体恢复得怎么样？"

"很好！"毛泽覃拍拍胸脯说，"在部队，老打仗，又居无定所，在遂川县，生活稳定多了，能睡能吃，身体恢复得很好。"

"嗯，"毛泽东看了看毛泽覃的脸色，说，"大哥知道，这几个月你也没闲着，做了不少事，还拉起了一支队伍。大哥本想让你多休息几天，可接朱军长这个任务，还非你莫属啊。"

"要接朱军长上山了？"毛泽覃高兴地说，"太好了。大哥放心，我恢复得好呢。"

毛泽东告诉毛泽覃，朱德趁李宗仁与唐生智这两个新军阀打仗时，和湘南特委发动了暴动，在几个县建起了苏维埃政府。唐生智被李宗仁打败，逃到国外去了，蒋介石组织了七个师向湘南地区包抄而来，欲把朱德率领的革命军和湘南暴动的工农武装一举剿灭。

"七个师的军队，不少啊。"毛泽东面色凝重，说，"朱德部队和湘南起义军加起来，不过敌军的十分之一，湘南起义军的武器更是不如正规军。我们虽然做好了迎接朱军长上山的部署，张子清和伍中豪攻下了茶陵县城，为他们打开了通道，但还不够。遂川县的事你不要管了，你带特务连下山，把朱军长安全接上山。菊妹子的游击队也参加湘南起义,他们也将和朱德部队一起上山。我现在和你说话,不是以大哥的身份,是代表前委给你下达任务。"毛泽东又强调说,"如果发生特殊情况,你要以大局为重,保证朱军长顺利上山。"

"我明白。"毛泽覃说,"请前委首长放心。"

毛泽东带毛泽覃来到红一师特务连,连长曾士峨正在整队,张子清和伍中豪也在队伍前。毛泽东走到队列前,说:"你们特务连这回执行一个特别任务,什么特别任务?就是代表井冈山的红军,去接我们珍贵的客人。这个珍贵的客人,就是朱德军长。"战士们听毛泽东说是接朱德,一个个心花怒放,面呈喜色。

"朱德军长和南昌起义部队上了井冈山,我们就如虎添翼,根据地的力量更强大了。大家说,你们是不是执行特别任务?"

"是。"曾士峨和众战士高兴地回道。

"我们要接朱军长上山,蒋介石不同意,赣粤湘三省的军阀不同意,他们不希望我和朱军长的手握在一起,更不希望南昌起义的部队和我们秋收起义的红军会师,因此,蒋介石要军阀们联合起来捣蛋。朱军长要上山,困难多啊。不过不用担心,我们已打下了茶陵这个通道,并派部队从几个方向下山拖住捣蛋的敌人。毛泽覃同志是朱军长派来与我们联络的,这次,由他担任你们的党代表,和曾士峨同志带你们去接朱德军长。你们要一切行动听指挥,完成这个特别任务。"

下山接应的队伍朝前走了,已经没入山林中的小道,可毛泽东还随在部队后面走着。

"大哥,你别送了,离茅坪越来越远了。"毛泽覃说。

"好,我不送了,你去吧。"毛泽东停了下来,目送着毛泽覃和部队离去。

自毛泽覃来井冈山,毛泽东很是高兴,匆匆见面后,便叫他去遂川县。毛泽覃去遂川县说是休养,却是带了任务的,要调查,要发展组织,要发展武装,队伍拉起来了又进入训练状态。而毛泽东忙着部署接朱德上山,也没想到和弟弟好好吃顿饭,现在又要送他去打仗了。他可以不安排弟弟去,但这个任务必须得他去,熟门熟路的只有他,他去了朱德上山才更有保障。但弟弟这一去,面临蒋介石的几路大军,将又是一场场的恶战,生死存亡谁又能卜知?眼看着弟弟的背影远去,他不由内心纠结,这一阵弟弟的身体是不是真恢复了？能适应前面的恶战吗？我这样又把他推向恶战中，是不是考虑得不太周到？他不由抬起手，向毛泽覃的背影挥着，似乎这一挥，便能挥去弟弟面临的一切艰险。

毛泽覃走了一阵，不由回头看了一眼，却见哥哥还站在那里，向他的背影挥着手。他面向大哥，庄重地敬了个军礼，然后转身赶上往前行进的队伍。

2

在南岳绵延的崇山峻岭中，有一个绿树掩映的小山村，若不留意，根本看不出这个山村隐藏着几百人的队伍，这里是衡山游击队队部。

游击队的副队长江大平，听说赵南八在芳山又杀了一批农协干部，他要求带人去把赵南八杀了。毛泽建已有身孕，耐心地劝道："赵南八这么做，是想把我们引出来一网打尽。我们要等时机，既要能杀掉赵南八，又要保存我们的实力。"

赵南八那次被抓回批斗，后又逃跑了。马日事变后，他成了县团防局长，带着团丁又杀回来了。这一向，赵南八见农协干部就抓，抓了就杀。他为报仇雪恨，抓一个杀一个，宁可错杀，也不放过一个。

江大平皱着眉头说："我们等时机，赵南八不知又会杀掉多少人啊。"

这时，陈芬大踏步地走进屋来，高兴地说，"机会来了。朱德带领南昌起义的部队打过来了，不费吹灰之力就拿下了宜章。"

陈芬去参加了特委扩大会。特委认为，朱德部队来到湘南，时机成熟，决定全面发动湘南起义。衡山游击队的任务是打下南岳，然后在耒阳鳌山庙和朱德的部队会合，一起上井冈山。

江大平觉得出气的机会来了，说："太好了，赵南八，看你还能蹦几天。"

毛泽建说："我们先派人摸清南岳和赵南八的情况，知己知彼，才有把握。"

江大平走后，毛泽建问陈芬："开特委会时，见到泽覃哥没有？"

陈芬说："朱军长说，泽覃哥执行特殊任务去了。"

毛泽建听说毛泽覃在朱德的部队里，很高兴，说："那就好。我们起义后都要去井冈山，到了井冈山，我们就可以和大哥、三哥见面了。"

南岳山峰层峦叠嶂，云遮雾罩。南岳大庙始建于唐代初年，气势恢宏而典雅，在五岳庙中规模最大，总体布局最为完整。南岳庙旁，有一块稍平坦的地方，矗立着一片青砖黑瓦南方乡镇民宅，这便是南岳镇。赵南八骑着马，带着团丁在镇口修筑工事。朱德来到湘南，毛泽建要露脸了，听说要带游击队下山取他赵南八的脑袋。赵南八特地来到南岳镇，加强防备，进行动员。他骑在马上，扯开嗓子道："弟兄们，朱德来了，泥腿子跟着毛达湘又想翻天了。告诉大家，朱德来了也不可怕。为什么呢？他在南昌闹事，被蒋总司令打败了，从江西逃到广东，在广东被李济深重兵围剿，又逃到福建、江西，走投无路，现在逃到我们湖南来了，几万人的部队打得只剩千把人。不要看他春节前后在湖南闹了几件事，蒋总司令已命许克祥师长即日进剿。许师长一个师，上万人，还吃不下朱德那几个残兵败将吗？毛达湘带领那几个泥腿子要攻打南岳，正好，她这是自投罗网。我们要抓住这个机会，守住南岳，消灭毛达湘。"这时，南岳镇团防局长李祖善和土豪赵水生，带着一群人抬着猪羊前来慰问。

　　工事尚修到一半，忽然，放哨的团丁前来报告，说毛达湘带着游击队来了。团丁乱成一锅粥，赵南八没想到游击队这么快就来了，挥着枪叫道："不要慌！不要慌！"

　　游击队员们在深山老林里憋了几个月，现在攻打南岳，一个个精神抖擞，跟着毛泽建、陈芬和江大平叫喊着向镇里冲。一时间，枪声四起，战火连天。

　　"给我守住！守住！"赵南八挥着枪叫道。有两个团丁吓得掉头往镇里跑，赵南八一见，砰砰两枪，两个团丁倒地身亡。

　　团丁们躲在工事里，勉强抵抗着。游击队员个个如猛虎下山，转眼间已冲到工事前，与团丁队伍展开短兵搏击。游击队员的大刀和梭镖发挥了作用，团丁们被杀得哭爹喊娘，像潮水一样往后溃退，任赵南八怎么吆喝和威逼也没用。赵南八眼看守不住，只得骑上马仓皇而逃。

　　毛泽建见赵南八带着几个人骑马逃跑，忙追了几步，忽觉腹部有些不适，只得捂着肚子蹲下，从一个队员手上要过长枪，举枪瞄准。砰的一声，跟在赵南八身后的赵水生中弹倒下。毛泽建又举枪向赵南八打了一枪，赵南八惨叫一声，左臂中枪，伏卧在马上，继续向前奔逃。

3

毛泽覃和曾士峨率领特务连翻山越岭，晓行夜宿，几天后来到郴州城北，忽听郴州城传来枪声。曾士峨挥手示意停止前进。一会儿，侦察班长跑过来报告说，郴州城南有部队攻城。毛泽覃说："快去查明，是哪个部队攻城？"侦察班长答应一声，又带侦察员去了。

郴州城南，枪声不断，是朱德的部队在攻城，还有一部分农军举着梭镖和大刀夹在攻城队伍中。朱德和陈毅在临时指挥部里观察攻城的进展。朱德知道，国民党七个师正从赣粤湘三地包围过来，他们必须尽快攻下郴州，才能摆脱七个师的围剿，与井冈山接应部队会合，但眼下，他们被郴州城挡住了。

忽然，外面传来的枪炮声显得激烈起来。朱德问道："咦，这是怎么回事？"参谋进来报告说："郴州城北有部队攻城。"朱德说："噢，难道是井冈山的接应部队来了？"陈毅说："如果那样，那我们与井冈山部队形成南北夹击之势，郴州城就成了夹心饼。"

"如果是井冈山的部队，那毛委员真是用兵如神啊。"朱德拔出枪，大步向外走去。

城南的敌军听到城北的枪声，已是惊慌失措，无心守城，纷纷溃退。而城北守军见城南守军已溃退，一部分农军举着梭镖、大刀和起义军一起冲进城了，他们也无心恋战，纷纷往后退，欲从东西两方撤出郴州。毛泽覃趁势率特务连冲进郴州城。不一会，朱德也率部冲进城来。守敌受到南北夹击，乱成一团，只得缴械投降。

毛泽覃一眼看见了起义军中的朱德，大步奔上去，远远地举手敬礼，叫道："报告朱军长，毛泽覃和曾士峨率特务连前来接应您和部队上山。"

朱德把枪插入枪套，走上前，抓住毛泽覃的双臂，高兴地说："哈哈，泽覃，我就知道是你。干得好，你立了大功啊。"

朱德把毛泽覃和曾士峨带到城里的临时指挥部，又询问了毛泽东详细的接应计划，立即召开军部会议，研讨行动方案。朱德指着展开的地图说："这次湘南起义占领了郴州、衡山、永兴、资兴等城，起义军扩大到八千多人。我们虽然占据了湘南，控制了贯通南北重要的通道湘粤大道，但现在，粤桂湘军阀以十倍于我的兵力步步进逼，对我形成包围之势，形势严峻。毛委员的接应计划相当周密,已派出何长工、袁文才、王佐分别率部下山接应,毛委员自己也率一个团的兵力由桂东向汝城进发,以牵制敌军,掩护我经安仁、茶陵到达酃县的沔渡向井冈山转移。现在,我们的任务是马上撤出湘南,在两天内赶到耒阳,与衡山起义的农军会合,一起上井冈山。"朱德又朝毛泽覃命令道:"泽覃,你和曾士峨率特务连作先头部队,在前面探路,部队随后向耒阳进军。"

毛泽覃很高兴,他这次虽然没见到菊妹子,但听朱德说,菊妹子攻占了南岳,他们将在耒阳鳌山庙会合。在赶往鳌山庙的路上,毛泽覃自言自语地说:"菊妹子,我来了。你也快点呀,到鳌山庙,我们就可以见面了。"

4

毛泽建率起义军攻下衡山南岳镇,却郁郁不乐,因为让赵南八逃跑了。陈芬安慰说:"赵南八若是没骑马,也跑不掉。何况他已中了你一枪。"毛泽建说:"他现在没死,就还会给革命带来危害,我们的同志还要遭殃。"陈芬说:"好了,我们打了胜仗,现在要考虑下一步怎么办。按计划,我们要赶到耒阳与朱军长会合,然后一起去桂东,上了山,我们就可以见到大哥了。"

一说到大哥,毛泽建的心情果然好起来了,和大哥两年没见面了,她恨不得马上飞到井冈山去。毛泽建马上集合部队,宣布新的行动方案。大家一听都高兴得欢呼起来。队伍离开了群峰林立、山石峥嵘的南岳,马不停蹄地向耒阳进发。他们必须在两天之内赶到耒阳,这一路上随时可能遭遇赣粤湘三省军阀的拦截。

衡山地区近来有衡山和衡北两支游击队起义,残余团丁都躲进山里了。头一天行军,毛泽建他们没有遇到阻敌。第二天早上,出了衡山地区,前头侦察员回来报告说,前方发现一支部队,讲的是广东话,估计是粤军。毛泽建了解到对方大概有一个营的兵力,对陈芬和江大平说:"按我们的实力,如果和这批敌人交火,有可能被拖住。如果绕过去,要绕很大的弯,会耽误会合的时间。不如我们主动出击,消灭敌人。"陈芬和江大平都同意速战速决。

毛泽建提出兵分三路,毛泽建带一路人马从正面进攻,陈芬和江大平分别带一路人马从左右两侧悄悄包围过去,等正面一开火,左右两路再突然袭击，形成夹击之势，出其不意，打他个措手不及。

毛泽建率部进入山村，突然发起攻击，粤军刚刚吃完早饭，慌乱之中操枪抵抗。一时间，山村里枪声连天。但粤军到底是正规军，武器装备比游击队好，短暂的慌乱之后，他们在村子里据势反抗，以猛烈的火力将游击队的攻势压住了。

忽然，粤军左侧山上冲下一支部队，那是陈芬率领的一支队伍，粤军不得不分兵抗击。粤军刚稳住阵脚，右侧山上突然也响起了进攻的枪声，江大平的队伍也及时冲了下来。山路口但闻杀声连天，硝烟滚滚，粤军遭到三面进攻，阵脚打乱，伤亡惨重，只得且战且退，狼狈而逃。

5

朱德率部刚到鳌山庙，就令人把地图挂起。他看了看地图，就安排人马上去接应衡山游击队。他在地图上看了一阵，拍了拍毛泽覃，说："泽覃，按正常情况，衡山游击队应该快来了。只要我们会合，你就可以见到妹妹了。"

"那是，那是。"毛泽覃按捺不住激动的心情。

朱德感慨地说："这次湘南起义，你妹妹率军攻下南岳，打得很漂亮。"

"我妹妹呀，有个绰号，叫钝钉子。"毛泽覃笑着说，"听说在南岳一带开展武装斗争后，她又有一个外号：剑。"

"剑？哦，钝钉子变成了一把剑，那更有威力呀。"

"是呀，听说这一带的敌人是闻剑丧胆。"

"我听衡北游击队的戴今吾说过，你妹妹在衡阳读书时就很活跃，他和萧觉先都听你妹妹的。"

毛泽覃笑道："我妹妹喜欢弄枪舞剑，他们都是我妹妹发展的对象。朱军长是行伍出身，上山后，多给小妹指教。"

朱德说："有你大哥，够啦。你不要认为你大哥不是行伍出身，其实，他很有战略眼光，他率领秋收起义部队上井冈山，这回接应我们，很有谋略，令我佩服至极。等你妹妹上了山，有可能的话，以她为首组建一个娘子军。"

毛泽覃赞道："那太好了，说不定菊妹子会带出一群巾帼英雄。"

等了一个时辰，一个侦察员进来报告。朱德忙问："有消息了吗？"

那侦察员说："没有消息。"

朱德说："继续打探。"

侦察员转身出去了，朱德又走到地图前看着，有些担忧道："怎么还没有消息？"

又过了一阵，毛泽覃看了看表，已过了约定时间。他来到地图前，说："朱军长，从南岳到鳌山庙，按理这个时候应该到了。"

朱德知道他的意思，摇摇手，说："别急，再等一下，再等一下。这次湘南起义，毛泽建率领起义农军攻打南岳，牵制了敌人很多力量，保证了大局胜利。他们是湘南起义的重要一部分，我们不能不等。"

毛泽覃说："我知道，可是他们这个时候还没来，是不是有什么变故？"

朱德说："那也要等打探到真实情况再作决定。一有他们的消息，我们马上派部队前去接应。"

这时，又一个侦察员进来报告说："左方有一支湘军，右方有一支赣军，正迂回向我方包抄而来。"朱德忙来到地图边，看了看两支敌军的方位。

毛泽覃说："朱军长，湘赣两军迂回而来，是想夹击我们，把我们当夹心饼吃了。不能再等下去，必须马上撤出此地。"

朱德摆摆手说："不急，再等一会。"

毛泽覃焦急地说："朱军长，我的任务是保证把您和部队安全接上山。"

朱德说："我知道你的任务，我也希望早点见到你大哥。泽覃啊，你大哥想见我，难道他不想见菊妹子？再等一会，等一会。"

再等一会，毛泽覃当然想再等一会。再等一会，也许就等来了菊妹子，他和大哥便可见到菊妹子，他们便可一起照顾菊妹子。若再等一会菊妹子还是没来，却等来了粤赣湘三省军阀的包围，那就耽误了上山会师的大事。如不等，菊妹子有可能失去了上山的机会，他没接到菊妹子，大哥肯定失望，他不想看到大哥那怅然若失的眼神，可他更不能耽误朱德和大哥会师井冈山的大事。毛泽覃左右为难，焦灼不安，这时，他又想起了大哥的嘱咐，忙对朱德说："朱军长，下山前我大哥一再交代，一切以会师大局为重。还是不要等了。"

朱德摇摇头道："不急，再等一下，再等一下。"

这时，又一侦察员进来报告，说游击队遭遇粤军阻击，难以及时赶来会合。见此情状，毛泽覃坚决地说："朱军长，形势对我们极为不利，不能再等了，请上山吧！"

6

　　毛泽建和陈芬、江大平击溃粤军后，率队急匆匆往耒阳赶。因为要去鳌山庙，必须穿过耒阳城。下午，部队赶到耒阳城郊，毛泽建派人前去打探。打探的人回报，说耒阳县城戒备森严，百姓进城，守军盘查严密。毛泽建分析形势后，决定智取耒阳城。

　　过了一会儿，耒阳县城门口进进出出的人中出现一乘大轿，由八个轿夫抬着。那轿子前后有挑柴的，有卖炭的，还有卖菜的，或提篮小卖的。轿子边有个年轻的管家，是陈芬化装的；轿子里坐着一个贵妇人，就是毛泽建。这一路人马来到城门口，岗哨放过前面几个担柴卖菜的，拦住了轿子，盘查道："轿里什么人？"

　　陈芬上前说："这是陈长官的太太。"

　　"什么陈长官，都得检查。"岗哨说着要去撩轿帘。

　　陈芬忙拦住说："老总，陈长官太太的脾气不太好，劝你还是不要检查。"

　　"她脾气不好，老子脾气就好了？"说着，岗哨又要去撩轿帘。

　　岗哨的手还没伸过去，只见轿帘已被撩起，毛泽建探出头来，神情傲娇，口气却娇柔委婉："哦？要查？兄弟，你来查吧。"

　　岗哨朝轿里一看，只见毛泽建穿着高雅，一身珠光宝气，像是大户人家的女人，不由有些怯意了，说："我……太太，我这也是例行公事。最近朱德来了，衡山和郴州、宜章，到处搞暴动，我们不得不防呀。"

　　陈芬指着轿里傲气十足的毛泽建说："老总，你看，陈长官太太，像是朱德的人吗？"

　　"不像，不像。"

　　"既然不像，还查什么？你不要看她现在对你笑，惹怒了她，小心陈长官要你脑袋。"

　　"对不起，对不起。"岗哨怯怯地向陈芬摆摆手说，"你们快进去吧。"陈芬一挥手，八个抬轿的把毛泽建抬进城去。

　　进了城，拐了个弯，到了一个僻静处，陈芬看看周围，挥挥手，轿子便停了下来。那些挑柴的、卖炭的、卖菜的、提篮小卖的都向轿子走来。陈芬撩开轿帘，毛泽建敏捷地走出轿子，已是腰扎皮带，手握枪，英姿飒爽的打扮了。两个抬轿的打开轿子，从里面摸出一把把枪分给大家。

毛泽建盯着街面的动静，一挥手，十几个游击队员跟着她冲上城楼。陈芬带着两个队员，复又向城门口走去。城门口这时显得格外热闹，进城的人骤然增多，三三两两地汇集在门口，等候岗哨盘查。江大平也夹在这些进城的人群中。陈芬率队员来到城门口，把枪顶着岗哨的背，几个岗哨举起手来。江大平和城门口那些化装进城的队员乘机缴了另几个岗哨的枪。

城门上的守军见进城的人骤然增多，正狐疑不决，探头打望，毛泽建带着十几个队员突然出现在城墙上。毛泽建瞄准一个军官，大喊一声："打。"枪声一响，军官应声倒下。十几个队员纷纷开枪，城上守军瞬间倒下一大片。江大平一见城楼被控制，城门大开，枪一举，一百多号人，打着红旗，呼喊着冲进城来。城内的守军没想到游击队从天而降，慌忙向城外溃逃。毛泽建也不去追，率队冲过耒阳城，直奔鳌山庙。

当毛泽建一行赶到鳌山庙时，已经是人去庙空。毛泽建在庙里走来走去，找不到任何有用的信息。这时，一个队员带着一个农民模样的人进来。这人说要见毛泽建，还说他是井冈山特务连的战士，受毛泽覃的委托，给毛泽建送一封信。毛泽建警觉地打量着他，接过信展开一看，面露喜色地对陈芬说："是三哥的字。"

当朱德终于决定撤出鳌山庙，毛泽覃提出他留下来等毛泽建，以告诉毛泽建未能上山下一步的行动方向。朱德坚决不同意毛泽覃留下。不得已，毛泽覃只好派一个侦察员在此等候，并留了封信，告诉毛泽建，如果他们上不了山，可以留在本地打游击。

第十八章 剑断衡山

1

春天雨水多且寒凉，井冈山被春雨洗过后，显得特别的巍峨清新。宁冈砻市的龙江书院，群山环绕，更是秀美。

谷雨后的第八天，毛泽东率一团从茶陵回到砻市，住在刘德胜药店。何长工进来报告说，朱德和陈毅住进龙江书院了。毛泽东高兴地说，好，快走，去看看他们。

毛泽东由何长工引领，大踏步地来到龙江书院，一见朱德，远远地伸出手，快步走上前握住他的手久久不放："玉阶兄，我们终于走在一起啦。"

朱德也笑呵呵地望着毛泽东，说："润芝呀，为了今天的相聚，你谋划了很久，井冈山是倾巢出动啊。"

毛泽东笑着和朱德身边的陈毅也握了握手。朱德把毛泽覃推到毛泽东面前，说："这次两军会师，泽覃立了头功呀。"毛泽东看见毛泽覃，拍了拍他的肩膀说："好，你把朱军长接上山，是立了一功。"

随即，毛泽东的目光似乎在人群中搜寻什么。毛泽覃一看便知是在找菊妹子。果然，毛泽东在人群中没见到毛泽建，就再也没有那么笑了。

到了晚上，毛泽东把毛泽覃拉到自己房间，张口就问："菊妹子呢？"

毛泽覃说："没接到。"

毛泽东的脸骤然变色，从口袋里掏出烟，情急之下，却划不燃火柴。毛泽覃忙接过火柴划燃，给毛泽东点上。毛泽东吸了一口烟，皱眉瞪着毛泽覃，缓缓地说："你怎么不把菊妹子带上来？"

"我，我也没办法呀。"毛泽覃见毛泽东发火了，便把当时的情况告诉他，说,"菊妹子在半路上和一支向我们包围而来的粤军交战,所以没赶上。"

"那菊妹子他们怎么安排的?"毛泽东又急急地追问。

"我给菊妹子留了一封信,叫一名战士送给她。这个战士回来告诉我,说信送到菊妹子手上了。菊妹子他们现在没法上山,留在湘南打游击。"

"哦……"毛泽东松了口气,但转瞬又摇了摇头。

"也许,我们再等一等,菊妹子就来了。"毛泽覃也叹了口气。

"不能等,"毛泽东忽然说,"那怎么能等?你们再等下去,也许等到了菊妹子,但你们会被赣湘粤三军缠住,那就会扁担没扎,两头失塌呀。关键时刻只能图一头,公家的大事放首位。"

毛泽东把烟头往桌上的烟灰缸里按,烟已掐灭了,他还在按着。他把烟屁股丢在缸里,抬起头,来到窗前,望着窗外的夜色,沉沉地说道:"泽覃,你们等了,已经尽到责了,尽到情了。这次井冈山会师,你受朱军长之命来联络,立了一功,下山接应,又立了一功。大哥我心里高兴。菊妹子没上山,是遗憾。你以大局为重,做得对。只是我们兄妹错过了相聚的机会。菊妹子喊一声大哥,我心里像吃了糖一样甜。她若来井冈山,我们在一起可以照顾她。现在她还要留在那里打游击,唉……"

"大哥,我听说菊妹子有几个月的身孕了。"

"啊?"毛泽东回头望着毛泽覃,瞪着眼睛说,"你怎么不早告诉我?"

"我也是今天才知道的,是送信的回来告诉我的。大哥,要不我带特务连下山去接?"

"不行。如果菊妹子是随湘南起义部队一路上山,那是名正言顺。现在去接,那可就名不正言不顺了。红军是共产党和老百姓的军队,不是毛家的军队,我们不能因一己之私,劳工农之军呀。'鱼我所欲也,熊掌亦我所欲也,二者不可得兼',有得必有失啊!"

2

毛泽建因为快要生产了,便叫陈芬把她送到黄家坪。不想,赵南八带着一百多个团丁包围了黄家坪。陈芬觉得毛泽建不能在黄家坪待了,马上带她上山。赵南八带着团丁追了上来。陈芬和队员回身向冲上来的团丁开枪阻击，打倒几个团丁，又搀扶着毛泽建往山里跑。赵南八看见他们只有几个人，叫团丁们冲。忽然，只见一道亮光朝毛泽建闪来，陈芬忙拦在毛泽建身后，子弹打中了陈芬。

毛泽建抱住陈芬，叫道："你怎么为我挡枪呀？"

"我中枪只一个，你是两个呀。"陈芬的伤口汩汩地往外流血，他说话有气无力，但还是尽量微笑着，"我可能看不到我们的孩子了。你生下孩子，好好把他抚养成人，告诉他，我，为什么死的。"陈芬见赵南八追上来，向两个队员叫道："你们，快扶她走，我掩护。"

毛泽建不愿丢下陈芬，两个队员不由分说，架着她就往深山里走。走了不远，毛泽建听见身后密集的枪声，她推开两个队员说："我行动不便，不能拖累你俩。你俩走，我掩护！"两个队员不答应，挟着毛泽建又往前走。赵南八率团丁追了上来，众团丁一阵乱枪。两个队员忙护住毛泽建，都中弹倒下。毛泽建虽被队员护住，也身中一弹，昏迷过去。

毛泽建醒来时，发现自己被关在牢房里。好在中枪的是手臂，不是要害。肚子里的小生命又在踢她。她忙伸出手，抚摸着凸起的肚子，脸上充满慈祥的笑意。小生命似乎知道妈妈醒了，没事了，也安静下来不再踢了。

两个团丁打开牢门提审，见毛泽建有身孕，欲上前来扶。毛泽建挥挥手，自己挺着大肚子站了起来。到了审讯室，只见赵南八左臂绑着木板吊在脖子上。

"哈哈，你还认识我吗？"赵南八笑道。

"赵南八，大军阀赵恒惕的叔叔，怎么不认识？"毛泽建揶揄道。

"可是，我到今天才认识真正的你，你叫毛泽建。"赵南八奸笑道，"毛达湘是你的化名。你的真实身份是毛泽东的妹妹，中共党员，衡山游击大队队长。游击队的那把剑，就是你画的。"

毛泽建见赵南八知晓了自己的真实身份，也不与他争辩，说："我是毛泽东的妹妹，那又怎么样呢？"

"好，你承认就好，爽快！不过，你们不是喊打倒军阀吗？我告诉你，你哥哥毛泽东现在井冈山自身都难保，不会派人来救你的。你现在是落地的凤凰不如鸡，今天，我这个大军阀的叔叔要来打倒你了。"

毛泽建说："你不用担心，我已做好了死的准备。"

赵南八不相信，这个怀着身孕的年轻女人真的死都不怕吗？他还是以利相诱：“不要动不动就讲死，你可以不死的。你不要再当什么游击大队长，你可以到县团防局当官，这样，你又可以做凤凰了。”

毛泽建说：“谢谢，我不稀罕你那个官，无所谓凤凰不凤凰。”

赵南八说：“你这不稀罕那不愿，那你希望什么？你现有身孕，十月怀胎不容易，怎么也得为你肚子里的孩子想想。”

毛泽建说：“我想我的孩子会听我的话，不稀罕你的恩赐。”

赵南八被毛泽建顶得有些失态，再也忍不住了，不由骂道："妈的，不识抬举，你是只鸭子，死到临头还嘴硬。来人，给我教训教训她。”

两个打手走过来，把毛泽建绑在木架上，挥起皮鞭抽打。陈芬走了，战友走了，两个队员为了保护她母子，用身体挡住枪弹也牺牲了，她已把生死置之度外，还怕毒打吗？赵南八见毛泽建不屈服，只得又将她关进重犯牢房里。

不觉到了春末时节，天还有些寒意。晚上，万籁俱寂，狱卒在过道内烤着木炭火打瞌睡了。毛泽建在重犯牢里靠墙躺着，看着窗外闪烁的星星，心里想，井冈山是不是也是满天星星？大哥和三哥此时是不是在一起？他们会经常见面吗？他们一定在念着我，大哥一定会满意地说，菊妹子还是不错，离开我这些年，又读了好多书，人更聪明了。小哥一定也会说，是呀，我们亲眼看见她带领师生把那个封建校长赶出学校，现在又带兵打仗，钝钉子不钝了，是个巾帼英雄。跟小哥在一起最开心最好玩的就是掐小哥的手，掐小哥的脸。毛泽建一想到小哥毛泽覃，手就痒痒了。好久没掐小哥了，也好久没听小哥喊钝钉子。唉，真想听。小哥，你喊吧，喊吧，菊妹子我不生气了，尽你喊……

这时，肚子里的小生命在动了，毛泽建忙爬起来，抚摸着肚子走到窗前，望着黑夜里深灰色的天空，望着天空下幽深的山林，自言自语道："哟呵，还有你……你不要踢妈妈了，你的舅舅一定也想着你这个外甥。你是他们唯一的外甥，他们一定会喜欢你。还有你岸英、岸青、岸龙、楚雄几个表哥，远志表姐，都会喜欢你的。下次见了面，叫你那个小舅舅给你当马骑。呵呵，你小舅舅，最会装马了，他能装给你岸英表哥骑，就能装给你骑。”

忽然，毛泽建不作声了。她看见窗外监狱的围墙有影子在悄悄爬进来，悄悄地摸近岗哨。毛泽建的心跳起来：这一定是来救我的，是游击队的同志吗？游击队虽然有几百号人马，但他们的身影一个个她都很熟悉，都能叫出名字来，这些身影没一个她是见过的。哎，有一个，可那几个又不像，他们都是些什么人呢？

那是井冈山来的红军，是朱德派来的。

朱德与毛泽东在井冈山会师后，心里一直为没把毛泽建带上山而内疚。他想派人去联络毛泽建，寻找机会把她和衡山游击队带上山，但他知道，这件事倘若让毛泽东知道了，他肯定是不同意的。所以，他派王连长下山联络是悄悄地进行的。王连长下山不久便获悉陈芬牺牲，毛泽建被捕。他与游击队副队长江大平联系上。江大平正在策划营救毛泽建，见井冈山来人了，便一起商量了这个营救方案。

他们杀死岗哨，摸进牢房，砸烂锁，找到了毛泽建。江大平指着王连长介绍说："毛队长，这是井冈山的王连长。"

王连长走到毛泽建身边，说："泽建同志，朱军长叫我来接你们上山。"

江大平带着两个队员在前面开路，毛泽建和刚被救出的难友在中间，王连长带领几个红军断后。他们走出牢房，穿过围墙内的大坪，走到监狱大门时，只听得监狱长吹着口哨大声叫道："跑了，毛泽建跑了。"王连长忙指挥营救人员扶着毛泽建跑出监狱。毛泽建因为怀孕，身上又有伤，尽管有人扶着，动作仍然缓慢。

赵南八听说红军劫狱，毛泽建跑了，气得大骂，把县民团大队也调来了。一时间，漫山遍野都是火把。王连长一行且战且退，而敌人的枪声和叫喊声越来越近。

"王连长，这样不行。"毛泽建站住喘息，语气虽然柔弱，但很果断，"敌强我弱，我有身孕，行动不便，会拖累你们。你们先走吧。"

"怎么能丢下你？"王连长说，"这不行。我们必须把你接上山。"

"王连长，我看这样，我们分两路撤。我去找个地方生孩子，过几个月你们再来接我。这样你们行动轻便，才好摆脱敌人的追杀。要不然我们都走不了。"

王连长沉吟片刻，说："好吧，江队长，我们把敌人引开。留几位同志扶毛队长去找个人家。等这阵风过去，我们再来接你们。"

这时，敌人叫喊着扑了上来。王连长和江大平带着一队人马边打边向山下撤，赵南八率众团丁追了下去。枪声很密，但慢慢地越来越远了，一会儿，枪声和喊声渐渐地稀稀疏疏，又过了一会儿，山林恢复了静寂。

毛泽建由两个女队员扶着爬出山林。走了一阵,毛泽建不停地摸着肚子,要在往常,抚摸一会便没事了,可今天小家伙在肚子里再也不安分,似乎对这种反常的奔走颠簸好奇,要出来看看。

女队员见毛泽建慌乱的脸色,明白了什么,指着前面山脚下的一个村子说:"这是夏塘铺,我们进村去找个人家?"

夏塘铺?毛泽建一听,立即说:"好。这里有个夏娭毑,她儿子是我们的队员,我们就去她家。"

两个队员扶着毛泽建来到夏娭毑家门口,轻轻敲开了门。

"是你们呀。"夏娭毑打开门,见毛泽建挺着个大肚子,又惊又喜,说,"要生了吧?进来,快进来。"

两个女队员把毛泽建扶进里屋,夏娭毑让她躺在床上,问道:"几个月了?"

"八九个月了。"毛泽建说罢,又哼叫起来。

"八九个月?"夏娭毑又看了看毛泽建,对两个女队员说,"恐怕是早产。你们一个去厨房烧水,一个抱点柴来,把这个屋里烧暖和点。"

忙碌到下半夜,辰时,这个小山村里终于传出一声脆亮的婴儿哭声。毛泽建躺在床上,一身疲软无力。夏娭毑把婴儿洗好,包好,抱到床前,放在毛泽建枕旁。婴儿不知为什么一躺下便哭了起来。

"噢,不哭不哭……"夏娭毑拍着婴儿,笑着对毛泽建说,"是个男孩。"

"儿子,好儿子,不哭不哭。"毛泽建在夏娭毑指导下,把奶头塞进婴儿嘴里。婴儿含着奶头,贪婪地吮吸起来。

夏娭毑在一旁笑着说:"菊妹子,给他起个名字。"

"名字,本来该是他爸爸起的。儿子,你一出生就没有爸爸。你是在妈妈最艰难的时候出生,就叫艰生吧。"

夏娭毑说:"这名字好苦。"

毛泽建说:"他这名字是苦,希望他将来不苦。"

3

赵南八率众团丁追着追着突然失去了目标,他正犹豫不决,忽然,山林里打来一枪,一个团丁中弹倒地,他率领团丁又朝林子里追。

江大平对山里的路很熟悉,把赵南八引到一座山林里时,东方显出丝丝晨曦,山路间灌木树叶上的晨露把他们的衣裤打湿了。赵南八追了有二十多里山路,江大平和王连长估计毛泽建已经摆脱危险,便果断甩脱追击,隐入山林中。

不见了红军的人影,团丁们有些茫然。赵南八逼迫团丁们在树林中搜寻。可团丁怕挨冷枪,战战兢兢地搜了一圈,还好,没有一个人挨冷枪。赵南八对李祖善说:"怎么没人打冷枪了?这不是好事啊,这些人钻进地里了?"李祖善说:"赵爷,刚才我们追追打打,追了二十多里山路,他们是不是跑得很快?"赵南八说:"是呀,兔子一样,一下就不见了。"李祖善说:"毛泽建已怀身孕八九个月,能跑这么快吗?再说,一个孕妇,这么短的时间能跑二十多里的路吗?"赵南八说:"你的意思,毛泽建没有和他们一起逃跑?"李祖善点着头说:"我估计,毛泽建绝不会跑这么快,也不会跑这么远。他们用的是调虎离山之计。毛泽建现在应该还在我们刚开始追击的地方。"赵南八一拍大腿说:"有道理!我们差点上当了。走,回去搜。"

赵南八又带着团丁往回走了二十里,在沿路的灌木丛中和山村中搜寻。团丁们不敢怠惰,像梳头发一样,不漏过一片树林,不放过一个山村。搜了一天一夜,还是没发现什么蛛丝马迹。团丁们疲倦了,刚一停下便抱着枪,倒在地上睡着了。

赵南八也折腾累了,靠着树干打盹,眼睛刚闭上,就进入了梦乡。忽然,一声脆亮的婴儿哭声从村子里传过来。赵南八被惊醒了,骂道:"妈的,吵死人。打个眼眯都不让。这是哪里传来的哭声?"李祖善揉了揉眼睛说:"那边好像是夏塘铺吧。"赵南八又问:"你确定吗?"李祖善打起精神看了看四周,说:"是夏塘铺。这里我常来。"赵南八睁开眼睛问道:"这里近几个月有女人怀孕吗?"李祖善说:"这个,不太清楚。"赵南八忽地站起来,朝团丁们喊道:"下山,马上下山!"睡意蒙胧的团丁们一个个爬起来,下山向发出哭声的房屋跑去。

那哭声还真是从夏娭毑家传出来的。因为早产,婴儿身体不适,便不时地哭闹起来。毛泽建不停地哄着婴儿,哭声才渐渐停下来。没想,团丁们循着哭声很快就包围了夏娭毑家。

毛泽建扎着头巾躺在床上,听到外面急促的踢门声,感觉不对头,伸手到枕下摸枪。当她看到身边躺着的婴儿,不觉犹豫起来。这时,赵南八已带人冲进房里，用枪指着她。几个团丁冲上去，将毛泽建拖下床。小艰生似乎知道母亲要离开他了，在床上哭了起来。毛泽建回头去抱，被团丁拦住。

夏娭毑说："赵老爷，这细伢子才生下来，造孽。"赵南八挥挥手，团丁松开手，夏娭毑才抱起婴儿，跟着毛泽建。

三人被押到县城监狱，关进重犯牢房。赵南八对监狱长说："上次看守不严，让红军把她劫走了。这次你给我看紧点，若再有闪失，我要你的脑袋。"

"赵团总，我想看紧点，可警力不够呀。"监狱长指指毛泽建说，"她又是要犯，游击队和红军都要救她，我监狱里这几个人，哪里抵挡得住？"

赵南八马上下令，调来两个中队的团丁来到监狱。监狱原有一圈高高的围墙，这些团丁一来，又有了一圈密密麻麻的人墙。

4

王连长率队回山向朱德报告。毛泽东和朱德正在龙江书院议事，朱德一见王连长，便拉到一边悄声问："人呢？"

王连长说："毛泽建救出来后，因临产，暂时住在老乡家。我们商议，等小孩满月后再接他们上山。"

毛泽东从朱德和王连长的对话中隐隐约约看出了什么，待王连长一走，说："朱军长，你派人去湘南了？"朱德知道瞒不住了，点点头。毛泽东说："这件事你没和我商量呀。你还是要以大局为重，不要认为她是我妹妹，就搞特殊。"朱德说："毛委员，这件事我如果与你商量，就办不成啰。"

过了几天，朱德又安排王连长带人下山去接人。没承想江大平告诉他，毛泽建分娩后又被赵南八抓走了。王连长问："你们去救了吗？"江大平说："我们去了。这回赵南八有了戒备，调了大批枪兵和团丁驻防在监狱附近，监狱里也加强了防守。"

王连长和江大平带着几个侦察兵来到监狱附近，只见监狱围墙外布防严密，通往监狱的路口都设下岗哨，来往行人，盘查严密，空旷一点的地方都驻扎了兵。如此壁垒森严，就是摸进了监狱，恐怕也难以逃出大牢。

过了两天，江大平通过内线得知，因为怎么拷打也没从毛泽建身上榨出什么情报，赵南八担心时间一长，难以看得住，所以决定尽快将毛泽建处决了事。

情况十分危急,但凭他们现有的这点力量,很难把毛泽建救出来。向井冈山请救兵,但路途遥远,远水救不了近火。王连长和江大平商议再三,只有见机行事,寻找营救机会。

5

小艰生是在牢里满月的。那天,他哭得声嘶力竭。"他这是饿的呀,"夏娭毑叹息道,"唉,艰生这伢子命苦呢。"过着粗茶淡饭的牢狱日子,又不时被拷打的毛泽建哪有什么奶水?毛泽建将干瘪的奶头塞进小艰生嘴里,小艰生用劲吮吸了一会,却又是空吸,便失望地又咿呀大哭。

"儿啊,"毛泽建拍着小艰生说,"你无辜地跟着妈妈吃苦,妈对不起你呀。儿啊,不哭。"

"唉,不哭不哭。"夏娭毑从毛泽建怀里接过小艰生,将特意留下的牢饭咀嚼成团,喂进他嘴里。小艰生停止了哭泣,将饭糊糊咽下去。

"还是娭毑您有办法。"

"这是没有办法的办法呀。"夏娭毑无可奈何地说,"造孽啊!"

喂了几口,饭没有了。毛泽建又抱着小艰生,喃喃低语道:"我的乖儿,今天就这些了。这都是阿婆省的呀。你要记住,你出生的日子很艰难,你以后的日子也许还很艰难。不过,无论如何艰难,你都要坚强长大。你要记住,你的大舅舅叫毛泽东。因为大舅,妈妈才成为有文化有思想的人。你二舅会两手打算盘。你想学吗?呵呵,长大了,叫二舅教你。你还有个三舅,喜欢喊你妈妈钝钉子,喜欢逗你妈妈掐他。艰生啊,你这个三舅要是看见你,可能会用胡子扎你。我的乖儿啊,你让他扎,那是三舅爱你,喜欢你。儿啊,你现在是个小男人,长大了,要像三个舅舅一样,做顶天立地的大男人。我的乖儿,乖儿……"小艰生在毛泽建怀里,眨巴着眼睛,似懂非懂,慢慢地入睡了。

哐啷,牢门打开了,两个狱警又来提审毛泽建。毛泽建把艰生交给夏娭毑,站起来跟着狱警来到审讯室。赵南八见毛泽建进来,却客气地叫人搬了条凳子,叫她坐。

自上次毛泽建被红军和当地游击队联手救出后,赵南八更觉得毛泽建的重要。因为他知道,现在的毛泽东不再是当年他侄子赵恒惕抓的那个毛泽东，现在是蒋委员长要抓的人。蒋委员长要抓的人的妹妹在他手上，若撬开了她的嘴，毛泽建把她和井冈山联络的方式告诉他，那他就交鸿运了。这一个月来，他是三天一小审，五天一大审，软硬兼施，可这个女人就是不开口。打也打了，骂也骂了，什么刑具都用了，就是没办法。赵南八有些心灰意懒了。李祖善说："赵爷，还有个办法。我们要抓住她的软肋。她不是刚生了个儿子吗？这就是她的软肋。她如果还不交代，就拿她儿子来要挟。她可以不管人家怎么样，甚至可以不要自己的命，可儿子是她身上掉下的肉呀。哪个爷娘不疼崽？"赵南八点点头说："嗯，只是这个婴儿才满月，我们这样是不是太过分了？"李祖善说："量小非君子，无毒不丈夫，要做大事，就不要怕过分。"赵南八想了想，接受了他的建议。

"赵南八，"毛泽建没有坐，站在凳子旁问道，"你还有什么要问的，快说。"

"毛泽建，还是那句话，你是怎样和井冈山联络的，也可以这么说，你是怎么和你哥毛泽东联系的？"

"我不是说了吗，不知道。"毛泽建说。

"井冈山派兵来救过你，你应该知道。只要你说出来，我可以放了你们母子俩，而且，还可以让你在县里当官。"

"不要费口舌了，"毛泽建冷笑道，"我知道也不会告诉你。"

"不识抬举。"赵南八招招手，夏娱驰抱着小艰生被推进审讯室。李祖善在小艰生身上捏了一下，小艰生痛得哇哇啼哭起来。

毛泽建一听尖厉刺耳的哭声，心痛若裂，叫着："艰生，我的儿——"便向门口冲过去，没走两步，马上被两个狱警拦住。小艰生似乎听见妈妈的喊叫，哭声更尖利了。

赵南八在一旁很是得意，狞笑道，"怎么样？"

"他还是一个婴儿，才一个月，他有什么罪？你为什么要伤害一个无辜婴儿……"

"废话少说，说出你是怎么与井冈山联络的，我马上放了你们母子。不然，就不要怪我了。"

"你拿一个刚出生的婴儿来要挟我，这只能说明你无能。告诉你，我不贪生怕死，我儿子和我一样，也不会贪生怕死。"

"他才出生啊，来到这个世上，才睁开眼睛，连这个世界是什么样子都还没看清，你这个做娘的，就这么狠心？"

"做娘的，谁不愿意自己的子女好好活着？是你没人性，拿无辜婴儿的生命要挟我！是你惨无人道，你禽兽不如，连一个婴儿也不放过。我儿子如果有知，他也不会向你们这些畜生屈服。"

"好，我惨无人道，让你儿子死给你看！"赵南八从夏娭毑手上抢过婴儿，往地上一丢，然后脚一踢，踢球一样把婴儿踢在墙上。咿呀——，小艰生碰在墙上发出一声尖厉的惨叫，从墙上弹在地上，便不再有哭声。

6

毛泽建失去儿子的创伤尚未抚平，第二日，赵南八又带人来到牢房，说："毛泽建，我并不是你想象的那么坏。我其实不想杀人，是你们逼得我没办法。告诉你，因为你是毛泽东的妹妹，上面要我立即把你处决。不过，今天只要你说你不是毛泽东的妹妹，和毛泽东脱离兄妹关系，我还可免你不死。"

毛泽建没有片刻的迟疑，大声道："赵南八，你杀不杀我，我都是毛泽东的妹妹。你杀死我儿子艰生，他生是毛泽东的外甥，死也是毛泽东的外甥。他有毛泽东这样的舅舅，他自豪！我生是毛泽东的妹妹，死也是毛泽东的妹妹，我有毛泽东这样的哥哥，我自豪！"

"毛泽建，我们去韶山问了，你不过是他毛泽东的堂妹。你本来就不是他亲妹，说清一下，就不用去死，何必霸蛮呢。"

"你既然去韶山问了，知不知道我曾经要过饭，给人做过童养媳？是我大哥把我接到长沙读书，让我成为有文化的人。我大哥就我这一个妹妹，他待我比亲妹妹还亲，你就是把我碎尸万段，我还是毛泽东的妹妹。"

赵南八脸一黑，挥手道："押走。"

毛泽建从容地挺立起身子，整了整衣服，用手梳了梳头发，从身上撕下一块沾满鲜血的布条，在墙壁上写下：誓死为党！革命一定会胜利！

毛泽建被押出监狱大门，门口站满了士兵和团丁。士兵押着毛泽建准备往北走，赵南八却朝南一挥手，说："这边，去马庙坪。"

李祖善问道："赵爷，你昨天不是说在城北五斗坝处决吗？你刚才还叫人到那边布置刑场，怎么一下变了？"

赵南八冷笑一声，说："她是毛泽东的妹妹，衡山游击队的大队长，你想想，他们的人会不会劫刑场？上次毛泽建关在牢里都让救走了。这回押出大牢，他们的人呀，早在那里等了。"

李祖善连连点头道："赵爷，您这主意好，怪不得昨天大张旗鼓在五斗坝布置刑场，原来你这是声东击西呀。妙招，妙招。"

一个连的枪兵在前面开路，毛泽建被押在中间，接着还有团丁断后。队伍浩浩荡荡向城南门外马庙坪而去。

沿途的百姓听说要枪决毛泽建，都放下手上的活，夹道相送。他们想起毛泽建以前为他们说话，帮他向赵南八讨公道，如今却要命丧黄泉了。人群中叹息声唏嘘声不止，有的女人忍不住哭了起来。

"她为了我们，自己却这样命苦，儿子才满月就遭害了。"

"可惜，当初怎么没把赵南八杀掉……"

王连长和江大平果然上了赵南八的当。昨天，他们得到情报，赵南八要在城北五斗坝处决毛泽建，所以今天组织所有的力量，埋伏在五斗坝附近。他们盯着布置好的刑场，有些不踏实，便派了几个游击队员继续打探消息。这几个队员来到监狱附近，却见行刑队押着毛泽建往城南走，一打听，才知赵南八临时改变了地方，去城南马庙坪行刑。这几个队员大呼上当，去五斗坝报信也来不及了，只好在人群中跟着，欲伺机救出毛泽建。毛泽建也看见了人群中的他们，知道他们人少，力量悬殊，难以取胜，一边走一边向他们摇头，示意不要妄动。

毛泽建被押到马庙坪，一排士兵持枪瞄着她。远处的南岳衡山层峦叠嶂，云遮雾罩，巅峰奇秀，而近处，人们看着毛泽建悲叹不已，夏娭毑也在人群中不住地哭泣。毛泽建忽然昂首面向乡亲们坦然道："乡亲们，姐妹们，'君不见，潇湘之山衡山高，山巅朱凤声嗷嗷。'人民总归要做主人，共产主义事业终究要胜利。只要革命成功了，我毛泽建万死无憾！"

第十九章　象山庵的婚礼

1

这几天，毛泽覃只要有空闲，便习惯性地向南岳方向打望，希望看到菊妹子从山路上走过来。听说菊妹子生了个儿子，若是救回来了，怀里还抱着个喊他舅舅的，那多有趣哟。

朱德率部上山和毛泽东会师后，部队整改，毛泽覃担任红4军31团3营党代表，在龙源口的战斗中，打得英勇顽强。王震打仗也是出了名的不怕死，可毛泽覃比他还不怕死。后来苏区颁发红星奖章，毛泽覃获二等，王震获三等。王震哈哈笑道："泽覃呀，你获二等，我服，我心悦诚服。"

那天，毛泽覃晚饭后见王连长一个人骑马上山，忙迎上前去问情况。王连长沮丧地说："我没有完成好朱军长交给的任务，晚了一步，毛泽建母子均被赵南八杀害了。"

毛泽覃一听这个消息，嘴唇嗫嚅着，也不说话，牵过王连长的马，跨了上去。王连长道："你要去哪里？"毛泽覃也不回答，满脸悲伤，在夜色朦胧中匆匆地向八角楼方向驰骋而去。王连长另外找了匹马，叫毛泽覃的警卫员打着火把，一起策马前行。

毛泽覃只想赶快见到大哥，他承受不了失去亲人的悲伤。火把在夜色中跳跃着，夜幕中，马不停地在山路间奔驰。毛泽覃泪水盈盈，似乎看见嘟着嘴的菊妹子。以前菊妹子只要听到他喊她钝钉子，便嗔怒地打他。他便躲到毛泽东身后，菊妹子追到毛泽东身后，他便绕到毛泽东身前，两人似在玩捉羊的游戏。毛泽东被他俩弄得成为一堵屏障，不时哈哈大笑，那是多么地开心……如今，菊妹子没有了，小外甥也没有了，他喊钝钉子也不会有人搭他了。

"菊妹子，菊妹子——"火把在夜色中跳跃着，毛泽覃的眼里闪烁着晶莹的泪花。他和王连长骑马来到八角楼。毛泽东正和朱德在屋里议事。毛泽覃在马上看见灯光下毛泽东高大的身影，匆匆翻身下马，直往屋里奔去，边跑边叫："大哥——"

毛泽东听见毛泽覃悲怆的呼喊，忙迎出屋外，说："什么事？不要慌，不要哭，你现在是营里的领导干部，战士们都看着你咧。"

"大哥，"长兄为父，他的悲伤只能在自己的父兄面前倾泻，他像个孩子似的扑在毛泽东怀里，号啕道，"菊妹子和外甥被害了。"

朱德听了，不由一怔，王连长忙上前向他耳语。朱德知道营救落空，只听见毛泽东大吼一声，眼睛直直地看着桌上的茶杯。

毛泽覃哭道："大哥，我们的菊妹子没了。"

毛泽东的心在隐隐作痛。父母去世后，他带着弟妹们走出韶山，看着他们一个个长大，学了文化，成为一个有用的人，现在这个妹妹却突然被杀了。菊妹子如花儿刚盛开的年纪，她的人生之路才刚起步，就没有了，他再也听不到菊妹子喊他哥了。他大手颤抖地抚摸着毛泽覃宽厚的背，眼睛里也涌出晶莹的泪花："菊妹子是个好妹妹，她遇害，我好心痛啊！"

毛泽覃的哭声渐渐小了，哽咽道："大哥，菊妹子遇害，怪我。"

毛泽东长长地嘘了口气，说："不怪你，怎么怪你咧？"

毛泽覃说："我要是坚持再等一会，菊妹子上了山，就不会遇难啊。"

毛泽东说："不怪你。泽覃，你若等到菊妹子来，也可能等来了粤湘赣三省军阀的包围，若你们被军阀拖住，就会影响朱军长和部队安全上山。"

朱德望着毛泽东，脸上满含钦佩和敬意，上前握住毛泽东的手，嘴唇哆嗦着："润芝，这件事，我没做好。"

毛泽东握住朱德的手，两眼满含泪花，说："朱军长是仁尽义至了，背着我多次派人下山营救。但敌情复杂，衡山离我们又这么远，这也是鞭长莫及啊。"

朱德离开了，毛泽东看着毛泽覃，想起昔日弟妹两个在他身边打闹亲切的场景，不由又悲伤起来。他是这个家的老大，菊妹子是在他手上失去的，不是因为衰老有病，风华正茂就这么牺牲了。娘交代过，要他好好照顾菊妹子，他以后怎么去见父母，怎么向母亲交代？

他不由凄切哽咽道："菊妹子，大哥没尽到责，有愧于你啊。"毛泽覃担心大哥悲伤过度,劝慰道:"大哥,你不要自责。"毛泽东说:"如果她还在韶山,哪怕是要饭,起码她还活着呀。"毛泽覃说:"大哥,菊妹子跟你走上这条路,没有一点遗憾,更没有后悔过。我听说,赵南八要她声明和你脱离兄妹关系,就免她死。可菊妹子宁愿死,也不愿和你脱离兄妹关系,还以是你的妹妹自豪。"毛泽东一听这话,不由感叹道:"菊妹子是个好妹妹。"说着,拿起桌上一张报纸说,"泽覃,你看过这张报纸吗?"毛泽覃接过一看,说:"看过。何键去板仓抓人,还杀了几百个。"毛泽东走到窗前,望着东南方向,担忧地说:"我到井冈山后,给你大嫂去了几封信,一直未接到回信,不知你大嫂和岸英他们现在怎样了?"

毛泽覃知道,大嫂加入党组织早,在板仓是个资格很老的党员了。大哥在井冈山,被国民党视为共匪。何键杀人不眨眼,知道大嫂的身份,还能放过大嫂吗?他担心道:"音信全无,是不是大嫂被杀害了。"

"你大嫂呀,难说。"毛泽东说,"我听说,文楠和你儿子楚雄,淑兰和她女儿远志,也被抓去坐牢了,不知现在情况怎么样了。"

自打毛楚雄生下来,毛泽覃至今还没见过,他担忧地说:"现在环境这么复杂,我们被视为共匪,家人都面临着危险。要不,我去长沙看看,看看他们到底怎么样了。"

"我写了几封信不见回复,已经托人去找了。"窗外,夜色浓浓,峻山秀岭连绵不断,毛泽东看着寒月下的层峦叠嶂,惆怅无限,"你不要急,再等等,等等。"

2

那是刚上井冈山的第一个冬季,毛泽东感觉山上比山下冷得早,山底下毛毛雨,山上却是雪花飘舞。遇上刮风,山下寒风有点割脸,山上的风便把屋檐水吹成了冰凌。毛泽东住在茅坪的八角楼,袁文才和贺子珍送来了木炭,虽然屋里烧着火,不感觉到寒冷,但他还是心情烦躁,坐立不安。给杨开慧的信发出去好久了,怎么还没收到回信?

毛泽东走出八角楼,踏着积雪,来到山路口,透过白雪铺盖的丛林,向南方眺望,板仓下雪了吗?岸英三兄弟看见雪肯定是高兴得发狂,要打雪仗,要堆雪人。若是开慧在,她会带着孩子们玩个痛快。可她这么久没回信，究竟是什么情况？难道她真是在板仓大屠杀中遇害了？

茅坪只有十几户农家，只几分钟，毛泽东就把茅坪走个遍，在杂货店"吴义盛号"门口停下。"吴义盛号"是山上唯一的杂货店，毛泽东听袁文才说，这个店是他们的秘密交通站，对外还进行侦察联络。除了店老板吴福寿，袁文才还挑选了几个脑瓜子灵活的人充当坐地探。吴福寿也常以银匠的身份为掩护，到酃县和茶陵一带打探敌情。

毛泽东第一次去吴义盛号，是写东西累了，便去店里买包烟。看见吴福寿记账的毛笔字写得好，他不由赞道："哎呀，吴老板的字写得这么好。"吴福寿刚过知命之年，因为读过私塾，闲时也爱舞文弄墨，见毛泽东夸他，谦虚地笑道："我不过是记账，不讲究，见笑，见笑。"毛泽东说："您的字一笔一画力透纸背，银钩玉唾游云惊龙，柳骨颜筋入木三分，中规中矩，耐看。哪像我，看似龙飞凤舞，实则潦潦草草鬼画符一样。"吴福寿被毛泽东说笑了，道："毛委员，您是读书人，不可能写得像鬼画符呀。"毛泽东见吴福寿的字工工整整，说："如果我的字潦草，那就请您帮我抄正。"吴福寿满口答应："能帮毛委员抄写材料，那是我的荣幸呀。"不一会儿，毛泽东拿来文章草稿，自谦道："吴老板，您看，是不是鬼画符一样。"吴福寿一看，笑道："毛委员是太忙了。您的字虽是潦草，几经勾勒修改，显得有点乱，但字一个一个看，还是极有功底，有如草书。"毛泽东说："姜还是老的辣，我比起您，还是嫩了点。"吴福寿又笑道："毛委员若不嫌弃，我来帮您抄一遍。"吴福寿用正楷抄好后，送给毛泽东。毛泽东一看，很高兴，后又请吴福寿抄了几次，两人关系也越来越密切。毛泽东和吴福寿还说以前杨开慧在身边，他的文稿便得以及时誊正，字迹娟秀工整。吴福寿说："那你把她接来呀。"毛泽东便又给杨开慧写了几封信，都是由吴福寿带下山去寄。

毛泽东冒着大雪来到吴义盛号，推开门，向里面正在烤着烘笼的吴福寿叫道："吴老板。"

"哦，毛委员来了。"吴福寿忙把手上的烘笼递给毛泽东。

"一起烤，一起烤嘛。"毛泽东不接烘笼，站在柜台边，把手伸进烘笼盖上，和吴福寿一起烤着，"这雪下得大啊，会冻上的。一冻，下山就不方便了。"

"我们在山上惯了。昨天，我从山下进了货，这老天冻个十天半个月也不用担心。"

"昨天去了宁冈？"

"是呀，袁团长叫我下了趟山。毛委员，"吴福寿当然知道毛泽东关心他下山的原因，"我去问了，没有您的家信。"

"哦，"毛泽东一听又没信，不由有些沮丧。

"按理，这信该回了，早就该回了。毛委员，您的信是从宁冈龙市邮局发出的，收信的地址是湖南长沙市西长街生生盐号，由店主转板仓杨霞姑收。"

"这个没错，盐号的店主是内人舅父的亲戚。是不是信上未标明回信地址，她给我的信无法收到？"

"有这个可能。"

"我未写茅坪，只写了宁冈龙市邮局寄，是防备当局循着地址追查。如果她将信寄到宁冈龙市邮局，我们去收，可以收到吗？"

"应该可以。"吴福寿说，"自从你们上了井冈山，外地寄给您的信函，都是寄宁冈袁文才，或遂宁王佐收，都收到了。"

"是呀。"毛泽东点点头。因为袁文才和王佐在井冈山的影响，毛泽东把他俩在井冈山的住处，规定为与党中央取得联系的可靠通讯处。他没收到回信应该并不是地址问题，那是怎么回事呢？

毛泽东不由又想起报纸上关于长沙板仓枪杀二百多人的消息，难道开慧真的在那次屠杀中被害？他不由想起他和杨开慧的第一次见面。那时杨开慧还是个十三岁的少女。毛泽东和蔡和森到杨寓向杨昌济请教，他的宏论卓识打动了少女开慧的心。杨开慧把自己的学习笔记和日记送给毛泽东看。二十出头的毛泽东，当然明白这位小姑娘的心思。他很认真地给这位小姑娘说出他的看法。几年后，他们在北京相会，杨开慧已出落成一个文静娴淑的漂亮姑娘。他们的接触更多了。毛泽东爱上了杨开慧。这年冬末春初，杨昌济病逝于北京，杨开慧又回到长沙读书。她在《湖南通俗日报》发表一篇《向不平等的根源进攻》，又在福湘女中的校刊上发表《呈某世伯的一封信》。毛泽东从她的文字中看出了一个年轻姑娘反帝反封建的思想，不由对杨开慧爱慕有加。杨昌济去世后，家中积蓄不多，杨开慧知道毛泽东活动经费困难，找母亲把积蓄交给他做经费。

结婚后，毛泽东和杨开慧经历过好几次生离死别，可很快又在一起了。而这次离别，却是音讯不通，有如关山远隔，又似阴阳两别。毛泽东想起秋收暴动前，他如果选择去中央，就可以带着杨开慧母子一起去上海，他们就不需分离。如果他带着杨开慧去了上海，秋收起义会是什么结局？他当时坚持要上井冈山，做了多少工作，还被人说是上山当山大王。要是换作另一个人领导秋收起义，不自量力去打长沙，那是鸡蛋碰石头啊，那就没有今天井冈山的革命根据地了。现在屁股有了凳子坐，武装斗争有了好的开始，却没有了开慧的音讯。开慧啊，我已失去了菊妹子，不能再失去你呀！你现在到底怎么样了？

3

一天，袁文才听吴福寿说毛委员常来他这里买烟，还请他抄文稿，他就想，毛委员那么忙，怎么能让他自己去买烟，请人抄文稿咧？贺子珍的字不是写得很好嘛，他马上安排贺子珍为毛泽东整理文稿。去吴义盛号买烟的事，自然也由贺子珍揽下来了。

有人买烟，有人抄文稿，毛泽东自然没由头去吴义盛号了，可经常抽着烟，他就站在门口向吴义盛号那边打望。这天，他凝目望了一阵，把烟屁股丢了，去房里从衣箱里翻出几块银花边，走出八角楼，径直往吴义盛号走去。

贺子珍一看，以为毛泽东要去买烟，忙上前说："毛委员，你要买烟，让我去。"毛泽东说："今天不要你买。"贺子珍又想，他怎么不让我去？而且拿这么多钱，得买多少烟？她好奇地跟在毛泽东身后，想看个究竟。

毛泽东见贺子珍跟上来，便站住，说："你就不要去了，给我把桌上的文稿抄一下。"

毛泽东其实不是去买烟，他从袁文才的口中得知，吴福寿马上要去一趟酃县和茶陵，他等这个机会有一些时日了。

毛泽东一跨进吴义盛号的门就爽朗地叫道："吴老板。"

"毛委员呀，"吴福寿有些日子不见毛泽东了，高兴地说，"小贺有事去了？您今天亲自来，是买烟？还是要我抄文稿？"

"亲自买烟？哈哈，我还要亲自来抽咧。"毛泽东笑道，"今天来，请你帮我做件事，一不是买烟，二不是请你抄文稿，也不是请你帮我去寄信。"说着话，他掏出那几块银花边递给吴福寿。

"毛委员，您这是？"吴福寿不明其里。

"请您帮忙。"毛泽东笑着说,"您不是要去酃县和茶陵吗,顺便请您帮我去一趟长沙和韶山,帮我打听家人的情况。我内人杨开慧母子,我二弟原妻王淑兰母女,我三弟妻子周文楠母子,写信不见回,不知他们最近到底怎么样了。"

"这个好说。毛委员的事就是我的事。不过,钱您不要给了,路费我有。"

"去酃县和茶陵,那是办公事,去长沙、韶山找人接人,是给我办私事,路费当然由我自己出。如果找到了,帮我把他们接过来。"

吴福寿还想推辞,一看毛泽东态度坚决,也就收下了:"好吧,那我就恭敬不如从命。您得告诉我,他们可能去的几个地方,这样,我便好打听。"

"您可先到长沙的清水塘和板仓打听,然后去湘潭韶山看看。那几处地方,都是她们住过的。"

吴福寿离开后,又是贺子珍去帮毛泽东买烟。一天,贺子珍从店里买烟回来,毛泽东问了一句:"吴老板回了吗?"贺子珍如实回道:"没有。"此后,贺子珍买烟回来,毛泽东便看着她。贺子珍明白后,马上回道:"吴老板还没回。"过了几天,毛泽东坐不住了,起身就往门外走。

贺子珍说:"毛委员,您去哪里?"

毛泽东说:"我去买包烟。"

贺子珍说:"烟就抽完了?我去吧。袁团长说了,您抽的烟由我负责买。"

毛泽东挥挥手,叫贺子珍让开,说:"我自己去。顺便走一走。"

吴义盛号隔八角楼只几分钟的路,贺子珍还是跟在后面。毛泽东一个人在前面走,随贺子珍跟着。走到吴义盛号,进门一看,吴老板还是没回,毛泽东买包烟,又折回八角楼。此后,毛泽东每天去一趟,一看吴福寿还没回,便扫兴而归。

贺子珍悄悄地把毛泽东自己去买烟的事告诉袁文才,说:"毛委员是不是不信任我?"袁文才说:"你以为毛委员是要买烟?"贺子珍问:"不是买烟,那是做什么?"袁文才也不解释,说:"你以后就会知道。"

又过了些时日,吴福寿回来了。他刚走进店里,家人便告诉他说,这些日子,毛泽东天天来买烟。吴福寿知道毛泽东在盼他的消息,放下包袱,就去八角楼复命。

"毛委员,让您等急了。"

"您回来了。"毛泽东一见吴福寿,忙高兴地给他倒水,"这一路辛苦了,怎么样？"毛泽东迫不及待地望着吴福寿。吴福寿半天不作声。毛泽东神情有些沮丧，说，"吴老板，您不要担心，什么情况我都受得。"

"毛委员，看来你们很难相见了。"吴福寿说。

"哦？"毛泽东虽然做了多种设想，但一听到此话，还是为之一震，语气有些颤抖，"情况到底怎么样？"

"唉，"吴福寿难过地摇摇头，"我到清水塘去找了，到板仓去问了，韶山也去了，都没找到您夫人。您的那些亲友，我也都打听了，不是被杀，便是被关。毛新梅被杀了，庞叔侃和钟志申也被杀了，您弟妹王淑兰和周文楠被关在长沙监狱，毛福轩下落不明。"

毛泽东一时默然无语，片刻，又问："开慧没找到，听到过她的消息吗？"

"听说前次有个女共党，率领赤卫队在平江和浏阳一带打游击，已经被击毙，估计就是您夫人了。"毛泽东不由瘫坐在椅子上。吴福寿悲愤地说："您上了井冈山，何键几次派人去韶山清剿，您家的房子被没收了，您的亲友抓的抓，杀的杀，您夫人，何键也不放过。"

"长沙板仓那次杀了两百多人，有这个事吗？"毛泽东又想起《国民日报》上的消息。

"板仓那次是杀了两百多人，我问了，有这个事。"

"吴老板，有劳您了。"听吴福寿这么一说，看来杨开慧已经遇害无疑。毛泽东不再问什么，坐在桌旁也不吱声，一口又一口闷闷地抽着烟。

吴福寿看着毛泽东痛苦的样子，在一旁默默地陪着他坐着。两人默坐了一阵，忽然，毛泽东起身，走到书桌旁，从抽屉里拿出一张毛边纸，慢慢铺开，提起笔，手微微颤抖。他蘸了墨水，慢慢地抖抖，像是要把自己的悲伤都慢慢地抖到笔尖。他写得很慢，写了很久，像是要把那无限悲伤都慢慢慢慢地倾在纸上。也不知写了多久，他终于写完，然后双手捧着，也不说话，默默地交给吴福寿。

吴福寿接过一看，毛泽东书写的是南唐后主李煜的《相见欢》：

　　林花谢了春红，太匆匆。
　　无奈朝来寒雨晚来风。
　　胭脂泪，留人醉，几时重？
　　自是人生长恨水长东。

吴福寿轻声吟读，不觉泪下。他向毛泽东要过一张毛边纸，坐下来，提笔凝思片刻，回填一词，以示慰藉：

霜染层林叶红，总匆匆。
无奈朝沐寒雨晚穿风。
关山重，心里话，恨难穷。
长夜梦念亲人难觅踪。

毛泽东接过词，默读了两遍，泪水不由涌出了眼眶，点点头，一字一顿道："知我者，福寿兄呀。"

朱德听说杨开慧被害，便和袁文才商量，正式安排贺子珍做前委秘书。

4

贺子珍第一次见到毛泽东是去年的十月。毛泽东带领秋收起义部队来到井冈山，袁文才带领贺子珍前去迎接。毛泽东见到她，还以为她是袁文才的女儿。

"她叫贺子珍，是中共永新县委委员。"袁文才向毛泽东介绍。在永新女子学校读书时，贺子珍因才貌出众，被誉为永新一枝花。她与哥哥贺敏学组织永新暴动，攻下县城后，带着队伍上了井冈山。

"看不出，看不出。"毛泽东有些惊讶。他没有料到在井冈山的头面人物中竟然有这么一个身材高挑、年轻貌美的姑娘："祝贺的'贺'，善自珍重的'自珍'？"

"是的。"贺子珍回道，"原来有个名叫桂圆，又名自珍，现在叫子珍。"

"哦，桂圆，子珍。"毛泽东笑着说，"桂圆甜呀，所以要好自珍惜。"

贺子珍笑了起来，没想到大名鼎鼎的毛泽东如此风趣幽默。她早就读过毛泽东主编的报刊，也看过他写的文章，知道他是个大才子。这个大才子，不去办刊办报，怎么也带起兵来了？

山上的雪融化了，毛泽东的心情也慢慢平和。此前，贺子珍患了疟疾，刚刚好转，住在袁家。他要下乡搞调查，了解情况，会有一段时间，便来向贺子珍交代一下。走了几步路，来到袁家屋檐下，毛泽东经过窗口，来到贺子珍住所，敲了敲门，贺子珍没开门。

"子珍同志，我要走了。"毛泽东说。

"有话到窗口说。"贺子珍把窗户打开一条缝，等毛泽东来说话。

"身体恢复得怎么样？"

"还可以。"

"那就请你把我桌上的文稿抄一下。"

"你到哪里去呀？"

"我要到永新去搞社会调查。"

"你晓得路吗？"

"路在嘴上呀。"

"小心狗咬你。"

"我怕狗咬，那还得了。"

"乡里狗多，你是外地人，又牛高马大，又喜欢抽纸烟，面生地不熟，狗就喜欢咬你这种人。"

"狗多不怕，"毛泽东道，"随身带根打狗棍，爬山还做得挂手棍。"

"哈哈哈，"袁文才走到窗子前，笑道，"毛委员，你俩一个窗里，一个窗外，打的什么讲？"

"人家隔山打讲，我们这里呀，是打的隔窗讲。"毛泽东对突然冒出的袁文才笑道，"我要去永新调查，跟子珍同志打个招呼。"

"桂圆妹子，"袁文才朝窗子里的贺子珍叫道，"你出来，出来。"贺子珍穿戴好，袅袅婷婷地走出房间。"你这不是好了吗？"袁文才说，"毛委员要去永新调查，你又担心他人生地不熟，又怕他被狗咬，既然担心他，不如去给他带路。"

"要我带路？可以呀，"贺子珍笑着望了毛泽东一眼，说，"不知毛委员要不要哟。"

"当然要呀。"袁文才忙又对毛泽东说，"毛委员，子珍是永新的才女，还当过永新县委妇女部长，对永新的情况很熟悉，你要搞社会调查，她是一部活字典。"

"我这个活字典，有什么用？"

"怎么没用咧，毛委员有你这部活字典，调查一定做得好。"

"好呀，有活字典，当然好啊。"毛泽东笑道。

"你看，毛委员要带活字典去咧，你还不快去准备。"

毛泽东发现，贺子珍确实是一部永新的活字典，一路上，她向毛泽东介绍情况，如数家珍。在永新和宁冈走了一大圈，收集了很多资料，到了二月下旬，毛泽东和贺子珍在象山庵写社会调查。象山庵是一座明代古庵，离茅坪七里多路，是湘赣边界的名庵。毛泽东一上井冈山，就在这里召开永新和宁冈、莲花三县联席会议，举办党团训练班。此后，这里便成了红军后方重地。

这里风景优雅静谧，毛泽东和贺子珍一个整理，一个誊写。贺子珍平时风风火火，动若脱兔，静下来时又显得温柔贤淑，静若处子，字写得娟秀端庄。看着一沓厚厚的抄写得整洁的文稿，毛泽东很是喜欢。

"活字典，"毛泽东放下手中的笔，点上一根烟，说，"蛤蟆蹦三下也得歇一歇，我们也歇一歇吧。"

"嘻嘻，歇，怎么歇？"贺子珍问。

"去，到田里捉几条泥鳅，改善伙食。"

"你这个样，捉得到泥鳅？"

"我这个样怎么就捉不到泥鳅？"

"你看你，到课堂上讲四书五经还可以，捉泥鳅，嘻嘻，让泥鳅来捉你吧。"

"你不信？"

"不信。"

"那就试试。"

贺子珍提着一只桶，跟着毛泽东出了庵门，来到山脚下的田里。正是谷雨前后，水田里清凌凌的。毛泽东站在田埂边往左边看看，又走到右边看看。贺子珍却等不及了，看到有条泥鳅钻出泥土，在浅浅的水中游着，忙挽起裤管跳进水田里，伸手就去捉。那泥鳅听见水响，不动了，贺子珍的手刚一碰到泥鳅，它尾巴一摆就飞快地溜走了。再一看，泥鳅都钻进泥巴里，一条也不见了。贺子珍伸手到泥巴里去翻，去挖，怎么翻，怎么挖，那泥鳅就是不见影子。

"永新一枝花来了，泥鳅都躲起来了。哈哈哈……"毛泽东站在田埂上笑道。

"你笑我,那你捉几条让我看看。"贺子珍说。

"好,桶子给我,你在田埂上等一会,准备捉泥鳅。"

毛泽东从口袋里掏出一块茶枯饼,放进桶里,舀些水打湿,过一会儿伸手将泡松了的茶枯饼捏碎,再掺些水,下田走到贺子珍刚才捉泥鳅的地方,用田泥围了一个凼,然后把桶里的茶枯饼水搅匀,洒在水凼里。

"你这是干什么呀?"贺子珍不知毛泽东要搞什么名堂。

"我这是告诉泥鳅:永新一枝花来了,要开会了,快出来,快出来。"

"你叫它们出来,它们就会出来?"

"当然,当然。泥鳅们,快出来吧。"

果然,过了一会儿,一条条泥鳅从田泥里钻出来,摇摇摆摆地在水凼里游着,一条接一条,越来越多,背黑肚黄,胖乎圆溜,甚是可爱。

"泥鳅出来了,快捉呀。"毛泽东叫道。

贺子珍惊讶地看着,呆了,听毛泽东一喊,高兴地走下田去捉。更让她惊讶的是,泥鳅现在都乖乖地让她捧着,让她丢进桶里。过了不多久,就捉了几十条,贺子珍开心极了。这个毛泽东,不仅文墨好,讲话耐听,还会捉泥鳅,这是她没想到的。

又忙了两天,贺子珍放下手中的笔,说:"毛委员,蛤蟆蹦三下也得歇一歇,我们也歇一歇吧。"

"哈哈,怎么歇?"毛泽东问。

"去山里捡松菇,改善伙食。"

他们来到山上,一边捡松菇,一边聊天。

"毛委员,跟你在一起真开心。你有学问,可没有一点架子,又风趣。"

"我也有点脾气咧。"

"谁没有一点脾气?我也有脾气咧。毛委员,你夫人脾气好吧?"

"好,也有点脾气。"

"嗯,看来,谁都有一点脾气。"

"唉……"

"毛委员,我触到你的伤心事了。"

"哦,没关系。不过,讲是讲开慧被害了,我总感觉她还活着,她还带着我的三个儿子在长沙。"

"吴老板去长沙和湘潭找了,如果还在,怎么连影子都没找到?"

"我知道，可心里老想着她呀。"

"你夫人，漂亮吗？聪明吗？"

"漂亮，聪明。她父亲是北大教授，也是我的恩师。她的文章写得好，还在报纸上发过。"

"她的毛笔字也写得好吧？"

"是呀，也像你，写得一手好字。"

"她是才女，我哪比得上？"

又过了几天，他俩整理出了一本一寸厚的调查报告，毛泽东用毛笔饱蘸墨水，在封面上写下几个字：井冈山调查。

5

井冈山的调查，让毛泽东对井冈山更熟悉了，对建立井冈山根据地有了新的构想，也让毛泽东和贺子珍在调查中了解了对方。

春雨绵绵的季节过后，迎来了炽热的夏日。袁文才到象山庵办事，发现毛泽东对贺子珍的关怀胜于以往，贺子珍对毛泽东也是爱慕有加。袁文才支开贺子珍，问道："毛委员，子珍好不好？"

"子珍同志？好呀。能写会说，工作认真，待同志也很热情。"

"我是说她这个人，长得怎么样？"

"她这个人呀，长得也不错，漂亮，可爱。"

"那你们就结婚吧。"

"结婚？这不行，我有妻儿。"

"井冈山的人都知道，您夫人已惨遭杀害。"

"可我总觉得，她好像还活着。"

"吴老板去找了，长沙没有，韶山也没有，你去信也无回音。"

"也不行呀，我有三个儿子，再说，子珍还没结过婚。"

"我问过子珍，她不在意这些，同意和你结婚。"

"也不行。"

"您现在的生活总得有人照顾呀。"

"不说这事。不说这事。"毛泽东下逐客令了，"还有别的事吗？没有，就谈到这里。"

这年6月，江西军阀杨池生和杨如轩遵照蒋介石的命令，带领5个团的兵力，伙同湖南军阀吴尚部向井冈山进行联合会剿。毛泽东同朱德在宁冈古城召开红四军连以上干部会议。会后，红军按战斗部署在永新县发动群众骚扰赣敌，钳制湘敌。

这天，毛泽东和朱德来到一个村里，向地方干部了解情况。贺子珍是前委秘书，随行做记录。中午时分，警卫小吴忽然跑进来报告说："白军来了。"

朱德问："有多少人？"

小吴说："有一个连。"

毛泽东和朱德在这里开会调查是临时决定的，没带警卫连，情形十分急迫。贺子珍说："你们继续开会，我去。"

毛泽东说："开玩笑，你一个人怎么能对付一个连？"

"放心，没问题。"贺子珍风风火火地向外走去。

"别胡闹。"毛泽东追出门，要拖住贺子珍。

贺子珍已出了门，从门前坪里的树上解下一匹没有鞍的马，骑上去，拔出腰上的两支枪，冲出村子。毛泽东望着骑上马的贺子珍叫道："你回来，回来。"贺子珍头也不回地骑着马跑了。

贺子珍骑马跑了一阵，看见了白军。她挥着双枪，从树后朝白军"乒乒乓乓"地打了几枪，有两个白军顿时倒地身亡。

白军连长还没缓过神，前面又有几人被打死了。他见枪声频频，不知有多少红军，又听见树林里嘶嘶的马叫，以为遇上了红军的大官，忙向下属叫道："追，朝这边追，抓住当官的，上峰有赏。"

贺子珍见白军朝她追来，一边打枪，一边骑马朝另一个方向跑。人跑着追马，怎么追得上？但那马一隔他们远了，便回过头，冷不丁地绕到侧面打几枪。这些白军便又起劲追，却总是追不上。贺子珍骑着马把敌人从这山引到那山，又从那山引向更远的山。一个时辰后，看看跑了有一二十里远了，她折身往回转了一圈，毫发无损地回到开会的地方。毛泽东被贺子珍这股子英雄气深深地吸引了。

第二日，毛泽东在永新西乡写信给红四军军委，通报赣敌由永新出动向宁冈猛进的消息，并提出破敌的策略。接着，毛泽东在宁冈新城和朱德一起指挥，红四军主力在永新与宁冈边界的新老七溪岭和龙源口一带，歼灭赣敌一个团，击溃两个团，第三次占领永新县城，粉碎了赣敌第四次进剿。

龙源口大捷，毛泽东和朱德都很高兴。朱德忽地话题一转，说到了贺子珍单骑诱敌救朱毛一事。

朱德说："润芝呀，你认为这个子珍怎么样？"

"不错。不错。"

"这次多亏她，不然，你我也许做了江西二杨的俘虏。"

"是呀，这个子珍看似文静，却又机智勇敢，文武双全，是巾帼英雄咧。"

"看来你对她印象很好。既然不错，你们就结婚吧。"

"噢，你是给袁文才做说客？"

"不仅仅是袁文才，我，井冈山的人，都希望你俩结婚。润芝，你喜欢看三国，你想想，孙权为何要把妹妹许给刘备？"

"孙权与刘备有个共同的敌人——曹操。孙权要对付曹操，离不开刘备，所以拿妹妹来与刘备联姻。"

"是呀，是呀，袁文才和王佐是井冈山的农民武装，和我们有个共同的敌人，就是蒋介石反动派。他们希望我们扎根井冈山，成为他们的靠山。贺子珍是袁文才的义妹，他极力促成你们这桩婚事，说明他在意你呀。你娶了她，就成了袁文才的妹夫，井冈山的女婿。袁文才和王佐，心里也就踏实了。"

"哈哈，照你这么说，我成了红军的刘备啰。"

"东吴给刘备说亲，是场骗局，结果弄假成真，周瑜赔了夫人又折兵，但袁文才不是周瑜，他是真心诚意的，你也不是刘备。你和贺子珍相处有一阵子了，你俩都互有情意呀。"

"我明白你的意思，你说的也有道理，袁文才不是周瑜，贺子珍也不是孙尚香，只是，我有妻儿呀。"

"你夫人已被害，大家都知道了。何况，你对子珍印象很好，子珍也很喜欢你。你结婚了，生活上有个照应，我也放心，井冈山的人都放心。两全其美之事，何乐而不为呢？"

回到象山庵，没两天，王佐来到毛泽东住处。他平常总板着脸，性格却很豪爽。他在井冈山只佩服两个人，一个袁文才，一个毛泽东。刚上山时，王佐有一百多亩田。毛泽东对他说："王团长，田是农民开出来的，应该让农民去种。你我是干革命的，要这么多田做什么？"王佐一想，说："毛委员，你说的有道理。"他马上把田分给了农民。王佐听袁文才说毛泽东和贺子珍

的事有了进展,很高兴,忙跑来当说客。一见毛泽东,他就憨直地笑:

"毛委员,我从不找你的。"

"是呀,你是无事不登三宝殿。什么事?"毛泽东喜欢王佐的爽快,对他向来也是直话直说。

"你认为子珍怎么样?"王佐问。

"子珍呀,是个好同志。"毛泽东说。

"我今天来,是提亲的。你自己说的,子珍是个好同志。我认为,你俩是才子佳人,也可说是天作之合。"

"你也热心这桩事呀。"毛泽东不由想起前天朱德的劝说,"朱军长也说了,我没答应。"

"你不能不给我面子呀。"王佐急道,"我可是打了赌的。"

"打了赌?和谁打赌?"

"和朱军长呀。他说,如果我说得您答应了,他请我喝酒。否则,我就请他。"

"你们拿我的婚事打赌?"

"给我点面子嘛。"

"给了你面子,我就没给朱军长面子呀。"

"那我不管,你不给,我今天不走了。"

"看来,你们两个总有一个得请客,那就让朱军长请你喝酒了。"毛泽东笑道。

"毛委员,你答应了?"

"我不能不给王团长面子。"

"好。谢谢毛委员给我面子。我叫朱军长请客去。"王佐高兴地跑到门口,又折回对毛泽东说,"我和文才一起去要朱军长请客,顺便商量一下怎样办婚礼。你就等着做新郎吧。"

"哎,王佐,你们不要费神。一切从简,一切从简。"

"从简可以,毛委员,你结婚,喜酒还是要让我们喝一杯吧。"

毛泽东和贺子珍的婚事就在象山庵举行。新房是一间约八九平方米的耳房,一张老式板床、一个木桌、一个衣柜。

朱德夫妇和陈毅、宛希先、龙超清都赶来了。王佐带来两壶老冬酒,说:

"毛委员，按您的指示，不放鞭炮，不请人打锣鼓，不请人吹唢呐，也没有让子珍坐花轿。一切从简，从简。"

毛泽东笑道："这样要得。"

王佐说："但你不让喝酒，我琢磨再三，这样大的喜事，不喝酒怎么行？"说着，他面向大家吼道，"同志们，我带了两壶老冬酒，大家要喝就一起喝，你们怕违背毛委员的指示，不喝，我一个也喝得完。"

话音刚落，陈毅拿了一只碗，道："毛委员的喜酒，我要喝。"

朱德和宛希先、龙超清也伸过碗，叫道："给我倒点，喜酒不能不喝。"

"好。好。"王佐给陈毅倒了一碗，又给朱德倒，一边倒，一边呵呵笑道，"看来，今天不执行毛委员指示的人，不止我一个呀。"

第二十章 死神前的思念

1

中秋之夜，天气更凉爽了。杨开慧走出板仓杨宅，左右看了看，乡镇的路上已没什么人了，偶尔有一两声狗吠，她在黑夜中警觉地向罗家铺子走去。

自毛泽东上了井冈山，蒋介石便命何键把杨开慧抓起来。何键派出的清乡剿匪队还在来板仓的路上，杨开慧得到了长沙地下党组织的通知，马上带着三个儿子离开板仓，来到长沙一个小巷子里开茶馆。茶馆是地下党交通站，杨开慧是茶馆老板，帅孟奇和几个进步青年在店里给客人洒水泡茶当眼线。不想几个月后，这里又被何键的暗探发现了，杨开慧只得带着三个儿子撤离茶馆，在外东躲西藏。这时，杨开慧听说弟妹王淑兰和周文楠都被抓去关在长沙监狱了，远志和楚雄也跟着他们的妈妈坐牢了。她想潜回板仓，但在《国民日报》上看见一则消息，说板仓被枪杀两百多共党。板仓也不能回了。要不是组织上得到何键要抓捕她的密令，她也许和那两百多人一样遇难了。

躲过一场又一场灾难，在外漂泊了两年多，她迟迟不敢回板仓。转眼又到了中秋，此时，杨开慧特别想念两个亲人：一个是母亲，一个是她的润芝。国民党当局对井冈山封锁很严，与润芝的联络方式都遭受破坏。过了中秋，岸英就八岁了。岸英说想在外婆身边过生日，杨开慧抑制不住对母亲的思念，带着三个儿子悄悄地回了板仓。

在这偏僻山村的黑夜中，杨开慧行走自如，敏捷地翻过一个山坡，来到罗家铺子，前后看了看，见没有人跟踪，才敲了敲门。

罗家铺子是她建立起来的一个交通站。近一向风声紧，蒋介石的暗探很多，她必须时刻小心提防。她给长沙的信，还有给毛泽东的信，都是从这里送出去的。通往井冈山的交通站屡遭破坏，这一向又断了联系，然而杨开慧还是想把这条线连起来。连上这条线，她就有希望见到毛泽东。

门开了，杨开慧闪进去，将一封信交给开门的罗大嫂。罗大嫂将几份报纸塞给杨开慧，杨开慧很快又闪身出了罗家铺子。

回到板仓杨宅，杨开慧打开报纸看着，脸上的愁容忽地换成了喜色。报纸上说蒋介石要围剿井冈山了，这说明毛泽东还在井冈山上。

自板仓离别后，杨开慧就一直留意毛泽东的消息，盼着他来信。她先是听说秋收起义失败了，毛泽东不打长沙，上山当了土匪，又听说中央批评他了。杨开慧急了。润芝，你是有宏大志向的人，怎么可以当土匪？你成了山大王，那我不成了压寨夫人？你的三个儿子都成土匪崽了。过了几天，她冷静一想，这不可能，润芝怎么会当土匪？他不是那样的人，这一定是谣传。蒋介石要剿灭润芝，说明润芝还是在做他该做的事。她从长沙的同志那里得到润芝粉碎蒋介石围剿时写的诗词。这首诗词虽没署名，杨开慧反复吟唱，觉得就是出自润芝的手笔。深夜，她躺在床上，一边吟诵，一边在诗词的韵律中想象战火纷飞的井冈山，白军向红军进攻，润芝不会使枪弄棍，应像诸葛亮似的摇着羽扇在山峰上谈笑风生。泰然自若间，黄洋界一声炮响，进攻的白军乱了阵脚，山上的红军冲下山去，白军被打得溃不成军……

第二天，杨开慧把岸英和岸青叫到身边，一起读一首诗：

　　山下旌旗在望，山头鼓角相闻。
　　敌军围困万千重，我自岿然不动。
　　早已森严壁垒，更加众志成城。
　　黄洋界上炮声隆，报道敌军宵遁。

2

在南京总统府里，蒋介石皱着眉头，陈立夫说："委座，同冯玉祥和阎锡山的中原大战结束了，您可以松口气了呀。"

蒋介石望了一眼他的这个秘书长，当然明白他的心意，说："哪里能松口气，还有个叫人头痛的井冈山。"

陈立夫说："井冈山能成气候吗？"

蒋介石说："立夫，如果没有毛泽东，这个井冈山也就没什么，有毛泽东在那里，你就不可小看。四年前，我在黄埔，听过毛泽东的演讲。那时毛泽东在你我之上，身居中宣部要职。"

陈立夫说："他早已不是中宣部部长了，现在不过一个草寇之王。"

蒋介石说："他是能成事的。他二十多岁时，在湖南驱张，全国轰动。一介布衣，竟把个省总督赶出了湖南。国共合作时，他竟任中宣部要职，非等闲之辈呀。他现在是草寇之王，一旦成了气候，对我的威胁将大大超过冯玉祥和阎锡山。井冈山若没有他，我高枕无忧；有他，不得不防。"

说到这里，蒋介石叫陈立夫接通何键的电话。何键在军阀混战中取得蒋介石的信任，当上了湖南省主席，蒋介石有恩于他。他对蒋介石感恩戴德，如同犬马，接到蒋介石的电话，受宠若惊。

蒋介石说："芸樵，我已帮你收复了长沙，下一步湖南的稳固，要靠你自己了。"

何键唯唯诺诺道："多谢委座。"

蒋介石又说："毛泽东是湖南人，你也是湖南人。你想过吗？他为什么能以八千人，攻下你三万多人守的长沙？"

何键说："卑职学识肤浅，恭请委座赐教。"

蒋介石说："我听说，毛泽东祖坟的龙脉好啊。龙脉好，他毛泽东就旺，这对你就是威慑。"

何键恍然大悟，说："委座所言有如醍醐灌顶，让芸樵茅塞顿开。"

蒋介石又问："你湖南的共产分子抓得怎么样？那个杨昌济的女儿，毛泽东的夫人抓到了吗？"

何键说："清剿队去了韶山，也去了她板仓老家，就是不见人。上次探到她在长沙开茶馆，待我们去抓，又不见踪影了。我已派出多路暗探，一有线索，马上逮捕。"

蒋介石说："嗯，这个杨开慧不可小视。还有，我同冯玉祥、阎锡山的中原大战结束了，现调集十余万兵力，由鲁涤平为总司令，张辉瓒为前线总指挥，采取'分进合击，长驱直入'的作战方针，消灭井冈山共匪。湖南紧挨井冈山，你要积极参与。"

何键忙回道："是。芸樵将竭尽全力参与，请委座放心。"

放下电话，何键思索了一会，打电话把特务队长龚仲荪叫来办公室，说："仲荪呀，蒋委员长集结十万大军，围剿井冈山共匪，指令我密切配合参与。我的意见是坚决配合，剿灭共党，除恶务尽。你马上给我颁布《十大杀令》，凡通共袒共、宣传赤化、窝藏共党分子、知情不报者，杀！"

龚仲荪忙点头领命。何键又说："湖南乃帝王将相之地，我听说，舜帝南巡时，在韶山演奏过韶乐，那地方灵秀非凡。传说毛泽东的祖父就埋在一块风水宝地上，其后能飞黄腾达。毛家祖坟得地灵之光，毛泽东所率红军顽固不化，对我民国政府构成大威慑啊。"

龚仲荪说："怪不得，上次我们守长沙，三万多部队，倒被他八千红军打败。"何键说："是啊。毛泽东率领的红军之所以猖獗，绝非人力之功，乃天荫之力。若任其下去，必将后患无穷。这个毛泽东不除，乃我党国心头大患。"龚仲荪说："省长，我们派兵去韶山，挖掉他的祖坟，断其龙脉，使其再无天荫之力庇护。"何键说："我正有此意。此事就由你去办。还有，毛泽东的夫人杨开慧，找到她的下落了吗？"龚仲荪说："暂时没有。我已安排耳目在韶山和板仓两地监视。一有消息，他们就会报告我。"何键道："好。只要有杨开慧的消息，你问都不要问我，马上抓来。"

3

这天，陈玉英正带着岸英兄弟在天井玩，杨开慧把她叫到一边，说："陈嫂，不好意思，今天是发工钱的日子，我现在手头紧。你大哥那边这么久没联系上……"杨开慧话还没说完，陈玉英忙说："大姐，你不要说工钱的事了。蒋介石在井冈山围剿大哥，何键也在到处抓人杀人，大哥那边总联系不上，可能是交通站被破坏了。我不是说了吗，我有钱，不指望你给我薪水。我刚来你家，你就说我们是一家人。你和大哥一直把我当妹妹看，现在你有难，怎么倒把我当外人？"她这么一说，杨开慧也就释怀了。

这天夜里，杨开慧被毛岸龙缠着不能脱身，陈玉英就代她去交通站。陈玉英按照嘱咐，在黑夜中悄悄行走。快到罗家铺子时，陈玉英见没人跟踪，才进了罗家铺子。进门后，陈玉英将一封信交给罗大嫂。罗大嫂和陈玉英也很熟了，将几份报纸塞给他，悄悄地说："里面有一封信。"

第二十章 死神前的思念

陈玉英回到板仓杨宅，高兴地对杨开慧说："大姐，大哥来信了。"

杨开慧在灯下拆开一看，信上是她熟悉的笔迹。这是毛泽东上井冈山后，用暗语给杨开慧写的一封信。信上说，他出门后，开始生意不好，亏了本，现在生意开始好转，日后会兴旺起来的。发信地点是江西宁冈的一家中药铺。这封信也不知经过多少周折，现在才转到杨开慧手中。看完信，杨开慧才知道她写的信润芝没收到。润芝给她写的一些信也不知哪里去了。蒋介石对井冈山重重封锁，使得山上的盐和药品相当紧张。杨开慧听省委杨福涛说，江西省地下党负责人聂福轩，以省商会会长的身份，组织给井冈山送盐送药，输送粮食和军用品，不幸被他身边一个姓姚的叛徒出卖。国民党把聂福轩抓到南京严刑拷打，希望查出井冈山周边的地下党组织，聂福轩宁死也不肯交代。国民党将聂福轩残酷杀害后，还派兵要灭了聂福轩全家。周恩来得到内幕消息，马上把他的七个子女秘密转移安置在全国七个地方，其中最小的儿子只有十一岁，由湖南省委安排在党组织开办的湘潭启新药行做学徒。杨开慧知道毛泽东在井冈山的艰难，多少人为了它付出了生命。不管蒋介石怎么封锁，怎么杀人，井冈山的斗争不能停止。杨开慧又给毛泽东写了封信，把存下来的盐巴和药品放进几个竹筒内，连同信一起送到罗家铺子。

然而，这封信发出后仍然没有回音。没有毛泽东的回音，杨开慧焦虑不安。一到夜里，她把对润芝的思念写下来，她要让润芝知道，他不在身边时，她是多么地想念他。杨开慧拿起毛笔，伏在书桌上写着，泪水一滴滴落在纸上。写了一会，她又起来站在窗前，望着窗外高悬的明月……

小时候，杨开慧看见人家杀鸡宰鸭，就很同情这些畜类。当她知道人是要死的，一到晚上睡觉，这些鸡和猪，还有人死的惨影，在她的脑海里翻腾起来，那个滋味，那个痛苦，现在想起还完全记得。她完全不能理解她的哥哥和许多小伙伴，为什么能够下手去捉老鼠抓蜻蜓来玩。长大了，她随爸爸在长沙一师的时候，认识了爸爸的学生润芝。他是父亲最钟爱最欣赏的两个学生之一。还有一个蔡和森成了她的表姐夫。这个润芝，个子高，眼睛亮而有神，健壮结实。听说他每天早上起来洗冷水澡，还在报刊发表要强身健体的文章。杨开慧跟着父亲到了北京，那是十六岁的光景，她效仿父亲最钟爱的学生润芝，清早起来洗冷水澡，做体操。她在寒冷的北京只穿一件旧棉袄过冬。那时她和润芝常出去散步,在红墙下吹着割脸的北风,磨炼意志力。她觉得只要和润芝在一起，无论怎样的寒冷和压力都能承受。

大约是十七八岁的时候，她对于结婚已有了自己的见解。她反对一切仪式的结婚，并且认为，只要有心去求爱，必然能获得最高级最美丽无上的爱情。不久，表姐向警予和蔡和森没有举办仪式结为向蔡同盟。她觉得自己很幸运，认识了父亲钟爱的另一个学生。她自从听到他许多的事，看到了他许多文章和日记，就爱上了他。不过她开始没有希望会同他结婚。因为她虽然爱他，但决不表示，她认定爱的权柄是操在自然的手里，她决不妄去希求。她也知道都像她这样，爱不都埋没尽了吗？然而她的性格非如此不行。她已决定独身一世的。一直到润芝写了许多信给她，表示了他的爱意，她还不敢相信她有这样的幸运。有一位朋友，告诉她润芝同样在思念她，她才了解了润芝对她的真意。她深爱的父亲曾在母亲和亲朋面前夸耀润芝。那回驱张，父亲得意地说，湖南驱张，打响了民众反军阀的第一炮。北洋政府大总统是谁？国务总理是谁？很多人不知道。要问湖南驱张者，都知是润芝也。润芝在京请愿时住进了杨家。那时她正好在家自学。她和母亲给润芝做晚餐，等润芝夜里回到杨家，亲亲热热的就像一家人聚餐。从此她有一个新意识，觉得自己为母亲而生之外，就是为润芝而生。她想象着，假如有一天他不在了，母亲也不在了，自己一定要跟着他去。假如他被人捉去杀了，她一定要同他共赴刑场。

这天，是毛泽东36岁的生日，特殊的日子让杨开慧更加想念毛泽东，而且非常担心他的健康和安全。杨开慧在当天的散记中写下了自己的悲苦情绪：

"天哪，我总不放心他。只希他是好好的，属我不属我都在其次，天保佑他罢。

"今天是他的生日，我格外地不能忘记他，我暗中为他祈祷。家人烧了一点菜，晚上又下了几碗面，妈妈也记着这个日子。晚上睡在被里又伤感了一回。听说他病了，并且是积劳的缘故，这真不是一个小问题，没有我在旁边他不会注意的，一定到死方休。"

杨开慧越思念越难以忍受，这真是折磨人的思念啊。当这种思念无法用一般的语言表达，杨开慧又换一种方式，表述自己的情思：

天阴起朔风，浓寒入肌骨，
念兹远行人，平波突起伏。
足疾是否痊，寒衣是否备？
孤眠谁爱护，是否亦凄苦？
书信不可通，欲问无人语。
恨无双飞翮，飞去见兹人。
兹人不得见，惆怅无已时。
……

4

龚仲荪骑着马，率兵从长沙来到韶山脚下，寻找去往毛家祖坟的路。山路崎岖，荆棘丛生。来到一块山田边，有个农夫在田埂上种豆，龚仲荪叫道："老乡，你在干什么？"

种豆农夫说："种豆呀。种瓜得瓜，种豆得豆。咦，你们这是干什么？说是兵吧，又扛着锄头，说是作田的吧，又背着枪。"

一个枪兵说："老乡，我们是来挖毛泽东的祖坟……"

"哼！"龚仲荪瞪了那个枪兵一眼，那枪兵忙闭了嘴。龚仲荪说："老乡，滴水洞在哪里？"

"滴水洞呀，"种豆农夫往一座秀丽的山峰一指，"在那边。"

龚仲荪抬头一看，只见农夫指处峰峦起伏，风光秀丽。虎歇坪和龙头山两座挺拔的山峰高耸对峙，蔚为壮观。龚仲荪暗暗地慨叹道，怪不得，果然是块风水宝地。

"种瓜得瓜，种豆得豆哟，"种豆农夫见龚仲荪往山上爬去，又哼唱起来，"善有善报，恶有恶报哟，不是不报，时间未到哟……"

龚仲荪带着背锄头的兵来到一个山路口，山坡上有个樵夫在砍柴，砍柴声在山间回荡。龚仲荪叫道："老乡。"樵夫仍砍柴。龚仲荪又叫了几声，可能是砍柴的声音太大，樵夫还是砍他的柴。一当兵的朝天开了一枪。"砰——"樵夫吓了一跳，望着山路上的士兵发愣。一个士兵说："他妈的，我们长官叫你呢。"

樵夫说："哦，长官，对不起，我正砍柴呢。"

龚仲荪又问:"老乡,毛泽东的祖坟在哪里?"

樵夫往山里一指,说:"那边。"

当兵的说:"你带路。"

樵夫说:"这我就不晓得啦。"

龚仲荪说:"你怎么会不晓得?"

樵夫说:"山这么大,坟这么多,我怎么会晓得?"

龚仲荪说:"那你说,谁会晓得?"

樵夫说:"毛泽东的祖坟,只有毛泽东和他家人晓得。你们叫毛泽东来,他肯定晓得。"

当兵的说:"废话。"

龚仲荪挥挥手,背着锄头的兵又往山顶爬。一当兵的在山坡上叫道:"这里有个坟,碑上写的是姓毛的。"

龚仲荪下马爬过去看了看,说:"不是。"

当兵的说:"是姓毛呢。"

龚仲荪说:"这韶山冲姓毛的多呢。"

快到虎歇坪时,山路崎岖陡峭,马爬不上去了,龚仲荪只得把马系在山路边的树上,和背着锄头的兵徒步爬上虎歇坪。

龚仲荪站在虎歇坪看了看,感慨地说:"这个地方好啊,一沟流水一拳山,龙盘虎踞在此间。整个韶山,就这个地方风水最好。毛泽东的祖坟,应该埋在这一块,给我找。"

士兵们扛着锄头钻进山林中,拨开荆棘寻找,钻进灌木中寻找。有个士兵在虎歇坪山腰间喊着:"龚队长,这里有个坟。"

龚仲荪急忙爬过去,只见山坡上有一坟上竖着碑,中间书"显考毛公俊贤老大人之墓",左侧立墓之人为"毛",下面便模糊不清了。

龚仲荪围着墓转着,看着,墓是三合土筑的,坐地也很好,视野开阔,确是一块风水宝地。他点点头,对身边背镐背锄头的士兵挥手道:"挖。"

背镐的兵朝墓碑挖去,墓碑被砸得火星四溅,碎石飞射。背锄头的兵刨开坟堆,越挖越深,挖出一堆黄色的土后,终于挖出了墓穴,露出腐朽的棺材。枪兵们有些畏惧,掩鼻站在一旁。

"砰砰",龚仲荪对着尸骨打了两枪,叫道,"怕什么?我们这么多枪,还会怕一个死人?"

5

朱德来到毛泽东的书房，说："老毛，特务营向我报告，何键派兵去韶山了。"

毛泽东说："何键派兵去韶山？我的几个亲友都被他杀的杀了，抓的抓了，他还去韶山干什么？"

朱德说："据了解，蒋介石授意何键，说你的龙脉太旺，所以派兵挖你祖坟，断你龙脉，乱你心志。这个老蒋，两军交战，真刀实枪就真刀实枪嘛，动此歪招，这，实属下作。"

"蒋介石来这一手，太幼稚了。朱军长，我们共产党人是唯物主义者，不信这个。"

"是呀，他这么做，反让他失去民心。"

毛泽东沉吟片刻说："哎，朱军长，你这么说，我觉得朱毛红军还真有个龙脉。"

朱德说："什么？你信这个？"

毛泽东说："古人云，得民心者得天下。我们井冈山红军为何屡战屡胜？因为我们做的事是得民心的，这个民心，就是朱毛红军的龙脉嘛。"

朱德笑道："你说的这个龙脉，也就是我们共产党的龙脉呀。好，我们一定要好好维护这个龙脉。蒋介石一边派十万大军集结在井冈山下，一边叫何键挖你的祖坟。挖人祖坟，天良丧尽，不得民心。这次围剿，必败无疑。"

过了几天，毛泽东和朱德决定在宁都黄陂召开会议。毛泽东写了副对联，叫警卫贴在大门两侧。开会前，朱德走到门口，看到对联，不由停下脚步念道：

敌进我退，敌驻我扰，敌疲我打，敌退我追，游击战里操胜算；
大步进退，诱敌深入，集中兵力，各个击破，运动战中歼敌人。

朱德看了又看，见毛泽东来了，说："润芝，你这对联写得好。上联和下联虽然只46个字，实际上就是一部游击战兵书。"

"朱军长见笑了。你是学军事的，我这是班门弄斧了。"

朱德哈哈笑道："敢在班门弄斧，得有点真家伙。润芝啊，从这副对联看，军事谋略，你比蒋介石高明。蒋介石总喜欢推荐《增补曾胡治兵语录》，你这46个字，比那曾胡治兵语录要高明得多。"

6

杨开慧发出信后，再也没收到毛泽东的来信，是地下交通站遭破坏，还是转来转去把毛泽东的信转丢了？她不知道。毛泽东托吴福寿来找她时，她隐藏在外地。来板仓打探杨开慧消息的还有何键派来的便衣，他们时而化装成小商小贩，时而化装成过往行人，板仓人为保护她，对外地来人都谎称杨开慧被杀了。吴福寿也就真的以为杨开慧牺牲了。

这种天长日久等待的煎熬和折磨，杨开慧有些承受不住了，有时几天睡不着觉，等着盼着，简直要疯了。等不到来信，她泪水默默地流。岸英三兄弟看着她这样悲伤，也跟着她不吵不闹地难过，向振熙也跟着她默默地难过。可她太伤心难过了。她想去井冈山，可不能丢下孩子不管啊。

无意之中，杨开慧在京报副刊上看见一篇女权高于男权的文章。她马上给京报编辑莫愁写了一篇文章：我才知道现在国民政府所许与我们者仍是一个不彻底的平等。但这绝对不是国民政府之过，是我们女子无彻底的要求之过，我不禁又要长叹息了。要男女平等，必须先承认女子是一个"人"。因为女子是一个"人"，男子也是一个"人"，所以男子有承继财产权，女子当然也有承继财产权。现在，已出嫁的女子没有承继财产权，那么，分明说女子是附属于男子的，所以出嫁了就是男子的人了，无需于父母的财产了。要知道承继财产权绝对不是需要不需要的话，是"人"既有承继财产的事实，女子是"人"，当然是一样有这种事实。姊妹们，我们要做到男女平等，绝对不能容许人家把我们做附属品看。来。我们来。努力要求政府给与我们彻底的平等法律罢。必须要达到女子不论结婚与不结婚和男子一样，有承继财产权的权利，才能算得男女平等的法律。现在我们还在受附属品的待遇，而袁枚功先生还说女权高于男权，请袁先生先承认我们是"人"再来谈话罢。

杨开慧对时局很绝望，但仍怀抱着一些改良的期望，为妇女的权益作出呼吁。同时，她对爱情和信仰既有坚守，也有迟疑，有期待，也有无奈。杨开慧对她哥说："谁把润芝的信带给我，谁就是我的恩人。"等了几个月，这个恩人就是不出现。

　　有一年半没有毛泽东的音讯了。这天，杨开慧照例想从报刊上发现一些信息。她在《民国日报》上看到一个女人被杀后挂头示众的消息，这个女人就是朱德的妻子伍若兰。国民党当局将其头颅悬挂示众，并在《民国日报》上发了两篇欣赏人头的文章。杨开慧不由百感交集，又给京报莫愁写了一篇《见欣赏人头而起的悲感》。

　　杨开慧写这篇文章时，也想到了自己，自己的丈夫和朱德被称为"朱毛"，正是国民党要剿灭的对象，自己与伍若兰一样，不仅是"共匪头子"的家属，而且还是一个一直被他们追捕的对象。现在虽然没被发现，难免哪一天不暴露被抓呀。死亡如影随形，杨开慧意识到自己随时有可能被杀，甚至头颅也被挂在城头让人欣赏。杀我，我不怕。黄爱和庞人铨被杀那年，润芝就在清水塘与我和他几个弟妹讲了，我们随时都会献出生命。生命只有一次，我被杀了也不要紧，让我最放心不下的是几个孩子。我得想办法安排好岸英三兄弟，防止他们在父亲毫无音讯时又失去母亲而变得孤苦无依。

　　杨开慧先是想把岸英三兄弟托付给自己的堂妹开仁和开秀，后又想，托付给他们的叔父毛泽民和毛泽覃更好一些。过了些天，杨开慧又给堂弟杨开明写了一封信。她意识到自己危险的处境，抓紧时间安排身后事。

第二十一章 识字岭托魂

1

龚仲荪在板仓安插的眼线向他报告,杨开慧现已潜回板仓。

杨开慧本打算在娘家过了中秋就走,向振熙和岸英兄弟却十分不愿。向振熙说:"两周后就是岸英8岁的生日,干脆让他过了生日再走吧。"

杨开慧说:"最近何键颁布了《十大杀令》,只要是通共和宣传赤化、窝藏共党分子、知情不报的,一律要杀。何键已杀红了眼。这个时候,我待在家里,会连累你们的。"

向振熙说:"《十大杀令》是何键颁布的?"

杨开慧说:"是呀。"

向振熙道:"他何键要杀什么人,也不会杀我杨家人。"

杨开慧说:"妈,你别把他想得太好了。他怎么不会杀我杨家人?"

向振熙说:"当年他何键什么也不是的时候,是仰仗你爸的名声一步步爬上来的。这个恩他还没报呢。"杨开慧见向振熙说得那么自信,又见岸英三兄弟都抱着老人依依不舍,实是不忍,只好答应了。岸英三兄弟在家免不了嬉戏打闹。龚仲荪的暗探佯装从杨宅经过,听见院子里有几个小孩嬉戏的声音,便日夜盯梢,终于在一个晚上看见了杨开慧。

何键为之一喜,说:"好。毛泽东的祖坟刚刚挖了,杨开慧马上有了下落,这也是上天助我。你马上将杨开慧抓来,以彻底扰乱毛泽东心志。"

龚仲荪马上带着军警,夜里三更时分赶到板仓。龚仲荪一挥手,板仓响起了急促的脚步声,荷枪实弹的军警把杨家重重包围。一时间,撞门声,狗叫声,打破了夜的宁静。

毛岸英被狗叫声惊醒,擦着眼睛问陈玉英:"阿姨,今晚的狗怎么叫得这样厉害呀？"

陈玉英知道是怎么回事，她在外面看见何键颁布的《十大杀令》，也打听到清泰乡一次就杀了几百人。她回来告诉杨开慧说，估计这里不安全，是不是换个地方。杨开慧说，马日事变后，湖南已有向钧、夏明翰、郭亮受害，我们家菊妹子也遇害，前不久，朱德的妻子被杀后，头颅还被挂在城头让人欣赏。他们要抓我，我带着三个孩子，到哪里都不会安全的。陈嫂，万一我有什么意外，你告诉润芝大哥，我永远是他的妻子，我坚信他的事业一定成功。

这天夜里，杨开慧思量再三，从卧房里捧着一个青花瓷坛，那青花瓷坛里装着一些文件和书信，杨开慧不想让这些东西落在敌人之手。她来到杨宅后的一块菜地，挥锄挖了个坑，然后将青花瓷坛埋入坑中。回到卧室，杨开慧发现书桌抽屉里还有自己写的日记，她将日记卷成卷，在屋里看着，没有合适的地方。她来到天井，望着楼上的土砖墙，爬上去，在砖缝间掏了一个洞，将日记塞入砖缝，再用泥巴糊上。

当杨开慧做完这些，外面狗叫了起来，她便坦然地向门口走来。这时，撞门声更急了，杨开慧刚到大门口，"轰隆——"杨宅的大木门被撞开，一群军警涌进杨宅，围住杨开慧。

龚仲苏跨进门道："杨开慧，何省长派我来请你到长沙走一趟。"然后看了看毛岸英和陈玉英，说："把他俩也带走。"几个枪兵把陈玉英和毛岸英往外推。

杨开慧揶揄道："你不是说何省长请我去吗？哪有这样'请'的？连我的孩子和保姆也不放过。"

龚仲苏觉得没必要掩饰，朝军警挥了挥手，两个士兵便用绳子绑住杨开慧。

2

日头快下山时，杨开慧母子和陈玉英被押进监狱。毛岸英打量着这黑森森的建筑，惊惶地问："妈妈，这是什么地方？"

杨开慧说："这是牢房。"

毛岸英说："他们为什么把我们抓到这里？"

"他们想通过我们,来抓你爸爸。"杨开慧俯在毛岸英耳边轻声说,"记住,你看到爸爸妈妈的任何事,都不能告诉他们。"

进监狱的当天,杨开慧和陈玉英均被过堂审讯。龚仲苏要杨开慧交代是怎样和井冈山联系的,他想只要杨开慧说出一个交通站或者联络人,他就可以扯出萝卜带出泥。可杨开慧只说不知道,再没多余的话。狱警手挥着皮鞭向杨开慧身上抽打,让陈玉英在一旁看。他们猜测,陈玉英和杨开慧是不同一般的雇佣关系,会知道很多他们需要的东西。于是便在杨开慧身上用刑,让陈玉英看,以期摧垮她的心理防线。打了一阵,狱警又换刑具,用一根碗口般粗的木杠压在杨开慧腿部,再由几个狱警在木杠两头用力往下踩。陈玉英看得心惊肉跳,在一旁痛苦地叫着:"你们别打她,她身子弱,不经打。"

龚仲苏望着陈玉英说:"哦,你心疼了?你若真心疼她,把她平常叫你去哪些地方,告诉我,我就不打她,而且放了你。"

三年多了,陈玉英跟着杨开慧从长沙去武汉,又从武汉回长沙到板仓,杨开慧和毛泽东把她当家人,什么事都没瞒她。他俩做的事,是为了让穷人能过上好日子,她为他们夫妇送过信件,取过资料,他俩好多朋友她都见过,都认识。这些告诉龚仲苏,那不是出卖了大哥大姐?陈玉英马上也像杨开慧那样回答道:"我不知道。你们不要打她了。她一个教授千金,造孽呀。你们要打,打我吧。"

龚仲苏挥挥手,狱警手上的皮鞭真的向陈玉英身上打来。片刻,陈玉英身上被抽出一条条血痕。

3

龚仲苏听说何键找他,忙匆匆地赶到何府。何键见龚仲苏来了,显得很高兴,说:"仲苏呀,你最近做的两件事,一是挖毛泽东祖坟,二是抓获杨开慧,蒋委员长知道了,很满意。"

龚仲苏不由露出得意的神色,但还是谦恭地说:"这都是省长谋划有方。"

何键问:"杨开慧说了什么没有?"

龚仲苏说:"没想到杨开慧一个文弱女子,用什么刑都没用。连她那个保姆,经她赤化,也死心眼。"

何键不由感叹道："保姆也可以赤化到这个程度？真是了不得。"

龚仲荪说："是呀，我不理解，他们对信仰的追求是那么坚决，那么执着。"

何键说："如果是这样，我们更应该想办法让杨开慧自首。杨开慧是毛泽东的夫人，她又常在报上发表过激文章，影响大啊。蒋委员长来电话说，围剿井冈山的行动马上就要开始了，如果杨开慧自首，马上公开登报，那对毛泽东和井冈山将是个致命打击。所以，杨开慧能自首，胜过千万人自首。"

龚仲荪说："我尽力，尽力。"

何键又说："据说杨开智带着杨老太太已去北平和上海，在四处活动，想通过杨昌济故友的影响来营救杨开慧。一旦活动得逞，我们就被动了。所以，我们要抓紧时间。"

龚仲荪点头哈腰道："我尽快，尽快。"

4

杨开慧看见陈玉英痛苦的样子，知道她受刑不比自己少，道："孙嫂，让你为我受苦，真对不住。"

陈玉英说："大姐，不要这样说。我为你受苦，那你在为谁受苦？"

杨开慧一想，觉得陈玉英说得真好，不由有些欣喜地望着她，是呀，我又是为谁在受苦？为了他，我心爱的人？还是为了他所从事的事业？

这时，狱警过来叫道："杨开慧，带上你儿子，走。"

杨开慧和陈玉英吃了一惊，难道还要一个小孩替母受刑？杨开慧说："他还是一个小孩，叫他去干什么？"

陈玉英也叫道："让我去，让我陪她去受刑。"

狱警说："不是受刑，有人来看你母子俩。"

"真的吗？"杨开慧在心里想着，是谁呢？难道是母亲带着岸青来了？

来到探监室，杨开慧一看，是周陈轩。她还带着一个三岁多的男孩，男孩双手捧着一包糕点，规规矩矩地坐在探视室桌边等着。

周陈轩以前常给毛泽东送信，杨开慧早就认识。周陈轩是周文楠的母亲，毛泽覃的岳母，她身边那个三岁多的男孩，难道是泽覃的儿子？那年在武汉时，泽覃要去参加南昌起义，文楠哭哭啼啼不愿离开，那时文楠正怀有几个月的身孕，如果顺利，也该有这么大了。

周陈轩带来的男孩正是毛楚雄。周陈轩听说杨开慧母子被抓,想起毛泽东在长沙时鼓动她母女参加革命,现在她和毛泽东是一家人。毛楚雄有三岁了,还没见过爸爸,也没见过毛家的人。她对毛楚雄说:"我们去看大伯娘和岸英哥哥。"

毛楚雄高兴地说:"好呀,我可以和哥哥说话吗?"

周陈轩说:"可以,但要注意,说不得的不能说。"

毛楚雄说:"为什么说话还有不能说的?"

周陈轩说:"因为那是监狱,他们要抓你的爸爸和岸英哥哥的爸爸。"

毛楚雄似懂非懂地点点头:"外婆,我知道了。"

在经过黄泥街时,周陈轩在一个副食店买了些法饼之类的糕点。毛楚雄看见那香软的法饼,不由流出了口水,说:"外婆,我要吃。"

周陈轩说:"楚雄,这个你别吃。这是给你岸英哥哥吃的。"

毛楚雄说:"为什么要给岸英哥哥,不给我?"

周陈轩有些伤感道:"你岸英哥哥小小年纪,就被抓起坐牢。"

毛楚雄忙说:"外婆,我也和妈妈坐过牢。我知道。你不哭,我不要吃了。"

周陈轩搂着毛楚雄说:"楚雄乖。"

毛楚雄双手捧着那包糕点,一直捧进监狱,捧到探监室,也不打开看一看。

"外婆,"杨开慧很高兴周陈轩带着楚雄看她,忙对毛岸英道,"叫外婆,外婆。"

"外婆。"毛岸英上前叫道。

"呃,呃。"周陈轩对毛楚雄说,"楚雄,这是大伯娘,这是你岸英哥哥。"

"大伯娘,"毛楚雄叫了一声,然后把糕点送给毛岸英,"岸英哥哥,给你的。"

"谢谢外婆,谢谢楚雄弟弟。"毛岸英说。

"岸英哥哥,你见过我爸爸吗?"毛楚雄问。

"见过呀。"毛岸英说。

"我爸爸什么样子?"

"你爸爸个子高大、魁梧,很有力气。我像你这么大的时候,你爸爸扮马让我骑,我骑在他脖子上,他围着院子跑,很好玩。"

"哥,我,我还没见过我爸爸。我好想见我爸爸。我爸爸现在哪里?"

杨开慧和周陈轩在一旁忙向毛岸英递眼色。毛岸英心里明白，忙说："你爸爸，现在骑马当将军去了。"

毛岸英和毛楚雄堂兄弟初次见面就那么亲切，杨开慧感觉到血缘关系的神奇，对周陈轩说："楚雄像文楠呢。"

周陈轩说："都这么说。但总还是毛家的人。楚雄才半岁，也和文楠关在这里。我心疼死了，将她母子俩保外就医。"说到这里，她的声音小了，小得只有杨开慧能听见，"他妈出去了，楚雄跟着我，天天念着要爸爸，要妈妈。"杨开慧听着周陈轩说这些，知道她心里的苦闷，眼睛左右瞄了瞄，女狱警并没留意，她才松了口气。周陈轩叹了口气又说："唉，细伢子造孽。以前你们在长沙，我那里热闹得很，日子也过得充实。现在文楠和泽覃虽然结婚成家，可夫妻俩一个东一个西，你和润芝也是。楚雄看不到爹娘，现在只好跟着我这个外婆。我带着他，有时还要受官府追查，不得安宁，唉。"

杨开慧又瞄了瞄周围，小声说："外婆，您如果觉得合适，带楚雄到韶山去。那里毕竟是楚雄的家。"

5

杨开慧第一次看见刑房里的老虎凳、皮鞭、木架，还有些恐惧，经历过、痛过之后，现在再看这些刑具，已经麻木了。

杨开慧又被带到审讯室，问："今天用什么刑具呀？"狱警正欲上前把她往刑具上绑，龚仲荪挥挥手，狱警便停了下来。

龚仲荪叫狱警搬来椅子，很客气地叫杨开慧坐下，说："开慧女士，我今天受命向你转达一句话。何省长说，你父亲是北大有名的教授，何省长与你爹生前交往时，你还是个小姑娘。他是看着你长大的。你一个教授千金，怎么和一个共党头子毛泽东搞在一起？何省长看在与你爹以前交情的份上，给你一个自首的机会，希望你与毛泽东脱离夫妻关系，只要你在这上面签个字，马上还你自由。"

"哈哈哈哈……"

"你笑什么？"

"笑你们愚蠢，无知，无能。"

"噢，我倒要听听，何为愚蠢，何为无知，何为无能？"

"你听着,"杨开慧说,"你们平白叫一对恩爱夫妻脱离关系,是为愚蠢;你们不知我们为什么对革命事业这样执着,甚至死都不怕,是为无知;你们对毛泽东领导的工农红军束手无策,抓来他的妻子做文章,是为无能。"

龚仲苏被这几句话气得要跳起来,道:"看来,你不珍惜这个机会。"

"要杀就杀。"杨开慧平静地说,"要我和毛泽东脱离夫妻关系,除非海枯石烂。"

龚仲苏一时语塞,挥了挥手。狱警把杨开慧绑在老虎凳上,一使劲,杨开慧昏死过去。这时,一个狱警进来报告说何省长来了。龚仲苏忙往外走。来到监狱大院里,只见一辆小车停在坪里,何键正从车里走出来。龚仲苏忙迎上去,向何键敬了礼,然后随着他走进监狱长办公室,说:"省长,您亲自驾到,不知有何要事?"

何键焦虑地说:"情况不妙呀。这个杨开慧,一旦自首,胜过千万人自首。可现在,她关在牢里,也就等于关了千万个牢犯呀。"

龚仲苏说:"这,这话何从讲起?"

何键说:"杨开慧是毛泽东的夫人,她也是杨昌济先生的女儿。杨昌济是北大教授,桃李满天下,他的学生身居高官高位者多,社会各界名流与杨昌济有交情的人也很多。听说杨老夫人已在北平、上海找了几个杨昌济的故友,请他们营救杨开慧。他们已有人向我求情,我回复说看看。如果他们都来向我求情,你说,我怎么办?我能答应放吗?我为了他们的面子,放了杨开慧,蒋委员长那里怎么交代?如果我没有答应这些说客,以后怎么见他们?"

龚仲苏说:"是呀,这事棘手。省长,如果是这样,卑职倒有一个建议,尽快把杨开慧处决。"

何键说:"这,他们要问起来,我无颜面对啊。"

龚仲苏说:"您好面对。我尽快把杨开慧处决,公布后,有人问你,你就推说是省清乡司令部和长沙警备司令部'铲共队'龚某所为。"

何键说:"这,这不让你背负了压力?"

龚仲苏说:"省长,只要您好开脱,我背负这个压力,没有关系。再说,有您罩着,他们也为难不倒我呀。"

何键盯着龚仲苏看了有半支烟工夫,说:"仲苏,我没看错人。你对党国事业的忠诚,对我工作的密切配合,我心里有数。好,好,好。"

6

龚仲荪说话算数，第二天凌晨，他就安排清乡司令部特务连到长沙监狱提人。他要尽快处决杨开慧。

牢房里还是暗黑一片。杨开慧一身伤痛，本来就睡得不深，听见外面异常的摩托车和警车叫声，感觉她预感的那天来了，像伍若兰一样头颅被挂上城头示众的时候来了。她拍了拍酣睡的毛岸英。

毛岸英揉着眼睛，说："妈妈，你的伤痛吗？"

杨开慧说："不痛。妈妈不痛。岸英，你要是出去了，要带着弟弟找爸爸，要记得告诉爸爸，妈妈是很爱他的。"

杨开慧还想说什么，只听见监狱长发出一声狼嚎般的叫声："提杨开慧！"监牢里的狱警也吆喝起来："提杨开慧！"

毛岸英感觉到情况的异常，扑在杨开慧怀里，紧紧地偎着。杨开慧说："记住了妈妈的话吗？"毛岸英惶惑地点点头。

牢门打开，几个荷枪实弹的警察，冷冷地站在牢门两旁。难友们被喊声惊醒，一齐扑向门口，把头伸到窗口张望。

两个狱警走到牢里，扭住杨开慧。杨开慧身穿蓝色旗袍，脚穿洁白的袜子，粗布鞋，显得娴雅朴素，平稳庄重。她用手理一理短发，说："我自己走。"毛岸英扑过来，抱着杨开慧的腿号啕大哭："妈妈，妈妈，我不让你去，不让你去——"杨开慧弯下身，把毛岸英紧紧搂在胸前，轻声安慰道："儿子，如果你将来见到爸爸，记得告诉爸爸，妈妈不能帮他了，但妈妈坚信，他的事业一定能成功。"陈玉英从牢房里踉跄着跑出来，杨开慧把岸英交给她，说："孙嫂，我的三个孩子都还小，我不能承担抚养的责任了，全托给你们吧。"陈玉英忍不住哭了起来。

龚仲荪挥挥手，狱警推着杨开慧往外走。毛岸英叫着扑上来，又抱住杨开慧。狱警把毛岸英从杨开慧身上拉开，往牢里拖。毛岸英挣扎着，被狱警一推，推到墙脚下，头碰到墙，昏过去了。

狱外西风萧瑟，天色灰暗，越发显得阴冷凄凉。监狱大门外三步一哨，五步一岗，刀光剑影，如临大敌。杨开慧在陈玉英的哭叫声和难友们的泪光中，顶着寒风，大步向外走去。

龚仲苏挥挥手,狱警押着杨开慧站住。龚仲苏在监狱长陪同下上前一步,说:"杨开慧,你还年纪轻轻的,才二十多岁,上有老母,下有孩子,不为自己想,也要为家人想想呀。我再给你一次机会,只要你愿意与毛泽东脱离夫妻关系,我还可以将你们母子释放。"

杨开慧说:"这个无需多问,我早就回答你们了。谢谢你的好心。"

龚仲苏脸一沉,挥挥手,狱警又押着杨开慧上路。几十个警察提着上了刺刀的步枪,分两队沿街开路。在他们的身后,杨开慧五花大绑,被两个刽子手夹着走在中间,一路向识字岭走去。

周陈轩抱着三岁的毛楚雄在人群中快步走着。他们可以看见被绑着的杨开慧了,周陈轩说:"楚雄,看见了吗?你大伯娘。"

毛楚雄自上次去监狱后,总嚷嚷还要去见伯娘和岸英哥哥。当周陈轩听说要枪决杨开慧,马上带毛楚雄赶来见杨开慧最后一面。毛楚雄看见杨开慧,大声喊道:"伯娘——伯娘——"杨开慧听见喊声,回头一看,见周陈轩背着毛楚雄前来为她送行,不由露出一丝笑容,大声叫道:"杀了杨开慧,自有后来人。"

行人靠在街边的滴水檐前,悲伤地看着这一切。他们知道,今天是杀一个教授的女儿,毛泽东的夫人。有人不知毛泽东是谁,有人回道:"当年带领我们湖南人驱张的那个人。"有听过杨开慧讲课的工友说:"那次赵恒惕想将一纱厂低价转给私人老板,就是她先生带我们罢工。她的课讲得好。""这么好的人,怎么杀了?真是可惜,可惜啊。"

周陈轩抱着毛楚雄,边跑边不住地问楚雄:"看见你伯娘了吗?"毛楚雄稚气的脸上一片肃穆,看着他的大伯娘被押到了识字岭。他的大伯娘背对着几丈高的天灯柱子,面却向着东方。他听见附近庙宇里撞响了幽冥钟,钟声低沉而凄怆。湘江水在静静地流淌,河那边的岳麓山峰被乌云笼罩。寒风轻拂着他大伯娘的短发,抚摸着他大伯娘身上的伤痕。大伯娘面带笑容,满怀深情地望着东方,眼神里充满着对未来的向往。

是的,这时杨开慧的心,已飞向了井冈山:"润芝,我好像已经看到了死神。它那冷酷的面孔。说到死,本来我不惧怕,而且可以说是我喜欢的事。只是我的母亲和我的小孩啊,真是舍不得他们……"

第二十二章　天兵怒气

1

江西东固山高林密，云遮雾罩。侦察兵向张辉瓒报告说："前方发现一小股队伍在往山里行进。"张辉瓒获悉后，面露喜色，到处寻找共军主力，终于发现狐狸尾巴了，便下达指示道："不要惊动对方，悄悄尾随追踪，不遇上对方主力，不要开火。"

张辉瓒率全师官兵紧紧尾随那一小股队伍缓慢向前。在山林间跋涉，虽然道路荆棘丛生，不是刮了裤脚，就是把手刺了，但张辉瓒很是兴奋。因为这次围剿，蒋介石调集了十万大军，任命第九路军总指挥鲁涤平为总司令，任命他为前线总指挥。这十万大军中，师长有好几个，蒋介石独独选了他为前线总指挥。他不能辜负委座的厚望，一定要寻找到与红军主力决战的机会，打个胜仗，让那几个同为师长的角色刮目相看，口服心服。

又一个侦察兵从前面跑回来，这次还背着两根梭镖，报告说："师座，前面山高林密，道路泥泞，又遇浓雾，能见度很低，无法前行。"

张辉瓒问："那股小队伍有什么情况？"

侦察兵将两根梭镖和几根绑带，还有几支喇叭筒烟屁股一一展示给张辉瓒看，说："这是我们在路上发现的，估计是那股小队伍丢下的。雾这么大，这烟屁股还是干的，估计才丢下不久。"

张辉瓒看了看，又叫参谋看。参谋说："如果这些东西是前方的小股队伍丢下的，那这可能是游击队。"

张辉瓒点点头，说："那这些绑带呢？"

参谋说："据了解，共匪所谓的正规军就用这种绑带绑腿。这个被丢弃的绑带可能是他们翻山越岭被荆棘刮坏而丢弃的。由此看来，这股小队伍有可能是红军和游击队混合的侦察小分队，跟着这股小队伍，有可能找到一支共军的主力。"

张辉瓒点点头，对侦察兵说："好，你们继续注意这股小队伍的情况。"侦察兵离开后，张辉瓒又对参谋说："命令部队，摸索前进。"参谋答应一声，前往传令。

过了一会，侦察兵又急匆匆跑来报告说："师长，小股队伍不见了，但前方发现大部队。"

张辉瓒不由惊喜交加，说："是不是朱毛的主力？"

侦察兵说："看不清。看那阵势，人不少，估计是主力部队。"

张辉瓒说："对方发现我们了吗？"

侦察兵说："好像没有。"

终于找到了朱毛的主力，张辉瓒喜形于色，对参谋说："好。命令部队，迂回包围，集中火力，打他个措手不及。"

部队在浓雾中悄悄前进，前方发现有大批部队在浓雾中蠕动。张辉瓒赶到队伍前头一见，迫不及待地对身边的吕团长下令。吕团长枪一举："砰。"一时间，机枪和步枪一齐向对方射击，手榴弹一个个扔在对方的队伍中爆炸。浓雾中，隐隐约约见对方被炸得措手不及，人仰马翻，阵脚大乱，在慌乱地叫喊着："我们被包围了。我们被包围了。""挡住，快挡住！"

片刻，对方的火力凶猛地压过来，张辉瓒的兵一个个中弹倒下。对方的手榴弹也一个个丢过来，在张辉瓒的队伍中爆炸，刚冲上去的兵一群又一群地被炸翻。

吕团长说："师座，对方火力很猛，是红军主力无疑。"

"好。给我狠狠打，不惜血本！"

山上的大雾仍然很浓，双方火力也很激烈，硝烟和浓雾混在一起，只见对方影子不时中弹倒下。张辉瓒的队伍攻上去了，不一会又被凶猛的火力压下来，路边倒下的尸体也越来越多。到了上午十一点多钟，浓雾渐渐散去。双方都发现对方穿的是国民党军装，都惊讶地叫喊：

"停！停！"

"自己人！自己人！"

张辉瓒正狐疑不决时，一个士兵跑下山坡，报告说："不好了，我们打的是自己人。"

张辉瓒和吕团长大吃一惊:"什么?自己人?"

张辉瓒又问:"对方是哪个部?"

士兵说:"是公秉藩部。"

张辉瓒说:"完啦完啦!快,随我来。"

山路的两旁堆着很多尸体,张辉瓒率吕团长和参谋一行急忙往山上走,从属下的尸体上跨过。山路边被打断的树冒着袅袅青烟,树桩旁站着的士兵紧握着枪,一些机枪还冒着余烟。硝烟弥漫的山路上,公秉藩被部下簇拥着来到队伍的前方。他一见张辉瓒,气势汹汹两手叉腰站住。他和张辉瓒都没想到,刚才你死我活拼命地进攻和反击,打的是自己人。他用皮鞭指着急急赶来的张辉瓒,破口大骂道:"张辉瓒,你他妈的什么屁总指挥,指挥人在我后面打黑枪。"他身边的人个个横眉竖眼瞪着山下的张辉瓒,端枪拉栓哗啦哗啦,张辉瓒的手下忙警觉地也端枪拉栓哗啦哗啦,双方对峙着如箭在弦上。

张辉瓒赔着笑脸,打着拱手,向前一步,说:"公兄,误会,误会,一场误会。"

公秉藩又骂道:"你他妈的什么误会,打死我这么多兄弟,这账怎么算?有本事,找朱毛去打呀。"

张辉瓒还是赔着笑脸:"公兄,都怪这山高雾重。"

公秉藩还是破口大骂:"你他妈的好大喜功,不打共军,却打老子,他妈的,看你怎么向老蒋交代。"

张辉瓒低三下四地说:"都怪小弟疏忽,蒋委员长那里我会秉笔直书,一切责任和损失,由小弟承担。还望公兄海涵,海涵!"

公秉藩恨不得一枪崩了张辉瓒,这个张辉瓒求功心切,造成如此恶果,打死他也是罪有应得,可一想,这张辉瓒虽与他同为师长,却是鲁涤平的心腹,又是蒋介石在日本陆军士官学校的学兄,蒋介石对他总以学兄称道,图一时痛快,崩了他,也于事无补。公秉藩思想再三,只好忍气吞声将枪插进套子。

2

在宁都的红军指挥部里,毛泽东和朱德获知张辉瓒和公秉藩打了起来,不由哈哈大笑。毛泽东看了看地图,说:"怪不得打得那么热闹,那是一片山林。他们这么一打呀,就好比八角掉进粪坑里,分不清香臭了。"

朱德说："这场狗咬狗，热闹，还是蒋介石委任的前线总指挥指挥的。"

毛泽东说："准确地说，蒋介石的总指挥张辉瓒，按我们游击小分队的意图，指挥打了一场让蒋介石脑壳痛的漂亮仗。他们十万兵，我们红一方面军只四万人，不足他一半，与他们兵来将挡，水来土掩，是打不赢他们。他蒋介石'分进合击，长驱直入'，我们避其锋芒，撒开两手，诱敌深入。这一次，游击小分队灵活机动，充分发挥了我们的优势。"

"毛委员，有你这个战略方针，我们四万对他十万，可以稳操胜券了。他们这次死伤惨重不说，关键是公秉藩憋了气，不会听张辉瓒的了。张辉瓒这个总指挥，肯定指挥不灵了。下一步，我们继续以少数兵力和地方武装迷惑敌人，主力继续秘密转移，诱敌深入，再寻找机会将其围歼。"

毛泽东说："张辉瓒好大喜功，他还会寻找我们的主力。这就给我们带来了歼敌机会。好，我们留意一下，可以再给他一个机会。"

傍晚时分，警卫小吴将一沓刚缴获来的报纸递给毛泽东。毛泽东翻着报纸，一边找他要看的内容，一边说："小吴，这些报纸你看了吗？你要学文化，就要多看报纸。"

小吴说："我也想看，可我瞄了几眼，好多字认识我，我不认识它们。"

"不认识？多见几面就认识了嘛。只要你坚持，今天认几个，明天认几个，认的字就会越来越多了。"忽然，毛泽东不作声了，《国民日报》上的一则消息让他心一揪，人一动也不动，报纸滑落下来。

报纸头版赫然登着《共匪之妻毛杨氏昨日执行枪决》的报道，这么说，之前开慧还活着？吴福寿不是说杨开慧遇害了吗？他去找了那么久，为什么没有找到？可这则消息说得真真切切："前次率领女匪赤卫队，由赣窜入平浏一带，希图逞乱，经我击毙。然匪首逃遁潜伏长沙清泰乡，经密告拿获至省。"板仓就是长沙清泰乡，原来开慧为防止敌人抓捕，隐藏在清泰乡。

朱德来看毛泽东，却见地上有张报纸，捡起一看头版的消息，也为之一惊，忙问警卫员毛泽东哪里去了。警卫员指了指山路口。朱德跑到毛泽东身边，说："老毛呀，两军相持，他们挖你祖坟不算，还杀你夫人，真是下作之举，下作之举啊。"

毛泽东双目泪光闪烁，叹了口气，道："开慧之死，百身莫赎啊。"

朱德握住毛泽东的手，安慰道："润芝啊，逝者已去，生者节哀。"

毛泽东道:"朱总,你昨失伍若兰,我今失杨开慧,你也有丧妻之痛。是呀,朱毛朱毛,这个关键时刻,朱毛更不能分。"

3

国民党军在袁水流域扑空后,又向赣江东岸逼近,寻求与红军主力决战。张辉瓒借口掩护后方,将朱耀华旅留在东固,率领戴岳和王捷俊两旅人马向永丰县龙冈方向进发。毛泽东和朱德得知此消息后,命令红四军主力部队秘密西进,将敌军消灭于立足未稳之际。

龙冈是一个山区小圩镇,群山环绕,中间是一条狭长的峡谷,宽处四五里,窄处仅一两百米。这深山里又是大雾迷漫,张辉瓒率师追击一股红军到龙冈,一见这山雾蒙蒙,想起上次与公秉藩的一场雾中误战,不由得小心翼翼,生怕又在浓雾中与自家队伍发生误战。张辉瓒在临时指挥部看着地图,确认龙冈一带大雾迷茫,不利于行军,便下令休整。

张辉瓒的部队在小圩镇休整时,红军利用地形和大雾悄悄地向张辉瓒包围而来,近距离发起了攻击。一时间枪声四起。张辉瓒想,上次我误打了他人,这次,莫非是他人误认为我是共军而误杀过来?张辉瓒忙叫人去弄清楚,并吩咐在没有弄清情况前不要用重武器,以免误伤自己人。

过了一会,前线回报,围攻而来的是红军。由于是红军主力,加之开始没用心阻击,故给了红军进击之机。现在,枪炮声齐鸣,喊杀声震天,已是四面楚歌了。

向张辉瓒围攻的这支红军是林彪和罗荣桓率领的。他们按照指令,率红四军直扑龙冈,并签署了一则十分简短的命令:上固无敌,敌在龙冈,望全军将士奋起精神消灭之。林彪的命令简洁精练,近乎训词,并令参谋人员抄在一块门板上,竖在部队经过的路口,指战员一望便知。大家得知张辉瓒部已被围困,精神振奋,一路上健步如飞。经过紧张的急行军,林彪率领的红四军和彭德怀率领的红三军同时赶至龙冈地区。

已苦战一天的张辉瓒师抵挡不住红军的三面夹击,顿时溃不成军,土崩瓦解。红军从不同方向如猛虎下山逼近,发起了猛烈的进攻,枪炮声喊杀声震天。张辉瓒部属戴岳和王捷俊从不同方向率兵抵抗,却节节败退,最后只得狼狈地退到司令部。张辉瓒故作镇静,命戴岳和王捷俊组织部队反击。

尽管戴岳和王捷俊分头组织反击，可怎么也冲不出去。红军的进攻势如破竹，又猛又烈。张辉瓒走出司令部，见枪炮声越来越近，他的部队被打得屁滚尿流，溃不成军，知大势已去，忙弃马仓皇逃离师部。

张辉瓒随溃退的士兵往山里逃，一路上又不断有溃逃的士兵被击毙。他来到一棵树下，见自己穿着狐皮大衣在逃亡中非常打眼，忙脱下大衣，从路边一击毙的士兵尸体上脱下衣服换上，继续逃命。逃到万功山东坡，红军追了过来，他忙弯着腰，钻进灌木丛中躲了起来。

红军抓获很多俘虏，戴岳和王捷俊也在其中。罗荣桓问："你们的总指挥张辉瓒呢？"戴岳说："刚才还在指挥部叫我们组织反击呢。"

罗荣桓在指挥部看了看，死不见张辉瓒尸，活不见张辉瓒人，估计他是逃了，便和林彪交换了一下眼色。林彪朝四周看了看，然后向树林那边一挥手，道："搜山，给我活捉张辉瓒。"红军战士马上向树林里搜索过去。

树林里是一片片齐腰深的灌木丛，红军战士用枪一边在灌木丛中戳，一边喊："张辉瓒，出来！张辉瓒，出来！"张辉瓒正顾头不顾尾地躲在灌木丛中，一个战士枪尖刚触到他的背，吓得他大叫一声，忙举着双手站起来。

战士喊道："张辉瓒。"

张辉瓒条件反射地抬头应道："呃，呃，是我。别开枪，别开枪。"

战士们高兴地围过来喊道："张辉瓒捉住了。张辉瓒捉住了。"

毛泽东在宁都听说捉住了张辉瓒，笑道："有意思，有意思，张辉瓒想捉住朱毛立功，我们给了他一个机会，他不领情，倒给红军战士一个立功机会。"

朱德说："张辉瓒讲客气，战士们不讲客气喽。老毛呀，听说乡亲们要求杀掉张辉瓒。"

毛泽东说："张辉瓒的部队到我根据地杀人放火，抢劫掠夺，坏事做绝，太狠毒了。乡亲们要杀，杀他一百次也不解恨，可以理解。战士们为什么也要杀他？我们对俘虏的政策是缴枪不杀呀。"

朱德说："战士们要杀张辉瓒，是要为毛委员的夫人报仇。"

毛泽东说："战士们的心情我理解，可即使杀了何键，杀了蒋介石，能换回我的杨开慧吗？能换回你的伍若兰吗？我的意见，张辉瓒不仅不杀，还要好好保护，留着有大用场。"

"哦,不知润芝留着有什么大用场?"

"国共交战以来,张辉瓒是我们俘虏的第一个国民党中将师长,军阶高,职务也高。张辉瓒是蒋介石的学兄,他们关系密切,他肯定要救张辉瓒的。古时诸葛亮尚且能七擒孟获,化敌为友,我们共产党人对张辉瓒也可以再擒再纵嘛。他张辉瓒若愿输送武器金钱医药给红军,就应按俘虏政策给予优待,甚至可以利用其一技之长,当军事理论教员。"

朱德说:"你这个想法好。我也主张不杀张辉瓒。上次南京政府杀了聂福轩后,江西省委受到严重创伤,输送医药军需物资的交通站还没恢复,留着他,我们可以向蒋介石换些武器装备和医药物资,解决根据地的困难,还可换回狱中的同志。留着好,留着可作大用,我同意。这次我们活捉张辉瓒,乘胜向东追击,歼敌一个半师,缴枪一万三千多,真是大快人心。"

毛泽东很是激动,走到书桌前,铺了张纸便挥毫写起来。朱德站在一旁看着,只见毛泽东手下狼毫龙飞凤舞,时如刀光剑影,忽又似千军万马势不可当,瞬息间,又像战火纷飞旌旗招展。朱德在一旁看得摇头晃脑,激情澎湃。毛泽东终于停手,将笔架在桌上,道:"填了一阕词,请朱总赐教。"

"先睹为快,先睹为快。"朱德上前一步,诵读起来——《渔家傲·反第一次大围剿》:

万木霜天红烂漫,天兵怒气冲霄汉。
雾满龙冈千嶂暗,齐声唤,前头捉了张辉瓒。

二十万军重入赣,风烟滚滚来天半。
唤起工农千百万,同心干,不周山下红旗乱。

第二十三章 三个小兄弟

1

上海码头上虽是寒风瑟瑟,因为要过年了,仍有不少人在接人送客。毛泽民和钱希钧打扮阔绰,在出站口等着。

杨开慧被杀不久,毛泽民奉党中央指示,再次返回上海,以开酒栈作掩护,继续从事党的地下发行工作。他从中央获知大嫂被杀,马上想到三个侄儿。他报请组织同意,写了封信,通过地下交通员带到长沙,又辗转送到板仓杨宅,嘱板仓速将岸英三兄弟护送来上海。

轮船抵达上海,李崇德抱着毛岸龙,毛岸英牵着毛岸青,背着包袱走出码头。毛泽民一眼认出了毛岸英,忙和钱希钧迎上去。

毛岸英也看见了毛泽民,对毛岸青道:"叔叔接我们来了。"两兄弟像小鸟一般扑进毛泽民的怀里,哭着叫叔叔。他们有几年没见着爸爸,现在妈妈也被杀了,小小年纪的他们还被盯梢,过着提心吊胆的日子,现在一见叔叔,看到了亲人,两兄弟扑在毛泽民怀里不由哭了起来。想起这几年受的委屈和磨难,哭声由小到大,最后号啕大哭,哭声如开闸的渠水哗哗地不停。毛泽民搂着毛岸英和毛岸青,不住地为他们擦着泪水,自己的泪水不由也涌了出来。毛泽民一手一个,把岸英和岸青抱起来,走到李崇德面前。李崇德拍着毛岸龙说:"岸龙,这是你大叔叔,叫叔叔。"毛岸龙叫着叔叔也向毛泽民扑了过去。毛泽民只得蹲在地上,把他们三兄弟都搂在怀里,三兄弟在毛泽民怀里哭成一团。

"不哭不哭,有叔叔在,叔叔会照顾你们。你们看,"毛泽民指着钱希钧说,"还有你们的婶娘。"

毛岸英抬起头,哽咽着道:"婶娘,妈妈被杀啦。"

钱希钧搂住毛岸英三兄弟，眼泪也止不住流了下来：“别哭，别哭，以后婶娘就是你们的妈妈。”

毛泽民想起毛岸英三兄弟这些年东躲西藏的，便带他们来到一家湘菜馆，说：“你们喜欢吃什么菜，尽管点，叔叔让你们吃得满意。”

毛岸英说：“叔叔，我随便吃什么。”毛岸青不讲客气，说：“叔叔，我要吃红烧肉。”毛岸龙也跟着道：“叔叔，我要吃火焙鱼。”

毛泽民慈祥地点点头，道：“行，还想吃什么？”毛岸英三兄弟想不起要吃什么了。

毛泽民平日是节俭惯了，今天，他却有些激动地把跑堂叫了过来，说：“刚才他俩点了红烧肉和火焙鱼，再来个白斩鸡和爆炒肚尖、糖醋鱼，还有什么菜？”

“叔叔，够了，够了，”毛岸英提醒道，“多了，浪费。”

“今天要吃个够。舅妈带你们也辛苦了。叔叔和婶娘陪你们吃个痛快。”

钱希钧感觉毛泽民今天有些反常，拉了拉他说：“你别急，岸英说够了，先吃，不够，再点不迟。”

菜上来后，毛泽民和钱希钧不停地给毛岸英三兄弟夹菜。看着三兄弟狼吞虎咽的样子，毛泽民眼睛红了，他咬着牙，闭着嘴不说话，以免在三个侄儿面前把眼泪流出来。

李崇德在上海住了两天，见毛岸英兄弟已安顿好，便赶回家去过年了。毛泽民下班回来，便和钱希钧听毛岸英讲述他和妈妈坐牢的辛酸事。毛岸英讲着讲着，便擦着眼泪要毛泽民带他去见爸爸。毛泽民说：“我会带你们见爸爸的，只是你现在才八岁，岸青和岸龙比你还小，你们现在是长身体、学文化的时候。长大了，叔叔和婶婶一定送你们去见爸爸。”

毛泽民和钱希钧带着三兄弟来到一家服装店，给每人做了一套新衣。过了两天，毛泽民上街取了新衣让三兄弟穿上，把三兄弟送到大同幼稚园。大同幼稚园是上海党组织办的，可以学文化，有阿姨照顾。毛泽民看着三兄弟不由想起自己的女儿远志，小小年纪也跟着妈妈坐牢，出狱后无处藏身，要饭不知要到哪里去了。泽覃的儿子楚雄生下来没几天,也跟着他妈妈坐牢。自己和哥哥、弟弟提着脑袋革命，儿女们不是坐牢便是流浪乞讨……他不由鼻子发酸，回到住所，关上门，便趴在桌上哭了起来。钱希钧劝他，安慰他，不想他更是伤心号啕大哭。

到了礼拜天，毛泽民想怎么忙也得抽空陪陪这三个没娘的孩子，便和钱希钧把三兄弟接回来，带他们上街走走。三兄弟跟着叔叔在游乐场玩了一天，又没暗探跟踪，十分开心。

这样的好日子没过多久，三兄弟又陷入了新的苦海。

三个月后的一天，毛岸英听说有人找他，忙带着两个弟弟跑到会客室，只见一个戴墨镜穿风衣，满脸络腮胡子的男人神秘地走过来。毛岸英马上警惕起来，牵着两个弟弟拒绝见面。来人却对他亲切地叫道："岸英。"

毛岸英见来人声音熟悉，说："你是谁？我不认识你。"来人摘下墨镜，毛岸英一看，是叔叔毛泽民。毛岸英惊讶地说："叔叔，你怎么这种打扮？"

毛泽民小声说："有人要抓叔叔，叔叔不得不这样。"

毛岸英一听这话，马上想起妈妈被抓受刑，最后被枪杀，就明白是怎么一回事了。他失去了妈妈，如今只有这个叔叔和他们在一起。这个叔叔又面临着和妈妈一样的危险。

毛泽民望着毛岸英，半天不知怎么说。就在昨天，周恩来获悉顾顺章叛变了。而顾顺章掌握了党中央机关的许多情报，为了尽量减少损失，周恩来提议将中央机关中与顾顺章有过联系的人员转移，毛泽民被安排离开上海。他和岸英三兄弟才相处几个月，就要离开上海。他走了，他们三兄弟怎么办？大同幼稚园虽然是组织办的，一到礼拜天，他们见不到叔叔，又会是孤苦无依啊。毛泽民无法和毛岸英说清楚，十分无奈，说："有些事，叔叔不能细说，我和你婶娘必须离开上海。"

"叔叔，"毛岸英只有八岁，带着两个小弟弟，叔叔一走，他们在大上海没有一个亲人了，不由惶恐不安起来，"你和婶娘走了，我们怎么办呀？"

毛泽民实在不忍心和三个侄儿分开，原本他想代哥哥好好照顾他们，现在，他得马上转移，想管也无法管了。他摸着毛岸英的头说："叔叔没办法照顾你们了。你要知道，叔叔必须听组织的，而且时间紧迫。我和婶娘走了，你们在幼稚园好好学文化，到时会有叔叔的朋友来照顾你们。"

"叔叔，你能不能带我们去找爸爸？"

"岸英，叔叔想带你们去找爸爸，可是太远了。他们又要抓叔叔，叔叔带着你们，不安全。你们在板仓时，他们就跟踪你们，是因为你们的爸爸在井冈山。你们在这里，没人知道你们是毛泽东的儿子。你们要记住，你们三个人还有另外一个名字，杨永福，杨永寿，杨永泰。记住啊，对谁也不要讲你们是毛泽东的儿子。"

三兄弟很懂事地点点头:"记住了。我们听叔叔的。"

毛泽民和钱希钧把岸英三兄弟牵在幼稚园保育员手里,便走出幼稚园,走了几步,回头看一看,岸英三兄弟正在门口看他。忽地,他们挣脱了保育员的手,向毛泽民和钱希钧叫喊着跑过来。

毛泽民和钱希钧只得又回身弯腰搂着三兄弟,不停地给他们擦眼泪,擦着擦着,自己的泪水也流了下来:"岸英,你爸爸是我和小叔的大哥,你看见过他是怎么带着我和你小叔的吗?"

"看见过。爸爸是你和小叔的榜样。"

"你现在也是大哥,你也要当个好大哥。"

"嗯。"毛岸英给毛泽民擦擦眼泪,牵起毛岸青和毛岸龙的手,说,"岸青,岸龙,跟大哥走。"毛岸英牵着两个弟弟,大步向保育员身边走去。

2

瑞金沙洲坝有红军新战士在操练,喊杀声震耳欲聋,也有戴着红袖章的赤卫队员和儿童站岗。因为顾顺章的叛变,毛泽民和钱希钧仓促离开上海,辗转来到根据地,在闽粤赣军区担任后勤部长。毛泽民刚换上红军军装,便和钱希钧到沙洲坝看望多年不见的哥哥毛泽东。往日在白区绷紧神经过日子,现在来到充满生机的根据地,他俩不由长长地嘘了一口气,感受到格外的轻松和愉快。

毛泽东正在修改材料,见毛泽民和钱希钧来了,高兴地迎上去,贺子珍忙给两人倒水。贺子珍和钱希钧一见面就亲如姐妹。

钱希钧接过水说:"谢谢大哥大嫂。"

毛泽东说:"你不要谢我,先让我谢谢你。"

钱希钧说:"大哥,此话怎讲?"

毛泽东说:"岸英三兄弟没有妈妈了,在上海,你这个婶娘是又当婶婶又当娘啊。"

钱希钧说:"婶娘本也是娘。只是组织上安排我们来江西,我们没办法照顾岸英他们了。"

毛泽民说:"来井冈山时,我俩去幼稚园看了他们,他们情绪还算稳定。"

说着，掏出一个信封递给毛泽东，"这是岸英三兄弟练毛笔抄写的家训家诫和百字铭训。"

毛泽东忙接过来一看，脸露欣慰之色，说："一戒游荡，二戒赌博，三戒争讼，四戒襄窃，五戒符法，六戒酗酒……哦，字写得不错呢。岸龙的字也写得这么好了，嗯，岸龙还只有四岁，能写得字，不错了。他们都能背了吗？"

毛泽民说："能呢。礼拜天我接他们回家，上午在家默写家训家诫，写好了，下午就带他们出去玩。"

毛泽东很满意，说："好，学好了才可以玩，泽民带细伢子的办法好。"

毛泽东和毛泽民说话时，贺子珍把毛泽覃也叫来了。毛泽东三兄弟久别重逢，有说不完的话。已聊至夜深，还舍不得分手。

"我也想岸英三兄弟在我身边，"毛泽东说，"这样可以了却我们父子相思之苦。可这里还不稳定，蒋介石已两次围剿我们。他不会甘心失败，还会来。我们随时要和蒋介石打游击。岸英三兄弟在这里，带着他们没办法打游击啊！"

"哥，你说过，种稻子会有虫来吃，我们不能因为有虫子会吃而不种稻子了。为了劳苦大众，我们这个家只有作出牺牲了。"

"远志也不知跟着淑兰到哪里要饭去了，泽民托人去找一找，要把她娘俩找回来。岸英说见过楚雄，开慧叫楚雄到韶山去，我看很好。泽覃，你可托人带封信给你岳母，长沙动荡不安，叫她带着楚雄到韶山去住，把韶山当自己家。"

3

保育员召集大中小三班的小朋友集合。毛岸青和毛岸英在大班，毛岸龙在小班。小朋友们按班站好了队，保育员便领着大家一起唱《生肖谣》。

"老大吱吱声，老二牵根绳，老三名头大，老四钻柴火，老五会上天，老六倒路边，老七性更犟，老八本姓杨，老九勿斯文，老十开天门，十一客来汪汪声，十二杀倒咿咿声……"

毛岸青今天没听见毛岸龙叫哥哥，便不住地探头往小班看，看了一会，拉了拉毛岸英说："哥哥，怎么没看见岸龙？小弟干什么去了？"

毛岸英看了看，小班队伍中果然不见小弟。小弟会去干什么？毛岸英忽然一惊，说："快，去看看。"毛岸英牵着毛岸青悄悄走出队伍，往小班寝室里跑。

兄弟俩跑到寝室，见岸龙还躺在床上，脸色苍白，口唇干枯，有气无力地呻吟着。他俩把神志不清的毛岸龙叫醒。毛岸龙睁开眼睛，有气无力地抽搐着，呻吟道："哥，我，我肚子痛。"毛岸英倒了一杯水给岸龙喝。毛岸龙却喝不进去，眼睛一闭，又昏迷过去。毛岸英喊道："岸青，快喊阿姨来。"

保育员来到寝室，见毛岸龙脸色苍白，估计是发烧了，背着他来到上海广慈医院。医生给毛岸龙诊断后，马上给他打针治疗。打了一天吊针，毛岸龙脸色仍然苍白，昏迷不醒。岸英和岸青无助地站在病床边，只有焦虑凄惶地哭泣着。

医生给毛岸龙又进行诊断。毛岸英忙走上前问道："大夫，我弟弟是什么病？"医生道："你弟弟大便脓血，昏厥不醒，是疫毒痢疾。"毛岸英说："大夫，能治好吗？"医生摇摇头。毛岸英急了，说："大夫，请您治好我弟弟，救救我弟弟。"医生无奈地摇摇头。毛岸英更急了，拉着毛岸青向大夫跪了下去。医生忙扶起他们，说："我尽力。尽力。"

毛岸龙口唇发疳，口吐咖啡色样唾液，呼吸节律不匀，两目无神，在毛岸英、毛岸青的呼叫声中，终于有气无力地睁开眼睛。

"哥——"毛岸龙忽然说，"哥，我想见爸爸。"

毛岸英泪水涌了出来，只好安慰道："小弟，大叔讲了，等我们长大了，带我们去见爸爸。"

毛岸龙说："哥，爸爸是什么样子？"

"爸爸个子很高，很魁梧，眼睛大，很有神，说话声音很亮。爸爸很爱我们。我要骑马，爸就伸长脖子让我骑。"

毛岸龙露出一丝笑意："哥，你，骑在爸爸脖子上，威风吗？"

毛岸英点着头说："威风，威风，我骑在爸爸的脖子上，爸爸和我一起唱：将军骑大马，杀敌保国家……"

毛岸龙在朦胧中憧憬着，好像骑在他爸爸毛泽东的脖子上，嘴里喃喃念着："将军骑大马，杀敌保国家……"忽然，他的头一歪，眼睛闭上了，嘴角留有一丝笑容。

第二十四章　算盘子越拨越大

1

蒋介石带着德日英三国的军事顾问来到南昌，调集三十万兵力，下令一定要剿灭中央苏区。

毛泽东得此消息后对朱德说："蒋介石来势凶猛，还搬来了外国的军事专家当顾问。他外国的和尚就会念经吗？我看不见得。他们洋和尚即使会念，讲中国话怎么也没有中国人利索吧？"朱德哈哈笑道："是啊，外国人用洋腔念中国经，肯定不利索，念不过中国和尚的。"毛泽东说："我们只有三万军力，蒋军三十万，一个红军对他十个白军。我们还是念那游击战的十六字经。这个经，就是我们保卫苏区的经。"

结果，蒋介石的军队经过山林，总要遭到小股部队袭扰。出了山，村子无人，缸里无水，屋中无粮，被拖得疲惫不堪。到八月底，朱毛红军三战三捷。那些外国军事顾问对毛泽东的战法是束手无策，挨来挨去挨到九月，开始退却。红军乘机追击，击溃蒋军七个师，歼敌十七个团，毙伤俘敌三万余众。

蒋介石气得要吐血，又有密探报告，毛泽东准备成立苏维埃政府。蒋介石派出几架飞机飞到瑞金，盘旋了一会，发现树林间有几栋房子挂着横幅插着红旗，一看就是个大会会场。这几架飞机便向会场轮番轰炸。"轰，轰轰……"会场被炸得昏天黑地。蒋介石知道后很高兴，本来说打开收音机听听共军怎么播报会场被炸的消息，没料想，却听到毛泽东宣布中华苏维埃共和国成立了的消息。原来，毛泽东得知蒋介石要炸会场，令人专门布置了一个很热闹的假会场。等蒋介石的飞机炸掉了假会场，毛泽东按计划召开成立大会。会上，毛泽东被选为中华苏维埃共和国主席。

会议结束，送走了来自全国的代表，回到家里刚坐下，毛泽民就来了。

毛泽民说:"大哥,我有事找你。"

毛泽东已估计到毛泽民找他是什么事,说:"别急,坐,坐下喝杯茶。子珍啊,泡茶。"

毛泽民说:"大哥,你以前说什么事,我都听你的,这回安排我当银行行长,能不能让我自己做一回主?我在长沙的时候拿过枪,带过工人纠察队。我不想再干经济工作了,要像你和泽覃一样,带兵打仗。再说,希钧也不愿搞经济了,拿枪上前线的热情比我还高。"

毛泽东说:"这件事呀,你和希钧的工作是中央集体讨论决定的,不是我个人的意见。"

毛泽民说:"我从没干过银行工作呀,再说,苏区既没人才,又缺本钱,什么都没有,两手空空,这个银行行长怎么当?"

毛泽东笑道:"你有钱希钧帮你呀,她本就姓钱,你还愁什么?"

这时,钱希钧也进来了,毛泽东叫她坐,说:"泽民、希钧呀,我们共产党领导的政府,既要有拿枪杆子的,也要有拿笔杆子的,打算盘子的也不能少呀。如果我们都去拿枪杆子,这算盘子谁来打?部队没饭吃,怎么打仗?枪里没子弹,那只能放空枪啦!"

毛泽民说:"大哥,当银行行长不是打算盘子那么简单呀。"

毛泽东说:"我看,这当银行行长,和打算盘子是一个道理。算盘子打得好,我们政府的经济就盘活了;战士的枪里有子弹,就不会放空枪,我们打胜仗就有基础了,根据地也可以发展得越来越大嘛!"毛泽民说:"我没当过银行行长呀。"

毛泽东说:"你在上海之前,搞过出版印刷吗?当过发行经理吗?没有。因为你管过账,会打算盘子,所以当得很好。大家就是看你在上海经理当得好,才一致看好你,推荐你当这个行长的。我也知道,这个行长不好当,如果好当,怎么会选你?就是看你会打算盘子嘛!"钱希钧听毛泽东把办银行和打算盘联系起来,饶有兴味地听着。

毛泽东说:"泽民呀,中央苏区政府虽然成立了,但还仅仅是个框架。蒋介石随时可能组织下一次围剿,战争环境残酷,经济补给困难,财政金融秩序混乱。我们必须要发展苏区经济,这个算盘子,总要有人打呀。"

毛泽民说:"看来,这个行长我不当是不行了?"

毛泽东说:"你是我的弟弟,人家不仅看着你,也看着我。希钧呀,泽民办银行，不能没钱，你这个姓钱的，能帮他一把吗？"

钱希钧得意地嘴一撇，说："那要看他表现好不好。"

2

苏维埃国家银行在瑞金叶坪挂牌开张了。那天，毛泽民身着军装，腰挎手枪。银行除了他这个行长，还有钱希钧和三名工作人员。毛泽东宣布开张，门前锣鼓咚哐，鞭炮齐鸣，两只狮子蹦了一会，又有两条龙舞了过来，还有钱希钧组织的秧歌队和花棍队。这是毛泽民的安排。他认为店子开张，龙腾狮跃，才有热闹的气氛。当年在韶山办"庞德甫"书店也是这样搞的，后来店子很兴旺。

项英和一些机关人员高兴地向毛泽民打着拱手道贺。项英笑着说："毛主席，我们苏维埃终于有自己的银行了。"

毛泽东也高兴："是呀，泽民在上海开了个印刷发行公司，今天又开了一个国家银行，这个银行和那个公司都是人民的。我们共产党人，不仅要为人民打天下，还要学会为人民管好天下。项副主席，你说呢？"

项英点头说："是啊，只是今天刚开张，人还少，场面也不大。"

毛泽东说："没关系，今天只有五个人，明天可发展到五十个，后天发展到五百五千个，甚至更多。"

毛泽民说："那这个房子太小了啰。"

毛泽东说："小了，可以盖银行大楼嘛。"众人哈哈大笑。

只一个月，便应了毛泽东那句话，业务发展了，人员增加到几十个，银行只好从瑞金叶坪搬到了沙洲坝。毛泽东和项英走到门口，见银行内忙忙碌碌，一片繁忙景象，两人不由会心一笑。钱希钧看见他俩，忙迎上去说："毛主席，项副主席，你们来了。我去报告毛行长。"

毛泽民正坐在行长办公室，聚精会神地打着算盘。毛泽东摇手示意不要惊动他。他也好久没看弟弟两手打算盘了，也想看看过个瘾。只见毛泽民看一眼数据，然后两手打算盘，有如蜻蜓点水，又似弹奏古筝，屋子里只听见算盘子噼里啪啦噼里啪啦的声音。

项英从没看过两手打算盘，不由目瞪口呆，情不自禁地叫道："好。好。"

"项副主席，大哥，"毛泽民抬头一看，忙站起来，对钱希钧说，"他们来了，你怎么不报告？"

项英用两只手学毛泽民拨打算盘，说："毛行长，她如果报告了，我哪能看到你这两只手同时劈里啪啦劈里啪啦，哈哈哈……"

毛泽民憨实地笑道："这是雕虫小技，让项副主席见笑了。"

项英说："毛主席，今天毛行长是让我大开眼界。原来我听上海的同志说，他把一个印刷发行公司搞得风生水起，那不过是耳闻。国家银行成立才一个月，福建和江西分行也成立了，工作人员增加到五十多个，货币也发行了。这是我亲眼所见。毛主席，毛行长怎么这样能干？"

毛泽东心里很是满意，没吱声，就是想听听项英的评价，听项英这么一问，笑道："你说，这里面难道还有什么原因？"

项英说："有，原因是毛行长太会打算盘了。人家是一只手打，他呀，两只手打。银行在他手上，不发展才怪呢。"

"会打算盘，哈哈哈……"毛泽东对这个评价也很满意，不由欣慰地笑了起来，见钱希钧给他和项英泡了茶，说，"泽民、希钧，我们今天来，是给你们下一个新任务。"

毛泽民说："什么任务？"

毛泽东看了看项英，项英说："我们打垮了蒋介石的围剿，根据地越来越大，红军的队伍也不断扩大，财经需求也在加大，三百万人口的根据地，必须因地制宜发展工农业生产。你们银行也要考虑怎样增加财政收入。"

毛泽民说："我们这几天正在商量这个事。"

项英说："哦，好呀，你们有什么妙招？"

毛泽民说："赣南素有钨都之称，在会昌和安远、于都三县交界的仁凤山一带，钨矿资源非常丰富，钨矿是赚钱的稀有金属。我和希钧去看了，想恢复钨砂生产，增加财经收入，保证根据地发展建设的需要。"

项英高兴地说："毛主席，银行和我们想到一块了。好，泽民同志，你马上组织成立一个钨矿公司，开展生产。你能这样主动想，说明很有经济头脑，真的是会打算盘。"

毛泽民说："希钧同志给我出了不少主意呢。"

毛泽东笑道："好嘛，泽民呀，我早就说了，你办银行，离不开'钱'。"

第二十五章　过而能改，善莫大焉

1

毛泽东在吉安县乡村考察，天黑了，便和警卫小吴往回赶。毛泽东一边走，一边看着沿途的情况。小吴的脚步却很快，想以自己的快步催促毛泽东加快脚步，不知不觉走到前面好远了。毛泽东说："小吴，你怎么走这么快？"小吴说："毛主席，天黑了，不快点，晚饭赶不上了。"毛泽东说："晚饭晚饭，就是晚上吃的饭嘛。晚一点，没关系。"小吴说："你没关系，我可有关系。"毛泽东说："噢，你有什么关系？"小吴说："这个时候还没回去，不安全呢。"毛泽东说："这是在根据地，没事的。"小吴说："白军探子身上又没打标记，到了晚上，更不好说了。毛主席，你老要别人支持你的工作，你也支持一下我的工作嘛。"毛泽东笑道："对，对，我是应该支持小吴同志的工作。"说着，加快脚步赶上了小吴。

　　走了一程，忽然，毛泽东指着前面说："小吴，你看，那是怎么回事？"小吴抬头一看，见两个老乡被几个战士押着从村里走出来，正好和毛泽东一行不期而遇。毛泽东向一个干事模样的招招手说："喂，同志，你们是哪个单位的？"那干事模样的人说："我们是吉安的。我姓李，是扩兵办的干事。"毛泽东说："李同志，你们怎么把老乡捆起来？他俩犯了什么事？押到哪里去？"李干事见毛泽东穿着军装却不扎皮带，身边还跟着个全副武装的警卫，估计他是个首长，忙说："报告首长，我们在执行扩红任务。他俩不愿报名参军，反对扩红。我们把他俩押到团部关禁闭去。"

　　两个老乡见毛泽东问话，忙挣扎着叫道："我们没反对扩红，没反对。"毛泽东指着两个老乡又问道："到底怎么回事？他们说没反对呀。"李干事有些紧张。毛泽东说,"你别急,说清楚,到底怎么回事?"

李干事说:"特委召开扩大会议,指示扩大红军队伍要'猛烈的扩大,猛烈的扩大,再来一个猛烈的扩大',要以突击竞赛的方法和冲锋的精神去进行扩红,要动员号召赤卫军和少先队、地方武装全体加入红军,对扩红运动中的消极分子,进行坚决打击。"

李干事领了任务,到桐树湾扩红,做了动员后要求赤卫队员都加入红军,有枪带枪,没有枪,带根梭镖也行。这两个老乡迟迟不愿报名,因为家里有老人孩子要养,有田要种。李干事认为他俩强词夺理,便把他俩抓了起来。

毛泽东不悦地说:"他俩不愿报名参军就捆起来,用这样的方法对付老乡,你说好不好呀?"

李干事有些尴尬,说:"报告首长,不这样,我就完不成扩红任务。"

毛泽东觉得事态严重,便问:"你具体是哪个单位的?"

李干事说:"独立五师。"

"是不是永吉泰特委的独立五师?特委书记和师政委是不是叫毛泽覃?"

"是的。"李干事说。

"乱弹琴!"毛泽东一脸不高兴,说,"你不能辱待这两位老乡。"转身对小吴道,"跟我走!"

小吴望着毛泽东怒冲冲的背影:"哎,你怎么又不支持我的工作了?"

2

毛泽覃正在师部吃晚饭,见毛泽东大步跨进他办公室,忙放下筷子,高兴地站起来,说:"大哥,您来了,吃饭了吗?"

毛泽东板着脸说:"没吃。"

毛泽覃笑着说:"我给你俩搞饭来。"

"我没心思吃。"

"大哥,怎么啦?"

"我已经让你气饱了。"

"大哥,"毛泽覃不解,"我怎么气您啦?"

"你为了完成扩红任务，对下面是不是提了什么要求？"

"是啊，当然要提要求。我们开了会，想早点完成扩红任务，让新兵早点投入训练，一旦蒋介石再来围剿，我们就可以水来土掩，兵来将挡。这有什么不对？"

毛泽东把桌子一拍，说："你这是军阀作风。"

毛泽覃说："我怎么军阀作风了？"

"你们采取强暴手段扩红，就是军阀作风。你方法简单，破坏军民关系，还振振有词，强词夺理。你……"

毛泽东气得把手一举，毛泽覃伸手一挡，说："你要打我？"

毛泽东脾气更大了，指着毛泽覃叫道："我要打掉你的军阀作风，打掉你的骄横习气。"

毛泽覃不服气，嗓门洪亮地叫道："慢点，我提醒你，这不是在家里，也不是在毛氏祠堂，这是在红军的队伍里。"

毛泽东说："你得承认，你错了。"

毛泽覃说："错了也得讲道理，家有家法，党有党纪。爹那时打你，你还要爹讲道理。现在父母不在了，你是大哥，就可以不讲道理打我了吗？"毛泽覃从抽屉里拿出一个小本子，挥着叫道，"毛泽东同志——你自己看，这是什么？"毛泽东接过小本子一看，不由一愣，那是他制定的《三大纪律六项注意》。毛泽覃说："毛泽东同志，我提醒您，这是在革命队伍，你是苏维埃政府主席，我是红军独立五师政委，你要打我，你就违犯了你亲手制定的《三大纪律六项注意》。"毛泽东拿着那本小册子，一时无语。

"你是大哥，我敬重你，刚才看见你进门，我马上放下筷子，笑脸问你吃了饭没有。你不分青红皂白，对着我一顿臭骂。爹娘在世，从没打我骂我。我跟着你离开家，和二哥一样听你的，你以前从不打我骂我，今天为了公家的事，你不仅骂我，还要打我。爹娘不在了，你就不把我当弟弟看了。爹——娘——"毛泽覃想起爹娘，忽然委屈地伏在桌上哭了起来。

毛泽东不由心软了，忍不住走过去，伸手去抚摸毛泽覃的肩背，却忽然收回手，又走到毛泽覃对面，板着脸说："好，毛泽覃同志，我刚才骂你，还要打你，按《三大纪律六项注意》对照，是我不对。我现在请你抬起头，看着我，回答我几个问题。"

毛泽覃抬起头，哽咽道："说呀。"

毛泽东看着不由有些心痛，他虽然不管长多大都是自己的小弟，但他已是一个地区的特委书记，一个师的政委，自己虽说是担心他犯错，也不应对他这么凶呀，把他都逼哭了。自己这个长兄还像长兄吗？这个小弟其实很听他的话，不说南昌起义，不说在黄埔军校，那年为了完成红军会师井冈山的联络任务，一路上也是过五关斩六将，历尽艰险；那次红四军出击赣南攻下大余县城，白军反扑，小弟率全营勇猛阻击，腿负重伤。枪林弹雨中，他好几次命都差点丢了。毛泽东想起不由有些心酸，但他不愿让毛泽覃看到他的面色，马上背过身子，一时说不出话来。毛泽覃见毛泽东半响没说话，又泪眼婆娑地催促道："你说，说呀。"

毛泽东背对毛泽覃，语气低了八度，说："好，我问你，你的部下在扩红时，人家不愿报名参军，你们为什么把人家捆起来？"

毛泽覃跳了起来，说："有这等事？"

毛泽东忍不住又激动地转过身子："你说，这是不是军阀作风？红军是共产党领导的军队，是工农自己的队伍，怎么能学国民党反动派那一套？"随着一句句质问，毛泽东的语气又激昂起来，"这样做，与国民党抓壮丁有什么两样？这还像工农自己的军队吗？这样做，我们即使扩红一百万，两百万，失去了民心，军队有什么战斗力？"

毛泽覃似乎不相信，又问道："真有这事？"

毛泽东说："难道我这个苏维埃主席还会诬陷你这个政委？"

毛泽覃又问："你亲眼看见了？"

"你还不相信？我告诉你，我不仅亲眼所见，还有证人。"毛泽东向门外叫道，"小吴，你进来。"

小吴跑进来说："报告毛主席，报告毛政委。"

毛泽东说："小吴，你告诉这位毛政委，是不是看到独立五师的干事绑老乡了。"

毛泽覃急切地望着小吴。小吴说："报告毛政委，我和毛主席看见了。两个干事，还有几个战士，捆了两个老乡。他们说，是独立五师的。"

"乱弹琴。"毛泽覃把帽子戴上，皮带扎上，转身就往外走。

3

毛泽覃带着警卫走出师部,问明是一团的李干事带人抓的老乡,便又在夜色中来到一团团部。一团团长姓冯,毛泽覃说明来意,他忙带他去团禁闭室。毛泽覃看了看里面的两个老乡,问道:"你们怎么被关起来了?"

年长的说:"我们没报名参军,就被抓起来了。"

毛泽覃问守门的战士:"是这样的吗?"

守门的战士说:"是这样。"

冯团长听了,也很生气,叫道:"怎么能随便捆老乡呢?来人,给我把李干事捆起来。"

李干事刚走不远,闻声跑过来说:"报告团长,不用捆,我来了。"

毛泽覃把李干事叫到一边问道:"你想过没有,动不动就把老乡绑起来关禁闭,这样做,乡亲们会怎么看我们?这和国民党反动派的军阀作风有什么区别?"

李干事说:"我没想这么多,只是想快点完成扩红任务。"

冯团长不由手伸向枪套,骂道:"你破坏军民关系还强词夺理,老子毙了你!"

毛泽东跟在后面,看毛泽覃怎么处理这件事,见冯团长气得伸手掏枪,正欲上前劝解,只见毛泽覃已按住冯团长的手,示意他冷静。

在前不久的扩红会上,毛泽覃作为政委传达了中央要扩红一百万的精神。师长潘向云强调要以突击竞赛的方法和冲锋的精神来进行猛烈的扩红运动,对消极怠工分子进行坚决打击。到会的同志都感到惊讶,这与以前毛主席和朱总司令的扩红不一样啊。潘向云说:"对,毛主席是中央苏区主席,扩红一百万,是党中央从上海迁到苏区后提出的新目标。独立五师所在地是中央苏区的中心地区,我们应该不打折扣完成好上级的扩红任务。"

毛泽覃不好直接驳斥,只是婉转地淡化一味追求数量的扩红。而李干事认为"再来一个猛烈的扩红"是中央的精神,所以不打折扣地执行。

毛泽覃说:"你知道这样做会产生什么后果吗?"

李干事说:"毛政委,我,我方法太简单,破坏了军民关系,我去把他俩放了。"

毛泽覃说:"仅仅放了行吗?"

李干事说:"我,我向他俩道歉。"

　　毛泽覃说:"你不仅要向他俩赔礼道歉,还要把他俩送回家,向村里的全体乡亲们道歉,要得到乡亲们的原谅,挽回不好的影响。"李干事应声就去禁闭室。毛泽覃招招手说:"慢。"

　　李干事见毛泽覃皱着眉,说:"政委还有什么指示?"

　　毛泽覃说:"我也有责任,会上没讲清楚。我们一起去向老乡道歉,承认错误,挽回影响。"毛泽覃带着李干事几个去禁闭室,放了那两个老乡。

　　毛泽东见毛泽覃处理得有条不紊,不由十分欣喜,还想跟着去看他们如何去村里道歉。小吴说:"毛主席,毛政委会处理好的。这么晚了,你要支持我的工作呀。"

　　毛泽东笑着挥挥手,说:"好,支持你的工作,回去吃饭。"他一边走,一边自言自语道,"人谁无过,过而能改,善莫大焉。"

　　小吴说:"你看见毛政委及时改错,并带部下去向老乡认错,就高兴了。"

　　毛泽东说:"是啊。我刚才骂他,要打他,也错了。这不是毛家祠堂。我差点犯了家长作风咧。"

　　小吴笑道:"毛主席呀,人谁无过,过而能改,善莫大焉。"

第二十六章　跟着溅些屋檐水

1

初冬时节，天已转凉，阴雨绵绵不断，空气更冷了。

在刚刚召开的宁都会上，毛泽东受到项英等人的批评。项英他们得到刚从上海迁来的中央领导人博古的支持，所以批评起来一点不留情面，认为他不执行共产国际攻打大城市的指示，坚持游击战是逃跑主义。毛泽东认为按现在的条件，集中红军主力攻打城市是不现实的。他还是坚持认为红军应采用积极防御、诱敌深入的战略战术，集中兵力在运动中歼灭敌人，向赣东北和闽西北方面发展根据地。项英见毛泽东拒不执行共党国际和党中央的进攻路线，认为他是不服从党中央，是拥兵自重，是与共产国际对抗。项英最后说："毛泽东作为前委书记，不执行党中央的进攻路线，那就请交出军权，让其他同志来执行。"

周恩来和朱德认为毛泽东的思想是符合客观实际的。朱德说："我们开辟根据地，扩大根据地，都是靠的游击战嘛。游击战有什么不好？"但朱德和周恩来的解释大家根本不听，这些人有王明撑腰，跟着项英指责毛泽东，劝他不要拥兵自重，不要与共产国际对抗。在投票表决毛泽东是否继续担任前委书记时，多数人投了反对票。

当表决结果明了后，周恩来提出一个折衷方案，毛泽东不担任前委书记，但可以留在前线，继续发挥军事方面的才能，但项英等人仍不同意。毛泽东缓缓地站起来，说："我还是坚持我的观点，我相信，有时候真理在少数人手上。"说完，他满怀惆怅地走出会场。周恩来起身把他送到门外。毛泽东见周恩来一脸的忧虑，说："恩来，如果前线战事吃紧，你随时告诉我。"

毛泽东人不在前线，却时时惦记着前线的红军。恩来没有派人来，是不是战事平稳？或许战事不顺，恩来和朱德想告诉他，其他人反对？贺子珍见毛泽东愁眉不展，便给毛毛示意。毛毛向毛泽东跑过来，喊道："爸爸，你教我朗诵诗歌吧。"

往日，毛毛往他怀里一扑，毛泽东便会教这个儿子朗诵一两首诗词，或是趴下给毛毛当马骑。毛毛三岁多了，是他的第四个儿子，也是唯一在他身边的儿子。红军第二次解放福建龙岩那年，他和贺子珍的第一个女儿金花出生了。不久，蒋介石组织三省会剿，红军被迫撤离龙岩。没办法，贺子珍便托邓子恢找个可靠人家寄养。邓子恢访到城北鞋匠翁清河是个老实人，把金花托给他。过了两年，红军再次打回福建龙岩，贺子珍叫毛泽民去接金花。翁清河说，毛金花在战乱中得病死了。

毛毛出生后，一遇上打仗，还是寄养在老乡家。贺子珍生怕出意外，一打完仗，便忙去老乡家把毛毛接回来。毛泽东看见毛毛扑过来，本想挥手叫他自己去玩，一想起女儿金花，便心怀愧疚，弯腰抱起毛毛，说："好，我们一起来读诗词。今天读谁的呢？"

毛毛说："爸爸要我读谁的，我就读谁的。"

毛泽东脸上的愁容不见了，笑道："哦，我毛毛口气大呀。好，陆游的《卜算子·咏梅》，还记得吗？"

毛毛脱口背诵道：

驿外断桥边，寂寞开无主。已是黄昏独自愁，更著风和雨。
无意苦争春，一任群芳妒。零落成泥碾作尘，只有香如故。

毛毛稚嫩的童音抑扬顿挫，如潺潺山涧泉水流，叮叮咚咚，跌宕起伏。这词道出了毛泽东此时的心情，他脸上的愁有所舒缓，又道："陆游的《示儿》。"

毛毛又大声地诵读道：

死去元知万事空，但悲不见九州同。
王师北定中原日，家祭无忘告乃翁。

2

没过几天,在汀洲的一个小镇上也召开了类似宁都会议的批判会。这次会也是批游击思想,批判的对象是毛泽覃。主持会议的万永祥是福建省委书记。他批评毛泽覃和邓小平、谢唯俊、古柏四人坚持罗明路线,抵制王明为首的中央领导,游击思想很严重。毛泽覃听了觉得滑稽。这游击战术是他大哥总结出的经验,怎么扯到罗明路线上了?批他毛泽覃,扯上罗明,这是指桑骂槐,他更加不服,说:"我们的实力,不允许我们和敌人打阵地战。我认为我没错,没有错怎么认识错误?"

龙腾云是才提拔的分区司令员,见毛泽覃不服气,说:"游击战和运动战是落后愚笨的战术,是腐朽的自由主义和机会主义。"

毛泽覃听到龙腾云贬损他大哥的战略思想,不由勃然大怒,站起来说:"你胡说八道!这些年,不是游击战和运动战,我们能以少胜多吗?能打赢蒋介石的三次围剿吗?井冈山根据地就是靠游击战和运动战打出来的,怎么是落后愚笨的战术?怎么是腐朽的自由主义和机会主义?"

龙腾云也站起来,指着毛泽覃说:"你坚持错误路线,对抗中央,顽固不化。"

毛泽覃慷慨激昂道:"我没有对抗中央,只是对中央的意见有不同的看法。"

龙腾云说:"你所谓的不同看法,就是与中央对抗。与中央对抗的人,应该消灭掉。"

毛泽覃怒道:"姓龙的,我坚持游击战,你敢灭我?"

龙腾云说:"对抗中央,就是该灭。建议把他拉出去枪毙。"

毛泽覃指着龙腾云说:"姓龙的,你敢!"

龙腾云说:"你看我敢不敢。"

毛泽覃站起来,手伸向枪套:"老子今天就看你敢不敢。"

王震在一旁忙拉住毛泽覃,叫他坐下。毛泽覃挺着腰板硬是不愿坐。别人说他王震性子躁,王震没想到,毛泽覃比他性子更犟。王震忙站起来说:"大家不要急,听我说一句。"众人纷纷看着王震。王震知道毛泽覃上衣口袋中有枚五星勋章,他也有一枚。他的是三级,铜的,毛泽覃的是二级,银的。他和毛泽覃的勋章,都是纪念八一建军节会上颁发的。

"不要开口闭口就毙人，我们都是同志。"王震伸手从毛泽覃上衣口袋掏出那枚二等五星奖章，说："大家看，这是什么？这是毛泽覃同志杀敌立功获得的二等红星勋章。他参加八一南昌起义，蒋介石在南昌没把他打死；他为朱毛会师来井冈山，徒步千里没被沿途白军杀死；他带领一个独立师反围剿，一次和二次、三次，国民党反动派也没把他打死。因为他的赫赫战功，才获得这枚五星奖章。同志们，毛泽覃同志是有功之人，是同志，不是敌人，他的问题顶多不过是认识问题，有必要用武力来说话吗？难道我们要给国民党反动派帮忙，他们没把毛泽覃同志打死，我们来帮他们杀了他？"

万永祥和龙腾云不由一怔。他们都知道王震的牛脾气。万永祥寻思，王震和毛泽覃都是敢与敌人拼命的人，博古他们没来前，他们都打过胜仗，立过战功，是红军的高级指挥员，怎么现在博古一到苏区，毛泽覃就错了呢？王震说的有道理，不管谁对谁错，要杀掉毛泽覃这话确实是错了。但毛泽覃所支持的游击战是对是错，万永祥也是拿不定把握，他只好站起来讲几句模棱两可的话圆场，然后宣布早已商量好的处理决定：免除毛泽覃的特委书记、师政委职务。

3

毛泽东因为拉痢疾，在长汀福音医院治疗。躺在病床上，他望着隔窗的秋雨随风飘洒，心如绵绵雨丝，惆怅无限。他听说了毛泽覃被批评之事，有人想打圆场，可有人不让。他还听说，他交出军权后不久，会昌和寻乌、安远中心县委书记邓小平因为坚持游击战，被指为右倾机会主义逃跑分子，会上遭批判不说，还被关押，还被迫离婚。罗明路线的总代表江西省委书记罗明被撤职，毛泽覃和邓小平也被撤。没几天，贺子珍的妹妹贺怡瑞金县委组织部部长一职也被撤。

贺怡怎么也被撤职了呢？因为她是毛泽覃的妻子。那年，毛泽覃因腿伤不能随部队走，组织上安排他在东固村养伤，并叫贺怡照顾他。贺怡知道毛泽覃是姐夫的弟弟，照顾得自然是更尽心。毛泽覃伤好归队的第三年，被调到永吉泰特委当书记并兼独立五师政委，巧的是，贺怡是永吉泰特委委员兼保卫局局长。毛泽覃因为要管永吉泰所辖五县经济，还要做五师的政治工作，又忙又累，只是在心里把贺怡当妹妹，平时在一起开会时才见个面。

有一天,贺怡去沙溪村调查,到晚上还没回来,天又下起了小雨,毛泽覃知道后有些担心,便打把伞去沙溪村接。快到村口,就听见贺怡在老乡家里无拘无束地唱山歌。毛泽覃心里一喜,见到贺怡就说:"我还说是哪个妹子在唱,唱得这么好。过几天五师开大会,你到会上唱给全体指战员听,肯定受欢迎。"

贺怡一见毛泽覃来接他,而且还开着玩笑夸她,很是感动。回家的路上,两人在夜色中共撑一把伞,让她备感温馨。这时,毛泽覃知道贺怡是单身女,贺怡也知道毛泽覃与周文楠四年没见面了,也是单身汉。这以后,贺怡对毛泽覃生活上的照顾更细心更体贴了,不久,经组织批准,他们结为夫妇。毛泽东与贺子珍知道后很高兴,这是亲上加亲的一门喜事。贺怡在瑞金县委担任组织部部长,毛泽东被迫交出军权,姐姐觉得受委屈不敢说,她就敢说;现在毛泽覃又无故受到处分,她更是不服气,向组织反映,为毛家兄弟鸣不平。这一下惹恼了博古的人,她被视为反动分子的家属,撤掉职务不说,也要挨批挨斗。

毛泽民和毛泽覃相约到长汀福音医院看望毛泽东。毛泽覃虽然被撤职挨批,心情不快,但他一见面就故作轻松打趣道:"大哥拉痢疾,是吃东西吃坏了。大哥平时总说,不干不净,吃了没病。你看,这不是吃出病来了。大哥,以后再不能不干不净地乱吃了。"

毛泽东没想小弟也会幽默了,哈哈笑道:"看来,不干不净吃了没病这个习惯要不得。小弟讲得对,吃东西要注意,手一定要洗干净。泽民,听说中央派人到你那里突击查账,有问题吗?"

毛泽民说:"没有。"

毛泽东说:"银行印制纸币的事怎么样了?"

毛泽民拿出几张样币给毛泽东看,说:"这就是我们印出的纸币。"

毛泽东拿着票子,甩得啪啦啦响,很高兴,说:"好,我们政府有自己的钞票啦。嗯,泽民呀,我们毛家家诫第四戒是怎么说的?"

毛泽民说:"我记得咧,四戒攘窃。冥窃暗偷,谓莫遇见;一朝败露,捕捉到县;招认受刑,皮开肉绽;差役起赃,辱及女眷;跑捕亡家,东逃西窜;死不入祠,生有何面;凡我子孙,莫拈钱断。"

毛泽东说:"是呀,小弟刚才说吃了脏东西就要拉肚子,就要住院。搞经济工作，最忌讳的就是手脚不干净。如果把公家的钱财塞进个人荷包，那就要坐牢，就要掉脑袋。不干不净，不是没病，时候一到，自然有病。我们的祖宗都晓得，要我们戒禳窃。冥窃暗偷，不要以为人家不晓得，一旦败露，不仅辱及家人，还死不入祠，生又有何脸面？所以老祖宗力劝我们莫拈钱断。你当银行行长切记一条，你管的是人民的钱，按我们的家诫，你不能冥窃暗偷，按党的纪律，你更不能将人民的钱窃为己有。手脚一定要干净，屁股一定要擦干净，账目一定要搞清楚。常在河边走，就是不湿鞋。"

毛泽民说："大哥放心，我的手脚干干净净的咧。在安源和上海，都是公私分明，账目清楚。"

毛泽东说："好，就是要这样。你屁股擦得干净，就不怕狗来闻。听说这次查账，查出你担任行长后，白手起家兼任钨矿公司的总经理，年产量从 648 吨达到了 1800 吨。"

毛泽民说："大哥听说了？是这么多。"

"你为苏维埃政府解决了一个大难题，增加了财政收入，充实了银行家底。兵马未动，粮草先行。你是红军的财神爷，部队打仗有需要，有你就有保证了。当初要你当行长，没错咧。他们查了你的账，你有什么想法吗？"

毛泽民说："有。"

毛泽东说："什么想法？"

毛泽民说："我计划明年产量超过 2000 吨。"

毛泽东说："好，这个想法好。不仅不气馁，还要想法做得更好。你能做到这个份上，我这个做哥哥的面上有光了。"

毛泽民说："要不是大哥带着我，常提醒我，哪能有这样的想法，现在顶多是湘潭街上一个米老板。"

毛泽东说："当行长和做米老板还是大不一样。听说你在矿上拿自己的津贴奖励有贡献的工人。"

毛泽民说："有这事。我是想鼓励他们多挖矿。这钱财系身外之物，生不带来，死不带走。我带在身上还是个麻烦。"

"好，你把钱用到正途上，好！这次突击检查，没查出你屁股有屎，却查出了你的政绩，这是一件好事。你没事，我也就放心了。"毛泽东又问毛泽覃，"小弟，你这一向怎么样？"

毛泽覃却不愿说自己的事，转移了话题，说："我哪有二哥好呀，二哥穿西装，打领带，洋气咧，我和大哥都没穿过。"

毛泽东笑道："那西装有什么好？洋气？搞条布带把脖子系住，吊得喘气都不顺畅。这西装，不要钱我也不穿。"

毛泽覃说："大哥，你是老八股。"

毛泽东说："泽覃，不要说大哥老八股了，说说你自己。"

毛泽覃只得实话实说："我被批了，说我和邓小平、谢唯俊、古柏是'罗明路线'，我们的职务都被撤了。"

"什么罗明路线，罗明路线就是我毛泽东的路线嘛！批罗明，反邓毛谢古，是指鸡骂狗。听说贺怡也被撤职了？"

毛泽覃吞吞吐吐。贺子珍说："贺怡也被撤了，还被送到党校学习改造。白天遭批判，夜间还要写检讨。她可是怀了三个月的身孕呀。"

毛泽东叹了口气，说："这是城门失火，殃及池鱼呀。我说了，你们和我在一个屋檐下，雨浇在我头上，你们也要跟着溅些雨水的。你们跟着我走南闯北，出生入死，已受了很多磨难，这回又跟着我受牵连了。"

毛泽民说："哥，没事，他们查我，我干干净净，这不是过来了嘛。小弟也不会有事的，他身正，不怕影子斜。"

毛泽东说："泽覃，你和贺怡的脾气还是要改一下。你从小就脾气躁，天王老子都不怕。老虎屁股摸不得，他们要摸，只要屁股干净，让他们摸一摸又何妨嘛？"

毛泽覃点点头，说："哥，我记住了。你放心，我会改。"

第二十七章 留守的悲壮

1

飞机从中央苏区北边的广昌县掠过，不时向硝烟弥漫的红军阵地上扔炸弹。在对垒战中，敌方人多势众，炮火猛烈，红军伤亡惨重，再加上对方不时有飞机助阵，更显出了红军的劣势。

朱德无奈，挥手喊撤。武器落后的红军撤出阵地，筠门岭失守，苏区南大门洞开，敌军长驱直入，汹涌占领大片苏区。蒋介石在第一次围剿就提出的"分进合击，长驱直入"的作战方针，前四次都落空，终于在第五次围剿中实现了。敌军突破南面的筠门岭后，几架飞机又飞过来，往瑞金中央驻地扔炸弹。一颗颗炸弹落在政府大礼堂和沙州坝的红井，以及叶坪老村广场上的检阅台、烈士纪念亭、纪念塔、博生堡……这些苏区的标志性建筑，被炸得沙石飞溅，一片烟火弥漫。红军主力和中央党政军领导机关，全部被迫退出中央苏区，突围转移。

周恩来叹了口气，说："这个仗打得窝囊啊！"

毛泽东说："打了有一年了吧？"

周恩来说："是呀。不切实际地瞎指挥。用所谓的正规战争代替游击战争，同敌人拼消耗，使红军完全陷于被动地位。我们有多少家当？这么硬拼，怎么能拼得赢蒋介石？蒋介石倒是很希望和我们拼呀。苦拼了一年，我们不仅未能打破敌人的围剿，现在是四面楚歌，只有退出根据地了。好好的根据地就这么丢了。这是崽卖爷田心不痛呀。润芝啊，前几次围剿按你的游击战和运动战的战略战术，蒋介石虽然人马比我们多几倍，甚至十几倍，我们都赢了。唉，当时我要留你在前委，遭到他们的反对。"

毛泽东说："现在撤退，如果还不改变打法，我们还会要吃亏的。"

走了一阵,敌人的炮火声轰隆隆的。毛泽东似乎听见有人大声喊:"毛主席。"他在炮火声中看见是毛泽民挥着手跑过来。

骄阳似火,酷暑难熬,毛泽东待毛泽民走近他了,问他有什么事。因为炮声隆隆,讲话听不清楚。毛泽东说:"泽民,我们换个安静的地方去说吧。"

毛泽民跟着毛泽东走进山上的一个古寺。离炮声远了,显得安静许多。毛泽民说:"哥,你是中央苏维埃主席,我有重要事情向你请示。广昌失守后,石城形势已很危急,石城的秘密金库怎么处理?"

毛泽东说:"石城即将被敌人占领,兴国也是靠不住的,国民党五个师正在向老营盘进攻,我看,还是发给各军团保管吧。你们银行也要掌握一部分。"毛泽民答应后,毛泽东问:"有小弟的消息吗?"

毛泽民说:"听说小弟还是被留下来打游击。"

毛泽东沉吟未语。因为组织上决定毛泽覃和贺怡留下来后,毛泽覃曾找过他,说:"大哥,你和二哥都去西征,我想和你们一起去,你能不能想想办法。"毛泽东也想三兄弟一起西征,按理,他还是中央政府主席,这点事还办不到?可他就不愿为家人的事找组织,何况现在他与博古的思想观念有冲突。博古和李德仍旧把毛泽东当作他们的心病,曾策划让他去苏联治病疗养,远离苏区和红军,没想到的是莫斯科不同意。这次反围剿失败,中央决定撤离苏区,他俩原打算让毛泽东留在江西,以甩掉他这个包袱。毛泽东尚不知自己何去何从,一听说瞿秋白和王稼祥要留下,就觉得不妥,向博古提出应让瞿秋白和王稼祥随军西进。

到转移出发前不久,警卫员小陈去为毛泽东领取行军所需物品,却怎么也找不到他的名字,这才发现毛泽东和瞿秋白、何叔衡等所谓的"老弱病残",都被列入留守苏区的名单中。此事一公开,中央和军委机关的干部议论纷纷。周恩来和洛甫直言道,中央苏区和中央红军是毛泽东一手创建的,现在中央红军突围却把他丢下,万一发生什么意外,对内对外、对上对下都无法交代。博古忽然从中悟到,毛泽东既然过去能从无到有,从小到大拉起一支军队,打出一块天地,现在他经验更丰富了,党羽也更丰满了,不是可以再创大业,重振雄风吗?把毛泽东留在这里打游击,不等于是为他提供了东山再起的机会吗?与其如此,不如将他安排在自己的股掌之中。李德听了也连声说好。因此,他们以虚心接受周恩来和洛甫意见为名,决定让毛泽东随军转移。博古把这个决定告诉毛泽东时,毛泽东仍然没提毛泽覃随中央红军转移的事，只是说："我认为瞿秋白和王稼祥也应该随军西进。"博古说："只能走一个了，王稼祥随军西进，瞿秋白身体不太好，留下吧。"

贺子珍随毛泽东一同撤退，三岁的毛毛不能随军。毛泽东说："叫他小叔找个可靠人家寄养吧。"贺子珍说："金花寄养在老乡家夭亡了，这个毛毛又寄养，我不放心啊。"但她也没有其他办法，只好将毛毛交给毛泽覃。

毛泽东和毛泽民谈话间，云山古寺外响起了急促的马蹄声，毛泽覃带着警卫和通讯员来给两个哥哥送行。他骑着马沿路打听，终于在云山古寺找到了两个哥哥。

毛泽覃翻身下马，把缰绳丢给警卫，走进古寺，很认真地敬了个礼，叫道："闽赣军区司令员、红军独立师师长毛泽覃向毛主席报告。"

毛泽东和毛泽民不由一喜，忙迎上去叫道："小弟。小弟。"毛泽覃也笑着放松了身板，改口叫大哥和二哥。

毛泽覃说："我本来就没有犯什么错。第五次反围剿,红军处于被动局面，根据地被蒋介石占得差不多了，更加证实了我和邓小平向中央提出坚持游击战的建议是正确的。现在，他们要我担任红军独立师师长，留在闽赣地区打游击。"毛泽覃见毛泽东眉头紧锁，说，"大哥，你怎么啦？我恢复职务了，你还不高兴？"

毛泽东心情有些沉重，想说什么又没说。毛泽覃恢复职务，却不是回原岗位任职，而是任闽赣军区司令员和红军独立师师长，看上去冠冕堂皇，实际上是司马昭之心，路人皆知呀。蒋介石集兵一百万，就是下决心要剿灭中央红军，铲除根据地，留下来的人，都将成为最后剿灭的对象。

毛泽东长叹一口气，说："泽覃呀，不管怎么样，组织上给你恢复职务了，你就要服从安排，尽职尽责。现在形势复杂，白区斗争的环境会更加恶劣，你留下来在白区斗争，要学会审时度势，既要打击敌人，又要保护自己。打得赢就打，打不赢就跑。"

"我记住了，大哥。"毛泽覃说，"毛毛我已找了个老乡，人很好，我在永吉泰特委当书记时常住他家，也给他家帮过忙。他家很感激我，我把毛毛托给他，他全家都很乐意。"

毛泽东说:"好,那就好。你现在会看人了。我会告诉你大嫂,叫她放心。"

毛泽覃看看时间不早了,说:"大哥、二哥,贺怡要和父母去赣州,我要去送送他们。我们独立师还接受了阻击任务,所以我不宜久留。"

毛泽东吩咐道:"那你快去,要保护好自己!"毛泽覃跨上马准备出寺院。忽地,毛泽东又挥手叫道:"小弟——"毛泽覃忙牵转马头,在毛泽东身边跳下来。毛泽东走过去,帮毛泽覃整理一下领子,然后又帮他戴正帽子,抚着他的肩,缓缓地从怀里掏出一块表,说:"小弟,这块表,你拿着,带兵打仗,用得上。"

毛泽覃接过表,看了看又还给毛泽东:"大哥,你留着自己用吧。"

毛泽东说:"这块表在我身边走了好多年了,很准。今天大哥把它送给你,希望你带在身边,走得很好。"

毛泽覃不再说什么,把表揣进怀里,从口袋里掏出一张照片递给毛泽东,说:"大哥,这是我重新恢复职务时照的,大哥留着,你们想我时,就可以看看。"照片上的毛泽覃穿着军装,戴着军帽,微微笑着。

远处战马奔腾,硝烟弥漫。毛泽覃的马对着毛泽东仰天尖啸长嘶。毛泽东不由一怔,脸色凝重地挥挥手说:"你去吧。"毛泽覃飞身上马,走出寺庙,又勒马回缰向两个哥哥敬礼示意。毛泽东和毛泽民站在寺庙门口相送,看着毛泽覃骑马疾驰远去的背影,不停地挥手,挥手。

2

在瑞金于都,红军主力开始突围转移,到处一片忙乱。瞿秋白牵着自己的土黄马,带着饲养员小张在送行队伍中寻找着什么。他终于看见了毛泽东随机关人员走过来。

七年前,瞿秋白主持中央工作,很欣赏毛泽东的才华,请他去上海。毛泽东却要求去组织秋收起义。瞿秋白来江西后,毛泽东被选为中华苏维埃中央政府主席,他请瞿秋白任教育部部长。这次转移,毛泽东向博古要求让瞿秋白随中央转移的事,瞿秋白也知道了。他心里对毛泽东有一种知遇的感激。

"你看,这匹马怎么样?"瞿秋白指着他牵的马。

毛泽东看了看,说:"好马。"

瞿秋白说:"送给你。征途漫漫,权充脚力。"

毛泽东说:"你怎么办?"

瞿秋白说:"我,哈哈,我不用远行,用不上。"

毛泽东也不推辞,接过缰绳说:"多谢啦。秋白兄,你留在苏区,前途未卜,望多保重。"

瞿秋白叹口气说:"这仗,打得窝囊,好好一个苏区,被弄成这样。王明是在给蒋介石帮忙啊。苏区的形势会变成什么样,是很难料到的。或许,我这把骨头就埋在这里了。"毛泽东一听这话,心里如透过一丝冷风,不由紧紧地握着瞿秋白的手。如血残阳正落西山,瑟瑟秋风,落叶飘飘。于都河边,突围转移的红军部队正撤离。

在梅坑和田心岩、背九堡等地通往于都的大路口,集结着一队队等待出发的队伍。人们一个个心情沉重,不约而同地转头朝叶坪和沙洲坝方面凝望,再看一眼高耸的红军烈士塔、巍峨的中央政府大礼堂。

瑞金于都的山路上,夜色中秋风乍起,落叶飘飘。队伍在缓缓地移动,后面时不时传来了呼喊:"快走啊!快走啊!"毛泽民率领的十五大队队员,牵着一匹匹驮上辎重细软的马,与中央纵队一起,离开于都。在苍茫夜色中,他们渡过于都河,用扁担挑着一个国家银行,跟着整个苏维埃共和国开始了艰难的征程。

于都河越来越远了,枪炮声越来越稀了。毛泽东回头看了看,说:"不知小弟现在怎么样。"

毛泽民说:"大哥,不用担心,小弟不会有事的。"

毛泽东走了两步,忍不住又回头看,说:"现在的形势不同昨天啊。"

远处山尖冒出阵阵猩红的火焰。苍茫夜色中,没有枪炮声了。夜显得很静,只有行进队伍散乱的脚步声。走了一阵,毛泽东站住,回头看着远处那猩红的火焰,眼睛里闪着的满是忧虑。毛泽民走近前,轻声说:"大哥,走吧。"毛泽东点点头,又摇摇头。

队伍在前行中似乎加快了步伐。警卫员陈昌奉把马牵过来,毛泽东骑上马,又回头看了看。马缓慢地随队伍行进。毛泽东感觉,他离他创建的根据地,还有他的小弟,他的儿子毛毛,越来越远了。

3

毛泽覃与大哥、二哥分别后,把毛毛送去老乡家,又马不停蹄地送贺怡和她父母到白鹅洲码头上船。贺怡怀了小孩,毛泽覃嘱咐道:"贺怡,你要好好把孩子生下来,将来我们打下一个新中国,要靠他们去建设。"贺怡点点头答应着:"你放心,我一定把孩子生下来,好好养大,和他一起等你回来。你一定要好好地回来。"毛泽覃说:"我一定!一定!"

远处的枪炮声越来越近,敌方以三个师的兵力压向红林山区的中央根据地。毛泽覃看了看表,说:"没时间了,我要带部队赶去投入阻击。"

将来也不知是什么局面,也不知何时可与丈夫见面,贺怡泪流满面,扑到毛泽覃怀里。毛泽覃说:"我们一定会胜利的。只要局势稳定,我就来看你和孩子。"

贺怡抬起头,泪眼婆娑地点点头道:"你快去吧。"

毛泽覃上马走了,贺怡望着马背上那宽大的背影,久久地站在白鹅洲码头,直到他的背影消逝了,看不见了,她才怀着忧虑的心情上船。

毛泽覃率部来到阵地接防。西征红军撤走了,他要求大家拼命抵抗,以保证中央机关的安全撤退。敌军如蚂蚁般冲上来,阵地上炮声隆隆,阻击战打得十分激烈。打到傍晚,如血的残阳正落西山,毛泽覃带领独立师击退敌军一次又一次的进攻。当暮色降临,敌军才暂时停止进攻,战场才得以寂静下来。

天黑了,临时指挥部已看不清人的五官,只能凭声音辨别对方。毛泽覃和吕副师长正在观察阵地,通讯兵跑过来报告说,中央机关转移队伍庞大,行动相当缓慢。吕副师长说:"原计划阻击到天黑,我们就完成了阻击任务,可以撤了。"毛泽覃叹了口气,说:"由这几个无知的洋毛子指挥,我们只有被动挨打。"吕副师长说:"我们怎么办?"毛泽覃说:"再拦一拦,让中央机关撤得远一点。"吕副师长点点头。毛泽覃转身对通讯兵说:"命令各团,继续坚守阵地。"

红林山下的战场一片静寂,被炸断的树枝还在燃烧着,战场上堆积着敌我双方的尸体。又过了几个小时,通讯兵跑来报告说:"中央机关过了于都河。"吕副师长说:"毛师长,趁天黑,我们也可以撤了。"毛泽覃望着西方,掏出怀表看了看,说:"再等一等,让中央机关的同志走得更远一些。"

守到半夜，毛泽覃叫部队在战壕里烧了几处火，以假乱真，然后命部队悄无声息地撤出阻击阵地，连夜在山林里穿行。穿过红林山区的一座山，阵地被远远地甩在后面。

来到一座小村庄，队伍发现这个昔日的根据地刚被一批敌人洗劫过，来不及躲避的人们遭受烧杀奸淫，正沉浸在痛苦中。乡亲们见独立师经过，马上迎上来，奔走相告："红军回来了，红军回来了。"

毛泽覃站在一个高墙上，正想对聚集的乡亲们说点什么，这时，侦察兵来报，有一股敌军尾随过来了。毛泽覃紧蹙眉头，想起大哥刚上井冈山时说的一句话：人不能没有屁股，井冈山就是我们红军的屁股。他和参谋长商量了一下，命令全师马上向深山开拔，自己率领少部分人殿后。乡亲们见红军又要走，有些失望。有个年长的乡村教师说："首长，红军的大部队走了，留下你们这么一点队伍，能与白军的百万军队抗衡吗？"毛泽覃说："乡亲们，蒋介石的前四次围剿，人数数倍于我们红军，我们坚持打游击战，有乡亲们的支持，以大山为依托，粉碎了敌人的围剿。我们只要坚持游击战十六字方针，完全可以取胜。"

毛泽覃率部告别乡亲，向深山进发。天蒙蒙亮，队伍经过红林山区的一个县城，侦察员报告，说前面有保安团守护。毛泽覃命前头部队换上白军军装，自己化装成白军军官，率领人马来到城门下。

小城上驻有一个保安团，城门岗亭里的哨兵高声喝问："你们是哪个部队？"

毛泽覃身边一个尖兵班班长高声回答说："我们是一〇二师，追剿共匪的。"

"你们等一下。"哨兵探头问岗亭里面的班长，"班长，开不开门？"

那班长说："这年头，一会是友军，一会又是敌军，谁分得清？"

哨兵说："那我们不开？"

班长说："团长说，没接到命令，一概不能离开城堡，还是小心为上。"

哨兵说："那外面骑马的是个大官，看样子他们装备精良，我们可得罪不起啊。"

这时，碉堡外传来尖兵班班长的怒骂："你们搞什么婆婆妈妈的，赶紧出来答话。耽误了任务，我们打几炮，轰了你们这破城。"

哨兵忙喊道:"别开炮,别开炮。"

那班长走出城门说:"慢点,让我看看证件。"

尖兵班班长指着走上前的毛泽覃说:"这是我们长官。"

班长说:"你们到底是哪一部分的,到哪里去?"

毛泽覃快步走上去,厉声喝道:"把他的枪给我下了。"

尖兵班的同志一拥而上,把班长和几个哨兵的枪全缴了。班长忙求饶道:"自己人,都是自己人,误会,误会。"

毛泽覃手一挥,红军冲进城去。片刻,城里枪声四起。

4

毛泽覃在闽赣地区坚持游击战时,毛泽东随中央红军辗转来到贵州。遵义会议指出了第五次反"围剿"失败的主要原因,肯定了毛泽东的军事战略主张,并确立了他在党和红军中的领导地位。然而,由于信息不畅,这一决议,迟迟未能传达到留在原苏区坚持游击战争的红军中。福建省军区政委万永祥依旧执行"保卫苏区,等待主力回头"的决策,指挥为数不多的红军部队同国民党军死打硬拼,连连受挫,损失惨重。毛泽覃带领特务连,准备去红林山区参加闽赣省委扩大会,提出坚持游击战的看法,不料,由于叛徒告密,在去会场的路上,毛泽覃遭受国民党军的伏击。他带领特务连突出重围,甩掉追兵,出了山林,直奔长汀四都。

在红林山区小镇的万家祠堂里,万永祥和福建省委几个委员正在焦急地等待。万永祥还不知道,他妻子被抓后,因熬不过酷刑,指认了已被抓获三个多月的瞿秋白,并供出了福建省委所在地。

龙腾云虽然提升为福建省军区司令员,但他和万永祥现在是受毛泽覃领导。龙腾云说:"毛泽覃同志怎么还没来?是不是因为我们曾经批评过他,他故意迟到,给我们难堪?他现在是闽赣军区司令员,仗着职务在你我之上,还掌握了一个师的兵权,故意在我们面前耍权威?"万永祥说:"不会吧。"龙腾云说:"不会?为什么到现在还没来?"

毛泽覃赶到长汀四都后,向王连长交代,福建省委在召开重要会议,要严密警戒,然后急匆匆地来到万家祠堂,到了门口,才把枪插进枪套。

万永祥一见,忙迎上去说:"毛师长来了,就等你了,怎么样?"

毛泽覃快人快语，说："好，开会。我们路上遭到了伏击，我担心在这里开会不安全。"

万永祥说："不可能吧，我们以前都在这里开，不会有事。"

毛泽覃望着大家期待的目光，说："我们今天开会的主要内容，是要求大家看清形势，不要抱幻想。红军主力已经转移，我们不能凭这点力量来保卫苏区，等待主力回头。同国民党军死打硬拼，这样不现实。现在，福建的红军受到严重损失，不能这么打了。如果继续坚持死打硬拼，只有死路一条。我们必须化整为零，深入山林，开展游击战争。"

万永祥说："毛师长，你虽然是我的上级，但你这种逃避的思想，是右倾机会主义，与王明同志的指示精神相违背。"

毛泽覃说："这个时候你还给我扣帽子？红军主力西征，我们还有多少实力能与蒋介石的几十万军队抗衡？我告诉你，分散开展游击战争，这是苏区分局的新精神。"

万永祥和龙腾云不服气，还想争执，忽然，砰，外面响了一枪，他俩想说什么都忘记了。毛泽覃警觉地站起来，说："现在的苏区已沦为白区。我来这里的路上，遭到伏击，这个地方极不安全，我建议赶快撤离四都镇。"

万永祥忽地站起来厉声喝道："毛泽覃同志，我们是召开福建省委会议，这里是我说了算。"

毛泽覃提着枪说："什么你说了算我说了算，敌人来了，打得赢就打，打不赢就跑。我建议，赶快撤。如果你们不听，有什么意外，后悔都来不及。"

万永祥气愤地望着毛泽覃。这时，外面的枪声响得密集了。毛泽覃侧耳细听，果断地说："听见枪声了吗？现在，我命令，赶快撤。"

万永祥拍桌而起，说："这里我说了算。毛泽覃同志，你要注意自己的身份。"

毛泽覃说："我是独立师师长，更是闽赣军区司令员，要负责各位与会者的安全。在军事问题上，你们必须听从我的指挥。同志们，这里情况危险，听我的，撤，从后屋上山。"

龙腾云跳了起来，正欲帮万永祥对付毛泽覃，一个红军战士快步跑进祠堂，大声报告说："毛师长，一群敌人由几个便衣带路，正向四都镇包抄而来。"

毛泽覃问道："敌人有多少？"

红军战士说："估计有一个营。王连长正在指挥阻击。但敌人很多，我们快被包围了。"

万永祥目瞪口呆，说："这是怎么回事？"

龙腾云也不相信："这不可能，不可能。"

毛泽覃不理他俩，向战士吩咐道："你去告诉王连长，全力掩护省委领导撤退。"待战士向镇外跑去，毛泽覃才对万永祥和龙腾云叫道："愣什么？快撤。"万永祥和龙腾云不再作声，老老实实跟着参会人员走出祠堂，向后山爬去。

毛泽覃来到镇口，见敌军数倍于红军，向镇口包围过来。他带着特务连打退敌军的一次进攻，见一部分敌人向山口的万永祥他们追去，忙对王连长说："你在这里阻击，我带一排去那边解围。"

万永祥和龙腾云跑到半山腰，忽见一群敌人追了上来，口里叫着："抓活的。"一个女便衣指着他叫道："那个穿灰衣的，就是万永祥。"龙腾云说："万政委，那不是你夫人吗？"

万永祥也发觉那声音很熟悉，回头一看，果然是自己的妻子。他没想到妻子叛变了，还来指认他，不由又是羞愧又是愤恨，拔出手枪朝那便衣瞄准，"砰，砰"，他妻子应声倒地。

敌军冲上来向万永祥他们射击。龙腾云掩护众人撤退走在最后，不料腿部中了一枪。他欲站起来，却站不起。万永祥来扶他，他一把推开他，说："你快跑，我跑不动了，我掩护你。"万永祥说："是我家里那个混账东西害了大家，让我来掩护你们吧。"说着，他抢过龙腾云手中的枪，向身后的敌人射击。一个敌军官举枪叫道："抓住万永祥有赏。"敌军蜂拥般往山上追来。

突然，敌人身后响起了枪声。原来是毛泽覃带着一排红军赶到。敌军腹背遇敌，倒下几个，便仓皇向山的另一侧溃退。毛泽覃赶到龙腾云身边，叫万永祥和其他人员先走，安排两个战士扶起龙腾云往山里撤。不一会儿，敌军又追了上来。毛泽覃提着枪，指挥战士且战且退。忽然，这股敌军后面又遇到枪击，原来是王连长率两个排且战且退来到山里，与毛泽覃率领的一排会合。

毛泽覃率队匆匆钻进山林，遇见龙腾云伏在一个战士的背上。龙腾云内疚地说："毛师长，你是对的，和敌人硬拼，是不行的。万政委的夫人叛变了。我，我和万政委对不起你。"毛泽覃说："别说这些，现在撤退要紧。"

这时，白军从三面包围上来，包围圈越来越小。毛泽覃叫一排保护省委的同志撤，特务连其他同志和他一起阻击追敌。

龙腾云想起自己以前的作为，又羞又愧，见毛泽覃一点也不计较，还在指挥大家保护他和万永祥撤退，不由感动地叫道："毛师长，你是这里的最高首长，要撤，应该你先撤。"毛泽覃说："我是师长、指挥员，要保证你们的安全。"龙腾云说："你不撤，我也不走。"毛泽覃说："听安排，走。"龙腾云说："我走，还要拖累一个人。我不走。"毛泽覃命令那个背他的战士道："背他走！"龙腾云在战士背上叫嚷道："我不走！不走！我要和毛师长战斗在一起。"

敌人拥了上来。毛泽覃命令道："打！"众战士猛烈开火，敌人倒下几个。第一层包围圈的敌人被打退了，红军战士也只剩下二十多个人，弹药也不多了。

第二层包围圈的敌人又拥上来。一个战士焦急地端起抢，被毛泽覃压下去。敌人越逼越近，一根根黑黑的枪管都看得清清楚楚。这时，毛泽覃才大喊一声："打！"近距离射击，命中率高，一个个敌人应声倒下，但也有不少战士中弹牺牲。

毛泽覃一扣扳机，没有子弹了。王连长说："毛师长，你撤吧，不然就没机会了。"毛泽覃说："要给福建省委的同志多争取一点时间。你给我点子弹。"王连长又劝道："毛师长，战士们不能没有你啊。你先走，我在这里。"毛泽覃说："给我子弹。"王连长不给，希望他赶紧走。毛泽覃说："没空跟你废话。"他从倒下的战士身上捡起一把带刺刀的枪，向敌军冲去。

几个战士跟着毛泽覃冲进敌群，展开肉搏。因敌人众多，战士一个接一个倒下了。毛泽覃刺倒一个敌人，发现王连长总在他的右侧保护他。又一名敌军冲过来，被毛泽覃一刺刀挑倒，不想另一名敌军从左侧冲向他。王连长见状，忙冲上去挡住了刺刀。毛泽覃杀死正面搏击的敌军，见王连长倒地，忙扑过去抱住他。王连长看到远处一敌军官在瞄准毛泽覃，挣扎着叫道："小心。"

"砰！"敌军官扣动了扳机，毛泽覃的肩膀中弹，王连长从他手上跌落。毛泽覃摇摇晃晃地拿起枪，用刺刀刺向一个冲上来的白军。敌人被刺倒后，他以枪插地，颤颤巍巍地站起，双眼圆睁着冲上来的白军。白军见状，都畏惧地往后直退。

敌军官又扣动扳机，子弹打在毛泽覃的胸膛，鲜血向外喷射。毛泽覃上衣袋里的怀表被子弹打中，从怀里弹了出来。被鲜血浸染的怀表嘀嗒响了最后一声，无声地从空中掉落。

5

北方的秋天比南方要凉。毛泽民率领十五大队用扁担挑着国家银行，经过数月的跋涉，随中央纵队来到保安吴起镇。他刚布置临时办公室，一个战士捧着一个匣子走进来，说不知是什么东西。毛泽民在上海见过，知道是收音机。他接过放在桌上，打开，没有声音，便对钱希钧说："你把它调好看看，如果能收听敌台广播，可以了解很多信息。"钱希钧打开一试，收音机传出一阵阵杂音。她调了调，换了一个频道，传出了歌声。毛泽民在桌上打算盘，说："听听有什么新闻。"钱希钧慢慢旋着钮调台，忽然，收音机里传出女播音员的声音："共军狼狈西窜，经我军追剿，死伤惨重……"毛泽民忙说："听这个台。"女播音员继续播报："四个多月前，在江西瑞金红林山区一无名山上，发现一股来不及西进之共军。我军以重兵围歼，共军负隅顽抗，终不敌我勇猛之军威，全部歼灭……"毛泽民放下算盘，走到收音机面前，说："是小弟那里。声音调大点。"

钱希钧把声音调大，那个女播音员继续播报："在被击毙之共军中，有一身材高大军官，身边有一块被子弹击碎的怀表。经过几个月核实确定，此军官系共匪毛泽东之弟、闽赣军区司令员、红军独立师师长毛泽覃……"毛泽民不由一怔，跌坐在椅子上。钱希钧吓了一跳，忙拍着他叫道："泽民，泽民……"毛泽民忽地跳起来，疯了似的往外跑。跑到小镇的街上，又发疯似的向毛泽东的住地跑。

毛泽东正在翻阅缴获的旧报纸，见毛泽民闯进来，眼泪吧嗒地望着他，却说不出话来，忙上前扶住他，说："泽民，你怎么啦？"

毛泽民忽然抽了一口气，哭道："哥啊，小弟，小弟他……"

毛泽东有所预感，但还是强作镇静，说："泽民，别急，你坐下说，小弟怎么啦？"

毛泽民喃喃地说："小弟，小弟牺牲了。"

毛泽东说："你怎么晓得的？"

"我从收音机里听到的。小弟是掩护其他人撤退时牺牲的。白军不知是小弟,经过四个月的调查,才核实小弟的身份。"

毛泽东听了如雷轰顶,痛苦地闭上眼睛,眼前浮现出在于都古寺与毛泽覃分手的最后一面。中央红军仓皇撤离瑞金,在那么艰危的环境中打游击,能生存下来,那是格外的侥幸。在长征途中,毛泽东就从收集的报纸上陆续看到瑞金失陷后,蒋军叫嚷要茅草过火,石头过刀,大杀三年。只一个月,瑞金县城被杀了一半人,很多村子成了无人村。留守将领蔡会文激战中不幸被杀,瞿秋白和何叔衡被叛徒出卖先后牺牲,谢觉哉的妻子郭香玉被活埋,陆定一已怀孕的发妻唐义贞被蒋军剖腹。他一直担心他的小弟,在那么残酷的情形下,小弟能生存下来吗?今天,小弟最终还是没有躲过这一劫。小弟和瞿秋白、何叔衡、蔡会文,还有无数红军和他们的亲属,在那样的形势下都难逃这一劫。

毛泽东和毛泽民默默地坐着,一根接一根地抽着烟。他的心一阵阵绞痛。坐到天黑了,贺子珍将晚饭摆上桌,说:"润芝、泽民,你们吃点饭吧。"毛泽东摇摇头,长吁一口气,起身走出门去。毛泽民跟着毛泽东来到镇外,在一处向南的山坡站住。北方山上的树木不如南方苍翠和浓郁葱茏。毛泽东缓缓地从胸前掏出毛泽覃送给他的那张照片,目不转睛地盯着。这是毛泽覃最喜欢的一张照片,天庭饱满,地阁方圆,眼睛亮且有神,穿着军装,英姿飒爽。毛泽东选了一块山崖,把照片摆在山崖的石缝间,点燃一支烟,放在相片前,望着照片上的毛泽覃,泪水遮住了他的视线。他哽咽道:"小弟,母亲要我好好照顾你,我没尽到责啊!"

毛泽民也点燃一支烟放在遗像前,说:"大哥,小弟若是和我们一起长征,也许不会那么轻易就牺牲了。小弟留在苏区,完全是死于错误路线,你想对小弟尽责,也没办法。"

毛泽东说:"死于错误路线的不止小弟一个,还有瞿秋白和何叔衡、蔡会文等我党一批优秀的干部。博古他们说山沟里没有马克思主义,小弟和小平他们反驳,有人要毙了小弟。小弟不怕,冒死维护我这个做哥哥的。他能做到讲理不唯亲,我却没有做到。"

毛泽民说:"大哥,我管钱,你担心我手脚不干净,小弟担任军区司令和师长,你担心他滥用职权谋私,嘱咐我们要夹着尾巴做人。你不为我们说话,是因为你在那个位子要避嫌呀。"

毛泽东叹了口气,说:"泽覃的儿子楚雄,今年有八岁了吧?"

毛泽民说:"八岁了,现在和他外婆住在韶山。"

毛泽东说:"泽覃不在了,楚雄没爹了,我俩是楚雄的伯父,伯父也是父啊。"

毛泽民说:"大哥,自从顾顺章叛变,我离开上海也有几年了。岸英兄弟是冇娘崽,在上海没有一个亲人,不知现在怎么样了。"

第二十八章　百毒不侵

1

落日余晖映照着延河水。住在枣园的毛泽东叫来毛泽民，兄弟俩到河边散步。毛泽民到延安后，仍从事经济工作。延安经济落后，但军队的供给需求比井冈山大多了。毛泽民的压力非常大，积劳成疾，得了哮喘和胃病。毛泽民不愿声张，霸蛮挺着，但病情却越发严重。毛泽东特别关切，曾劝他到莫斯科去治疗，由钱希钧陪同去。毛泽民没有答应，只在家里吃点药对付。

今天，毛泽东叫来毛泽民，是因为毛泽民又将远离他去西北疆域。就这么一个弟弟了，他如何不担心，不牵挂？

新疆督办盛世才打着亲苏拥共的旗号，和莫斯科搞得很火热，对延安也多次表示诚意。蒋介石要他抓延安的西路军，他不仅没抓，还给西路军提供食品。现在他希望延安派干部去新疆，并特别要求派一名有财经经验的专家去帮助整治财经。有人就提议毛泽民，因为他担任过中央银行行长，在延安又任过经济部部长，这方面很有经验。

这给周恩来出了个难题。他知道毛泽民身体欠佳，而且，盛世才生性多疑，喜怒无常，今天亲苏，谁知道明天会不会又倒向蒋介石？要是他知道毛泽民是毛泽东的弟弟，一旦反水，那毛泽民就很难幸免。毛泽东只剩下这么一个弟弟了啊。

周恩来举棋不定，最后还是毛泽东拍板，说："恩来，既然大家认为泽民是最合适的人选，革命需要，又非他莫属，那就让他去吧。我弟弟，也没有价钱可讲，新疆是座火焰山，也得上！"周恩来只好定毛泽民去。为了安全，他叫毛泽民化名周彬，钱希钧一同前往新疆照顾他。

毛泽民看出了毛泽东的担忧，说："大哥，你不用担心，我的身体经过调治，好了许多。"

毛泽东不想说出自己的担忧而增加毛泽民的压力，说："我相信你会乐意去的，这对你也是一次赶考呀。你既然是延安派去的经济专家，就要想着把新疆经济这张考卷答好。"

毛泽民笑道："大哥，你这么说，我就有压力了。"

毛泽东说："有点压力好。去新疆，要了解新疆。五胡十六国时期，就在新疆建立了前凉、前秦、北凉、后凉和西凉。维吾尔人祖先丁零人翟辽，在今天河南黄河南岸建立的政权国号魏，史称翟魏。这些说明了什么？"

毛泽民说："说明新疆自古以来就是中国的一部分。"

毛泽东说："对。有人喊着要把新疆划出去，新疆是中国的一部分，怎么能脱离中国？武则天垂帘听政时期，唐军分南北两道进攻西突厥，把新疆统一在中国的版图上。在清朝，湘潭的女婿左宗棠就任钦差大臣督办新疆事务。今天，又有一个湘潭人毛泽民要去新疆了。"

毛泽民听毛泽东这么一说，嘿嘿笑道："大哥，我哪能与左宗棠比。"

毛泽东说："怎么不能？你去新疆，是治理新疆财经，你有新思想，新文化，应该能超过左宗棠。古时候，我国就很关心少数民族地区建设。清朝对新疆的经营，屯田戍边，移民，开发、利用矿产资源，商业贸易，文化教育事业，都胜过以往历代。鸦片战争以后，新疆和我国其他地区一样，沦为半封建半殖民地。"

毛泽民说："您放心，去新疆后，我一定尽力把新疆整治好。"

毛泽东说："一般好还不够，要非常好。要让盛世才和天下人看看，共产党人不仅打日本鬼子厉害，支援少数民族地区搞经济，也是有两下子的，诚心诚意的。盛世才在日本留过学，他利用苏共压中共，利用中共压国民党，在多边关系中长袖善舞，始终以对自己是否有利为出发点。这样的人善变，凡事你要小心提防。有句老话，叫作'常在河边走，哪能不湿鞋？'你搞经济工作有十多年了，在上海没湿鞋，在江西没湿鞋，在延安没湿鞋，到了新疆，一样不能打湿鞋。你是共产党人，无论在金钱或是其他诱惑面前，都要做到百毒不侵。"

2

汽车一路颠簸，一路风尘，进入新疆，便是一片一望无际的荒漠。经过几天的奔波，终于来到乌鲁木齐。在督办府，盛世才组织有关人士夹道迎接毛泽民和他率领的二十多个干部。

盛世才握着毛泽民的手一直走进厅内，热情洋溢地说："好，好，有你在，新疆一定会有所改观。"

毛泽民很谦诚，说："我们到新疆是来学习的，人生地不熟，还要请盛督办多多指教。"

盛世才说："周先生谦虚。听口音，周先生是湖南人。"

毛泽民说："是啊，湖南湘潭人。清朝来治理新疆的那个左宗棠，就是我们湘潭的女婿。光绪年间的工部尚书潘祖荫说：'天下不可一日无湖南，湖南不可一日无左宗棠。'"

盛世才说："哦，哈哈，七十年后，来新疆整治财政的周彬先生也是来自湘潭。这么说来，新疆与湘潭还是有缘的。"

毛泽民说："这还说明，新疆自古以来就是中国的一部分。把新疆的事办好，是我们共同的职责。"

盛世才忙附和道："周彬先生所言极是，新疆自古以来就是中国的。你暂任财政厅代厅长，新疆财经金融秩序的整治，就靠你了。"

毛泽民干起事来干劲十足。这天，他在办公室核查数据，盛世才忽然走进来，见他双手拨打算盘，如蜻蜓点水，不由看呆了。毛泽民核完一组数，这才发现盛世才，连忙停下，起身相迎。

"周厅长，"盛世才说，"你双手打算盘真是太妙了，太妙了！"

"让督办见笑了。"毛泽民给盛世才让座。

"经过这半年查看，对新疆财经有何整治方案？"

"督办，据我几个月的调查，新疆地主横征暴敛，地方贪官搜刮民脂民膏严重，导致政府财政混乱，已欠外债合法币二千余万元。"毛泽民捧出账本说，"请督办亲自过目。"

"我估摸财经是存在问题，没想这么严重。"

"经济正处于崩溃的边缘，幸亏发现得早。"

"不知周厅长有何良策？"

毛泽民将一沓材料递给盛世才，说："督办，这是整治新疆财经的一个方案，我正要送你审示。我建议，立即整顿新疆的财政金融，发展经济，增加收入，开源节流，量入为出，争取收支平衡。这是第一招。"

"噢。第二招呢？"

"实行币制改革，统一货币，废两改元，既要保证百姓利益不受损失，又要保持币值稳定，促进经济发展，实现新疆货币与美元挂钩。"

盛世才又喜又忧，说："周厅长，让新疆货币与美元挂钩，只怕难啊。这个财经的整治，需多少内行人才能完成？我这里没有人啊。"

毛泽民说："督办不要急，待我向延安汇报，争取再派人过来。"

盛世才走后，毛泽民便伏案给延安写信。他把改革新疆财政金融的设想向中央汇报，并请中央派赖祖烈和高登榜、郑亦胜来疆。延安派来的人一到新疆，毛泽民马上组织成立了新疆商业银行，盛世才出席了开张典礼。接着，毛泽民又破天荒地发行新疆币。

新疆人有了自己的流通钱币，深感自豪，交易时只认新疆币，不认其他币，不想却惹下祸根。这天，有个外地商人买了货，拿法币结账。新疆老板说："法币，不要，不要。"商人说："那要什么币？"新疆老板说："新疆币。"商人说："我哪有什么新疆币。"新疆老板说："你没有新疆币，我们的生意做不成。"商人气愤地说："你这是拿新疆币抵制法币！"

这个商人是有点来历，一气之下把这事捅到了重庆。蒋介石听说新疆自己发行货币，抵制法币，不由勃然大怒。法币乃中华民国之国币，新疆乃中国的新疆，新疆为何不用法币？陈立夫在一旁说，盛世才抵制法币是不是别有用心？难道他想搞新疆独立？

蒋介石眉头一皱："给盛世才拍电报。我倒要看看，他有几个胆。"

3

盛世才收到电报，看来看去，像看着一颗定时炸弹。那电报上的字不多，一个个都分量很重："法币乃国币，新疆乃中国之新疆"，这质问的言外之音是你盛世才想在新疆搞独立吗？后面似在下通牒："严令恢复法币流通"。没有条件可讲，如不恢复法币流通，那就怎样呢？蒋介石完全可依此以分裂国家罪向他兴师问罪。这个老蒋啊，一凶起来可是杀人不眨眼的。盛世才急得如无头苍蝇，忙把岳父邱宗浚叫来商量。

"这个周彬，搞什么新疆币，真是害死我了。"盛世才把电报给岳父看。

"世才，"邱宗浚也是督办公署秘书长，他看了看电报，"凭良心讲，这个新疆币还是使我们新疆的财政秩序得到改观，政府收入也大有增加，是应该搞。但这一来惹怒了蒋介石，我们就不能大意了。"

"是啊，我们不能和蒋介石较劲，把他惹恼了，那我们要倒大霉。你看这电报的口气，好像我要搞分裂，搞独立。借我一百个胆，我也不敢呀！"

"不要急，"邱宗浚说，"解铃还须系铃人，我看，叫周彬来。"

"这个周彬能解决问题吗？"

"他若有办法解决当然好。"邱宗浚狡黠一笑，说，"他若没办法，就把责任推到他身上，叫他到蒋介石那里去说清楚。"

"他到蒋介石那里能说清楚吗？"

"若说不清，那他就由老蒋处置了。"

"只是，有点于心不忍。"

"量小非君子，无毒不丈夫，这个时候，你还顾得了这些？"

盛世才想想也只有这样了，叫人把毛泽民叫来。一见毛泽民，他拿着电报说："周厅长，你可来了。你看你看，这个统一货币，捅了大娄子了。"毛泽民接过电报看了看，先是皱着眉头，突然哈哈大笑起来。盛世才说："周厅长，我急得心都要蹦出来了，你怎么还笑？"

毛泽民说："盛督办，不用这么紧张。"

盛世才说："我是督办，蒋介石若问罪，首先是我，不会找你这个厅长，你说，我能不紧张？"

毛泽民说："蒋介石要问罪，你让他找我问罪好了。"

邱宗浚一旁听见这话，忙上前说："督办，周厅长敢担当，这是最好不过的。我看啊，就让周厅长去一趟重庆，当面向蒋介石解释清楚。这事，是周厅长一手搞起来的，也只有周厅长才能说得清楚。"

盛世才说："好！周厅长去重庆，我叫人马上安排。"

毛泽民说："重庆，就不用去了。"

邱宗浚以为毛泽民出尔反尔，急道："周厅长，你才说去向老蒋说清楚，怎么不去重庆呢？这件事本就是你惹出来的，你不去谁去？"

毛泽民说:"这事不一定要去重庆。"

盛世才道:"不去重庆解释,老蒋会罢休吗?"

毛泽民说:"你们不要着急,我已想好了,给老蒋回一个电报便可以了。"

盛世才说:"回一个电报就行了?你可不能敷衍了事,这可是要掉脑袋的呀!"

毛泽民说:"我们不用法币,蒋介石生气了。他说'新疆乃中国之新疆',好像我们新疆要独立似的。这也就是说,蒋介石反对新疆独立,只要谁闹独立,他决不会放过他。他的这个立场是对的。"

盛世才说:"我们没吃豹子胆,谁闹独立了?"

"是呀,正因为我们没有闹独立,就不必惊慌。他蒋介石来一个电报,我们给他回个电报,这叫一报还一报嘛。"

"你回一个电报能消除蒋介石的怀疑?"

"你们放心!"毛泽民向他的助手招呼道,"你们来,给我起草电文。"盛世才还是忐忑不安,只好在一旁干着急。

毛泽民一边踱步一边口述电文:"蒋委员长钧鉴:新疆之实行当地货币,不用法币,出于以下几种原因:第一,新疆是少数民族地区,维吾尔族人不识汉字,且法币式样多,票面金额不等,上无维文,维吾尔族人使用起来有困难。第二,日本人伪造的法币已流入新疆,通行法币,维吾尔族人民分不清真假。第三,如在新疆流通法币,建议在法币上附加维文。第四,通行的新疆币并不影响交易,凡内地之法币,均可如数在新疆境内兑换使用。国币仍为国币,新疆币乃为地方币,二者并不矛盾。"

电文拟好后,毛泽民交给盛世才。盛世才看了看,说的全是实情,理由很充分,有些是他没想到或者不知道的。他不由感叹,这个周彬来这里时间不长,体察民情比他还细致还全面,这让他对这个周彬又高看一眼了。

天色已晚,蒋介石迟迟没有回电。盛世才和邱宗浚更是坐立不安。这时,毛泽民要告辞回家。盛世才和邱宗浚挽留他再等等。毛泽民说,下班时间,蒋介石也要休息,再等下去没有意义。盛世才想想也是,便同意毛泽民回家。

毛泽民走后,邱宗浚说:"给蒋介石的电报虽然发出去了,蒋介石没有回电,这说明什么?说明可能蒋介石不认可回电陈述的理由。他不认可,这时也可能正在调兵遣将,对我新疆形成包围态势,到时老蒋兴师问罪,而周彬又逃跑了,难不成你去重庆当替罪羊?"盛世才想想也是,马上叫邱宗浚派便衣严密监视毛泽民，一旦蒋介石兴师问罪或回电追责，立刻把毛泽民绑了用专机送去重庆。

4

第二天上午，毛泽民准备去上班，盛世才派的人已在门口等着。毛泽民跟他们来到督办府，盛世才正焦躁不安地在踱来踱去，见他来了，很热情地让座，叫人泡茶。

等了一阵，蒋介石终于回电，回电很简短："同意在哈密设立法币兑换处。"盛世才拿着回电，还是忐忑不安，说："周厅长，这老蒋同意我们设立法币兑换处，什么意思？是不是缓兵之计？"

毛泽民哈哈大笑道："缓兵之计？他老蒋为何要对新疆用兵？没有道理呀！我估计，老蒋看了回电，一定叫人分析了，觉得理由充分，无懈可击，看不出有什么图谋，所以，同意我们设立法币兑换处。"

盛世才心上的一块石头落了地，高兴地对毛泽民说："没事了就好，没事了就好。周厅长这一报还一报，真是妙不可言，妙不可言。"

毛泽东在延安从《新疆日报》获得这一消息，高兴地来到周恩来的窑洞，晃着报纸说："看报，看报，看报嘞！"周恩来接过报纸一看，见头版有一篇《商界同胞拥护新纸币的宣言》，称新疆新币的发行，是政府在经济建设上的伟大收获，是新疆经济史上的新纪元，不由连连叫好，说："统一货币，废两改元，利国利民，既保证了少数民族利益不受损失，也保持了币值稳定，实现了新疆货币与美元在历史上的第一次挂钩。主席，泽民同志为新疆人民办了一件大好事。"

毛泽民在财政状况迅速好转的基础上，又制定了"新疆二期三年建设计划"，大力发展工、农、牧、交通和文教卫生事业。为了培养各族财经干部，又创办了财经学校。财政秩序走上正轨，盛世才又叫他担任民政厅厅长。毛泽民经过调查，主持制定了《新疆省区、村制组织章程》，使新疆的区和村实行了民主选举，废除了落后的农官乡约制。他还在全疆成立了17所救济院，使3000多名各族鳏寡孤独者免受乞讨和流浪之苦。

盛世才听说德军重兵直指莫斯科，苏军丢城失地，形势危急，认为苏联这个靠山不稳了。实际上，他的二弟盛世骐从抗战初期就是重庆政府的参政员，代表盛世才一直和蒋介石保持联系。蒋介石一直关注新疆，不愿中共插手新疆事务。邱宗浚也觉得此时要对蒋介石有所表示。之前，盛世才曾逮捕了一批进步知识分子与青年学生，遭到毛泽民等人的强烈反对。盛世才没料到，从苏联回来的弟弟盛世骐已被苏共完全赤化，与毛泽民的看法竟然如出一辙，在机械化旅援苏作战的决策中，坚决要求出兵援苏抗德。他不由十分恼怒，下狠心将这个弟弟暗杀，并开始与苏联和中共决裂。不久，他又下令将新疆各地的共产党人调回迪化，开始有计划的清洗，打算杀几个共产党人，让蒋介石明白他的心迹。

邱宗浚心狠手辣，没想到他女婿盛世才比他还要狠辣，担心地说："这些共产党为新疆做了那么多事，我们这样做，道义上是不是讲不过去？再说，要是延安方面知道了，也不会放过我们。"

盛世才说："你上次劝我，量小非君子，无毒不丈夫。我弟弟都杀了，还有什么道义可讲？至于延安，他们的靠山苏联自顾不暇，蒋介石有美国撑腰，武器装备一流，延安不能比。只要我们态度明朗，蒋介石是不会让我们吃亏的。"

没几天，盛世才以组织"四·一二"阴谋暴动为借口，抓了几个延安来的人，并在报纸上大篇幅披露这一消息。果然，陈立夫看到消息后，立即报告蒋介石，说："盛世才这个人一方面亲苏扶共，与延安打得火热，一方面又叫他二弟盛世骐一直与我们保持联系。现在，他抓了几个延安方面的人，公开报道，这是不是在向我们传递一个信号？"

蒋介石说："你认为是什么信号？"

陈立夫说："上次新疆禁用法币，据调查，是延安派去的一个叫周彬的人搞的。盛世才现在抓延安的人，说明是想摆脱延安方面，正式向您靠拢了。盛世才是个不讲信用的人，对这样的人，委座切不可轻信。"

蒋介石说："盛世才不讲信用没关系，只要于我们有用，就留着。以前，延安利用他控制新疆，现在，我们也可以利用他，来完善我们对陕甘宁边区的围困和威胁。"

陈立夫说："委座的想法很好，只是这几年来，盛世才和中共打得火热，不知他到底是什么态度。"

蒋介石说："这个你放心，我们只需派个人去新疆，让他吃颗定心丸，就可以把他从延安那边拉过来。"

陈立夫说:"谁会有这样的本事?"

这时,宋美龄走了进来。蒋介石说:"据我所知,盛世才原在我党参谋本部一厅担任科长,是个很讲究利益的人。那时,夫人还与我说起过盛世才。"

宋美龄说:"是呀,十多年前,盛世才在南京的时候,我见过他,他对我十分谦恭。"

蒋介石点点头说:"夫人一向是盛世才敬仰的人。夫人给盛世才一个大面子,他岂能无动于衷?"

宋美龄怀揣蒋介石的旨意,带着朱绍良一行人乘专机来到新疆迪化。盛世才率人从机场把宋美龄接到官邸,十分恭敬。宋美龄含笑脉脉,说:"盛长官,委座吩咐我来,一是代表他来看盛长官,二呢,委座有几句话交待我来告诉盛长官。你坐镇新疆,责任重大,如果新疆坚持顺从国民政府,不仅可以全额解决新疆军队的军饷,还可以委任盛长官为国民党中央监察委员、新疆省党部主任委员、新疆边防督办、省政府主席、第八战区副司令长官、中央训练团新疆分团主任、中央军校第九分校主任、西北运输委员会副主任、十九集团军副总司令,共九项头衔。"

盛世才受宠若惊,忙站起来,来了一个九十度的鞠躬,说:"矢志拥护中央,尽忠党国,绝对服从委座。"

宋美龄说:"盛长官的话我如实转告委座。至于新疆的苏联军队和苏军顾问、苏联设立的领事馆、延安方面派来的人员,还有上次发行新疆币的周彬,督办打算怎么处理?"

盛世才说:"请夫人转告委座放心,我会全部处理妥当,不过,请给我三个月时间。"

5

毛泽民知道宋美龄来新疆后,马上找到陈潭秋通报情况。陈潭秋曾留驻共产国际工作,回国后由延安派往新疆八路军办事处负责。他也掌握了一些情况,听到这个消息,感到形势严峻。

毛泽民说:"蒋介石给的诱惑太大了,他盛世才不上钩不行。盛世才投靠蒋介石,对我们构成威胁。我建议马上撤回延安。交通困难,可以分期分批撤离。"

陈潭秋说:"据了解,上次发行新疆币一事,重庆方面耿耿于怀,可能已查明你的真实身份,并告诉了盛世才,所以你的处境非常危险,你应第一批撤离。"

毛泽民认为盛世才一直也很尊重自己,应该不会把他怎么样,说:"我应该不会有问题。让其他同志先撤吧,特别是你,平时和盛世才有些冲突,要先走。"陈潭秋说他办事处应该善后,必须最后一批走,结果两人都没有在第一批走。

毛泽民和陈潭秋送走一批人回延安后,盛世才马上下令把毛泽民和未来得及撤离的延安人员抓进新疆监狱。不久,陈潭秋和办事处的人也被押进来了。

毛泽民被押到审讯室,对审问他的丁警官说:"我们是受盛督办的邀请来新疆帮助发展的,你为什么抓我们?请叫盛长官来。"

丁警官笑了笑,说:"是啊,你们来新疆是帮助发展的,可你们组织四·一二阴谋暴动,策划刺杀盛长官,该不该抓?"

毛泽民一听这话,气愤地说:"这是诬蔑,无中生有。"

丁警官道:"诬蔑也好,无中生有也好,你可以什么都不承认,不会不承认自己是共产党吧?"

毛泽民说:"我们是延安来的,当然是共产党。丁警官,你是盛世才手下的警官,我们的一举一动都在你的监控之下。你说我们组织暴动,请拿出证据。"

丁警官说:"证据会有的。给我打,把证据打出来。"

狱警挥鞭拷打毛泽民。毛泽民叫道:"叫你们盛长官来。我要见盛长官!"

丁警官说:"你只要承认组织暴动的事实,我就让你见盛长官。"

6

丁警官向盛世才报告了审讯情况:"周彬宁死不招,提出要见盛长官。在牢里大骂盛长官。骂您背信弃义,没有人性,是狼种猪。"盛世才的脸一阵红,一阵白。丁警官声音低了八度,说,"对不起,他就是这样骂的。"

盛世才顿了顿,说:"他骂得对。这个周彬是个人才。我们请他来时,新疆的金融秩序很糟糕。他搞新疆币,禁止法币流通,还真搞出了名堂。

要不是时局发生了变化，我哪舍得动他？"

"盛长官，那他们组织'四·一二'阴谋暴动，策划刺杀盛长官一事？"

"什么四·一二阴谋暴动，这是做给蒋介石看的。他既然喊要见我，那我就见见他吧。"

"他那么骂您，您还打算见他？"

"见，怎么不见？如果周彬这样的人才能为我所用，那不是件好事嘛。"

盛世才由丁警官陪同来到监狱，一见毛泽民，故作惊讶地说："这，这是怎么回事？"

丁警官说："盛长官，他们组织四·一二暴动，企图谋杀您。"

"什么四·一二暴动？快松绑，松绑。周厅长怎么会谋杀我？"狱警给毛泽民松了绑，盛世才走过去，故作歉意地说，"周厅长，让你受委屈了。"

毛泽民说："盛长官，既然你认为是误会，那就请放了我，还有我们延安一起来的同志。"

盛世才说："不急，不急。周厅长，有句话叫作：识时务者为俊杰。周厅长治理经济的才华，我看到了。新疆这些年的经济，有很大变化，老百姓也是有口皆碑。你呀，是我看见的最有头脑和治理手段的经济专家。"

毛泽民说："盛长官，既然你认为我们来新疆做了工作，那我们还算朋友，请立即放了我们。"

盛世才说："要放你可以呀，你得答应我一个条件。"

毛泽民说："盛长官，我们是应你的要求来支援新疆建设的，你抓我们就已经很不地道，怎么还要我答应你条件？你应该悬崖勒马，终止背信弃义的行为，立即无条件释放我们，把我们送回延安。"

盛世才说："无条件释放？周彬先生，不，我应该叫你真实的姓名了，毛泽民。"

毛泽民一听，不由一怔，然后又镇静下来，说："你们知道了我的真名？"

盛世才说："你整治新疆财政出手不凡，天天与金钱打交道却无贪图之邪念，我就看出你非等闲之辈。且你的口音，是湖南的，那回和你讨论湖南人左宗棠，我一直在猜测，你会不会是湖南人毛泽东的弟弟？其实，重庆方面早就有你在上海的案底，这次蒋夫人来，终于帮我们核实，财经专家周彬就是毛泽东的弟弟毛泽民。你还有一个弟弟毛泽覃，早几年已被蒋军击毙。你和陈潭秋先生，在延安都是重量级的大人物啊。"

毛泽民道:"你猜出我是毛泽东的弟弟,这说明,我不愧为毛泽东的弟弟啊。看来,盛长官准备拿我们和蒋介石做一笔大买卖?"

盛世才说:"如果你不是毛泽东的弟弟,或者你愿意归顺我,继续协助我治理新疆,我不会把你交给蒋介石。这就是我的条件。"

毛泽民说:"盛长官的条件,是要我向你投降?"

盛世才说:"话不要说得这样白嘛。"

毛泽民笑道:"盛长官,你想想看,你既然知道我是毛泽东的弟弟,毛泽覃的哥哥,我会投降吗?"

盛世才摇摇头,说:"我讲了这么多,看来是白费口舌,你呀,还是油盐不进。"

毛泽民说:"盛长官,告诉你吧,我不仅是油盐不进,而且是百毒不侵。我知道你心狠手辣,听说你最近为排斥异己,连自己的同胞弟弟都杀了。为了向蒋介石邀功,你会放过我们吗?这个结局,我想到了。"

盛世才说:"你难道真的不怕死?"

毛泽民说:"怕死,我早就离开新疆了。我是共产党人,毛泽东的弟弟,不是贪生怕死之辈。"

盛世才再也无话可说,怏怏然走出审讯室。出了监狱大门,他准备上车了,忽然向丁警官招招手,说:"我本想让他们多活两天,看来,得让他们马上把口封住。你给我尽快把他们处理掉,要悄无声息。"

这天夜里,丁警官带着一批警察扭住毛泽民往外走。毛泽民来到走廊,发现陈潭秋和林基路也被几个警察扭住走出监狱,押上警车。

警车在黑暗中驶向苍凉的草原。这天夜里,在茫茫无际的草原上传来几声苍凉凄楚的枪声,还有悲壮的叫喊声在草原的夜空中回荡:"大哥,我为我是你的弟弟自豪……"

7

周恩来走进毛泽东的窑洞,说:"主席,新疆的同志回来了。"毛泽东站起来,有些抑制不住的兴奋,边走边说:"盛世才背信弃义,为投靠蒋介石制造事端,我们的同志能安全回来,就是万幸。"周恩来说:"你和泽民兄弟有五年没见面,可以重逢了。"

是啊，一晃又是五年。五年间，毛泽东一直关注着新疆的情况，不仅因为盛世才的诡异多变，还因为自己的弟弟在那里起着举足轻重的作用。盛世才能下狠心暗杀自己的亲弟弟，保不定会变脸杀害延安去的人。现在他们终于回来，毛泽东想到马上可见到弟弟，心情格外轻松，和周恩来向杨家岭停车场走去。

两辆带篷卡车摇摇晃晃地回到延安。卡车上的人们经过长途颠簸，一个个已是疲惫不堪，但一到延安，都兴奋起来。几个女同志看着延安的宝塔，激动得流下眼泪，叫道："我们回家了！回家了！"

已跳下车的赖祖烈看见毛泽东和周恩来，喊道："毛主席和周副主席来看我们了。"张世意和周谷南几个女同志忙放下行李拥上来。

毛泽东和周恩来大步迎上去，和大家一一握手，不住地说："辛苦了，受惊了。让你们受委屈了。"毛泽东和大家握完手，又抬头四下探望，人群中没看到毛泽民。

周恩来把赖祖烈拉到一边，说："我们的同志都回来了吗？"

赖祖烈说："还有毛泽民、陈潭秋、林基路等一些同志没回。"

周恩来顿时一怔，说："他们怎么没回？"

赖祖烈看见毛泽东向这边走过来，忙敬了个礼，说："报告毛主席和周副主席，因为汽车坐不下，我们的同志分三批撤离，毛泽民和陈潭秋同志把先回的机会让给了我们，他们暂时还留在新疆。"毛泽东不由有些失落，也不知是怎样和周恩来回到杨家岭的窑洞的。

一个月之后，又有一批同志从新疆回来了。毛泽东没去，他不敢去。果然，周恩来从停车场回来告诉他，毛泽民和陈潭秋等人被盛世才抓去了，八路军在新疆的办事处瘫痪了，消息闭塞，不知他们是被盛世才软禁了还是关在牢里。毛泽东已从报纸上知道，盛世才投靠了蒋介石，如不在新疆秘密杀害毛泽民，也很有可能将他秘密遣送重庆，以向蒋介石表心迹。

那天晚上，毛泽东的房间里很静。他闭着眼睛，手指夹着的烟已燃下长长的白灰。周恩来默默陪着他，安慰道："现在没有明确的消息，也许还有一线希望。"

毛泽东睁开眼睛，慢慢抬起头，长长地吁了一口气，缓缓而沉痛地说："盛世才有个同胞弟弟叫盛世骐，因为支持毛泽民，反对盛世才拥蒋反共，盛世才竟派人把他这个弟弟暗杀了。毛泽民是我弟弟，他更是难以容忍啊！"

8

毛泽民刚去新疆那年,警卫员带着一个十多岁的少女来到毛泽东窑洞门口。那少女一见毛泽东,便扑上去叫伯伯。

毛泽东抬头一看,忙站起来,高兴地迎上去:"哎哟,远志来啦。"

毛远志个头不高,仰头看着伯伯,高兴得不得了。她从挎包里掏出两包东西递上,说:"伯伯,这是妈妈给你捎来的火焙鱼和干辣椒。"

毛泽东两手接过来,闻了闻,打开一个包,拿起一条火焙鱼吃起来,高兴地说:"香,你妈妈做的这些东西,好吃。"

伯侄见面,有如父子,有讲不完的话。讲了一阵,毛远志问:"伯伯,我爸爸呢?我好久没见爸爸了。那年爸爸在上海,本来我们可以见面,妈妈怕影响爸爸工作,没去。"

毛泽东一听这话,顿时喉咙被卡住一样,忙走到门前,看着外面,声音低沉而缓慢地说:"你爸爸现在不在延安,在从事一项秘密工作。"

毛远志看着毛泽东的背影,说:"伯伯,你不要说了。我明白。妈妈对我说过,不该问的叫我不要问。妈妈以前带我送信,说如果在敌人面前,不能说的,打死也不说。"

毛泽东说:"你妈妈在家,是个好女人。在党,是个好党员啊!"

那天中午,毛泽东和毛远志在石桌上吃饭,不停地给毛远志夹菜。他从毛远志身上看到了毛泽民的影子,说:"你很瘦啊,吃了不少苦吧。多吃点菜,把身体养好点。"

毛远志说:"伯伯,我不讲客气,在吃咧。"

吃完饭,毛泽东说:"远志,你从小跟着妈妈东奔西跑,从事秘密工作,没有机会读书。你现在要好好读书。"

毛远志点点头,从上衣袋里取出一张照片,那是她来延安途经西安时照的。她把照片递给毛泽东,说:"伯伯,我不能和爸爸见面,这张照片,请伯伯帮我转给爸爸,向他报个平安。我到延安了,让他放心。"

转眼间,毛远志来延安几年了。她完成了补习,入了党,被调到军委做机要工作。她常来看伯父,却仍然看不到爸爸。伯父不说,她也不问。但她的心绪越发有些不安起来。

这天,毛远志到陕甘宁边区盐务公司办事,看见总经理余建新在翻看照片。毛远志探头一看，那照片上竟是她爸爸。她看着看着眼泪流出来了。余建新说："姑娘，你哭什么？"毛远志说："你怎么有这张照片？"余建新指着照片说："在井冈山时，他就是我的领导，我跟着他从井冈山到延安。他离开延安去新疆时，给我送了这张照片。"毛远志这才知道爸爸是去新疆了。而去新疆的人都回来了，爸爸为什么还不回呢？她不愿意往坏处想，期待有一天他们父女突然能在延安团聚。

毛远志知道伯伯去重庆谈判去了，心里一直牵挂着，生怕有什么意外。她和未婚夫曹全夫讲："十多年前，蒋介石就要抓我伯伯，没抓着，把我伯娘杀了。这回我伯伯去蒋介石那里，是入虎穴呀。"曹全夫也没底，安慰她说："不会有事的，不会有事的。"

毛泽东终于回延安了，毛远志和曹全夫急匆匆地跑到枣园，看到毛泽东没少胳膊没少腿，欣喜而又疑惑地问："伯伯，蒋介石不是一直要抓您吗？我可担心了，生怕蒋介石把您扣下，您就回不来了。"毛泽东哈哈笑道："蒋介石对我挺客气，还请我吃饭咧。"

毛泽东留毛远志他们吃饭，还特意请炊事员做了一大碗扣肉。谈笑间，毛泽东听说曹全夫是山东来的学生，来延安后上过抗大，微笑着点了点头，夹了一片扣肉放进曹全夫碗里，表示他认同这个年轻人。

这天，余建新也来看毛泽东。毛泽东知道他是毛泽民的老下级，留他一起吃饭。余建新吃着饭，情不自禁地讲起毛泽民对他的好，掏出照片给毛泽东看，说："毛主席，泽民同志是我的恩人啦。我已经好长时间没看见他了，他去新疆这么久，也不见回。我好想见他。"

毛泽东的脸色瞬间阴沉下来，眉头紧蹙，嘴角微微向后抽动了几下，长叹了一口气，沉痛地说："他两年前已被反动派杀掉了……"

余建新一听，顿时木了，泪水在眼眶里打转。旁边的毛远志一听到这个消息，如晴天霹雳，顿时惊呆了。来延安八年了，她一直等着和爸爸见面，却等来爸爸牺牲的噩耗。毛泽东忽然从饭桌旁站起来，转身走进窑洞。

毛远志竭力克制着自己不哭出声来。她知道伯父这么久不告诉她，一定是不忍说出口，伯父也难受呀。他跑进窑洞，是怕我们看见他痛苦的样子。不哭，我不哭，爸爸被害，伯父一样痛苦，我不能哭，不能让伯父听见我的哭声更加悲伤难过。可是，她还是控制不住，泪水夺眶而出。她急忙捂住脸，跑到李讷住的窑洞，趴在床上伤心地号啕痛哭。

不知过了多久，毛泽东走了进来，抚摸着毛远志的后背，说："远志呀，你爸爸是个好爸爸，一直在河边走，就是不湿鞋。他是百毒不侵。这件事我一直没告诉你。你现在长大了，有男朋友了，应该让你知道了。"

毛远志擦干眼泪，站起来，说："伯伯，我能挺得住，我会坚强起来。"

毛泽东说："爸爸牺牲了，你日后嫁出去了，还是姓毛，要记住我们毛家的家训家诫。你是烈士的后代，好好继承父志，无论到哪里，都不要希望人家鼓掌；无论到哪里，都要和群众打成一片，不要有任何特殊。"

毛远志不住地点着头："伯伯，我记住了。"

毛泽东说："好，这就好。你见过楚雄弟弟吗？"

毛远志："看见过。他和他外婆搬在韶山住。我来延安时，他知道了，也要来。"

毛泽东说："楚雄和你一样，没有爸爸了。伯父也是父呀，以后，你们想爸爸了，就到我这里来。"

第二十九章　长大也要去延安

1

晨曦照在韶山上屋场时，毛楚雄就在坪里举石锁。他举了几次，仅举得一点点高。他不泄气，又站好桩，"嗨"的一声，终于将石锁举过了头顶。

毛楚雄生下来就没见过爸爸，他盼着自己快长大。白天上课，晚上还在卧室的煤油灯下写作文。日本鬼子侵略中国，他想爸爸如果遇上了，绝不会视若无睹。他伏在当年毛泽覃的书桌上，拿着毛笔，蘸着墨，在稿笺上写下题目《小朋友救国方法》：

"现在国家已被暴日侵略，危急到了万分，如刀架在头上，火烧在眉尖一样。我们小朋友也该团结起来一致对外，驱逐鬼子兵。我们不能背起枪，到前方去和鬼子血战，我们也能在后方做救国工作咧。

"我国现在抗战是为什么呢？一、是因为暴日之侵略，忍无可忍而战。二、是为了全人类的公义而战。三、是为了要夺回全世界人类的公理而战。我们虽然失去了一些地方，将士们，我们不要悲观，只要我们努力为国奋斗，把鬼子赶出中国去，收复失地，最后胜利总是我们的。"

王淑兰从南岸走来，边走边晃着手上的信，说："文楠、楚雄，延安来信啦。"

周文楠接过信高兴地看着。毛楚雄也凑过来，说："妈，大伯写了什么？"周文楠看着信说："大伯说，外婆住韶山，比在长沙安全，要我们安心住下去。"毛楚雄说："还有吗？"周文楠说："大伯还问，楚雄学习怎么样？楚雄一定要好好学习。"

"让我看看。"毛楚雄把信接过去看着，说，"妈妈，大伯叫你去延安呢。"

王淑兰掏出一筒银花边，递给周文楠说："这是大哥寄来的二十块银花边，一半给你做路费，一半给楚雄做学费。"

前一向远志姐姐去延安，楚雄就想去。现在妈妈也去延安了，楚雄更加想去了。去延安不仅可以参加革命，打鬼子，还可以见到大伯。

晚上，楚雄和周文楠睡在毛泽覃的卧室。妈妈要去延安了，楚雄很是激动，缠着妈妈有说不完的话。

毛楚雄说："妈妈，你去延安打鬼子，我也要去延安打鬼子。"

周文楠说："好啊，妈妈想带你去。可你现在还小。我告诉大伯，等你长大了，接你去。楚雄呀，妈妈走了，你要听外婆和二伯娘的话，读了书，才好参加革命为国分忧。"

毛楚雄点点头，忽而爬起来，打开书桌抽屉，拿出他写的那篇《小朋友救国方法》递给周文楠，说："妈妈，你去延安，帮我把这篇作文带给大伯，让大伯给我批改。"

周文楠经过几个月的旅途辗转，来到杨家岭毛泽东的窑洞，把毛楚雄写的《小朋友救国方法》递给毛泽东。毛泽东接过来兴奋地看着，看了一会，不由笑道："好，写得好。文楠呀，楚雄的文章写得不错，有思想，有抱负，这么点点大一个伢子，打鬼子的决心，比我还大呀。哈哈，好！"

周文楠喝着茶，欣慰地笑着。毛泽东仍很兴奋，说："他的毛笔字写得也很好，和泽覃差不多呢。"

周文楠说："大哥，楚雄在你以前读书的祠堂里读书，他处处以你、以二伯和爸爸为榜样，立志要'继父之志，报父之仇'。"

毛泽东说："楚雄在长大，在进步。文楠，你为泽覃培养儿子，吃了不少苦。你到延安来了，在这里工作，如果有合适的对象，可以考虑，大哥支持。"

2

毛楚雄放学回家，便到碓房和王淑兰一起舂米。他虽然小，但那只小脚一搭上踩板，王淑兰便觉得轻快许多。石槌头撞击着石臼，发出欢快的"咚咚"声。休息时，王淑兰到房里拿来出两本书，递给毛楚雄。毛楚雄接过一看，一本是《论持久战》。他高兴地说："伯娘，这本书都是大伯写的？"王淑兰笑着点点头，说："大伯看了你写的抗日作文，说写得好，托人给你捎来这两本书。"

晚上，毛楚雄在卧室书桌的油灯下看《论持久战》，小声地诵读："中国方面，则抗战的潜伏力一天一天地奔腾高涨，大批的革命民众不断地倾注到前线去，为自由而战争。所有这些因素和其他的因素配合起来，就使我们能够对日本占领地的堡垒和根据地，作最后的致命的攻击，驱逐日本侵略军出中国……"

周陈轩摇着蒲扇在上屋场乘凉。王淑兰端来一杯茶递给她。周陈轩说："有劳你了。楚雄还在看书，这么热，也不歇息。"王淑兰高兴地说："外婆，楚雄爱读书，这是好事啊。楚雄的外公爱读书，还中过举人，当过知县和知州。"周陈轩说："哈哈，那是老黄历了。爱读书才能明事理，才会有出息。"王淑兰说："嗯，楚雄书读得好，会有出息的。"忽然，她耸耸鼻子，问，"外婆，什么气味？"周陈轩也耸耸鼻子，说："好像是什么烧煳了。"王淑兰说："是不是厨房？厨房熄火了呀。"

王淑兰和周陈轩忙起身，端着灯盏走进厅屋，沿天井往厨房匆匆走去。两人边走边耸着鼻子闻。走进厨房，在灶台上下没有发现一点火星子。王淑兰耸着鼻子闻了一下，说："好像是那边飘来的。"说着话，两人沿着气味寻到毛泽覃的卧室，发现气味更重了。来到窗前，只见毛楚雄在油灯下捧着《论持久战》诵读着，由于灯光暗淡，他的头垂在桐油灯下，灯火一晃一晃，烧着了他的头发。毛楚雄看得入神，浑然不觉。

周陈轩在窗外急急地叫道："楚雄，楚雄，你的头发。"

毛楚雄猛地一惊，抬头看见外婆和伯娘着急的样子，一摸头发，烧焦一大片，然后耸着鼻子闻了闻摸头发的手，笑着说："哎呀，喷臭的[①]。"

周陈轩走进屋，心疼地摸着毛楚雄的头，说："头发烧成这个样，还笑。什么书这么好看，烧成个光脑壳都不晓得。"

毛楚雄说："这是大伯写的书，专讲打日本鬼子的。外婆、伯娘，我要去打鬼子。"

王淑兰说："楚雄，等你长大了，懂事了，再去打鬼子。你要去打鬼子，一定要跟外婆说，跟我说，不能凭意气办事。你是我的侄儿，也是革命烈士的后代。你还记得吗，你和外婆来韶山，就是组织派人护送来韶山的。你一定要听组织的话。"

---

① 喷臭的，湘潭方言，很臭的意思。

毛楚雄说："我以后注意。伯娘，我想去找组织，怎样去找？"王淑兰说："党组织一直在关心你。我是你伯娘，也是韶山党组织安排专门负责联系你的。"毛楚雄激动地说："伯娘，我要加入共产党。"王淑兰说："可以呀，不过你年纪还小，可以先加入共青团。"

毛楚雄在油灯下伏案写信，书桌旁摆着一张他的平头便装照。他握笔蘸墨写道："大伯，日寇占领湘潭后，烧杀抢掠，无恶不作。我长大了，要去打日本鬼子。大伯，我没见过爸爸，外婆、妈妈，还有二伯娘都说，爸爸和您很像。大伯，我好想见到您啊，因为见到您，就等于见到了爸爸。"

第三十章 红辣椒、火焙鱼

1

毛泽东搬到杨家岭窑洞，一天，又拿着毛楚雄的照片久久地凝视着，自言自语道："楚雄，你想见伯父，伯父也想见你咧。"

忽然，王震的大嗓门从门外传来："报告主席。"毛泽东哈哈笑道："王胡子来啦，进来，进来。"王震走进屋，说："我三五九旅组成南下支队，挺进豫鄂湘粤敌后，开辟新的抗日根据地，主席还有什么指示？"

毛泽东笑着递上一根烟，说："指示没有了，我叫你来，有件事想拜托你。"王震接过烟，说："什么事，主席您说。"毛泽东说："泽覃还记得吗？"王震马上激动起来，说："记得，怎么不记得。泽覃比我大三岁，在井冈山反围剿中，我和他都立了功，一起获得红星奖章，不过，他的功比我大，他是二等，我是三等。"毛泽东感叹道："一晃就是十多年了。"王震也不由有些伤感，说："是呀，他那时就是师长，带的兵比我多。他如果和我们一起长征，现在起码和我一样，带几万兵了。"

"过去的,不提了。"毛泽东把毛楚雄的照片拿给王震。王震接过一看，说："这是？"毛泽东说："泽覃的儿子，楚雄。"王震的目光一直停留在照片上，说："泽覃的儿子，难怪看着面熟。"毛泽东说："楚雄今年十七了。他写信给我，要参加革命，要打日本鬼子。他没见过爸爸是什么样子，不知他听谁讲，说他爸爸像我，就想来看看我。"王震说："是呀，泽覃和主席很相像，楚雄看见你，就等于看见他爸爸了。"

毛泽东说："我也想见他呀。"王震说："主席，您的意思？"毛泽东说："王胡子，你这次南下，是个机会，到湖南后，如果方便，帮我把楚雄带来。你看他如果合格的话，就让他参军吧。"王震敬了个礼，说："主席，我一定把楚雄带到延安来。"

2

毛楚雄在前坪劈柴。前坪靠荷塘边的柴垛上摆着两个篾盘子,一个盘子里摆着火焙鱼,一个盘子里摆的是干辣椒。干辣椒是一只只红润润的新鲜辣椒晒的。他大概算了下,十多斤新鲜红辣椒才能晒到一斤干辣椒。

二伯娘见毛楚雄不怕辣,说大伯更不怕辣,喜欢辣,喜欢到没有辣椒吃饭不香。二伯娘今年特意在园里多种了辣椒,说是晒点干辣椒给大伯带去。家里的干辣椒,大伯最喜欢吃。另一个篾盘子里的火焙鱼是楚雄在塘里捞的。他舍不得吃,叫外婆用铁锅子焙了焙,今天好太阳,又摆出来晒一晒。火焙鱼用油锅焙了再晒太阳,喷喷香。楚雄劈着柴,闻着飘来的火焙鱼香,不由一嘴的口水。他想,这火焙鱼香得人死,大伯一定会吃了还想吃。

王淑兰喜笑颜开地走过来,道:"楚雄,你大伯捎信来了,要你随王震司令员的部队去延安。八路军南下支队要经过湘潭,你马上准备一下,明天就动身。"

毛楚雄心里好高兴,可一想到外婆,便不由又担忧起来,这事怎么和外婆讲呢?毛楚雄刚生下来,妈妈就被抓去坐牢,外婆每天抱着楚雄去牢里吃奶。楚雄从小就是外婆带大的,外婆这些年的心血也全在楚雄身上。楚雄要离开她,她怎么会舍得?

晚上,周陈轩坐在堂屋里的桌子旁,像往常一样等她的外孙毛楚雄,一边纳着鞋底,一边不时向门外的山路口张望。毛楚雄回到上屋场,蹑手蹑脚走进来。周陈轩扭亮煤油灯,说:"楚雄,回来了。"毛楚雄说:"外婆,你还没睡呀?"周陈轩说:"你没回,我怎么睡得着。你今天干什么事去了?"毛楚雄说:"外婆,对不起。"周陈轩说:"楚雄,你不想说,就不说。你记住,一定要听组织的,听伯娘的。"毛楚雄一听外婆这么说,想说的话又吞回去了。她老人家知道我要离开她,会多么难过,我怎样和外婆辞别呢?

第二天,雄鸡叫了,东方放亮了。毛楚雄翻身起床,去烧水,煮饭。他看见外婆起来了,忙打了一盆热水,送过去,说:"外婆洗脸。"

周陈轩洗着脸,心里想,楚雄今天起这么早,一定有什么事。正想着,王淑兰也走进来，周陈轩说："淑兰，你今天也起这么早。"

"是呀。"王淑兰说着向毛楚雄做了个手势。

毛楚雄走到洗脸架边，说："外婆，我，我要离开韶山了。"

周陈轩说："到哪里去？"

毛楚雄说："去延安，大伯那里。"

周陈轩表情淡然，说："真的吗？"

毛楚雄说："真的，八路军来湖南了，我跟他们去延安。"

周陈轩忽地眼泪夺眶而出，哭道："楚雄啊……"毛楚雄扑在周陈轩怀里，婆孙二人抱头痛哭。

王淑兰在一旁也陪着掉眼泪，说："外婆，楚雄要走的事，他昨天没告诉您，是怕您伤心。那年，远志去延安，我也舍不得呢，现在，她在他大伯那里学了文化，比在我身边要出息得多。"

周陈轩擦着眼泪说："淑兰呀，楚雄是我一把屎一把尿带大的，十多年了，从没离开过我。现在要离开我，我，我舍不得啊。他这回是去他大伯那里，我哭，是高兴呢。楚雄，你去，去，放心去。"

毛楚雄又扑到周陈轩怀里叫道："外婆！"

周陈轩又说："我和你伯娘在这里会很好的，你不要挂牵。到了延安，要听大伯的话，跟着大伯，狠狠地打鬼子。"

王淑兰拿出两个包递给毛楚雄，说："这干辣椒和火焙鱼，带给你大伯。远志姐姐也在延安，你见到她后，就说我说的，你们在大伯身边，要常去看看大伯，大伯有什么事，能帮就帮。"

毛楚雄不住地点头，说："伯娘，我记住了。我没有爸爸了，大伯就是我爸爸。"

3

吃了早饭，毛楚雄背着包袱，在坪里向外婆告别。周陈轩朝他挥着手道："你去吧。"毛楚雄走了几步，忽又回头，在周陈轩面前跪下。周陈轩忙扶起他说："我的乖孙，快起来，起来。"她给毛楚雄抹去泪水，说，"去，去吧。不要担心外婆。"

王淑兰带着毛楚雄越过田垅，走进山里，在林间小路上穿行。经过山里的一个寺庙时,八路军罗队长在这里迎接他们。罗队长一身农民打扮。他望着毛楚雄结实的身架,笑了笑:"好,小伙子不错。跟我走吧。"

王淑兰说:"楚雄,走吧,好好干。"

毛楚雄走了两步,回头说:"伯娘,外婆就靠你啦。"

王淑兰说:"你放心。到了延安,听大伯的话。"

"嗯。伯娘,我走了。"毛楚雄转身跟上罗队长,在林间小路穿行,一路上兴致勃勃。

来到湘阴白鹤洞,那里驻扎着一支部队,战士们没操练,也没列队,三五成群地欢呼跳跃着。罗队长问道:"嗯,什么事,大家这么高兴?"岗哨说:"刚刚传来的消息,日本鬼子投降了,不要打仗了。"罗队长笑道:"噢,哈哈,小日本,小日本……"罗队长不由也兴奋地跳起来,拉着毛楚雄加入欢呼的人群中。

晚上,战士围着篝火喝酒、唱歌、跳舞。毛楚雄换上了八路军军装,却坐在一边没精打采。罗队长走过来说:"楚雄,去跳舞呀。"毛楚雄说:"没兴趣。"罗队长说:"那,唱歌。"毛楚雄说:"没兴趣。"罗队长说:"怎么啦?楚雄,你要参加八路军,就参加了八路军,还不高兴?"毛楚雄说:"日本鬼子打完了,没仗打了,我参加八路军还有什么用?"罗队长哈哈大笑,说:"小家伙,你以为我们八路军就是打鬼子?"毛楚雄说:"那,还有什么任务?"罗队长说:"还要建设新中国呢。"毛楚雄说:"建设新中国?"罗队长说:"是呀,建设新中国,让全中国人都过上好日子呀。"毛楚雄说:"真的?"罗队长说:"当然是真的。革命还未成功,我们还有很多事要做呢。"毛楚雄站起来说:"那,我参军还有用啰。"罗队长疼爱地拍着他的肩,笑道:"当然有用。你这个小家伙。走,唱歌去。"毛楚雄高兴起来,跟着罗队长加入欢庆的人群中。

第二天,罗队长带着毛楚雄来到司令部。王震看见他,笑道:"呵呵,小伙子,叫什么名字?"

毛楚雄敬了个礼,说:"报告司令员,我叫毛楚雄。"

"毛楚雄,嗯,"王震望着穿军装的毛楚雄看来看去,一边看,一边说,"像,像,像。"

"报告王司令,"毛楚雄疑惑不解,又敬了个军礼,"请问,您说我像谁?"

"像你爸爸呀。"王震抽了口烟说。

"像我爸爸?您见过我爸爸?"

"何止见过，我和你爸爸呀，兄弟一样。他比我大三岁，时常关心我，处处照顾我。他和别人吵架，我也帮过他咧。他打的胜仗比我多，得的红星勋章吗，我是三等，你爸爸呀，二等，比我还高一等啊。"

"王司令，"毛楚雄看着王震，无比向往地说，"我爸爸长什么样子？"

"你爸爸呀，"王震说，"个子比我高，眼睛大，亮，有神，我脾气暴躁，他呀，也脾气暴躁。带兵打仗呀，勇敢，不怕死。"

毛楚雄看着王震，再也控制不住，哭道："王叔叔……"王震也激动得热泪盈眶，抱住毛楚雄说："楚雄，好伢子，不哭，好伢子，不哭。"毛楚雄说："王叔叔，我要像爸爸那样带兵打仗。"王震为毛楚雄擦去泪水，扶着他的双肩，说："好，有志气。不愧为毛泽覃的儿子。不过，你要像爸爸那样带兵打仗，得先当好兵。"

毛楚雄随王震走出司令部，警卫员牵来一匹马，王震把一支手枪递给毛楚雄。毛楚雄高兴地接过手枪，爱不释手。王震又从警卫员手上牵过马，把缰绳给他，说："这匹马，你骑。"毛楚雄望着马，半晌说："王叔叔，我不要马。"王震说："为什么？"毛楚雄指了指远处的一群士兵说："他们都没有马，我也不要马。我还年轻，先要当好兵。"王震说："小家伙，像你爹。好，跟我走。"

王震把毛楚雄安排在司令部机要室，每天收发电报。两个月后，王震率南下支队进入鄂豫皖边区，与新四军第五师会合，组成中原军区。一到中原，战事就频繁起来，部队老是遭到胡宗南部队的围击。

这天，毛楚雄在机要科接到通知，叫他马上到政治部去。到了政治部，主任对他说："小毛呀，听说你的文章写得不错。"毛楚雄说："报告首长，读书时我喜欢写，但不知道部队的文章怎么写。"主任笑道："呵呵，部队的文章好写。只要有写作基础，多到下面去走一走，做调查了解，就会了。"

部队到了丹江，又遇上胡宗南的部队搞摩擦。丹江的摩擦战一场又一场，时有战斗发生。毛楚雄带着本子在战壕里采访，战士们对国民党表面和谈，实际搞摩擦打内战的做法很气愤。毛楚雄看见负伤的战士，准备背下去。战士忽地在背上挣扎起来，说："我没事。"毛楚雄放下负伤的战士，那战士又爬到战壕边拿起枪战斗。

回到司令部，毛楚雄见王震在看地图，站在门口喊："报告！"王震抬头一看，说："是楚雄呀，有什么事，进来说。"毛楚雄说："王叔叔，你让我下连队吧。"王震说："你搞宣传，不是可以下连队吗？"毛楚雄说："我是想到连队当兵。"王震说："到连队当兵？为什么？"毛楚雄说："下连队，就可以到前线打仗，痛痛快快地和敌人拼。"王震说："不行。"毛楚雄说："为什么？"王震说："我说不行，就不行。"毛楚雄说："为什么不要我下连队打仗？是不是因为我是毛泽东的侄子，毛泽覃的儿子，您特别照顾？"王震说："呵，小家伙，年纪不大，脑袋还蛮复杂。"毛楚雄说："你让我下连队当兵，就不复杂了。"王震说："楚雄，我问你，你下连队当兵，那我这个司令也下连队去当兵，大家都去连队，这个司令部，不就唱空城计了？没有司令部，我们的部队等于只有身子没有脑袋，这个部队没脑壳指挥，光有身子和手脚，怎么打仗？"

毛楚雄无言以对，结巴起来："这，这……"王震说："我当司令，你在司令部拍电报，搞宣传，都是为了打仗，都是革命需要。部队有文化的人不多。因为你有文化，才把你安排在司令部。安排一个没文化的人，他干不了呀。这是分工不同，工作需要，与你大伯没关系，与你爹是烈士没关系，与我是你爹的老战友没关系。你没搞一点特殊。"毛楚雄觉得王震说的有道理。王震说："再说，你读了书是干什么的？用的嘛。你有文化，不好好发挥，那书不是白读了？好钢要放在刀刃上，你有文化，就是要用到该用的地方嘛。"毛楚雄抓耳挠腮，若有所思。王震望着毛楚雄可爱的样子，心里十分喜欢，呵呵笑着说："小家伙，还有什么意见？"毛楚雄笑了，向王震立正，敬礼，道："报告司令，我没有意见了，服从组织安排。"王震仰脖大笑，拍拍毛楚雄的肩说："小家伙，这就对了。"

雨后天晴，部队抓紧休整，战士们或列队，或练刺杀。毛楚雄找到一个太阳晒得到的地方，从挎包里翻出两个包，一包是火焙鱼，一包是干辣椒，铺开晒。王震带着警卫员经过，看见了，问道："楚雄，你在晒什么？"毛楚雄站起来，敬了个礼，说："报告司令，晒嫩鱼仔和干辣椒。"王震拿了一条火焙鱼闻了闻，放在口里嚼着，说："嗯，好香，做得好，哪来的？"毛楚雄说："报告司令，我从韶山带来的。这个火焙鱼和干辣椒，都是我伯娘做的。"王震说："哦，怎么舍不得吃啊？今天晒，明天还晒，多麻烦。充公，晚上让我也吃点。"毛楚雄说："报告司令，这个，都是带给我大伯吃的。我大伯喜欢吃家里的火焙鱼和干辣椒。"王震若有所思，道："嗯，你大伯是喜欢吃这个。那就不充公了。"

4

陕西秦岭战火纷飞，毛楚雄在硝烟弥漫的战壕中穿行。远处的敌军方向，一队队国民党步兵和炮兵，一辆辆军车还在向秦岭集结。胡宗南对秦岭的王震部实行了严密的封锁包围。包围圈形成后，胡宗南的军队向山上的王震部队发起进攻。王震部据势抵抗，已打下敌人的多次进攻了。毛楚雄找到苏团长，正要趁战斗的间隙问点情况，忽然，一阵尖叫声呼啸着而来。苏团长忙向大家喊："卧倒。"自己却忘了隐蔽。毛楚雄忙扑过去，把苏团长往前一推。轰！炮弹在苏团长不远处爆炸，掀起的土块把毛楚雄和苏团长掩埋了。几个战士围过来，扒开土块。苏团长露出了满是灰土的脸，晃了晃脑袋，头上的土块掉了下来。苏团长看着炮弹炸的地方，猛然叫道："小毛，小毛。"苏团长发现身后多了一个土堆，忙伸手就刨。刨开土，露出了毛楚雄的身子。毛楚雄抬起头，晃了晃脑壳，眼睛亮亮地睁开了。苏团长把他扶起来，拍拍他身上的灰土。毛楚雄伸伸手，抬抬腿，说："报告团长，小毛没事。"

一阵炮击过后，胡宗南的部队又冲了过来。苏团长顾不得许多，挥枪喊道："给我打！"战士们奋起抵抗。毛楚雄捡了把长枪，也向敌人射击。敌军人多势众，蜂拥而上。两军短兵相接，拼起刺刀来。毛楚雄从一个战士的遗体上拿过卡宾枪，朝敌人扣动扳机。这时，增援部队赶过来，才把敌军的进攻打下去。

苏团长见敌人退下去了，命令部队马上撤出阵地转移。毛楚雄问："刚打赢了怎么撤呢？"苏团长说："胡宗南想吃掉我们。王司令说敌人是有备而来，人多势众，敌我力量悬殊。他命令我们打得赢就打，打不赢就跑。胡宗南想把我们扎在口袋里闷死，我们不跟他打，分路突围。"

突出了胡宗南部的包围圈，王震部队大踏步地来到陕西商洛。部队驻扎下来休整，毛楚雄想找个地方晒一晒火焙鱼和红辣椒，通讯员跑过来，说王司令叫他去司令部，有任务。毛楚雄一边走一边想，是不是胡宗南又包围了我们？这个胡宗南，怎么老缠着我们不放呢？好不容易把日本鬼子打败了，该休养生息了，大伯也去重庆与蒋介石签了《双十协定》，他们却派出部队围攻我们，那架势是不把我们歼灭决不罢休。他们为什么要打内战呢？

毛楚雄来到指挥部，说："首长，是不是胡宗南又包围了我们？"王震说："他妈的，这个胡宗南想把我们吃掉，结果我们突围了，他却又发来电报，邀请我们前往西安和谈。"毛楚雄说："他不打了，要和我们谈判，是好事呀。"王震说："好事？他是怕我们揭露他的丑闻。既然胡宗南请我们去，我们不妨去几个人，看看他到底想要什么花招。司令部研究决定，由张文津和吴祖贻，还有你，组成谈判小组去跟他们谈谈。谈判结束，你们可以去延安，把谈判结果和我们的处境向延安汇报。"毛楚雄说："去延安，那我可以见到大伯了？"王震笑着说："可以，愿意去吗？"毛楚雄高兴地说："愿意！愿意！"

5

毛楚雄接受了任务，背着个挎包随张文津和吴祖贻向西安出发。他的挎包里没装火焙鱼和干辣椒，装了一些谈判文件。出行前，王震见他挎包里鼓鼓的，说："楚雄啊，你这次执行任务，是去见胡宗南，要谈判，挎包里装着这些火焙鱼和辣椒，鼓鼓囊囊的，胡宗南看见了，像什么？"毛楚雄说："是呀，那我怎么办？"王震说："来，给我。"毛楚雄笑道："王司令打火焙鱼的主意。"王震说："小气鬼，放心，我只是给你保管，你给你大伯带的，我不会吃的。"毛楚雄笑道："那就一言为定。"王震说："放心，你任务完成了，我会完璧归赵。"

毛楚雄随张文津和吴祖贻夜宿晓行，不日，行至宁陕县东江口镇。胡宗南的部队在东江口镇设了哨卡。哨兵一见毛楚雄他们穿着军服，端枪拦住。毛楚雄说："我们是胡长官邀请来谈判的。"哨兵查看了证件，把他们带到城门口的一辆吉普车旁，毛楚雄他们上了车，吉普车开进了西安古城。

胡宗南和副官在门口迎候，看那样子是很有诚意。毛楚雄随张文津和吴祖贻下了车，见官邸前许多警卫持枪警戒。毛楚雄胸挎卡宾枪，腰插手枪，威严地从一队警卫面前走过，英气逼人。走到会谈室门口，他往门左一站，昂首挺胸，虎目圆睁，如一尊铁塔。胡宗南见这个谈判代表英气勃勃，威风凛凛，不由多看了一眼。

胡宗南并没有诚意，和谈不欢而散。谈判结束后，胡宗南派车把三人送出西安。三人便择路向延安方向进发,哨兵却摁枪拦住不让走。毛楚雄说:"我们是胡长官请来谈判的。"哨兵说:"谈判去西安,不能往这边走。"

哨兵和毛楚雄正争执着,一辆吉普车驶过来,车上一个少校模样的人带着副官走下来,说:"什么事?"哨兵报告说:"长官,他们说他们是胡长官邀请来谈判的。"毛楚雄说:"对,这两位是我方谈判首长。"少校满脸的狐疑,说:"你们谈判,到这里干什么?"

"谈判已经结束,我们回延安。你不信?"毛楚雄从包里掏出胡宗南的邀请电,还有和谈纪要给少校看了看,说,"我们可以走了吧。"

少校说:"你们要回延安,请等一等。"

毛楚雄说:"为什么?"

少校说:"你们去延安,我得请示一下。"

毛楚雄很气愤,张文津拉住他,说:"等一下就等一下,我们是他们请来的。何况古时就有两军交战,不杀来使,他不会把我们怎么样的。"

少校走进哨卡拨打电话,电话通了,那头是师长。那师长听说是胡宗南请来的中共和谈代表要去延安,也把握不定,便向胡宗南打电话请示。胡宗南一时也把握不定,便向蒋介石请示。蒋介石一听,很是焦虑,说:"寿山呀,王震的和谈代表掌握了我们围击中原的真相,让他们去延安,毛泽东知道这些情况,会大做文章的。全国人民要是知道内战是我们挑起来的,我们岂不成了千古罪人?"

胡宗南明白蒋介石的意图,马上回电,说:"不能让他们去延安,把他们扣下,就地处决。"少校放下电话,走出哨卡,朝旁边待命的士兵一挥手,几个士兵一拥而上,扭住吴祖贻和张文津。

毛楚雄见少校从岗亭里一出来就挥手叫扣人,机灵地跳到一边,在混乱中跑到少校身后,以卡宾枪顶住他的后背,喝道:"不许动,举起手来。"少校举起双手。毛楚雄摘下他腰上的枪,换用手枪顶住他的背,喝道:"下令把他俩放了。"少校不吭声,毛楚雄又用枪捅了捅他的背,用卡宾枪瞄向众哨兵。胡军少校无奈道:"把他们放了。"

毛楚雄顶住少校向吉普车走去,经过哨棚时,用卡宾枪朝哨棚里打了一梭子弹。哨棚里的电话机被击碎。毛楚雄又向张文津和吴祖贻示意上车,然后大声对哨卡的几个哨兵喝道:"我们是应胡长官邀请前来西安和谈的。自古以来,两军交战,不杀来使。现请这位长官护送我们一程。如果有人滋事,背后打冷枪,我们将和这位长官同归于尽。"

毛楚雄把司机推了推,司机紧握方向盘不动。毛楚雄用手枪顶了顶少校,少校无奈地喝道:"下去。"司机下了车,吴祖贻坐在驾驶座上启动了车。毛楚雄把手枪给了张文津,说:"我们可以走了。"

众士兵看着吉普车越开越远,举手无措,哨兵班长说:"不能让他们跑了,马上向上峰报告。"

6

车子驶过城镇,驶过田野,在往延安的路上飞奔。跑了一阵,后面的摩托和卡车追了过来。摩托车越追越近,车上的士兵叫道:"共军和谈代表,放了我们长官,让你们走。"张文津说:"不能停。"吉普车继续往前疾驰,子弹"嗖嗖"地飞过来。

毛楚雄用枪顶了顶少校,少校忙向后叫道:"别开枪。别开枪。"

忽然,吉普车停了下来,毛楚雄往前一看,前面有几台卡车拦住去路。吉普车忙往一旁开去。一群士兵下了车,端着枪,围过来。

少校忽然挣脱了毛楚雄的手,往回跑了几步,毛楚雄扣动扳机,少校应声倒地。几个士兵冲上来,少校捂着手臂,挣扎着从地上爬起来,包扎了伤口,举枪带着一群士兵冲了过来。

毛楚雄和张文津、吴祖贻且战且退,来到一所城隍庙。城隍庙前面是一道石坎,下有一个水渠,三人无法前进,只好止步还击。

少校见状,指挥士兵蜂拥而来,张文津和吴祖贻中弹倒下坎去,毛楚雄仍沉着向敌射击。他瞄准少校开枪,可惜枪里已无子弹。

毛楚雄中弹倒在石坎下,扶着张文津艰难地站起来。张文津说:"小毛,你不要管我们,你快走,把和谈纪要带回延安,交给毛主席。"

少校率军围了上来,举手一枪,毛楚雄背着张文津倒在坑里。士兵要开枪,少校一挥手,说:"拿铲子来。"

几个士兵握着铲子走过来,将一铲铲土往毛楚雄和张文津、吴祖贻身上撒去。毛楚雄愤怒地叫道:"你们不讲信用,与人民为敌,绝没有好下场。"

少校说:"信用,我们怎么不讲信用了?"

毛楚雄义正辞严道:"双十协定签订,全国人民期盼的和平即将到来,你们却挑起内战,与人民为敌,这是讲信用吗?自古以来,两军交战,不杀来使。你们却扣押我们,追杀我们,这是讲信用吗?士兵们,我们打败了日本鬼子,不要打内仗了,我们应该致力建设新中国,我们要站在人民这一边,不要做不讲信用的人的帮凶。"

"砰!"少校猛然举手朝天开了一枪,大声叫道:"埋,给我继续埋。"士兵们机械地挥铲挖土,一铲铲土,像暴雨一样往毛楚雄身上泼去。毛楚雄仍然大骂:"胡宗南挑起内战,与人民为敌,绝没有好下场,不讲信用的帮凶,绝没有好下场。"

7

早几个月前,毛泽东在杨家岭就收到一封信,是毛楚雄在中原司令部时写的。信写道:"亲爱的大伯:我现在参军了。我学会了拍电报,有时也下连部采写报道。您要我学文化,现在用上了。我要下连队打仗,王震司令说,什么岗位都需要人,在什么岗位都是干革命,只要努力,都可以立功。大伯,王震司令也说,爸爸跟您很相像。这让我更迫切地想见到大伯。大伯,等我立了功,再来见您。见到大伯,我就等于见到了爸爸……"

毛泽东看着信,自言自语道:"楚雄伢子,你爸爸离开我十年了,大伯也想快些见到你啊……"

不觉又过去了一个月,毛泽东获悉王震部被胡宗南重兵包围,十分担忧。几天后,王震来电说已突出胡宗南的包围圈,胡宗南邀他们和谈,他已派毛楚雄和张文津、吴祖贻去西安谈判,谈完便可直接去延安。毛泽东掐指一算,西安谈判应该完事,楚雄应该来延安了。

盼了十多天还不见人来,毛泽东估计他们还在西安古城逗留。这天,毛泽东正在伏案批阅文件,警卫员说:"主席,王震司令员来见您。"

毛泽东忙放下笔,高兴地说:"见,见。"他站起来,抬头没看见王震,大声喊道:"王胡子,人呢?王胡子,王胡子——"

警卫员结结巴巴地说:"主席,他……"

毛泽东喜形于色:"他怎么了?这个王胡子,肯定是把我楚雄带来了。我楚雄今年19了。他爸19岁时,和我差不多高,楚雄也应该有我这么高了。"

王震是骑着马来杨家岭的,可一到毛泽东的窑洞门口,却再也迈不动脚了。他捧着毛楚雄的火焙鱼和干辣椒站在门口,望着门,双腿如铅般沉重,门槛不高,可他的腿就是抬不起来。

毛泽东仍在屋里喊道:"王胡子,王胡子,你快进来,进来!"

警卫员说:"主席,王司令在外面。"

"噢,这个王胡子,在我面前摆格,硬要我出门来接。"毛泽东说着,笑呵呵地大步走到门外,见王震傻傻地站在门口,笑声戛然而止,语气变得沉重,说,"王胡子,怎么不进屋呀?"

王震捧着红辣椒和火焙鱼站在门口,声音哽咽:"毛主席……"

毛泽东望着王震手上的两包东西,不由有所预感,但仍满怀侥幸:"王胡子,这,这是什么……"

"这,这是红辣椒,火焙鱼。"

毛泽东说:"楚雄带来的?"

王震点点头,哽咽道:"是——"

毛泽东还是不甘心地说:"楚雄呢?楚雄呢?我叫你带他来,他,他怎么不,不,不来?"

王震凄楚而悲伤地嚎哭道:"毛主席,我对不起您,我没有把……把楚雄给您带……带来,他……他……"

毛泽东接过红辣椒和火焙鱼,泪光闪烁,他似乎听见毛楚雄在喊:"大伯,我来看你了。大伯,您果然像我梦到的爸爸。大伯,这辣椒是我和二伯娘种的晒的,这火焙鱼是我在塘里捞的,我外婆焙的。大伯,这辣椒好辣,这鱼好香,您一定会喜欢吃……"

泪水涌了出来,毛泽东忙转过身,跄跄地向窑洞里走去,身子忽如醉汉一般摇晃着。王震扑上去,扶住几欲倒下的毛泽东,悲怆地叫道:"毛主席——"

第三十一章　儿子回国了

1

毛泽东躺在床上，有气无力。江青熬了小米粥，叫李讷端过去。李讷送到床边，甜甜地叫道："爸，妈妈熬的小米粥，好喝，来，喝一点。"毛泽东望着李讷苦笑一下。李讷现在是毛泽东身边唯一的女儿，往日只要她喊一声爸，他马上放下手上的事，笑容满面，今天，他却怎么也提不起神来。

到陕北不久，毛泽东与贺子珍有了不愉快的争吵。瓦窑堡会议后确立了毛泽东在党和军队的领导地位，他比以前更忙了，要开会讲话，要思考问题写文章，晚上还要看书，看文件。

贺子珍到陕西保安时生下娇娇。她觉得要当好毛泽东的秘书，自己的文化越来越跟不上。但她不甘心只做一个家庭主妇，她要提高自己。娇娇四个月时，贺子珍把她交给老乡照顾，自己到抗日军政大学去学习。不料，上了三天课，她就昏倒了。送到医院一检查，发现她的体内有二十块弹片。这些弹片都是在长征路上留下的，留在体内天天折磨着她，使她患有严重的贫血症，无法正常工作学习。她开始抱怨自己不争气的身体，变得多疑和烦躁。那年夏秋之际，两人吵架后，贺子珍赌气提出要离开毛泽东，离开延安去西安，去上海治病，学文化。毛泽东不同意贺子珍离开，再三挽留。贺子珍温柔贤惠起来很可爱，可体内的二十块弹片让她变得暴躁倔强。到了西安，贺子珍得知日军在进攻上海，决定改道去莫斯科。毛泽东托人送给她一个梳妆盒，请求她回来。贺子珍仍然去了迪化。毛泽东又发电报到迪化叫她回来，甚至以中央的名义，命令在迪化办事处准备登机去苏联的人全部返回延安。贺子珍仍然不回，一个人在迪化等了几个月，终于在第二年初去了莫斯科。毛泽东又给莫斯科发电报希望贺子珍返回延安，贺子珍还是留在了苏联。

这一年,周恩来和邓颖超到苏联治病,毛泽东托他们给贺子珍带去一箱书,还有一封信。信很简短,毛泽东称贺子珍为同志了,不再像过去那样称她为子珍。他在信中道:"你寄来的照片已经收到。我一切都好,勿念。希望你好好学习,政治上进步。我们以后就是同志了。"贺子珍一看信,便知道毛泽东已放弃了与她的婚姻。在她离开毛泽东三个月后,江青从上海来到延安,八个月后,江青调任军委办公室秘书,又过了半年,经中央批准,江青与毛泽东结婚,结婚一年后,生下李讷。李讷四岁那年,贺子珍在苏联寂寞难耐,毛泽东托人将娇娇带到贺子珍身边。毛泽东在身边的子女只有李讷了。李讷是他的精神慰藉,感情支柱。毛泽东一有空,便抱着李讷。李讷可以走路了,毛泽东便牵着她。李讷再大一点,毛泽东吃了晚饭只要一有空,便牵着她踏着斜阳在延河边散步。父女俩一边走,一边聊天,从三岁聊到五岁,从关关雎鸠聊到唐诗宋词,聊到李清照。李清照是大家闺秀,她的前期词作气度文雅高贵,感情细腻丰富,笔触优雅含蓄。毛泽东问:"李清照的'淡荡春光寒食天'有什么特点?"李讷说:"这首词呀,是李清照早期的作品,通过对暮春风光和闺室景物的描绘,抒写了她惜春留春的哀婉心情。"李讷声情并茂地诵读起来,毛泽东听得喜笑颜开。可现在,李讷端着小米粥怎么哄他,他还是提不起神来。

江青带着一个医生来给毛泽东看病。医生看完后,江青把他拉在门外,问道:"主席什么病?"医生说:"植物神经失调症,心情抑郁,加之没休息好,所以精神萎靡,有气无力,打几针,吃点药吧。"

重庆谈判后,蒋介石不断发起内战摩擦,毛泽东又操心,又费神,常常通宵不睡,加之近日又得到毛楚雄牺牲的消息,想起发妻、菊妹子、大弟、小弟父子俩都牺牲了,家人一个个牺牲,一次次地打击折磨着他,让他积郁成疾。江青担心毛泽东的身体垮了,叫医生赶快去打针。谁知毛泽东一听说打针,头摇得像拨浪鼓,坚决不同意。医生只好给开了些药。

这时,周恩来拿着一封电报进来,说:"主席,岸英要回来啦。"毛泽东一听,精神为之一振,掀开被子,敏捷地下了床,从周恩来手上接过电报,与刚才病歪歪的他判若两人。周恩来和江青惊讶得张口结舌。

毛泽东看完电报,高兴地说:"好,好。恩来,我明天去机场接岸英。"周恩来说:"主席,您的身体?"毛泽东笑道:"没事的,应该没事的。"说着,在室内走了几步，脚底如棉，差点摔倒。周恩来和江青忙上前扶住。李讷说："爸爸，你要做什么，我给你拿。"毛泽东指了指枕头。李讷会意，到床前拿开枕头，翻出岸英兄弟的照片递给毛泽东。毛泽东接过来高兴地端详着。

晚上，毛泽东又把岸英兄弟的照片拿出来看，看着看着，就闭上了眼睛睡着了。一会儿，他看见岸英进来了，忙爬起来，一看岸英长得魁梧健壮，高兴地笑出了眼泪，说："儿子，我还没接你怎么就来了。"毛岸英说："爸爸，你身体不好，我怕你累着。"毛泽东抱着毛岸英，欣喜地说："好儿子，我的好儿子。"

第二天，毛泽东早早地爬起来，准备洗漱。江青整理床被，发现枕巾湿了一大片，说："润芝，枕头怎么湿了？"毛泽东喃喃道："昨夜梦见儿子了。"

吃了饭，毛泽东就迫不及待地带着一群人来到延安机场等候。毛泽东的身子还是虚弱，江青在一旁扶着他。

一架伊尔型客机从冰天雪地的莫斯科飞到中国的延安。毛岸英坐着飞机回到自己的祖国，飞到父亲的怀里，这一天他等了十多年了。当飞机在机场降落，一停稳，他就迫不及待地走出飞机，在机舱口向外眺望。他看见机场欢迎的人群中，十多年没见面的父亲正跟跟跄跄地向飞机小跑过来。

毛岸英脚穿皮鞋，身披一件宽大的苏军呢大衣，英气勃勃地走下飞机。他见父亲甩开搀扶他的江青，步履蹒跚却加大步伐走在欢迎队伍的最前面。父亲一看见他，两眼顿时炯炯有神，满脸容光焕发。

"爸爸！"毛岸英快步从舷梯上走下来。

"呃！岸英！"毛泽东张开双臂，将儿子抱在怀里，然后仔细打量着眼前这个英武帅气的小伙子。毛岸英高大魁梧，大衣肩章上的红星闪闪发光。毛泽东抑制不住满脸的喜悦，亲昵地拍拍毛岸英，喉咙沙哑道："你终于回来了。长这么高了，爸爸想你啊！"

毛岸英紧紧地抱着父亲。那年毛泽东为了去发动秋收起义，把杨开慧和毛岸英母子四人送到板仓，他才四五岁，一别就是十多年。这十多年他经历多少的磨难，母亲被害，父亲被围剿，他像一个孤儿带着弟弟东躲西藏。今天终于得以父子见面。毛岸英声音有些哽咽，道："爸爸，我也好想你啊！"

回到杨家岭，毛泽东牵着毛岸英走进他住的窑洞，说："岸英呀，这个家，你还是第一次来。"

毛岸英看着窑洞里一张简易的木床，简便的书桌和书架，一把粗糙的木椅，很简陋的一个家。他想起以前跟着爸爸和妈妈搬了无数个家，他也曾经成为孤儿无家可归。他看着窑洞，虽说简陋，却透露着他的亲人生活和读书的气息："爸爸，你住的地方，我感到亲切，好像来过一样。"

2

毛岸英刚回国，和毛泽东吃住在一起。毛泽东看完文件处理了事务，一有空闲，就和儿子说话。他好像要把这十多年来没说的话与岸英说个透。

毛岸英掏出一把小手枪，兴致勃勃讲起见斯大林的情景。那天，他在斯大林的助理波斯克列贝舍夫引领下，走进克里姆林宫，来到斯大林办公室。斯大林的办公室有一种干练安静的气氛。毛岸英也很干练地向斯大林敬军礼，俄语也说得干练："坦克连指导员、中尉谢廖沙，向斯大林同志报告。"斯大林打量着眼前这个比他还高，英气勃勃的年轻军人，露出一丝笑意，说："中尉谢廖沙，毛泽东的儿子，毛岸英同志？"毛岸英又敬了个军礼，回道："是。"斯大林说："我们的反攻已经胜利在望，你在打击德国法西斯的大反攻中，表现勇敢，不愧为英勇的苏联红军，不愧为中国人民的好儿子。"斯大林拉开抽屉，拿出一把手枪双手送给毛岸英。

毛泽东摸着小手枪，不由微笑着点点头，后又摇摇头。毛岸英说："爸爸，你不满意？"毛泽东说："不就是一把小手枪吗？"毛岸英道："爸，这可不是一般的小手枪，它是斯大林同志送的。"毛泽东笑道："斯大林？哈哈，这把枪在苏联，也许还有点意义。你现在回来了，这把枪就是一把普通的枪了。"毛岸英说："爸爸，不管怎样，这是我的荣誉呀。"毛泽东掂掂手上的小手枪说："荣誉？你这点荣誉算什么？过眼云烟。再说，你在苏联立了功，不等于在中国立了功。你怎么炫耀，这把枪也不过是你曾经的荣誉。过去是过去，今天是今天。你过去好，并不等于今天好，更不代表明天好。五千多年来，历朝君主都是威势赫赫，大富大贵，到败家时哗啦啦如房屋倒塌，其兴也勃焉，其亡也忽焉。所以有一代创，二代守，三代耗，四代败的说法。比起来，你这点点大的荣誉又算什么？"

毛岸英似有所悟，父亲讲的不仅仅是一把小手枪，也不仅仅是讲一点曾经的荣誉。

毛泽东又说:"中国自古以来,这种富不过三代的现象为什么广泛存在,而且至今没有改观?天灾人祸和政治变迁是富贵不能长久的原因之一,缺乏前辈人兢兢业业和吃苦耐劳、勤俭持家、奋发向上的创业精神,也是不能够守住家业的重要原因。还有,长辈不注意引导,溺爱娇纵,使后人从小享先辈的福荫,依仗先辈的权势,欺世盗名,不思进取,或成为纨绔子弟,或成了衙内恶少,横行乡里,为害一方,吃喝玩乐,无所不为,不成败家子都难呀!中国封建社会搞了几千年,国与家不分,权位与财产都要下传子嗣,这种意识的形成,造成了富不过三代的恶习陋俗。所以,做人不要守在以前的荣誉和成就上睡觉,更不要躺在先辈的光环下享受。岸英,我是个无产者,百年后不会有什么遗产留给你们。我现在虽然有点权力,这些权力是人民给的,是为人民服务的,不是给你们和毛家人行方便,捞好处的。所以,你的一切,要靠你自己努力。"

毛岸英不住地点头,越听越明白了父亲的话意。

毛泽东说:"我们毛氏家训家诫,还记得吗?"毛岸英说:"记得。"毛泽东说:"第九则怎么说?"毛岸英说:"第九则,奋志芸窗:坐我明窗进习,几曾挥汗荷锄,驱蚊呵冻志无休,诵读不分昼夜,任他数伏数九。我只索典披图,桂花不上懒人头,刻苦便居人右。"

"好,记得就好。家有家规,国有国法。你回家了,在家,就要按毛氏家训家诫去做,在党在国,就要按党纪国法要求去做。"毛泽东说着,起身在书架上找到一本薄薄的书,递给毛岸英,说,"这本《颜氏家训》,是南北朝时期颜之推写的,是汉民族历史上第一部内容丰富、体系宏大的家训。唐代以后出现的数十种家训,也包括我们的《毛氏家训》,直接或间接地受到《颜氏家训》的影响。所以王三聘说,古今家训,以此为祖。《颜氏家训》把读书做人作为家训的核心,认为读书问学的目的,是为了开心明目,利于行耳。若能常保数百卷书,千载终不为小人也。他认为无论年龄大小,都应该读书学习,幼而学者,如日出之光;老而学者,如秉烛夜行,犹贤乎瞑目而无见者也。从某种意义上来说,选择怎样的偶像,就会有怎样的人生。北齐时,一些人教孩子学鲜卑语、弹琵琶,希望通过服侍鲜卑公卿来获取富贵。颜之推对此非常不屑,认为这样会迷失人生方向,即使能到卿相之位,亦不可为之。他要求子女'慕贤',将大贤大德之人作为自己的人生偶像,并且学习仿效他们。历代学者对《颜氏家训》一书推崇备至，视之为垂训子孙以及家庭教育的典范。颜氏子孙凡认真学《颜氏家训》者，在操守与才学方面都有惊世表现，在唐朝，就有注解《汉书》的颜师古，书法楷模颜真卿，凛然大节震烁千古的颜杲卿。到了宋元两朝，颜氏族人仍然入仕不断。这本书一直被用为家教范本，广为流布，经久不衰，书中有儒士们教育子孙立身和处世的要求，也提出了一些科学的教育方法和主张，治国有方，营家有道。你可看看，讲得好的，可以学习借鉴。"

毛岸英接过书道："谢谢爸爸，我一定好好学习。"

"你在莫斯科上了大学，中国的大学你还没上。中国是个农业大国，四体不勤，五谷不分，孰为夫子？你回来了，找个村子去上上中国的农业大学，拜老农为师，学会种庄稼。还有，要入乡随俗。延安的老百姓穿粗布衣，我和恩来叔叔，还有八路军新四军，都是穿粗布衣。你一个年轻人，却穿着件呢大衣，很不协调，很刺眼。在延安，你苏联穿回的那件呢大衣就不要穿了。要和延安人融合，和群众打成一片，来不得半点特殊。"

毛岸英说："爸爸，我一个人穿件呢大衣是很刺眼，我也有这个感觉，我明天就换下这身衣服。"

夜深了，江青见毛泽东父子俩还没睡觉，便过来提醒说："润芝，你的病还没好，该休息了。"毛泽东哈哈一笑，说："岸英，你看我有病吗？"毛岸英很惊讶，说："爸爸，您有病？没看出来呀。"毛泽东又对江青笑道："你看，我儿子说我没病。我自己也感觉没病了咧。"毛岸英从江青的表情明白了什么，说："爸爸，这么晚了，有病没病，您也该休息了。"毛泽东说："好，睡觉了。今晚我带儿子一起睡啰。"

3

叶子龙带着毛岸英去领军装。毛岸英说："叶主任，我爸爸这段时间身体不太好？"叶子龙说："是啊，本来是有些问题，这些年，你的两个叔叔相继牺牲，你堂弟楚雄前不久也遇害了，加之国共谈判破裂，你爸爸心情忧悒。说来也怪，你来前一天，主席还躺在床上，你的电报一来，主席就能起床了，待从机场把你接回来，主席精神十足，笑也比以前多了，这个病就没有了。你简直就是治好你爸爸病的一剂神药。"毛岸英听得也忍不住大笑。

忽然，一匹马哒哒哒地从他俩身边经过，骑在马上的是个女人。叶子龙觉得面熟，回头一看，忙对毛岸英说："那是远志，你姐姐。"

毛岸英一听说是远志，忙大声叫道："姐姐！姐姐！"毛远志听见喊声，停下来回头张望。毛岸英跑上去说："姐，我是岸英呀。"

毛远志一看，简直不敢相信自己的眼睛，说："你真是岸英？"毛岸英说："我是岸英啊！那时，我们在韶山一起踢毽子，你忘了？"毛远志跳下马，说："真的是岸英，我都认不出来了。"

毛岸英说："姐，要不是叶叔叔告诉我，我也认不出你呢。你这么急，要去哪儿？"毛远志说："我的儿子寄养在老乡家里，老乡捎信说他生病了。我去看看。"毛岸英忙说："那我和你一起去。"

毛岸英骑着马和毛远志赶到老乡家。远志的儿子才两岁多，发高烧了。毛远志抱起小孩和毛岸英骑着一匹马赶到陕甘宁边区医院。医生量了量体温，高烧41度，幸好送得及时。医生给小孩打了针，烧才逐渐退去。毛远志松了口气，高兴地说："我儿子命真好，今天幸亏遇上了舅舅。"

4

轰炸机像蝗虫一般在延安城上空盘旋，丢下一颗颗炸弹，一个不大的延安被炸得满目疮痍，硝烟弥漫。毛泽东与中央机关撤出延安。胡宗南几十万军队开着军车，拉着大炮，占领了一座空城。毛泽东将中央机关一分为三，自己留在黄土高原上与胡宗南玩起了捉迷藏的游戏。

时值清明将至，蒋介石得知胡宗南占领延安的消息，十分振奋，马上携家人一同返乡，大有平定天下祭慰祖先的意思。然而没待几天，蒋介石又接到胡宗南从西北发来的急电，电报说，近日毛泽东在瓦窑堡以东地区频频现身，他已派出多路大军将其包围，逐村搜捕围剿。这件事让与毛泽东打了多年交道的蒋介石感觉，胡宗南虽然占领了延安，但并未伤及毛泽东的元气。

果不其然，胡宗南占领延安第四个月，毛泽东召集中央五大书记和各路将领召开反攻会议。这年双十节，中共中央发表《中国人民解放军宣言》，指出蒋介石实行的是卖国独裁反人民的统治，"到了今天，全国绝大多数人民，地无分南北，年无分老幼，都认识到了蒋介石的滔天罪恶，盼望本军从速反攻",并提出"打倒蒋介石,解放全中国"的口号。1948年2月,解放军重兵包围关中的咽喉要地宜川,胡宗南令29军增援,却在瓦子街被全部歼灭,军长刘戡自炸毙命,第90师少将师长严明被击毙。胡宗南兵败,只得向南京请罪。

毛泽东和周恩来、朱德又回到了延安。毛泽东心情舒畅地笑道:"全国人民希望和平,蒋介石却背信弃义,派胡宗南来延安打我们。我们把延安拱手相让,可胡宗南在延安住了几天,又不要了。胡宗南不给我们这个面子呀!"周恩来也风趣地笑道:"主席这么大方,胡宗南不好意思嘛,只好拱手送还。"朱德也笑道:"润芝呀,我听说,胡宗南当年到上海考黄埔军校,是你破格收了他。是不是他念你当年破格收他之情?"毛泽东指着周恩来哈哈大笑,说:"恩来还是黄埔的政治部主任,与他胡宗南也有师生之情咧!"

过了些日子,毛泽东骑着马,经过西柏坡麦地。叶子龙说:"主席,岸英在这里干活呢。"

"走,去看看。"毛泽东翻身下马,把缰绳丢给警卫员,大步流星向地里走去。

农田里,毛岸英穿着一身灰土布褂子,头上扎着白羊肚毛巾的英雄结,和几个老农一起刨地。他的脸庞晒黑了,人也清瘦了许多,但在阳光的照耀下显得十分精神。

"爸爸。"毛岸英看见了毛泽东,忙迎上来。正在地里干活的乡亲们也激动地围过来。毛泽东笑着和大家握手,并拿出烟,敬给乡亲们抽,说:"你们教我儿子干活,种庄稼,我要谢谢你们呢。"敬完烟,还给老乡点火,然后和乡亲们抽着烟,上下打量着毛岸英,"嗯,人是晒黑了。各位乡亲,这个徒弟的农活学得怎么样了?"

一个老农笑道:"不错不错。毛主席让儿子来种地,就不错了。"

"我的儿子就不能来种地呀?"毛泽东哈哈大笑,说,"我以前就是种地的。播种和插秧、担粪、扳禾,什么都干过。"

"难怪难怪。"老农赞道,"难怪岸英学得快,原来毛主席以前也种地呀。岸英很勤快,刨地和锄地,还有播种,都会了。驮粪这样的脏活累活,都干得好。"

"毛主席,"一个年轻汉子说,"我听说你儿子在国外是学打仗的。他回国,你又叫他学种地，这种地跟打仗有什么关系呀？"

"哈哈，"毛泽东笑道，"要说有，也有，要说没有呢，它就没有。"

"毛主席，你说说，这有是怎么个有？"

"我们常说，一年之计在于春，这种地呀，要计划，要刨地，要看季节播种，要施肥，要收割。这打仗呢，也要计划，也要布局，也要想办法使战机成熟，战机成熟了，一打，就赢了。"

"哈哈哈……"众人都笑了起来。年长的老农说："哦，难怪毛主席会打仗，把胡宗南打得损兵折将，原来毛主席会种地。所以呀，现在又叫岸英来学种地。"

"哈哈哈……"毛泽东笑着说，"岸英年轻，你们多教教。"

"岸英不错，刨地、播种、除草、施肥、收割，都会了。人也很好，还常常帮我打柴，晚上还组织我们学识字。"

"你们说得这么好，我还要看看他的毕业证。"毛泽东说。

"毕业证？"众乡亲愕然地望着毛泽东。

"是呀，你们都有，他学得好，应该有。来，把你的手给我看看。"毛泽东拉过毛岸英的手，只见他手上结着一层厚厚的茧，用手一摸，那茧子一只只硬硬的，紧紧的，粗糙得有些割手。毛泽东满意地笑了，"嗯，是不错，这呀，就是他的毕业证。"

5

西柏坡风光秀丽，景色怡人。吃了晚饭，刘思齐在屋里织围脖。围脖已织了很多天，快织好了。她在自己颈上试了试。这时，门外传来了击掌声。刘思齐脸上一笑，忙收拾好围脖要出门去。她知道，门外击掌的是毛岸英。

刘思齐正是豆蔻年华，婷婷袅袅，很是可爱。八年前，她在延安中央大礼堂演话剧，扮演《弃儿》剧中八岁的弃儿，妈妈被抓去坐牢了，她在街头流浪……毛泽东看着戏，想起岸英也是八岁时跟着开慧坐牢，成为冇娘崽后带着弟弟们在街头乞讨流浪，不由泪光闪闪。戏演完了，幕布已经落下，毛泽东径直向后台走去，看见刘思齐，亲切地问："小朋友，你叫什么名字，你爸爸是谁？"刘思齐说："我叫刘思齐，我爸爸叫刘谦初。"毛泽东说："刘谦初呀，你爸爸我认识，他在哪里？"刘思齐一听说起爸爸，不由伤心地哭起来。这时，张文秋赶过来，毛泽东才知道刘谦初牺牲了。毛泽东蹲下身子为刘思齐擦着泪，说："哦，思齐，不哭不哭。你是革命烈士的后代，以后，你做我的干女儿，我就做你的干爸爸，好不好？"刘思齐看看和蔼可亲的毛泽东，又看看张文秋。张文秋点了点头，说："叫干爸爸呀。"刘思齐哭着扑进毛泽东宽大的怀里，叫道："爸爸……"那以后，毛泽东常叫刘思齐到他的住处玩。不久，张文秋被选派去新疆工作，刘思齐也去了。盛世才把延安去的人抓起来坐牢，她和妈妈也一起坐牢。

从新疆回延安后，刘思齐常到杨家岭看望干爸爸，这天，却见干爸爸窑洞里有一个英俊帅气的青年。那青年就是刚从苏联回来的毛岸英。两个曾经的弃儿一见面，又一起喊一个人为爸爸，十分地投缘。毛泽东从延安搬到西柏坡，只要有空，这对"弃儿"就相约一起看爸爸，一起散步和爬山，一起看电影。开始，他俩总带着李讷，后来，两人想办法把这个小尾巴给甩了。甩了小李讷，他俩便可以悄悄地约会了。

毛岸英和刘思齐在小树林中散着步。刘思齐问："岸英哥哥，不去种地了？"毛岸英说："爸爸说，我劳动大学毕业了。"刘思齐说："你在劳动大学毕业了，有毕业证吗？"毛岸英说："有呀。"刘思齐笑道："哪有什么劳动大学？那是爸爸开玩笑的，还毕业证，更没有。"毛岸英说："真的有。"刘思齐说："有？拿出来看看。"毛岸英说："你把手伸过来。"

刘思齐伸出手。毛岸英抓住她的手。刘思齐甩开手，说："哥哥，你不要抓我的手。"毛岸英说："怎么不能抓？"刘思齐说："妈妈说，我的手，不能随便让男人抓。"毛岸英说："你是我妹妹呀。"刘思齐还是甩开毛岸英的手，认真地说："也不行。我的手，只有我丈夫才能抓。"毛岸英望着刘思齐笑，说："那你早抓过我了。"

刘思齐的脸唰地红了。是早就抓过呢。那回是在电影院看《三毛流浪记》。毛岸英看到动情处，眼睛湿润了。影片结束，场内的人都起身离场，毛岸英还坐在座位上，目光呆呆地望着银幕。"岸英哥，"刘思齐拍了拍毛岸英说，"电影放完了，我们回家吧。"毛岸英有些哽咽，说："三毛捡垃圾、捡烟头、卖报纸、当小童工，他的生活，我都经历过。一看到三毛流浪，我就想起我和两个弟弟在上海。"刘思齐见毛岸英的眼中盈满了泪水，忙掏出小手绢给他抹眼泪，然后拉着他的手走出电影院。

"毕业证呢？拿来给我看。"

"你看,"毛岸英伸出手说,"看见了吗?"

"看不见。"

"你摸嘛,一摸就知道了。"毛岸英抓起刘思齐的手,摸他手掌上的厚茧。

"哎呀,"刘思齐不再拒绝,感慨地说,"好粗好硬呀。"

"爸爸说,这些硬茧呀,就是毕业证。"

河水潺潺地流着,毛岸英陪刘思齐默默地走着,又拉住刘思齐的手。毛岸英的手虽然有粗糙的硬茧,但他那手上的温热,让她心里有种甜甜的味道。

"思齐,嫁给我吧。"

"不行。"刘思齐低下了头。

"难道,你不喜欢我?"

"喜欢。"

"那,为什么不嫁给我?"

"哥,你在苏联留过学,还是高才生,会俄语、英语和法语,应该去找个大学生,那样才般配。我只有初中文化。我俩差距太大,你还是做我的哥哥吧。"

"我俩没有差距。"

"怎么没有呢?"

"你从小就随妈妈坐牢,我也是八岁和妈妈坐牢,你爸爸为革命牺牲了,我妈妈也为革命牺牲了。我们的命运多相同呀。"

"我俩经历是差不多,可你的文化高,我读书少,这是事实呀。"

"你读书少,是因为被敌人关押坐牢,耽误了学业。你现在还年轻,可以去上大学呀,你大学毕业,不就和我一样了吗?思齐,嫁给我吧。"刘思齐低头不语。毛岸英急了,说:"你是同意,还是不同意?"刘思齐羞涩地笑着,仍然低头不语。毛岸英抓住她的手,刘思齐忽然说:"不要抓我。"毛岸英下意识地缩回手。刘思齐从怀里掏出围脖,给他围上。

毛岸英牵着刘思齐兴冲冲地来到毛泽东房间。毛泽东见到他俩,高兴地招呼着。毛岸英说:"爸爸,我向您说件事。我和思齐说好了,打算现在结婚。"毛泽东望着毛岸英和刘思齐,说:"你们结婚,我同意。但是现在不行。思齐正在学习,还没有毕业,会影响学习。再说,思齐还小,还不到结婚年龄。"毛岸英说:"我已经26岁了,超过了结婚年龄。"毛泽东语气很坚决,说:"你超了也不行，思齐还不到18岁。还有，我们正面临着解放全中国，建设一个什么样的国家的大事，国民党蒋介石还要和我们较量，淮海和平津集结着强大的国民党军队，我们要将国民党军主力聚歼在长江以北，战役巨大，任务艰巨，我哪有心情和时间给你们办婚事？"是啊，辽沈战役后，东北全境解放，连同其他战场的胜利，人民解放军增至三百万，国民党军队则下降为二百九十万。全国军事形势出现了一个新的转折点，解放军拥有了一个战略后方，并拥有了东北野战军这支近百万的战略预备队，为解放平津与华北创造了有利的条件。毛泽东说："岸英、思齐，爸爸是很爱你们的，你们结婚，我同意。再等一等，快，一年，慢，也不过两年。等我把国家的大事办完了，再办我毛家的喜事。"

第三十二章 蒋家祖坟

1

解放军攻下南京，跨过了长江，毛泽东和中央机关的工作人员坐着火车来到北平。当列车来到清华园火车站时，一群民主党派人士早在站台上迎候。毛泽东和朱德走出车厢，一眼看见了三次被蒋介石开除党籍的李济深，笑着大步走过去，握住他的手道："老朋友，我们又见面了。"李济深激动地说："毛主席，您太客气了。我过去曾反对过共产党，后来看到蒋介石反动派丧权辱国，腐败无能，才认识到只有共产党才能救中国。现在，大半个中国已经获得解放，我真心诚意地拥护共产党，今天来的民主党派同志都拥护中国共产党。"毛泽东道："我们是老朋友，多提意见，多提出批评。这样，我们今后才能相处得更好。"李济深说："好！我相信，有毛主席领导，我们会相处得更好。"

毛泽东看了看站台上迎候的人，大多是在重庆谈判时都支持和谈的民主党派人士。毛泽东高兴地和他们一一握手，说："国民党千余里长江防线全部崩溃，南京国民党反动政府也宣告灭亡。北平，也平安回到人民的手中，大家期望的和平时代即将到来啦！"

就在毛泽东进入北平不久，解放军第3兵团包围了蒋介石的老家奉化县城。攻城的枪炮声此起彼伏，国民党军的工事一个个被攻破。奉化溪口的小道上，几辆小车在硝烟弥漫的路上行驶着，向蒋家祖坟的山里开去。一辆最好的小车里坐着蒋介石和宋美龄。蒋介石身着对襟布扣便装，面色凝重。他见大势已去，打算率残部去台湾。此前，他已将国库中的金银和能搬动的国宝，悉数运去了台湾。大陆已无法守住了，这些东西绝不能留给共产党和毛泽东。可这祖坟是移不动的，更无法搬动。

小车停在溪口山脚下，无法再前行，蒋介石下了车，慢慢地向山上爬去。蒋经国、蒋纬国和一众家小，还有几个随从，默默地跟在后面。远处有隆隆炮声传过来，蒋介石显得淡定，率家人来到母亲墓前，撩起衣襟，颤巍巍地跪了下去，一下子，身后呼啦啦跪下一片。

蒋介石一跪下去，竟然长跪不起。他现在最担忧的事，就是怕毛泽东挖了他家祖坟。十多年前，蒋介石听人说，井冈山屡剿不灭，乃毛泽东的祖坟风水太旺，他授意何键去挖，可毛泽东领导的中央红军仍然以少胜多，打败了他的围剿。蒋介石认为毛泽东的龙脉尚未挖断，又叫何键去挖。内战开始后，国军节节失利，一溃千里，蒋介石还认为毛家祖坟的龙脉未断，又叫白崇禧去挖。不想挖了后，解放军仍然势如破竹，国民党军节节败退。解放军打过了长江，现在，他只有逃去台湾。他想，即使毛泽东大度不挖，恨他的人可不少啊，那年他说宁可错杀三千，也不放过一个，这些年来他杀了多少人啊，谁能保证这些被杀人的家人不来挖他祖坟泄恨？想起去台湾后，这祖坟不保，母亲的遗骨将露在光天化日之下，他止不住老泪纵横，蓦然号啕大哭："母亲啊，儿无能。儿要走了，不能保护您，不能尽孝了啊！"

蒋经国说："父亲，共军的炮声越来越近，该走了。"

蒋介石仍是老泪纵横，泣不成声："母亲啊，不知会不会还有人来保护您。"抗战期间，奉化沦陷。日本人知道蒋介石对祖坟极为看重，就把挖坟的任务交给汪伪浙江省省长傅式说。傅式说深感挖人祖坟，有丧天良，想方设法拖延和搪塞。蒋介石最担心的事是祖坟被毁，尤其是怕母亲王采玉的墓被挖。他密令军统头目戴笠派人去探察，并拍下照片给他看。蒋介石一看祖坟完好无损，知道是傅式说暗中保护下来了，心怀感激。抗战胜利后，蒋介石认为他虽为大汉奸，但护坟有功，便将他从轻发落。

蒋介石颓然走下山。隆隆炮声不断传来，而且越来越激烈。蒋介石回望凤凰山，又一次潸然泪下，哽咽道："此一别，今生再难相见。"

2

二十一军六十一师经过激烈的战斗，将红旗插上奉化城头。李团长和何政委在欢呼声中随部队走进城。张连长和潘连长前来报告，说他们两个连分别占领了奉化城东和城西。李团长高兴地说："好。下面我们就直捣蒋介石的老窝。"

解放军以势如破竹之威冲进溪口，当地民团闻风而逃。一群战士在当地的百姓带领下来到凤凰山，把蒋介石家的祖坟围得水泄不通。一个当地人说："这就是蒋家的祖坟。"张连长说："老蒋杀了我们多少共产党人啊，还几次派人挖毛主席的祖坟，今天，老蒋的祖坟让我们踩在脚底下了。同志们，你们说，老蒋的祖坟怎么处理？"

一个身板粗壮的战士叫道："挖掉它。"战士们齐声叫道："对，挖掉，挖掉。"有愤怒的战士举起枪托砸墓碑，有战士背来丁字镐、锄头和铲子。

潘连长上前阻拦道："不能挖。"

张连长说："为什么不能挖？"身板粗壮的战士一边叫道："他老蒋派兵挖我们毛主席的祖坟，要破了我们毛主席的龙脉，我们今天挖了他老蒋的龙脉，为什么不能挖？"

潘连长说："不行，就因为这是蒋介石的祖坟，更不能挖。"

张连长说："潘连长，你在黄埔读了几天书，对老蒋这么忠心耿耿，还要保他的龙脉？"

潘连长说："你不也在黄埔读过书嘛。"

张连长一挥手说："我才不认他这个混账校长。挖。"一连的兵走近坟墓，挥镐举锄开挖。

"不能挖。"潘连长向身后一挥手，二连的兵哗啦啦冲上前拦住。

一方要挖，一方拦住不让挖，双方乱成一团。李团长和何政委闻讯后骑着马疾奔而来。张连长和潘连长忙举手制止自己的战士。李团长横眼看了看张连长和潘连长，说："怎么？蒋介石打跑了，没仗打了，找自己人打起来了？"然后盯着张连长，问道："你为什么打？"张连长说："他不让我挖蒋介石的祖坟。"李团长横眼看着潘连长说："你呢？"潘连长说："他要挖蒋介石的祖坟，我不让。"李团长指着他俩说："你要挖，你不让挖，也不能吵呀。手痒？有本事？来呀，和我打。怎么？不敢和我打？瞎胡闹。"

张连长说："团长，蒋介石挖过毛主席的祖坟，你说，蒋介石的祖坟，我们为什么不能挖？"李团长摸摸脑袋看着何政委，说："何政委，这个，你说呢？"何政委说："按一报还一报，是可以挖。可，按照我党统一战线政策来说，好像不能挖。"李团长说："何政委，到底是挖，还是不挖？"何政委也摸着下巴，半晌说："这个呀，这个呀，我也说不准。"

3

香山，挖不挖蒋介石家祖坟的事，传到毛泽东和周恩来、朱德那里。朱德说："战士们要挖蒋介石的祖坟，有挖的道理，谁叫你蒋介石杀那么多人，还挖人家的祖坟？你蒋介石能挖人家的，人家也可以挖你蒋介石的嘛。这叫恶有恶报，善有善报，时间一到，一报还一报，没什么话说。"

周恩来说："是啊。从中山舰事件开始，蒋介石杀了我们不少人，战士们要挖，有挖的道理。这是战士们朴素的感情表现。不过，不让挖的，也有不让挖的道理呢。我们是共产党，不是国民党嘛。他们既然把这个问题反映给我们了，我们还是要给他们一个意见。主席，您的看法呢？"

毛泽东说："朱总说的有道理，恩来也说得对，我们是共产党人，是唯物主义者，什么龙脉不龙脉，动不动就挖人祖坟，我们不信这个。再说，挖祖坟是不得人心的事，蒋介石做了，我们不能做。打倒蒋介石，解放全中国，是我们的目的。蒋介石的列祖列宗，我们就不要惊动他们了吧。"

周恩来说："主席的意见，是不挖？"

毛泽东说："对，恩来、朱老总，我们不仅不挖，还要以中央军委的名义，给粟裕和张震发个电报，提出要求，保护好蒋家祖坟和蒋家祖屋。"

周恩来说："我同意。我建议，这个电文请主席亲自来拟。"

"好。"毛泽东见秘书准备好了纸笔，便口述了对粟裕和张震所率部队的要求，并特别强调，"在占领奉化后，要告诫部队，不要破坏蒋介石住宅、祠堂，及其他建筑物。"

粟裕接到电报，马上转给占领奉化的二十一军六十一师，要求严格执行不得走样。六十一师以军管会的名义颁发保护蒋介石家产和祖坟的布告，然后清点蒋家财产，将摆有贵重家具的房间贴上封条。看门老人带着师政治部马贝禾走进一个放钢琴的房间，说："这钢琴是美国总统送给蒋夫人的。"马贝禾担心众人好奇，你一弹我一弹一顿乱弹琴把钢琴弄坏，马上下令把这间房子锁起来。师参谋处石冰科长在蒋经国的室内发现一支金笔，交给了看门老人，吩咐他一定要保管好。部队离开溪口后，马贝禾带领一部分战士进驻丰镐房。浙江解放不久，毛泽东又以党中央的名义指示浙江省委做好溪口蒋介石故居的保护工作。

第三十三章　新婚的岸英

1

　　一九四九年十月一日，天安门广场上人山人海，欢声雷动，人们高兴地欢呼着，跳跃着。毛岸英和毛远志、刘思齐、李讷也在欢呼的人群中。他们远远地看见天安门城楼上，毛泽东用那脆亮的韶山话向全世界宣告："中华人民共和国中央人民政府今天成立了。"毛远志激动得忍不住大哭，哽咽道："爸爸，您听到了大伯的话了吗！"刘思齐也想起了抗战时遇害的爸爸，也跟着喊："爸爸，中华人民共和国成立了！"毛岸英说："姐、思齐，今天是高兴的事，不哭。"毛远志说："我爸爸和你妈妈、姑姑、小叔，还有楚雄小弟，他们要看到今天，会多高兴。"

　　毛岸英说："我妈妈早就说过，中国会有今天的。可惜他们没看到，还有很多人没能看到。你们别哭了，我朗诵一首诗给你们听。"刘思齐和毛远志抬头问："什么诗？"毛岸英说："爸爸最近写的，《七律·人民解放军占领南京》。"李讷说："我也知道,我也知道。"刘思齐说："你和哥哥一起朗诵。"李讷和毛岸英清了清嗓子，朗读起来：

　　　　钟山风雨起苍黄，百万雄师过大江。
　　　　虎踞龙盘今胜昔，天翻地覆慨而慷。
　　　　宜将剩勇追穷寇，不可沽名学霸王。
　　　　天若有情天亦老，人间正道是沧桑。

　　天安门城楼上，毛泽东在向欢呼的人群挥手致意，高声喊道："人民万岁！"

参加完建国典礼，毛岸英和刘思齐、毛远志回家。经过公园，毛远志拉了拉刘思齐，说："思齐呀，来，姐有事问你。"

毛远志叫毛岸英和李讷先走。她要单独和思齐说。待毛岸英牵着李讷走了，刘思齐笑着说："姐，你有什么事呀，连岸英也要瞒着。"毛远志说："思齐呀，有些事姐只问你，岸英是个愣伢子，他不懂。"刘思齐说："姐，岸英可懂事了。他文化高，会俄文、会英文，在国外上过大学，还会打仗，人家斯大林还接见过他，送给他一把小手枪呢。"毛远志笑着说："哦，你都清清楚楚，这些都是真的吗？"刘思齐说："真的，斯大林送给岸英的小手枪，还刻了字，我看见了。我还听说，蒋经国也去见过斯大林，斯大林送给他一把俄制冲锋枪。一把小手枪，一把冲锋枪，姐，你说，斯大林给的为什么不一样呀？"毛远志说："这个原因呀，很简单。"刘思齐说："很简单？"毛远志说："是呀，手枪是首长用的，冲锋枪是士兵背的。说明斯大林更喜欢岸英呀。"刘思齐听得不由嘴角含笑。毛远志说："思齐呀，姐问你，斯大林都喜欢我岸英，你呢，喜不喜欢？"刘思齐笑而不语。"你说呀，不回答我，是不喜欢？既然你不喜欢，那我给岸英去找一个啰。"说着，毛远志准备走人。刘思齐忙拖住她："姐——"

毛远志站住，说："不让我去给岸英找？"刘思齐羞涩地笑着点点头。

2

过了两天，毛泽东叫毛岸英和刘思齐到菊香书屋，待两人坐好后，毛泽东给他俩倒水。刘思齐说："爸爸，我们自己来。"毛泽东说："你们坐，坐。今天，你俩最大。"刘思齐迷惑地说："爸爸，我们是您的晚辈，怎么会大？"毛泽东哈哈笑道："你有所不知。在我们家乡，结婚那天，新郎和新娘最大。"刘思齐说："爸爸，我们还没结婚。"毛泽东说："在西柏坡时我说过，等办完国家的大事，再办我们毛家的喜事。你们那个远志姐姐也向我提了意见，今天叫你俩来，就是商量你们结婚的大事。你俩一个是我儿子，一个是我干女儿，我又接亲，又嫁女，这是喜上加喜。我们虽说应该艰苦朴素，新房还是要一间的。岸英在克农同志那里当秘书，搞翻译，克农同志对岸英的工作很满意，听说你俩结婚，马上为你们空出一间屋。我看很好。你俩去布置一下。结婚那天，不搞排场，我们自己家里的人聚一聚，搞两桌，把思齐一家都请过来，喝杯喜酒。你们想想，还要请谁，跟思齐妈妈说说，她想请谁来都可以。"

毛岸英和刘思齐商量了一下，就写了个参加喜宴的名单。毛泽东接过一看，都是平常关心他俩的邻居，有邓颖超和蔡畅、康克清、王定国、王光美。毛泽东说："这几个阿姨妈妈对你俩好，和你们接触多，应该请。但请了邓妈妈，还应该请恩来叔叔；请了蔡妈妈，还应该请富春叔叔；请了康妈妈，还应该请总司令；请了王妈妈，还应该请谢觉哉伯伯。少奇是我们老乡呀，他和光美阿姨也要请。弼时叔叔有病在玉泉山休息，就不要麻烦他了。"毛岸英说："爸爸想得周到。只是这样，会要三桌才坐得下。"毛泽东说："三桌就三桌，这一桌还是要加。好了，你俩抽点时间，去把新房布置一下。"

走出菊香书屋，刘思齐说："我和远志姐姐还以为爸爸只会忙国家大事，不记得我们的事了。"毛岸英说："其实，爸爸心里是挂着我们的，只是他事太多了。"

毛岸英和刘思齐去向张文秋报喜。张文秋很高兴，买了床新被子，叫毛岸英用自行车驮到新房。毛远志又招呼邵华一起贴窗花，布置新房。窗户门墙和床头都贴上了红喜字和鸳鸯剪纸，显得喜气盈盈。毛远志见毛岸英抱着被子进来，叫他把被子放在床上，在被子上放了一张红喜字，说："好，像个样了。岸英、思齐，你俩结了婚，多生几个伢子和妹子，围着我大伯叫爷爷，让他好好高兴高兴。"毛岸英一脸笑意望着刘思齐。刘思齐扯了扯毛远志，说："姐，我还在读书呢。"

毛远志和邵华走了，毛岸英忽然对刘思齐说："还有一件事要做。"刘思齐说："什么事？"毛岸英说："爸爸常说，家有家规，国有国法。你就要成为我毛家的人了，就得守毛家的规矩。"刘思齐说："毛家有什么规矩？"毛岸英说："小时候，我刚会说话，爸爸就教我学毛家的《百字铭训》，后来又背《家训》和《家诫》。例毛氏家训十则：培植心田，品行端正，孝养父母，友爱兄弟，和睦乡邻，教训子孙，衿怜孤寡，婚姻随宜，奋志芸窗，勤劳本业。毛氏家诫六戒：一戒游荡，二戒赌博，三戒争讼，四戒攘窃，五戒符法，六戒酗酒。"毛岸英又说起每一则、每一诫的细则，滔滔不绝，倒背如流。刘思齐笑道："岸英，难怪别人都夸你有教养，做事讲规矩，原来家训、家诫学得好啊！"毛岸英笑道："我淑兰婶婶到我家后，学了家训家诫，在屋里会持家，出外有修行，家里家外，党内党外，都讲她是好人。

你学了，成了毛家的媳妇，也会一样的。"

3

毛泽东心情很舒畅，不由踱着步，哼唱起京剧来了，一高兴，走出了屋门。叶子龙来送文件，见毛泽东难得这样开心，说："主席，什么事这么高兴？"毛泽东说："子龙同志，俗话说，人逢喜事精神爽，有喜事，我自然高兴呀。"叶子龙说："主席有什么喜事？"毛泽东说："儿大当婚，女大当嫁。我的儿子要结婚了，我的干女儿要嫁了，你说，这是不是要高兴？"叶子龙说："难怪，主席又嫁女，又接亲，要办大喜事了。那，主席要准备大礼了。"毛泽东说："大礼？子龙，此话怎讲？"叶子龙说："主席是湖南湘潭人，我是湖南浏阳人。按我们家乡习俗，结婚过礼，男方得准备一条牛、两只猪、三只羊，由男方送到女方，这是订婚。有的还要送金送银，没有金银，也要给女方送个大包封。还有，儿女结婚，做爹的要给儿子砌栋新屋，要给女儿做几套新衣，置三铺三盖床上用品。"毛泽东说："哦，这么复杂？我还真没想过咧。"叶子龙说："我知道，主席会说，我们共产党人，不讲排场，不搞形式。"毛泽东说："对，还有，不能铺张浪费。"叶子龙说："我就知道主席会这么说。不过，结婚是人一辈子的大事，您这个做爸爸的，总得表示个意思吧。"毛泽东说："嗯，你的意见对，儿女婚姻大事，我这个为父的，总得表示表示。"

毛泽东马上在橱子里翻，翻出一些旧衣和旧皮鞋。叶子龙说："这些衣鞋旧了，不能做礼品。"毛泽东又从柜子里翻出一套整齐的中山装。叶子龙又说："穿过了，要不得。"毛泽东有些疲乏了，说，"这个不行，那个要不得，我送什么给他们咧？"忽然，毛泽东发现叶子龙在擦眼睛，问："子龙，我要办喜事了，你怎么不高兴？"叶子龙说："主席，您不要找了。我跟了您十多年，还不知道您的家底？您再找，也找不出什么值钱的东西。"毛泽东拍拍叶子龙，说："别哭别哭，来，你随我来。"

毛泽东带叶子龙到房子的一个角落，指着柜上的一个皮箱说："你帮我把那个箱子拿下来。"叶子龙看了看那个旧皮箱，说："我不拿。"毛泽东说："不帮我拿？为什么呀？"叶子龙说："那个旧箱子里还会有什么好东西？"毛泽东说："那就不一定啦，你拿下来，肯定是好东西。"叶子龙早就灰心丧气了，说："主席，不要翻了。我还不知道，您没什么值钱的东西。"毛泽东无奈，自己搬个凳子放在柜子边。叶子龙看不过意，忙拦住他，说："我来吧。"叶子龙从柜顶搬下箱子。毛泽东打开箱子，从里面翻出一件黑色的夹大衣，十分珍惜地摸着，看着。

叶子龙看了一眼，说："主席，这是什么好东西？一件旧大衣。"毛泽东说："哎，这件大衣不旧，我就是去重庆谈判穿过，后来一直舍不得穿。子龙，你看，还很新的，起码九成新。我就把这件大衣送给他们。"叶子龙没再说什么，他还能说什么？

婚礼当日，毛泽东在菊香书屋西厢房准备了三桌酒席。周恩来和邓颖超、朱德和康克清、刘少奇和王光美、李富春和蔡畅、谢觉哉和王定国夫妇是婚礼上的贵宾。毛泽东满脸喜色，说："各位，今天这里没有山珍海味，都是我喜欢吃的腊肉、火焙鱼、豆豉辣椒，湖南口味，大家尽管尝，随意。"说着，毛泽东夹了一块腊肉给谢觉哉，看着他吃进嘴里，笑道："比起你在延安给我的腊肉，好吃些吧？"谢觉哉嘴里有菜，只笑着点头道："嗯，嗯。"周恩来忙打圆场道："谢老的意思，主席的家乡菜好吃，机会难得呀，来，大家多尝点。"

毛泽东不胜酒力，还是高兴地给老战友们一个个敬酒。他走到张文秋面前，举杯道："亲家母，感谢你教育了思齐这个好孩子，让我们一起，为岸英和思齐的幸福干杯！为你的健康干杯！"张文秋忙举杯回敬道："感谢主席在百忙中为孩子的婚事操劳费心。"毛泽东笑呵呵地说："我们是亲家了，亲家母，你要喊我亲家爹。"

婚宴结束，客走了，屋里静寂下来。刘思齐和毛岸英也准备走了，毛泽东送到门口，忽然想起一件事，说："岸英、思齐，你们等一下。"毛泽东到柜子里拿出那件八九成新的黑色夹大衣，捧给毛岸英，说："你们结婚了，我很高兴，总得表示一下意思吧。这件大衣，是我四年前去重庆谈判时做的，还很新，白天岸英穿，晚上盖在被子上，你们俩都有份。"毛岸英说："爸爸，您的心意我俩受了，这大衣，还是您留着自己穿吧。"毛泽东说："岸英呀，这件衣服爸爸虽然穿过，但还是好衣服。好东西都得省着用。自古以来，国亡家败，皆因骄奢所致。我是一国领袖，能节俭，则上行下效，举国节俭，如此则国用日足，国力日强。持身俭，则自尊自立。治家俭，则家业兴隆。为官俭，则以俭养廉，居高不败。你是我的儿子，衣食起居更不能特殊。戒奢从苗头开始,等成习惯再改,那就难了。"毛岸英忙接过大衣,说:"谢谢爸爸。"

毛泽东似言未尽意,又说:"爸爸欠你们的太多了。我也没什么贵重礼物送给你们。爸爸希望你们能平安幸福。只要你们幸福,我也就别无遗憾了。"毛岸英说:"我明白,爸爸对我们的爱,是任何贵重礼物都代替不了的。"

4

新婚后几天,毛岸英来到菊香书屋。屋里烟雾弥漫,毛泽东坐在桌前,手夹一根烟,在默默地抽着,他见毛岸英进来,喃喃地说:"岸英呀,这次你结婚,一切从简,外婆也没请。你们兄弟几个都是外婆抱大的,现在,外婆要满八十岁了,我很想去看看老人家。可新中国刚建立,百废待兴,我难以成行。你回去一趟,代我向她老人家拜寿。记住,到你妈妈坟上点几根香,磕几个头。你妈妈要知道你结婚了,会很高兴的。"毛岸英点点头道:"好,我记住了。"

"唉,"毛泽东叹了口气,说,"爸爸我欠家人、亲戚的太多了。你这次回湖南,除了给外婆拜寿,还要到韶山和棠佳阁去一趟。你润发九叔和开智舅舅、运昌表伯,我是对不住他们啰,你一定要代我去看望他们三个。"

毛岸英知道,润发九叔是父亲的第九个堂弟毛泽连。父亲排行老三,老四和老六是泽民和泽覃叔叔,姑姑泽建就是九叔泽连的胞姐。父亲那年回家处理爷爷的后事时,在家里讲革命,引导亲人舍小家为大家救国家,并带着两个叔叔和姑姑到长沙。那时润发九叔才八岁,很想跟着出去,无奈年龄太小。过了几年,父亲带着母亲回韶山秘密开展农民运动,九叔便成了小联络员,为父亲送信,望风。赵恒惕要抓父亲,九叔和乡亲们掩护父亲逃离韶山。"四·一二"大屠杀后,九叔不仅不退缩,还入了党。新中国成立没几天,九叔和父亲的表弟李珂由南下的解放军送到北京。父亲一见九叔,拉住他的手久久不放。九叔想起他的胞姐毛泽建,还有被杀的亲人,不由大哭起来。父亲叹了口气说:"菊妹子是你的好姐姐,我的好妹妹。我们全家都喜欢她。可惜,她走在我前面了。"李珂对父亲说:"三表哥,九表哥身体不好,家里困难,你现在是国家主席,一言九鼎,能不能给九表哥安排一个工作？"父亲一听这话，面色凝重起来，说："润发九弟的困难，我知道。但我这个国家主席，是为大家服务的，不是为我们毛家人服务的。润发九弟，对不起啰，你的工作我不能安排。"九叔忙说："主席三哥，我们这次来北京，不是找你要官做的，主要是来看您的。我们毛家家训中讲了，'天下有本有末，还须务本为高，百般做作尽糠糟，纵有便宜休讨。'三哥也给我讲过，我们入党，是为人民谋利益的，不是为个人谋私利的。三哥，我不能为了个人，让三哥为难。"父亲显得很高兴，说："润发九弟，还是你理解我。"父亲发现九叔的左眼没有光泽，关心地问："润发，你眼睛怎么弄的？"九叔叹了一口气。李珂说，大革命失败那年，九叔为韶山地下党送信，路上遇见了兵，为保护信件，左眼受伤。因为眼伤恶化，感染到右眼，九叔几乎双目失明。九叔不能出去打游击，就留在韶山照顾参加革命的家人及烈士遗孤，为地下党送信传话，与何键巧妙周旋，保护毛家祖坟。现在左眼看不见了，右眼看东西也很模糊。父亲叫毛岸英拿钱陪九叔到北京协和医院去治疗。润发九叔因左眼伤害的时间太长，治不好，医生建议用一个假眼睛代替。九叔一听假眼很贵，而且只是个配相，不愿安。见右眼视力提高了一点，他不忍再让三哥花钱，要求出院回家。临回湖南前，父亲给了九叔一些钱，说："润发九弟，你娘身体有病，细伢子还小，自己身体也不好，这点钱不多，望能帮你缓解一下困难。"

  父亲说的对不住的第二个人，是舅舅杨开智。

  父亲是外公的学生，常和蔡和森到外公家求教，结识了舅舅和母亲。父亲与母亲结婚后，在长沙创办文化书社，舅舅出钱相助，并同家人掩护父母的革命活动。父亲发动秋收起义，母亲被捕，舅舅和舅母去狱中探望，同外婆去南京请章士钊和蔡元培、谭延闿营救。母亲被害后，舅舅为母亲收殓遗体返乡安葬，和舅母抚育他和岸青、岸龙兄弟，将他们三兄弟送往上海。舅舅早年就读中国农业大学，毕业后曾任湖南省农业厅研究室主任。新中国成立了，舅舅认为就按他的资历和能力，完全可信任一个厅长的工作。他兴致勃勃把这个想法写信告诉父亲，不想父亲回信叫他不要来京，不要有任何奢望，湖南派什么工作就做什么工作，不要使政府为难。不久，毛岸英收到表舅向立三的信，希望他在父亲面前美言几句，让舅舅能谋个厅长位置。父亲对他说："你舅舅对你有恩，对我们毛家也有恩。可我不能用手上的权力来报恩呀。我们可以对不住你舅舅，但不能对不住人民。"父亲便叫他回信多加解释。

父亲说的对不住的第三个人，是表伯父文运昌。

"我非常感谢我的表兄。"父亲说，"你运昌表伯比我大九岁，小时候，我常住湘乡棠佳阁。棠佳阁有我外公外婆和舅父舅母的疼爱，有你运昌和几位表伯的关爱。我第一次看到的《三国演义》和《水浒》，就是你运昌表伯给我看的。那年，你爷爷要我到米店去做学徒，可我还想读书。你运昌表伯喊来同族长辈和先生一起劝说，你爷爷碍于面子同意了。到了湘乡，因我是湘潭韶山人，没有资格进湘乡的东山学堂，你运昌表伯又做我的入学担保人。你的运昌表伯有恩于我呀。前些天，他写了封信，并随信开了一些名单，都是我的表兄弟，我的表亲，要我照顾安排工作，或保送升学。我不管其他领导是不是为亲人做安排，找位置，这种事，我是不能做的。我只有对不住你运昌表伯了。

"岸英呀，这次你回去，要帮我做好他们的工作。特别是你的这三位长辈，他们有意见，你一定要代爸爸向他们讲清道理，请他们谅解。爸爸不是不记得他们的恩，爸爸在心里一直很感激他们。爸爸只能以个人的能力报恩，但绝不能用手中的权力来报恩，那是滥用职权呀。古人云：'其身正，不令而行；其身不正，虽令不从。'我是国家主席，自身不正，何以正他人？这个口子一开，就会洪水泛滥，国将不国了。"

5

回湖南的第一站是长沙板仓，给外婆拜寿是第一件大事。毛岸英坐车到长沙，然后骑马去板仓，离杨宅还很远便下了马，悄无声息地回到板仓。因为父亲嘱咐了，这回是去办家事，不要惊动地方政府。

二十年前，毛岸英由外婆抱着，牵着，从长沙去武汉，去上海，去广州。妈妈被杀害后，外婆的怀抱更是他温暖的港湾。一眨眼就二十年了，二十年没和外婆见面，也没和舅舅、舅妈见面，也不知他们怎么样了？给三立表舅的信不知开智舅舅看了没有，那信中有些较硬的言语，也不知开智舅舅看了会怎么想？没给舅舅说好话，舅舅没当上厅长，肯定心里不舒服。舅舅若是生气，怪罪他，不理他，不让他进这个家门，自己就没招了。

走进板仓杨宅，毛岸英一眼看见外婆就在院子里，便像二十年前那样扑上去,亲切地呼喊着。向振熙在李崇德的搀扶下迎了出来,高兴地应着,把毛岸英搂进怀里,声音哽咽,老泪横流:"岸英,我的外孙伢子,你回来了,回来了,我的外孙伢子呀!"向振熙哭了一会儿,打量着比她高出许多的毛岸英,兴奋中有悲伤,悲伤中有兴奋:"长这么高了呀,个子像你爸,脸呀,像你妈。"

毛岸英见过舅舅和舅妈,舅妈笑脸相迎,舅舅虽没把他挡在门外,却皱着眉板着脸。毛岸英搀扶着外婆到厅堂坐下,说:"外婆,您今年八十大寿,爸爸不能来,叫我回来代他给您拜寿。"向振熙高兴地说:"你爸爸现在是国家主席,还惦记着我。去年他托人捎来一件皮袄,很挡风寒。"毛岸英将四盒中药补品,还有两块布料交给外婆,说:"外婆,这是爸爸让我给您带来的寿礼,祝您老人家健康长寿。"向振熙笑得合不拢嘴,说:"你看你爸爸这么忙,还记得讲礼数。"毛岸英说:"外婆,爸爸说,我们几兄弟都是你带大的,您待我们恩重如山。爸爸还给您老写了信呢。"向振熙接过信,展开看了看,又递给毛岸英说:"外婆老了,看不清,你念给我听。"

向振熙听着毛岸英读信,满脸的幸福,想起女儿跟毛泽东奋斗的事业,今天终于成功了,女儿不在有二十年了,女婿毛泽东成为一国之主,还想念着自己,记得她的八十寿辰,命岸英回湘致敬,还向她敬颂康吉,不由感慨万分,老泪纵横:"岸英啊,可惜呀,你妈妈没看到这一天呀!"

毛岸英说:"是呀,爸爸说,叫我去妈妈坟上烧几炷香,磕几个头,告诉妈妈。"向振熙说:"你现在就去,让你妈妈早些知道。开智、崇德,快带岸英去。"

开智眼含泪花应了一声,便到厅屋的柜子里拿出香烛和香火,出了门,自顾自地向杨开慧墓地走去。毛岸英跟着舅妈来到墓地,舅舅已在墓前插上香烛,见他过来,也不说话,将点燃的香火分三根给他。毛岸英捧着香,磕头祭奠,哽咽道:"妈妈,你儿岸英我回来了。您坚信爸爸的事业会成功,现在,爸爸已向全世界宣布新中国成立了,中国人民从此站起来了。妈妈,我也长大了,结婚了。您的儿媳妇思齐在读书,这次没回。下次,我会叫她带着您的孙子一起来看您。"舅妈在一旁听着岸英的倾诉,忍不住哭了起来,舅舅虽没哭出声,眼泪却是吧嗒吧嗒地往下掉。

吃晚饭时,毛岸英坐在杨开智身边,抢着给他盛饭,给他敬菜。杨开智看出毛岸英的心思,说:"岸英,你爸写的信我收到了,你给三立表舅的信我也看了。你叫你爸放心，我会服从湖南的安排。"毛岸英说："湖南给您安排了吗？"杨开智说："安排了，要我担任省茶叶经营处副处长。"毛岸英说："您原来是农业厅研究室主任，现在怎么倒是副职了。"杨开智说："没关系，正职副职都是工作。我原来想，我当过局长和主任，论资排辈也该是厅长了，所以写信给你爸，希望能顺利地坐上厅长位置。你给三立表舅写的信说，现在是新时代，这种一步登高的做官思想已是极端落后了，而尤以为通过你父亲即能上任，更是要不得的想法。新中国之所以不同于旧中国，共产党之所以不同于国民党，毛泽东之所以不同于蒋介石，毛泽东的子女妻舅之所以不同于蒋介石的子女妻舅，除了其他更基本的原因以外，正在于此：皇亲贵戚仗势发财，少数人统治多数人的时代已经一去不返了。你爸说得对，他是国家主席，不是毛家的主席，他只能解决大多数人的困难，要为大多数人谋利益，不能只解决家人的困难，只考虑自己的亲戚。我当时想得太简单了，我们怎么能做一人得道，鸡犬升天的事？怎么能给你爸爸添麻烦？你妈妈在九泉之下若有知，会为她这个哥哥脸红的，你外公要知道，也会要骂我的。"毛岸英心中一块石头落了地，高兴地说："舅舅，外公教书育人，桃李满天下，您从小受外公教导，舅舅，我为您自豪。"

7

毛岸英到了湘潭县城，叫上同宗兄长毛特夫一起去韶山。毛特夫是韶山五杰毛新梅的儿子。毛新梅牺牲后，毛泽民把毛特夫带到天津印刷厂学排字。毛特夫脑瓜子灵活，不久到上海印刷厂当技术指导。上海党组织被破坏后，他奉命到赣东北苏区，担任红军某部宣传科科长。解放前夕，他奉命回湘组织湘中纠察总队迎接解放，进城后担任湘潭县副县长。

两人骑马来到一个小集镇，毛岸英以为到了银田寺，便下马走路。毛特夫正想可以陪着多说说话，也就下了马。春末夏初，毛毛细雨下个不停，田里的农夫披着蓑衣戴着斗笠正忙着耙田插秧，见泥泞的路上有人牵着马不骑，挽起裤脚顶风冒雨在泥泞的路上行走，不觉都好奇地朝路上看。

毛特夫看见那些惊异的目光，一边走一边说："岸英呀，你知道吗，现在家里有些人认为，你爸当了皇帝，你就是太子咧！你现在穿草鞋踩着泥巴路回家，哪里像个太子？"毛岸英笑道："现在什么时候了，还太子？我就是个普通人。我爸叫我在银田寺就下马,不要特殊,要走路回家。"毛特夫笑道:"银田寺?刚才那小镇是云湖桥。从银田寺到韶山有二十里路,你在云湖桥就下马,要多走十里路咧,上马吧。"毛岸英说:"既已下马,多走点路也好。特夫哥,你能走不?"毛特夫说:"你问我?我还怕你不能走咧。"毛岸英说:"特夫哥,你小看我了。我当过兵,这点路算什么。"毛特夫看了看毛岸英结实的身板,说:"岸英,你这话我信。"

毛岸英又问了一些韶山的亲戚,谈到毛泽连,说:"润发九叔眼睛不好,家里又困难,上次去北京,想要我爸爸给他安排工作。我爸没答应,也不知他现在怎么样了。"毛特夫说:"九叔呀,他去北京要工作这事我知道。不要说你爸,我现在湘潭当个副县长,就有不少亲戚找我安排工作。你爸有什么绝招来说服亲戚?"毛岸英说:"也没什么绝招,就是坚持原则。我爸爸说,我们手中的权是人民给的,只能给人民办事,不能为毛家亲戚谋好处。"毛特夫说:"这话说得好,说得好。这下好了,有你爸在前面挡着,我就好办了。我以后就照葫芦画瓢。"

来到韶山冲,天已微黑,山里的农舍点起了煤油灯。毛岸英一到毛家公祠,乡亲们奔走相告,都打着火把来了,要看看这个"太子"是什么派头。古老的祠堂被火把照得通亮,如同白昼。他们走近祠堂,睁大眼睛从头到脚打量毛岸英,只见他天庭饱满,个子高挑,穿一套半新的蓝色哗叽布中山装,高卷的裤腿上溅满了泥水,脚上的草鞋也糊满了黄泥。这个样子,与普通人没有什么区别呀!

一位白发苍苍的老人要挤到毛岸英面前,毛岸英忙走过去,双手扶住老人,亲热地叫了一声:"阿公,您老人家好!"老人叫毛三爷,是毛泽东家的老邻居。他抹了一把热泪说:"二十多年了,你爸爸怎么不回来?我好想看看他。"毛岸英说:"爸爸工作太忙,抽不开身,他很挂念家里的亲人,叫我回来代他看望大家。等他稍微有空,就会回来。到时我还会随我爹来看你们的。"

毛岸英送走了一批又一批前来看望他的乡亲。吃过晚饭,村里开小组长以上干部会议,毛特夫邀请毛岸英参加,毛岸英欣然列席。会议将要结束时,村干部毛乾吉请毛岸英讲话。毛岸英想起回韶山至今还没看到九叔,难道九叔他还是有意见?赌气不来?等这些乡亲回去了,我要专门去九叔家。毛岸英环顾了一下会场,说:"这次我父亲叫我回来看望大家外,还有一件事要我拜托各位乡亲。"毛乾吉说:"岸英,你爸当国家主席,权力大得很,还有什么事办不到的,要拜托我们?"毛岸英说:"有咧,我们家的亲戚,不管是五服以外或者三服以内的,如果仗着我爸爸是国家主席,就要牌子,要特殊的,拜请村干部和各位乡亲手下不留情,严加管教。几个月前,我九叔去了北京,如果他自以为是我叔叔,在乡亲们面前显摆张扬,或者有不检点的行为,大家一定要严格管教。"

众人一听这话,不由惊诧不已。自古以来,这当了官的可是光宗耀祖,回家那都是衣锦还乡,都要显摆显摆。到了韶山毛泽东家,这一切都变了。这个韶山当年的石三伢子,如今可是一国之主,他儿子回家挽起裤脚走得一身泥水不说,还不准亲戚显摆张扬。那润发与润芝,可是一个字辈的兄弟呀,去一趟北京,空手吊吊回来,还不能显摆张扬,这有点不近人情吧。农协的老干部邹润民说:"岸英,你毛家为了这个新中国,牺牲了五个亲人,润发的姐姐泽建也是跟着你爹闹革命牺牲的,听说前回润发去北京找你爸要个工作都没要到。这如今当官,这不行,那不行,那还图个什么?"

毛岸英说:"诸位伯伯叔叔,伯娘婶婶,我家是牺牲了五个亲人,这生命是什么东西也代替不了的。一条命换一个工作?或是换个厅长的位置?如果是为了这些才付出五个亲人的生命,那就太不值了。我爸带着家人为之奋斗并献身的事业,是全人类一项伟大的事业。那位叔叔问,这如今当官,这不行,那不行,那还图个什么?这话问得好。因为我爸当的是人民的官,当人民的官就得为人民谋利益。如果当官是为了给自己和家人谋利益,那就不要当人民的官。"众人一听这话,都激动地一边鼓掌,一边连连叫好。

毛乾吉说:"岸英呀,你润发九叔虽然空手吊吊回家,没听见他有半句怨言。去年腊月,他听到邹家三叔得病了,还送了些钱过去,今年春上,他听说钟家有个伢子开学没钱交学费,也送些钱过去。人家说,你自己都困难,怎么还有钱帮人家?你九叔说了,这是我主席三哥要我带回来的钱,要我帮助有困难的乡亲用的。你润发九叔这话说得人心里暖洋洋的。他还说,我主席三哥说了,他这个国家主席,不能只解决自家人的困难,要先解决全国人民的困难。"

会开到夜深才散,几个村干部都争着请毛岸英到自己家里去睡。毛岸英不想麻烦人家,也不想这么晚去打扰九叔,就在会议室卸下一扇门板打了个铺。毛特夫也取下一扇门板架了铺,说:"岸英,刚解放,眼下秩序还不太好,哥陪你。"

第二天大清早,毛岸英一起床便叫毛特夫带路来到冬茅塘,看见九叔正在厅屋,老远便亲热地叫起来:"九叔,九叔。"毛泽连和妻子秀环忙迎了出来,把毛岸英让进厅屋。毛岸英和毛特夫坐定后,秀环泡来两杯茶。

毛泽连说:"岸英,叔叔昨天走亲戚去了,今日清早赶回家,听说你回来了,正想去毛家公祠接你。"毛岸英这才知道昨晚为何不见九叔的原因,说:"您是叔叔,怎么还能让您接我。爸爸让我回来看您,还说,没给您安排工作,请您谅解。"毛泽连说:"快莫这样讲,快莫这样讲。你爸说得对,翻身是广大群众的翻身,而不是几个特殊人物的翻身。生活问题要整个解决,而不可个别解决。我不应该向你爸提这个要求。"毛岸英说:"九叔,我昨天听乡亲们说了,您家里那么困难,您还帮助人家。我爸爸若是知道,会很高兴。我爸说了,不管日子怎么困难,您的眼睛治疗不要耽搁。"毛泽连说:"没有耽搁咧。九叔上次在北京住院治疗,眼睛好许多,我现在走路做事,方便多了。"

8

在毛泽连家住了一晚,天转晴了。吃了早饭,毛泽连带路,毛特夫陪着,毛岸英从滴水洞抄小道翻过黄田坳,就到了相邻的湘乡县大坪。棠佳阁文家较为殷实,青砖黑瓦,翘角飞檐。

听说毛岸英来了,毛泽东的表兄文运昌和文南松、文清泉夫妇及子女们一齐迎出门外。毛岸英恭敬地见过各位长辈。文运昌说:"岸英,我们知道你回韶山了,今天会来湘乡,早已准备了饭菜。你们走了一上午,肚子也饿了。现在是吃中饭的时候了,来,先吃饱饭再说。"毛岸英一看红漆方桌上摆满了热气腾腾的鸡鸭鱼肉,说:"伯伯,你们搞得这么丰盛,我真不好意思。"文运昌说:"岸英,你爸小时候常在这里,后来去长沙和北京读书,民国十四年和十六年回来看我们,我们都要杀鸡宰鸭咧。你那么远回来,难得呀。这些饭菜,都是我和你南松、清泉伯伯一起准备的乡间土菜,你莫嫌弃。"

喝了几杯糯米酒,文运昌不断地给毛岸英夹菜:"岸英,你出过国,见过世面，各样的菜吃过不少，这种烟熏牛肉你可能没吃过。你试试。"毛岸英吃了一口，感觉这个牛肉香味奇特，有嚼劲，而且越嚼越有味，说："家乡的菜硬是好吃。"文运昌说："这是我们自己做的。你爸也喜欢吃咧！"毛岸英问："这是怎么做出来的？"文运昌说："这个牛肉要在腊月里做。牛肉先用盐和桂皮粉腌几天，然后晾干，再用木炭和锯木屑熏，熏得越久越干越好。"毛岸英点点头说："熏得好，好吃。现在能吃上这种牛肉的人不多，有一天，老百姓都能吃上这样的牛肉就好了。"文运昌说："真是有其父必有其子。你爹每次回来，都讲要让人民的日子怎么怎么样，你吃口腊牛肉也是想着老百姓。"饭桌上一片呵呵的笑声。

吃完饭，又聊了聊天，毛岸英说："我这次主要是代爸爸来看望各位伯伯和伯母，我的假期很短，明天还要赶回长沙，我真舍不得离开各位长辈。"文运昌见毛岸英准备走了，朝弟弟文南松看了一眼。文南松干咳两声后，说："去年我们给你爸爸写了封信，想请他帮你运昌伯伯介绍个工作。你爸爸回信，说你运昌伯伯的工作不宜由他推荐，要由他自己有所表现取得信任参加工作。你回去跟你父亲说说，你运昌伯伯是你这几个伯伯中最有文化的人，政府也需要有文化的人，安排个合适的工作，还不是一句话的事？"

"这个事恐怕只有请伯伯谅解了。"毛岸英赔着笑，小心地说，"我爸当了国家主席，好多亲戚向他提出类似的要求，爸爸都回信拒绝了。板仓的舅舅想通过爸爸要个厅官，爸爸还要我写信劝舅舅。板仓舅舅现在也明白了，共产党坐天下，不能仗势发财，不能搞一人得道，鸡犬升天。"

文南松说："岸英，我们是你爸至亲的亲人呀，这个世上，那里还有像我们这样待你爸好的亲戚？"毛岸英说："你们是我爸爸的至亲，是我的长辈，这种特别的恩情爸爸从不否认。但爸爸是共产党人，如果这种感情与人民利益相抵触，共产党人是坚决以人民利益为重的。"

文南松一听毛岸英这么说，不再说话，端着烟壶吸起烟来。屋里的空气一下子凝固起来。文运昌忽然站起来，去了里屋，过了一会儿，拿着一个包袱来到堂屋，打开后拿出两幅照片，还有毛泽东写给文运昌的借书条和书信，说："这是你爸爸当年存放在我们家里的。我们兄弟冒着杀身之祸珍藏了几十年，你带回去交给你爸爸吧。"

毛岸英接过照片一看，这是奶奶同爸爸、泽民、泽覃叔叔在长沙的合影，还有爷爷同爸爸和泽覃叔叔在长沙的合影。毛岸英看着这些照片，很是激动，说:"谢谢伯伯和伯母。我还没见过我爷爷和奶奶,你们保存的这些照片很珍贵。我很高兴,我想爸爸也会很高兴的。爸爸说了,虽然不能给伯伯们安排工作,但亲情还在,爸爸希望伯伯和伯娘们去北京作客。再次请伯伯们谅解。"

文运昌还是不解,为什么他们那么亲的表弟,手中权力那么大,就是不愿给他们安排工作?一言九鼎,金口玉言,那不过是一句话的事呀!

9

完成了父亲的嘱托,毛岸英回京又到情报部上班。刘思齐在大学读书,周末回家,虽说聚少离多,小夫妻的日子过得甜蜜温馨。

毛岸英俄语好,翻译资料又快又好,李克农很高兴。可没过多久,毛岸英说:"李部长,我想下基层。"李克农说:"干得好好的,下什么基层?"毛岸英说:"新中国建设百废待兴,我想去基层锻炼。"李克农说:"我这里也可以锻炼。"过了几天,毛岸英又找到他,说:"我去工厂锻炼,学习搞经济建设,这里没有。"李克农还是不同意,说:"我这里的工作离不开你。你不要和我提这件事了。"

这天,周恩来和李克农谈毛岸英下基层的事。李克农说:"总理,不是我本位主义呀,岸英会英俄法三种外语,他来搞翻译,又快又好又放心。他走了,我上哪里去找这样合适的人?"周恩来笑道:"岸英年轻,要下去,就让他下去一段时间。他去基层锻炼,还可以回来。那时,对你的工作更有帮助嘛。"李克农听周恩来这么一说,便提出条件:"毛岸英下基层可以,但人事关系还留在情报部。部里有什么重要事情,随叫随到。"

毛岸英到了北京机器总厂,根据他的文化程度和履历安排在厂里担任领导,可他却喜欢去车间班组。因为刚刚解放,厂里事多,离家又远,有时周末都顾不上回家。这年夏天特别热,毛岸英本想等刘思齐放暑假,把她接到厂里住。没等到放假,李克农打来电话,叫他立即赶回部里,说有紧急翻译任务。毛岸英赶到部里,从夏天翻译到秋天,一直没停,多是涉及中美和中苏、苏朝的机密材料。

新中国成立后,毛泽东决定攻打台湾,美国第七舰队驶入基隆和高雄,在台湾海峡巡逻，阻止解放军渡海进攻台湾。接着，美军在朝鲜半岛南部仁川登陆，朝鲜人民军腹背受敌，向北溃退。十八国联军打过北纬38°线，占领平壤，飞机已多次侵入中国领空，丹东地区遭到轰炸。

兵临城下，在世界这盘大棋的博弈中，刚成立的新中国该怎么走？一次，毛岸英给父亲送译文，来到卧室，见父亲的床头摆着《东周列国志》。他看到书中有一句话被父亲用铅笔标出来了："假吾道以伐虢，虢无虞救必灭，虢亡，虞不独存……"

新中国经历了近百年的战争，千疮百孔，满目疮痍，百废待兴，如出兵朝鲜，无论人力物力，都是捉襟见肘，处境窘困，而对手是以美国为首的十八国联军，仅一个美国，便是世界经济和军事最强大的国家，要打赢这场战争，需要多大的勇气和决心。从国庆节那天金日成请求中国出兵援助，到毛泽东主持中央会议，把志愿军入朝作战的时间最后敲定下来，虽然是半个多月，但对父亲来说，却是漫长的。

"唇亡齿寒呀。"毛泽东说，"嘴唇打烂了，牙齿敞在外面，那日子还能过吗？"

定下来出兵后，毛泽东把彭德怀叫到菊香书屋，商量出兵步骤。毛岸英把一沓资料交给彭德怀，那都是毛泽东与苏联协商的电文，也有十八国联军进攻朝鲜的情报。彭德怀看了看，说："岸英，你会几种外语？"毛岸英说："主要是俄语和英语，还有法语。"彭德怀说："哪个大学毕业的？"毛岸英说："莫斯科伏龙芝军事学院。"彭德怀不由有些兴奋，对低头看情报资料的毛泽东说："老毛，这个大学，是世界四大军事大学之一。岸英是行武科班的高才生咧，你家有个将才。"毛泽东哈哈笑道："惺惺惜惺惺，好汉识好汉。德怀，你是带兵打仗的，看来你很欣赏岸英？"彭德怀端详着毛岸英说："你看，身板结实，个子高大，要样子有样子，要才华有才华。这样的年轻人，哪个不喜欢？！"

这天晚上，毛岸英陪毛泽东吃饭。父子俩正吃得高兴，毛岸英忽然说："爸爸，我想参加志愿军，去抗美援朝。"毛泽东听了，忽然心里一个激灵，拿着筷子，两眼愣愣地望着毛岸英。"爸爸，怎么啦？我参加志愿军，不好吗？"

"不要讲这个事。"毛泽东忽然对毛岸英喝斥道。

"爸爸，"毛岸英见毛泽东低垂着头，不言语，又问，"你到底是同意让我去，还是不同意？"

"叫你不要讲这件事！"毛泽东板着脸，瞪着眼。

"抗美援朝可是您决定的呀，我这是响应你的号召。"

"放屁。"毛泽东忽地站起来，将手上的筷子摔在桌子上。

"你为什么不让我去？抗美援朝是你决定了的事，我这是听你的话呀！"毛岸英很委屈，不明白父亲为何对他发火，"我有什么错？再说，我就是个平民百姓的子女，也有保家卫国的责任。你不能因为你是国家主席，就剥夺我的权利。"毛岸英见毛泽东仍然沉默不语，满腹委屈地走出菊香书屋。

毛泽东见毛岸英不辞而别，马上意识到自己有些失态。儿子没错呀，抗美援朝是我决定了的，儿子这是听我的话，可我为什么不愿意他参加志愿军呢？他参加了志愿军，就要入朝打仗。这次是和美国打，和十八国联军打，他们飞机、大炮、航空母舰样样有，我们从国民党蒋介石手上缴获的武器远比他们落后，这场战争打起来肯定是残酷的，伤亡肯定是难免的。岸英去了朝鲜，难免不牺牲。他若万一牺牲了，我怎么办？老来靠谁？原来，原来我是怕失去这个儿子。是呀，我失去一个又一个亲人，一次次遭受折磨和打击，心已是很脆弱了，不能再经受这样的痛苦了，也受不起这样的打击了。

第二天上午，毛岸英送情报资料，父子俩又在菊香书屋见面。毛岸英看见毛泽东，板着脸，也不多说话。彭德怀向毛岸英要情报时，发现毛泽东父子俩今天有些反常，心想这个伢子，什么事和他爹拗着劲。

忙到天黑了，中南海已是月明星稀，清幽寂静。毛泽东说："德怀，这么晚了，就在这里吃晚饭，没有别人，就我们三个。"彭德怀说："恭敬不如从命啦。"毛泽东知道彭德怀喜欢喝酒，就叫人拿来一瓶。彭德怀也不客气，说："岸英也来。"毛岸英说："彭叔叔，我不会喝。"彭德怀说："我们湖南伢子，都会喝酒。你晓得曾国藩带出来的湘军吗，都喝酒咧，喝了酒，才有豪壮之气。"毛泽东微笑着说："岸英，彭叔叔说了，你也是个湖南伢子，就陪彭总喝一杯吧。"毛岸英忽然灵机一动，心想我爸爸不同意，我直接向彭总报名。他那里翻译情报资料，肯定需要我。只要彭总批准同意，父亲也没办法阻拦。一想到这里，他高兴地说："彭总，您要我喝酒可以，但得批准我一件事。"彭德怀爽快地说："可以，只要在我权限范围内。"毛岸英忙端着酒杯站起来，笑道："彭叔叔，我敬您。"

看看已酒过三巡，毛泽东说："德怀，你在我这里忙了几天，朝鲜这一仗，有把握吧？"彭德怀说："主席，有你当统帅，我只管带兵往前冲，没问题。"毛泽东说："那就好。岸英，这一向你翻译资料也辛苦了。我们一起祝彭叔叔保家卫国，旗开得胜。"

三人碰完杯，喝了酒，吃了几口菜，毛岸英忽然端着酒杯站起来，说："彭叔叔，党中央决定抗美援朝，你这个总司令不是要招兵买马吗？"彭德怀说："是呀！"毛岸英说："好，现在我酒也喝了，请你批准我报名参加志愿军。"彭德怀哈哈一笑，说："你，我这个司令是你封的，我哪能到你家里招兵买马。"毛岸英一听这话，心想完了，彭总把这个球又踢到爸爸脚下。爸爸只要婉转地把这球扣下来，这事又是白说。不想，毛泽东笑着又把球踢回给彭德怀，道："德怀，你是总司令，收不收这个兵，你说了算。"毛岸英不由一喜，瞪着彭德怀说："彭叔叔，我爸说了，这是您的权力，您同意就行了。"

"这个，这个，这情况我还没遇到过。岸英是第一个向我报名的。"

毛岸英说："彭叔叔，我考虑好几天了。这一向，我看到爸爸为抗美援朝觉都睡不好，现在，研究定下了，我应该响应。彭叔叔，你就让我去吧。我在苏联当过坦克兵中尉，参加过苏德战争，我还可以给您收集情报。"

这时，毛泽东站起来，拿出烟，递给彭德怀，还给他划火点烟。毛岸英心想糟了，只要父亲表示一点点反对的意思，彭总便不会答应了。他在一旁着急，没想父亲抽了口烟，不仅不反对，还敲起边鼓来："德怀呀，岸英是湖南伢子，你带带他，我看很好。"

毛岸英心里有些迷惑，父亲昨天不让我去，今天只要他不说话，彭总是绝不会答应的。没想今天他不仅不反对了，怎么还帮我说话让彭总同意呢？他忽然觉得，父亲昨天不让自己去，一定有他充分的理由。父亲今天支持他去，是对他这个儿子的让步。父亲为国事已是操碎了心，昨天他在父亲面前发火，甩手而走，父亲肯定又是一宿未眠。父亲身边的亲人不多了，自己真不该惹父亲生气啊！看到父亲已苍老的面容，他真想向彭德怀撤回自己的请求。

"岸英，"彭德怀见毛泽东说话了，觉得岸英去了的确是个好帮手，说，"你是个人才，我喜欢，去当翻译愿意吗？"

毛岸英却迟疑地望着父亲。毛泽东忙举起杯，说："岸英，彭总批准了，你还不表示一下？"

毛岸英举起杯，说："只要让我去，干什么都行。"

7

毛岸英第一个报名参加抗美援朝，这个消息在中共中央内部传开了。周恩来很清楚毛泽东的家事，几个儿子，只有毛岸英健康成才，而且刚刚结婚，现在又去朝鲜参战，万一有个意外，那怎么交差？毛岸英的关系在情报部，周恩来把李克农部长叫来，由他先去劝劝。

毛泽东见李克农来了，而且神态有些异样，便问："克农呀，什么事，这么紧张？"李克农说："主席，岸英要入朝参战？"毛泽东说："是啊，有这个事。"李克农说："岸英入朝参战，中央领导都很担忧。主席，这个事你要三思而后行。"毛泽东说："哈哈，三思而后行，为什么呢？"李克农说："主席，据我部掌握的可靠情报，这次朝鲜战争，有美军参战，美军有世界上最先进的武器，火力强大。战争本就无情，主席，千万不能让岸英冒这个险。"

"克农，"毛泽东的态度很明朗，说："岸英参加志愿军，你说要三思而后行，从岸英提出要去，向彭总报名，我是经过三思才同意的咧。美军的武器是比我们先进，战争伤亡是难免的，这是一场保家卫国的战争，肯定是有牺牲。克农呀，如果我怕牺牲，不让岸英去朝鲜战场，他可免去牺牲，但是你想一想，全国人民的儿子可以去，可以牺牲，我的儿子不让去，躲避牺牲，说不过去呀。岸英是个年轻人，朝鲜战场很艰苦，很残酷，他自己报名要去，我这个做父亲的，应该支持。"

李克农说："主席，抗美援朝，在国内同样可以参加。岸英这一向在我这里翻译情报资料，就已经在抗美援朝了。再说，一旦志愿军入朝，我这里的情报工作更需要岸英。"

李克农还想说什么，毛泽东摆摆手，态度坚决地说："抗美援朝全国一盘棋，你这是本位主义，不要说了。刚才我送走的几个，也是来劝我的。岸英要求去朝鲜前线，保家卫国，我看很好。"

李克农碰了个软钉子，垂头丧气地来到周恩来办公室。周恩来一听毛泽东态度难以转变，担忧地说："主席一家已牺牲五位亲人了，朝鲜战争很残酷的，再出什么意外，那，那真不可想象。"李克农说："可说不动啊。"

这时，周世钊给周恩来打来电话，请他转告毛泽东，他要回湖南了。这次周世钊来京,是受毛泽东邀请参加国庆观礼的。周世钊是毛泽东在湖南一师的同学,好老庄哲学,诗词上颇具造诣,人也老实憨厚。毛泽东当年发起驱张运动,周世钊不仅大力支持,还和毛泽东创办长沙文化书社,并应毛泽东之邀担任《湘江评论》顾问。毛泽东很尊重他,何不请他利用辞行之机来劝说毛泽东?

周恩来领着周世钊来到菊香书屋,说:"主席,你的老同学东园先生要回湖南了,特来向您辞行。"毛泽东一看周恩来和周世钊,似乎明白了他俩的来意,眯眼笑着,说:"东园兄的诗写得好,我要与东园兄和首诗再让他走。"周世钊笑着说:"三十年前,润芝兄邀我参加青年团的组建工作,我去南京赴考了。我欠了润芝兄一个情未还,只有和首诗来还了。"

叙了叙旧,周世钊说:"润芝兄,刚才来,发现您这里宾客盈门。"毛泽东说:"这两天找我的人特别多。"周世钊问:"不知所为何事?"毛泽东忙摇手说:"不说,不说。"周恩来说:"东园先生,主席不说,我来说吧。是这样的,主席的儿子岸英要入朝参战,大家考虑,主席一家已为革命献出了五位亲人,怕再出什么意外,担忧者甚众,登门劝说者也就络绎不绝。"周世钊故作惊悟状说:"原来如此。原来如此。"

毛泽东说:"东园兄,我们不谈此事。"周世钊说:"不,润芝兄,今天让我碰上了,得听我直言几句。"周恩来也说:"主席,东园先生是你同窗诗友,又是从基层来的,我们还是听听基层群众的意见吧。"毛泽东笑道:"群众意见不能不听。好吧,东园兄请讲。"周世钊说:"抗美援朝,人人有责,我也这么认为。只是,中国有四亿人口,中国的事,应该让全中国的人民来参与,不能只你一家人参与啊!"周恩来说:"主席,东园先生的话代表了基层群众的意见,有道理。"

毛泽东笑了笑,说:"此话怎讲?"周世钊说:"我也知道,二十多年来,您夫人牺牲了,两个弟弟一个妹妹也为国捐躯了,一个侄儿十九岁,也献出了年轻的生命,你一家已为革命牺牲五位亲人。恕我直言,岸英不能再去了。您应该为全国人民想一想,不能因为自己是最高领导,总把危险的事留给自己。"周恩来忙应和说:"东园先生说得好啊,说出了全国人民要说的话。"

毛泽东道:"你们二周演双簧呀,一唱一和,好像是有备而来。"周恩来说:"主席,您不要管我二周是不是一唱一和,东园先生从基层来,确实说出了基层人民的心声，我建议您重新考虑一下，不要让岸英去了。"

毛泽东脸色忽地严肃起来，周恩来和周世钊两人一时愕然。毛泽东摇着手道："恩来、东园兄，你们的好意和担忧，我领了。现在美帝的侵略矛头直指我国东北，假如它真的把朝鲜搞垮了，纵然不过鸭绿江，我们的东北就在它的威胁中过日子，要进行和平建设也会有困难。它要把三把尖刀插在中国的身上，从朝鲜一把刀插在我国的头上，以台湾一把刀插在我国的腰上，将越南一把刀插在我国的脚上。我们抗美援朝，就是保家卫国。打得一拳开，免得百拳来，不许它的如意算盘得逞。抗美援朝，保家卫国，是我提出来的，最后得到了党中央的赞同，做出了决定。我作为一个领导人，自己有儿子，应该带头去抗美援朝，保家卫国。人心都是肉长的，我也舍不得自己的儿子去呀。话又说回来，上前线打仗，只派别人的儿子去，不派自己的儿子去，这还算是什么领导人？"

周世钊说："润芝呀，岸英刚回到您身边没几年，又刚结婚就往朝鲜送，这不合情理呀！"毛泽东停顿了片刻，长吐一口气，说："东园兄，谁叫他是毛泽东的儿子？毛泽东只有这个儿子可以去了，他不去，谁去？"

第三十四章 出远差的新郎

1

毛泽东把说客一个个打发走后,又把毛岸英叫到菊香书屋。他看着毛岸英,好久没说话。这些说客不是同志挚友,便是同窗好友,他们劝说的道理和担忧,就是他最初的担忧。仗一打起来,枪炮是不长眼睛的。

"岸英呀,新中国刚成立,以美国为首的很多国家都不认可我们。这一百多年来,有列强欺侮中国的先例,中国要站起来和他们说话,他们看着不习惯,不顺眼。只有这一仗打赢了,我们才有资格和这些国家坐在一起,才会获得平等说话的权利。这个平等说话的权利是要付出牺牲的。"毛泽东缓缓说道。

"爸爸,你放心,我不怕牺牲。"

"我们毛家人不怕牺牲,但尽量避免不必要的牺牲。"毛泽东又嘱咐道,"你到了朝鲜,是一个普通的志愿军,不要以为是我的儿子就四处张扬,更不能打我的牌子搞什么特殊。"

"爸爸,我会注意的。"

"你会几种外语,跟外国人打仗,用得上。岸英呀,你参加抗美援朝,是大有用武之地。"

"爸爸,我会按您说的去做。您放心。"

毛泽东扶着毛岸英的双肩,凝视着,用手为毛岸英理理额前的头发,整整领子。毛岸英望着父亲慈祥的面容,还有他头上的几缕白发,想起父亲从不希望他去,到同意他去,到在一个个劝说者面前坚决支持他去,体会到父亲的心思,不由泪水夺眶而出,说:"爸爸,您年纪大了,要注意休息,保护好身体。"毛泽东点点头,说:"你和思齐结婚不久,现在你要去打仗,打算怎么对她说？"毛岸英说："我说去朝鲜打仗，她肯定会担心，会挂念，这会影响她的学业。我打算对他说，是出远差。"毛泽东说："嗯，这样说也好。"

毛岸英告别毛泽东，便接到通知，要他随指挥部首长马上赶赴朝鲜。毛岸英赶忙匆匆向医院赶去。前几天，刘思齐肚子痛，检查出是阑尾炎，要动手术。毛岸英正在情报部忙不过来，只好叫张文秋去照顾。

毛岸英赶到北京医院，刘思齐已做完手术正病恹恹地躺在病床上。毛岸英不由心痛，坐在病床边，抓住刘思齐的手，真不知说什么才好。结婚快一年了，他出差苏联，到工厂挂职，这几个月又没日没夜地翻译情报，和刘思齐聚少离多。现在，刘思齐动了手术，还要疗养，他却要去打仗了。

"思齐，我要出远差了。"毛岸英说。

"出远差？"刘思齐忍不住问，"你要去哪里？"

"很远，一个很远的地方。"

刘思齐知道毛岸英工作的情报部是绝密单位，以往从不问他单位的情况。他出差的地方不能说，去多长时间应该不保密吧，刘思齐问："你要去多久呀？"毛岸英说："我也说不定。也许几个月，也许一两年吧。如果你没有收到我的信，不要着急，因为那个地方很偏远，交通不方便。"

毛岸英不说，刘思齐也不问下去了。她指了指压在脚上那件大衣说："这是爸爸送给我们的，你出远差，带上，白天可以穿，晚上可当半床被子。"毛岸英指着脖子上的围巾说："我围上这个，就很暖和了。这件大衣是爸爸送给我们俩的，还是你留着。思齐，我不在家，将来无论发生什么事，你都要坚持把学业完成，照顾好自己。"刘思齐点点头。毛岸英又说："我不在家，每个礼拜天你都要去看看爸爸。你不去看爸爸，爸爸会挂念的。"刘思齐似乎明白了什么，泪水突然流了下来，说："记住了。""还有，岸青弟弟，他在生活方面自理差，爸爸忙，我不在，你和妈妈帮我照顾岸青。"刘思齐又点着头说："我记住了。"

毛岸英把刘思齐抱在怀里，疼爱地说："你真是我的好妻子。"他亲了一下刘思齐，看了看手表，说："同志们在等我，我该走了。"说着，他起身离开病床，匆匆向外走去。刘思齐不知道，她的新郎出的远差，却是要去另一个国家，这趟远差，充满着强烈的火药味，还有付出生命的危险。

毛岸英来到走廊，见张文秋提着热水瓶站在一旁，正在擦眼泪。毛岸英走到她跟前，说："妈妈，我要出远门了，思齐就麻烦您照看了，还麻烦您帮我照看岸青弟弟,每月给他一点零花钱。拜托妈妈了。"说着,毛岸英向张文秋深深地鞠了个躬。

2

奔赴朝鲜,到司令部扎营后,毛岸英和高参谋陪着彭德怀到周围视察了一圈,然后一起坐车回总司令部。空中不时有几架美军飞机掠过,投下一枚枚炸弹,落在路边的河里,炸起一柱柱水花。吉普车简直是在炮火中穿行。

高参谋说:"彭总,避一避。"彭德怀看了看呼啸而过的飞机,说:"这飞机是瞎鸭子下蛋,乱丢一气。"高参谋和毛岸英受了彭德怀的影响,坐在车里穿过轰炸区,不由觉得有一种很刺激的感觉。

志愿军总司令部设在山脚下一栋木房里,木房旁有一个防空洞。走进作战室,彭德怀掸去身上的灰,然后到洗脸架的脸盆洗手,盆里桶里都没水了。毛岸英提起桶子去打水。彭德怀说:"你去什么?警卫员。"警卫员走过来。毛岸英说:"我去吧,我一身灰,正想去河边洗个头。"彭德怀说:"那,注意安全。"毛岸英答应一声,提着桶子走出总司令部。

毛岸英来到河边,见河堤上有十几个志愿军在叫叫嚷嚷的。毛岸英问:"什么事?"一个叫董小冯的志愿军说:"美国飞机刚丢了几颗炸弹,还没炸呢。"毛岸英忙拨开人群,来到河边,见几个胆大的志愿军正围着炸弹观看,时不时拨弄一下。毛岸英说:"你们会弄吗?"董小冯说:"没弄过。"毛岸英说:"你们没弄过怎么能弄?快上来。"董小冯说:"上来?没弄完怎么能上来?"毛岸英说:"你们不会弄,小心爆炸。你们上去,让我来。"说着,他挽起裤子走下河堤。董小冯说:"你来?你来就不爆炸了?"毛岸英说:"我会,我弄过。你们不会,不要弄了。"董小冯说:"没那么玄乎吧?"毛岸英说:"我命令你们,上去。"董小冯几个还在犹豫时,旁边有人指着毛岸英说:"他好像是总部的。"董小冯几个见毛岸英的神态、穿着,果然像个首长,便只得爬上堤去。河边只剩毛岸英一个人。他向埋进沙子中的三截炸弹走去。

忽然,警卫连高连长赶到岸边,叫道:"毛参谋,你不能排弹。"毛岸英说:"怎么不能?"高连长说:"总部的首长不能参与排弹。"毛岸英说:"我不是首长,是总部的兵,怎么不能?"高连长说:"你是总部的参谋,不行。出了事我负不起责。你赶紧上来,隐蔽。"毛岸英说:"我是志愿军,排过炸弹。

北平和平解放，我带领两个扫雷专家，一个工兵排，首批进入北平排地雷排炸弹。"高连长很惊讶，说："你真的会排？"毛岸英说："没有金刚钻，不揽这瓷器活。你放心吧。"岸上的人不作声了。

毛岸英低头一看，就知道那三颗弹是集束炸弹，又称子母炸弹，用于攻击坦克装甲战斗车辆和部队集结地等集群目标，具有巨大的毁伤能力。排除这个炸弹并不困难，毛岸英在大学里学过，并进行过多次模拟排弹，但毕竟有十年了，现在又是寒冬，他的手脚冻得有些僵硬。

3

彭德怀一听高连长说毛岸英在排炸弹，不觉吓了一跳，什么也没说，拔腿就往河边跑。高参谋和警卫员也跟在后面跑。

彭德怀一边跑，一边对高连长说："你怎么不阻止他？"高连长说："我劝了，他不上来。"彭德怀说："他不听，你拖他上来呀。"高连长说："三枚炸弹，好恐怖，哪敢去拖他。"彭德怀气喘吁吁地说："你，你，告诉你，万一出了事，我拿你是问。"

跑到岸边，高连长欲张口大喊，却被彭德怀拦住。彭德怀见毛岸英熟练而镇静的神态，知道此时不可分散他的注意力。他轻轻地对周围的人说："不要出声，安静，不要干扰他。"高连长向大家挥手示意安静。一时，河边鸦雀无声，只听见彭德怀的怀表在嘀嗒嘀嗒地走着。毛岸英轻轻地把弹头卸下来，剪断炸弹里一根线，直起腰，擦了把汗，一抬眼看见了岸上的彭德怀。

彭德怀擦擦额头上的汗，第一个走下来，问："怎么样？"毛岸英说："彭总，排了一个。"彭德怀说："你还会排弹呀？"毛岸英说："彭总，你忘了，我上过军事学院，进北平，我还带兵排过雷。"彭德怀说："好了好了。你给我马上回总部。"毛岸英说："那里还有两个。"彭德怀说："还有十个，你也不管了。"毛岸英说："彭总，他们不会。"彭德怀说："不会，你也不要管。听命令，给我回总部。"毛岸英说："彭总，我刚才排这个弹，已摸到经验，那两个不会有问题。他们不会，我正好拆卸这两个弹时，教会他们。"

彭德怀板着脸，摇着头说："不行。内行也不行。他们要学，以后再安排人来教。"董小冯说："首长，不要等以后了，现在是很好的机会。早学早会，我们不能等了，您就让他教我们吧。"彭德怀不由急红了眼，说："你们不能等？你们要他教排弹？你们，你们……"毛岸英忙抢过话头说："首长，他们知道我上过军事学院，学过，没有问题，排除那两个炸弹，百分之百没问题，请首长放心。"

彭德怀望着毛岸英镇静而信心满满的神态，说："你有把握？"毛岸英说："绝对有把握。首长，请您上岸。"彭德怀说："你不是说没问题嘛，既然没问题，我在这陪着你。"毛岸英笑道："首长，不管有没有问题，请您上岸。您在这里，我有压力呢。"众战士也纷纷说："首长，您上岸好一些。"彭德怀摇摇头，无奈地上了岸。

河水滔滔，彭德怀和其他志愿军隐蔽在河堤后，紧张地关注着河滩上的一切。终于，他看见毛岸英直起腰，擦擦脸，说："好啦。"彭德怀擦擦额头，嘘了一口长气。

彭德怀回到志愿军总部，铁青着脸，一个人在室内走来走去。毛岸英赶到总司令部，他还在兴奋中，问道："首长，找我什么事，是不是又要翻译资料？"彭德怀板着脸，说："你，你眼里还有我这个总司令吗？"毛岸英看看室内无人，低声说："彭叔叔，你什么事，生这么大气？"彭德怀说："你给我收拾东西，马上回国。"毛岸英说："彭叔叔，你为什么要我回国呀？"彭德怀说："谁叫你去排炸弹的？我要你排了吗？你眼里还有我没有？"毛岸英说："彭叔叔，当时情况紧急，来不及向你请示。"彭德怀说："你这还用请示我？你自己的工作职责是什么？你是司令部的参谋，是给我收集情报资料的，不是排弹的。"毛岸英说："当时，没人会排弹。"彭德怀说："没人会排，你也不能去排。你说，你排几个炸弹，但你收集的情报资料，哪个更重要？"毛岸英说："情报资料重要，但炸弹不排，也危险呀。"彭德怀说："我只要你回答，炸弹和你收集的情报资料，到底哪个更重要？"毛岸英说："两个，都，都重要。"彭德怀说："错。炸弹重要，但你收集的情报资料，有时比十个一百个炸弹更重要。你万一排弹出事了，你说，我上哪里找你这样的参谋？还有，还有，你爸爸把你交给我，万一出了事，你叫我怎么向你爸爸交代？"毛岸英说："彭叔叔讲的对。我错了，我马上改。彭叔叔，你不要生气，不要叫我回国。你知道，我来朝鲜，是好不容易才争取到的机会。我以后听您的话，服从组织安排，当好您的参谋。彭叔叔，不要叫我回国，好不好？"彭德怀仍板着脸，说："这次我原谅你，下不为例。"

4

　　刘思齐骑着单车，搭着邵华，穿过中南海的林荫路，来到菊香书屋。姐妹俩站在屋门口，刚要进去，见毛泽东抽着烟，正聚精会神地听收音机，便也站在门口听。收音机里报道，美国以九万颗炸弹，毁灭了与我国安东市只有一江之隔的朝鲜新义州。毛泽东看见了站在门口的刘思齐姐妹，关了收音机，招招手，刘思齐才牵着邵华跨进门。

　　毛泽东说："岸英出差了，你还习惯吗？"刘思齐忙说："爸爸，我，我习惯。"毛泽东笑道："思齐呀，说习惯，是违心啦。你俩结婚才几天，岸英就出长差。我这个做爸爸的都不习惯，想他咧！思齐呀，难为你了。"刘思齐说："爸爸，岸英是工作需要，再说，岸英出完差就会回来的。爸爸不要担心我。"

　　毛泽东又问邵华："邵华读初中了，最近看过什么书？"邵华说："看过《卓娅和舒拉的故事》，还有《钢铁是怎样炼成的》《青年近卫军》。"毛泽东说："这都是苏联的。我们中国的看过什么？"邵华说："《红楼梦》，还有《三国演义》《水浒传》《西游记》。"毛泽东说："四大名著，好。你们姐妹俩以前没机会读书，现在有机会了，要多读书。听说邵华是个小才女，有名在外呀。"

　　刘思齐说："是呀，邵华的作文，常被老师拿到班上做范文读。"毛泽东说："最近写了什么好文章？"邵华说："最近，老师要我们写一篇《我最敬爱的人》，伯伯，我想写您。"毛泽东呵呵笑道："我，你就不要写了。要写，等我死了以后再写吧。"邵华忙说："伯伯不会死。"毛泽东笑声不由更大了，说："人哪能不死？我又不是神仙，怎么能不死？这是自然规律，到时要死了，谁也拦不住的。"

　　中午，毛泽东留刘思齐姐妹在菊香书屋吃饭。餐桌上，毛泽东不断地给两人夹菜，说："邵华，你姐夫岸英出差不在家，你多陪陪姐姐。"邵华点点头说："我星期天都到姐姐那里去。"毛泽东又对刘思齐说："思齐，想岸英了，就带着妹妹到爸爸这里来。"

5

　　朝鲜的山路上，一辆吉普车从前线向志愿军总司令部行驶。车上有两个志愿军押着一个美国军官,他负伤的左臂打着绷带吊在脖子上。这是志愿军俘虏的第一个美国军官。

彭德怀把作战室的人都召集起来,交代说:"这个美军战俘叫莱尔斯,古师长抓获的,撬不开他的嘴,送到总部来了。张主任,你负责主审,毛参谋翻译,高参谋做记录,一定给我撬开他的嘴。"

临时审讯室是个简易工棚,里面摆着一张长条桌,几条凳子。莱尔斯被两名全副武装的士兵押了进来,颤抖着站在审讯台前,露着惊恐而绝望的眼神。张主任坐在桌子中间,毛岸英和高参谋端坐在两边。

张主任威严地指着审讯台前的木凳说:"坐下。"毛岸英马上翻译:"Take a seat."莱尔斯僵直地坐在木凳上,那只被绷带吊在脖子上的左臂在不由自主地抖动着。

张主任想给他下马威,厉声喝道:"你叫什么名字?"毛岸英翻译后,莱尔斯却嘟着嘴,不吱声。张主任说:"你怎么不回答我?"毛岸英翻译:"Why don't you answer the question?"莱尔斯仍然嘟着嘴,不吱声。张主任气了,欲拍桌子。毛岸英制止张主任,凝视着莱尔斯那只颤抖的左臂,用英语与他交谈起来。

"您的左臂是怎么受的伤?"

"我不了解贵军的战俘政策,拼命地逃跑,摔了一跤。"莱尔斯说。

"有没有伤到骨头?"

"没有。"

"想吸烟吗?"莱尔斯点了点头。毛岸英给他一支烟,替他点火,"看样子您饿了?"

莱尔斯说:"是啊,您怎么看出来的?"

毛岸英说:"您说话有气无力的,想吃点什么吗?"

莱尔斯说:"假如可以的话,饼干。"

毛岸英与张主任耳语了几句,张主任点点头。毛岸英走出审讯室,从自己床前的桌上拿起一盒饼干。来到审讯室,毛岸英将饼干给张主任看了看,并说了句什么,张主任点点头。毛岸英便把饼干递给莱尔斯。

莱尔斯感激地说:"谢谢!"他撕开包装,狼吞虎咽地吃起来。毛岸英又给他倒了一杯水。莱尔斯边吃边嘟囔道:"真是出乎意料。"

彭德怀走到审讯室门口,站在外面听了听,听不懂毛岸英和莱尔斯嘀嘀咕咕讲的什么，又回到总部作战室，点上一支烟，大口大口地吸着。

审讯在继续进行，莱尔斯吃了饼干，喝了水，又吸上了烟，脸上有了笑容。他把毛岸英当作知心朋友，嘀嘀咕咕和他天南海北地聊着。当他听说毛岸英是伏龙芝大学毕业的，还会几国语言，不由十分钦佩。

莱尔斯是韩国第六师美军少校顾问，曾在驻日美军任职。莱尔斯说："我曾在美国西点军校任教，研究过各种战法。但恕我直言，贵军不是常规的打法，前头拦住，后尾截住，这样的战法，书本上从未见过……"毛岸英不由哈哈地笑起来，说："这是我军的游击战术，十六个字：敌进我退，敌退我追，敌驻我扰，敌疲我打。"莱尔斯说："您能否详细解释一下？"毛岸英说："敌人进攻的时候我方退守；敌人退军时，我方要追击；敌人驻扎在某地按兵不动时，我军要对其扰乱；当敌人疲劳的时候，我军要乘胜追击。"

"哦，有意思，这个战术有意思。怪不得你军打仗叫我们摸不着头脑。这是谁的军事理论？"

"毛泽东。"

"哦，毛泽东是新中国的领袖，他还会军事？了不起！了不起！"

6

"你们把他的嘴撬开了，好。"彭德怀高兴地看着审讯记录，说，"你们用的是什么魔力撬开了他的嘴，让他说出了机密？"张主任说："是岸英的魔力。"彭德怀说："岸英，你使的什么魔力？"毛岸英谦逊地笑道："彭总，我能有什么魔力？是我们三个人齐心协力的结果。"张主任说："彭总，岸英使用的魔力，是革命的人道主义。他用革命的人道主义感化俘虏，让美军俘虏的嘴自己张开了。"彭德怀说："哦。革命的人道主义，好。张主任，这个美军顾问谈的情况很有参考价值，应该通报全军。这份通报，就由你们写吧。"张主任说："岸英掌握情况全面，就由岸英来写吧。"毛岸英接受任务后，很快写出来了，并登在《志司通报》上。彭德怀看后，命令立即发至各军司令员。

这份《志司通报》也由志愿军总司令部寄回国内，毛泽东看到了通报，高兴地说："好啊，干得漂亮嘛！"周恩来说："美国军官都宣过誓的，他们的嘴巴是不容易撬开的。这个莱尔斯的嘴，古师长都没有撬开。"毛泽东说："是谁撬开的？"周恩来说："哈哈，主席，就是您那个儿子，岸英啦！"毛泽东说："哈哈，这小子，还有这本事？"周恩来说："德怀同志告诉我，岸英很有智慧，通过收听美国电台，筛选出有用的情报，翻译好供总部参考。德怀同志说,岸英呀，就是他的眼睛和耳朵。"毛泽东笑道："天生我儿必有用。哈哈，有用就好，有用就好。"

7

北风凛冽，雪花飘扬。毛岸英和高参谋走出作战室，不由被朝鲜这漫天大雪而陶醉。高参谋情不自禁咏道："雪花似掌难遮眼，风力如刀不断愁。"毛岸英应声颂道："燕山雪花大如席，片片吹落轩辕台。"高参谋看着一队巡逻战士归屋，又颂道："柴门闻犬吠，风雪夜归人。"毛岸英看见战士枪上的雪，应声对道："欲将轻骑逐，大雪满弓刀。"高参谋说："好，岸英呀，卢纶《塞下曲》的这两句，更适合此情此景。"毛岸英说："刘长卿写的柴门闻犬吠，风雪夜归人，是太平盛世之景。我们今天大雪满弓刀，就是为了我们的祖国，我们的家人平平安安呀。"

一阵寒风吹来，夹着雪花飘向毛岸英的脖子。雪落在围脖上蹦跳了一下，进不了脖子。他不由拿起围巾捏着，想念着远方的刘思齐。

高参谋说："我家乡可能也下雪了。"毛岸英说："想家了？"高参谋说："想啊，我刚结婚一年，就出国了。我媳妇是村里的妇女干部。我走的时候，她怀上了，也不知现在怎么样了。"毛岸英说："你也结婚刚一年？我也是刚结婚一年。"高参谋说："你媳妇怀上了吗？"毛岸英说："遗憾，还没有。"高参谋说："结婚一年没怀上，不可能吧。"毛岸英说："我结婚三天就出差了，先后到湖南和苏联去了几个月，回来后她又得病住院，我又到郊区一个工厂上班。我媳妇还在读书，我一周只回家一次，接着准备抗美援朝日夜翻译资料，完后就匆匆过江了。说是结婚一年，聚在一起也不过十几天。"高参谋说："难怪，聚少离多，又碰上她身体不好，是难得怀上。"毛岸英摸着围脖说："真羡慕你呀，打完仗回去，就有喊爸爸的了。"高参谋说："不要急，只要有媳妇，打完仗回去，总会做爸爸的。"毛岸英说："希望能打完仗平安回国。但战争是难免死亡呀。我对我媳妇交代了，不管出现什么情况，她一定要把大学读完，照顾我弟弟，代我常去看望我爸。"

高参谋说:"你这不是遗嘱吗?"毛岸英说:"我万一遇难了,就是遗嘱,回家了,就不是,希望不是。"高参谋说:"哎哟,我还没给家人交代过。雪越下越大了,我想家了。"毛岸英说:"你这么说,我也想家了。现在雪越下越大了,我们给媳妇写封信去。"

回到司令部,毛岸英取下围脖,抖落上面的雪,坐在案前。窗外雪花飘飞,毛岸英握笔在信笺上写着:"亲爱的思齐:十分想念你。这是我出远差第一次给你写信。我一切都好,工作顺利,有时也受到上级的表扬。你好吧?你一个人在家,注意身体,不管出现什么情况,不要忘了我给你的几点交代……"

第三十五章 不要，不要，不要

1

忽然，一阵尖利的警报声响起。志愿军总司令部的人忙往防空洞钻。彭德怀还在作战室看着文件。警卫员提醒说："彭总，快去防空洞。"彭德怀无所谓道："不慌，美国飞机没长眼睛，不认识我彭德怀。"毛岸英也过来了，说："彭总，快去吧。"彭德怀还是不动。毛岸英和警卫员把彭德怀拖出作战室，推进防空洞。

几架美军飞机嗡嗡地怪叫着飞过来，在志愿军总司令部的上空盘旋了一会，又在总部周围俯冲了几次，像发现了什么，扔下几枚炸弹，飞走了。炸弹爆炸后，掀起一股股灰尘飞扬。

毛岸英和高参谋在防空洞口隐蔽着。洞外的爆炸声和飞机的尖啸声没有了，一切又恢复了宁静。高参谋探头朝洞外看了看，说："敌机飞走了。"毛岸英也朝天空看了一眼，不仅不见什么飞机，连声音也没有了，说："是飞走了。我刚收听美国电台，记录的资料还在作战室，飞机就来了。"高参谋说："彭总要的作战材料还放在资料室呢。"毛岸英说："我们去拿出来吧。"

毛岸英和高参谋走出防空洞，来到作战室，发现还有两位参谋在忙着。毛岸英收集整理好资料，打开收音机，收音机正播放美国在朝鲜战场的新闻。他马上拿起耳机，戴在头上收听。高参谋说："你收集的美军情报，彭总每次看了，都很满意。你是怎么收集的？"毛岸英说："两个字：筛选。"高参谋说："怎么筛选？"毛岸英说："美军的情报很多，必须有选择性地筛选。彭总想知道美军什么情报，我就选什么情报。"高参谋说："你怎么知道彭总想要什么情报？"毛岸英说："平常和彭总在一起聊天，下棋，打闲讲，我问他呀，很随意地就知道他想知道什么了。再说，我参加过苏联反击德军的大反攻，凭当时那种感觉，嗅觉。"高参谋说："哦，难怪你老和彭总下棋，原来是借机了解彭总的胃口，筛选的情报才都合彭总的口味。我写作战材料，彭总老要我用你的情报。"毛岸英笑道："嘿嘿，你写的作战材料，彭总也很喜欢，只要经你的手，他改都不用改了。有人问我，彭总怎么对高参谋那么好？对高参谋像是对儿子一样。我说，高参谋的材料写得好，对彭总的胃口，彭总当然喜欢他。"

这时，那几架敌机又飞回来了。也许他们经过观察，发现这座光秃秃的山腰上那些工棚式的建筑很异常，因而判断此处系军事要地，又在这座山的上空盘旋着，试图证实一下他们的判断。

飞机尖啸的声音传到作战室时，那两个参谋马上跑出去了。毛岸英一边收拾记录准备走，一边说："这贼鸟机，又来了。"高参谋拿起材料，对毛岸英叫道："快，快跑。"

飞机在天空很迅捷地往总部作战室扔下了燃烧弹。燃烧弹落在作战室旁爆炸，瞬息间，作战室已燃烧起熊熊大火。

"轰隆……"毛岸英和高参谋拿着资料跑到门口，几颗燃烧弹在屋顶前门落下来，木板房前门被火封死。高参谋冲在前面，被猛然燃起的火浪呛倒在地。

毛岸英跑上去叫道："高参谋，高参谋。"高参谋睁开眼睛，有气无力地说："我，我，难受。"毛岸英脱下衣服，在铁皮水桶里浸湿，捂在高参谋嘴鼻上，说："好一些吗？"高参谋点点头。毛岸英抱起高参谋，向后窗跑。

"轰隆……"一颗燃烧弹在屋后落下，毛岸英抱着高参谋来到窗前，木板房的窗户也被火封死。瞬息间，室内浓烟滚滚，火光冲天。

毛岸英被燃烧弹燃起的大火呛到了，只觉得口干舌燥，喉咙干裂。他抱着高参谋被熊熊大火包围，摇晃着，在火焰中慢慢倒下。

2

敌机第二次往作战室丢下燃烧弹时，彭德怀正在防空洞。他听见有人喊道："不好，作战室有人。"彭德怀看看洞内的人，不见毛岸英，急忙喊道："岸英，岸英。"从作战室跑出来的两个参谋说："毛参谋和高参谋还在作战室。"

彭德怀一听，大喊一声："拐哒场。"拔腿就往外跑。

警卫员拖住彭德怀说："首长，危险。"彭德怀火了，大声骂道："放开，放开，再不放开，老子毙了你。"警卫员哭着，死也不肯放手。彭德怀用力挣脱后，就直往作战室冲过去。

作战室的木房已燃烧起熊熊大火。彭德怀大叫道："岸英、小高，快出来，听见没有，你们快给我出来。"

作战室只有噼噼啪啪木板的燃烧声，木屋在熊熊大火的燃烧中慢慢倒塌。彭德怀气得直跺脚，掏出手枪，面对天空掠过的敌机，"砰砰砰"愤愤地放了几枪。枪声带着彭德怀痛苦的叫喊声，在朝鲜的天空回旋，震荡。

飞机飞走了。彭德怀指挥大家灭火。作战室木房的大火终于扑灭，烧黑的木头和木板冒着缕缕青烟，横七竖八躺在山腰上，一片狼藉。

几个战士在清理现场。毛岸英和高参谋已被烧得面目全非，分不出谁是高参谋，谁是毛岸英。警卫员把从一具遗体下翻到的手表和手枪，还有烧掉半截的围脖，一张收听敌台的记录残角，都交给彭德怀。警卫员说，根据那把刻有斯大林名的手枪，还有压在身子下的半截围脖和收听敌台的记录残角，判断那是毛岸英的遗体。毛岸英在生命的最后一息，把情报压在胸下。

彭德怀捧着毛岸英的遗物，特别是那从敌台收听的情报，泪水涌了出来，悲怆地朝苍茫的天空大声叫道："岸英，岸英啊，为什么是你。"

3

机要员来到毛泽东菊香书屋。叶子龙忙迎上去说："送电报来啦？"机要员点点头。叶子龙做了个手势，把机要员拉到一边说："朝鲜战事紧张，主席几晚没睡，刚眯上眼睛。什么事？"机要员面色沉重地将一份电报送到叶子龙手上，说："叶主任，这电报，是朝鲜发来的。"叶子龙拿着电报一看，不由一怔。机要员抽泣着说："怎么办呀？"前不久，来劝阻毛岸英去朝鲜的人络绎不绝，毛主席坚决要送。没料毛岸英真的出事了，毛主席知道这个消息，会受得了吗？

消息送还是不送，机要员还在犹豫着。叶子龙想了想，把机要员叫出菊香书屋，耳语了几句，拿着电报，来到周恩来办公室。周恩来问道："子龙，什么事？"叶子龙嗫嗫嚅嚅地说："总理，这是给毛主席的电报。"周恩来说："给主席的电报，直接送主席。"

"可是，这电报……"叶子龙把电报递给周恩来。周恩来接过电报一看，忽然跌坐在椅子里，半晌没有吱声。那年，他和邓颖超去苏联，看着长大成人的毛岸英，很为毛泽东有这样一个儿子高兴。回国后这几年，毛岸英去乡里当农民，下工厂搞经济，更是出息懂事，在情报部也是骨干。毛岸英聪明能干，李克农喜欢他，周恩来也很喜欢他。毛岸英去朝鲜，周恩来是坚决反对，自己去劝说，劝不动，又悄悄组织几拨人去劝阻。在过去的几十年，他看到毛泽东一家牺牲了五个人，现在解放了，他不希望毛泽东一家再出事。他和毛泽东是几十年的亲密战友，毛泽东这个有出息的儿子不能出事，也不应该让他出事。可担心的事还是发生了。

叶子龙见周恩来两眼发直，说："总理，您，您没事吧？"周恩来如从梦中惊醒，扶住前额，喃喃自语道："还是出事了。"叶子龙呆呆地望着周恩来。周恩来沉吟半晌，站起身，低声道："主席近来身体欠佳。先放一放，过些日子再报告主席。"

过了一个多月，叶子龙拿着电报，和机要员一起又来到周恩来办公室："总理，彭总又来电报了。"周恩来看着电报，沉思了一会，在一张纸上写着。写完后，将信和电报一起交给叶子龙，说："已经有一个多月了。不要瞒了，总瞒着也不是办法，报告主席吧！"

叶子龙走到菊香书屋，将周恩来的信和两封电报递给毛泽东，说："主席。这是总理的信，还有彭总的电报。"然后默默地站在一边。毛泽东像平常一样，接过信及电报看了起来。周恩来的信写道："主席：朝鲜前线来电，毛岸英不幸牺牲。毛岸英的牺牲是光荣的，当时因你在感冒中，未将此电送阅……"

毛泽东忙拿出下面那份简短的电报看着，看了几分钟，看得眼神呆滞，双目闭上又张开，看得头往下垂去，无声地越垂越低，越垂越低。周围的空气仿佛凝固了。也不知过了多久，毛泽东终于把头从膝盖上抬起来，脸上没有泪水，没有任何表情，但脸色乌青，十分难看。

叶子龙哽咽道："主席，您……"

毛泽东摆摆手，说："战争嘛，总会有牺牲。"叶子龙像犯了错误，垂下了头，再也找不到什么合适的话来劝慰。

毛泽东敛起目光，漫无目的地四处看了一下，又看着桌上那盒烟。他伸手拿烟，两次都没从烟盒里抽出烟。叶子龙急忙帮他抽出一支。毛泽东划火点烟，划了几根火柴，手颤抖着，没有点着。叶子龙接过火柴，帮毛泽东把烟点上。屋里静得掉根针都能听见，只有毛泽东抽烟的咝咝声，和弥漫在屋里的烟雾。毛泽东夹烟的手不时地颤抖着，长长的烟灰被抖落下来。

烟抽完了，毛泽东马上接着点燃第二根。他在默默地凝思着，那烟任它默默地燃烧，当他发现时，烟已燃烧完。他把烟头拧在烟缸里，用略带沙哑的声音发出一声叹息，低沉慢慢念叨着：

昔年种柳，依依汉南。
今看摇落，凄怆江潭。
树犹如此，人何以堪。

毛泽东默默地诵读完，抬起头，说："岸英是一个普通战士，不要因为是我的儿子，就当成一件大事。这个事先不要告诉思齐，晚点，尽量晚点……"

4

刘思齐一个人在北京的街上走着，她已慢慢地适应了丈夫出远差的孤单和落寞。她不知道，岸英到底去哪里出差，为什么这么长时间不给她写信？她已养成了习惯，就是去菊香书屋也不向父亲打听。父亲脑子里想的都是国家大事。每次去见父亲，父亲总是忙里偷闲来陪她吃饭，还关心她的学习和工作，她怎能在父亲面前说她的私事？她也不忍心烦他。岸英出远差了，他这个父亲肯定也一样思念啊！

三年后一个星期天，刘思齐又如往常一样去看毛泽东。在书桌上看见一张毛岸英的照片，刘思齐很高兴地拿起一看，照片上的毛岸英穿着志愿军军装，站在大雪覆盖的山坡上。这是她没看见过的照片。毛岸英既然穿着志愿军的军装，背景是在朝鲜，那他是去抗美援朝了？毛岸英什么时候去的朝鲜？这张照片又是什么时候寄回来的？为什么没寄给我？刘思齐满腹狐疑地拿着照片问毛泽东。毛泽东一见照片，听刘思齐这么一问，觉得思齐学业完成了，不需要再瞒她了，掐灭手里的香烟，长长地吐了口气，说：

"这张照片是他们带回来的,在我这里有三年了。随这张照片带回的,还有他的衣物。思齐,你过来。"刘思齐感觉紧张,她已猜测到是什么结果,不想接受这个事实,但又不能不看。

刘思齐跟着毛泽东来到柜子前,看着他打开柜子,拉出一个抽屉,小心翼翼地从中拿出一个布包,然后在桌上打开。刘思齐一看,包里有一件白棉布衬衣,领口已经发黄,衣下摆和衣前胸都有发黄的痕迹,一顶蓝色军棉帽,帽子的两边有护耳,还有一双已褪色并磨损严重的长筒袜,袜底前部和后跟各有一个黑布补丁。那顶蓝色的军棉帽她没见过,那件衬衣和长筒袜,不是岸英的吗?那双长筒袜上的补丁,就是她补的。补的时候,找不到同色的布,正发愁,毛岸英说,穿在脚底,没人看见,随便什么布都可以。刘思齐一见这些熟悉的衣物,知道毛岸英牺牲了,已埋骨朝鲜,永远回不来了。毛泽东安慰她,她忍住不哭出声,知道父亲失去了儿子,和她失去丈夫是一样悲痛。她的生父被杀害后,本已失去了父爱,没想到上天又送给她一个慈祥的父亲。这个父亲从她几岁起就给她关怀。她的丈夫牺牲了,这个父亲瞒着她一个人独自承受了这么多年。这些遗物,隐藏了父亲多少的创痛和对儿子的思念呀。父亲的胸怀像太阳一样温暖,似海一样的宽阔。望着这个忍受失子之痛而慈祥的父亲,刘思齐的心被击碎了,还是忍不住号啕大哭。

"岸英葬在哪里?我去看看他。"

"葬在朝鲜。"

"葬在朝鲜,想看看他都不容易啊!"

"青山处处埋忠骨,何须马革裹尸还。那么多的烈士都葬在朝鲜,我们不能特殊呀!"

是啊,是不能特殊。毛岸英葬在了朝鲜,刘思齐记住岸英生前的交代,常去中南海看望父亲,以缓解父亲失去儿子的痛苦和伤心。每次她和父亲一讲到岸英,便忍不住泪眼婆娑。又过了五年,毛泽东见刘思齐还没从悲痛中走出来,说:"思齐,你不能总是一个人,有合适的,成个家。爸爸支持你。"刘思齐凄楚而颤抖地说:"爸爸,岸英瞒着我去朝鲜,这么多年,生不见人,死不见尸,至今连他的墓地都没去过,我怎么好考虑再婚的事?我这心走不过去呀!"

毛泽东心里一震,是呀,思齐和岸英虽结婚在一起不久,可他俩情深意笃，岸英走了，她都没有与岸英告别。疏忽了，疏忽了。毛泽东忙说："思齐，你去朝鲜岸英墓地看看吧。我很想念他，但我无法去看他。你去吧，孩子，代我问岸英好，说我很想念他，很爱他。"刘思齐含泪点点头。

毛泽东又说："去朝鲜扫墓，不要惊动朝方，不要给朝鲜政府添麻烦。不要登报。往返路费，不要公家花钱，一切开支，由我出。"

刘思齐听着那几个不要，不由抽泣道："爸爸，我记住了。"

毛泽东的声音也有些战栗："思齐，难为你了。"

刘思齐哽咽道："爸爸，你没有难为我。岸英以前和我讲过毛家的十训和六戒，第四戒戒襄窃，冥窃暗偷一朝败露，违法受刑还辱及家眷，死后还不入祠，活着又有什么脸面？岸英那年回韶山，韶山的乡亲对他说，岸英，要是过去，你爸爸就是皇帝，你就是太子。太子要办什么事，哪有办不到的。岸英说，爸爸有权力，但爸爸的权力是为人民服务的，不是为我们毛家人谋官位捞好处的。岸英对我说，不要伸手拿公家的东西，不要利用职权占公家的便宜。办自己的事，花公家的钱，那就是和偷一个样啊。岸英要我任何时候都不要搞特殊，不要打爸爸的牌子，不要给爸爸添麻烦。"

毛泽东泪水盈眶，道："孟子说，'天下之本在国，国之本在家'。家风纯正，润泽子孙，家风败坏，招惹祸端，不仅害己害人，还要祸延家国。自身不正，又何以正他人？思齐，你泽民和泽覃叔叔、泽建姑姑、岸英和他妈妈，我的侄子楚雄，没利用职权为自己捞好处，他们赤条条来，干干净净走。我很欣慰。但我对家人也有愧疚。我误会你泽覃叔叔做了违纪的事骂过他，差点打了他；把岸英，还有把你、李敏、李讷赶去吃食堂；你和岸英结婚，我只送了一件旧大衣。我对不起你们呀，太难为你们了。"

刘思齐哭着道："爸爸，没有，没有。岸英多次对我说，爸爸身居高位，我们应该夹起尾巴做人。"

一列普通列车驶过了鸭绿江。在众多旅客中，刘思齐和毛远志、邵华像普通旅客一样坐在车厢里。没有谁知道这是中国的领袖毛泽东的家人，也没人知道他们的亲人毛岸英是为了抗美援朝而牺牲。

到了火车站，刘思齐她们三人走出车厢，在熙熙攘攘的站台上走着，片刻便被熙来攘往的人群淹没。

她们找到毛岸英的战友任荣。任荣此时为朝鲜停战委员会中方委员会委员，经常去朝鲜的城市开会，有固定的护照。刘思齐和邵华、毛远志作为他的工作人员，随他去朝鲜的桧仓志愿军烈士陵园。在众多的碑林中，他们很快找到了毛岸英的墓。刘思齐望着毛岸英的墓，想起这个她深深爱着的和她一样曾都是"弃儿"的人，如今却长眠在异国他乡。她流着泪，两腿发软，身子往下堕去。毛远志和邵华忙扶着她。

　　刘思齐看着毛岸英的墓碑，不由又想起昔日他俩在延安的初识，在西柏坡的牵手，在中南海那简朴的婚礼，觉得她和他才刚刚开始，她和他的蜜月还没过完呀，他就永远躺在这里了，和她阴阳两隔了。她不由失声痛哭道："岸英呀，你一个人在这里，寂寞吗？你出远差出到这里来了，让我想了你八年。岸英呀，你为什么要出这个远差？你为什么要长眠在异国他乡？现在我想看看你，给你上炷香、送束花都难哪，岸英呀！"

第三十六章 一个人的回家

中国人传统的习惯，每到清明节便要给逝去的祖先和亲人上坟祭扫。毛泽东有三十多年没回家上坟了。他一直想回家，可身为国家主席，日理万机，实难脱身。还有，几十年前，毛泽东带着妻儿、弟弟妹妹们走出韶山，如今只他一个人回家祭扫祖坟，怎么向九泉的父母交代？

中华人民共和国成立第十年夏至后的一天，毛泽东终于回到阔别多年的韶山。在山里的招待所住了一晚，第二天一早，他便身着白衬衫，迫不及待地大步往坟山走去。

坟山要经过故居上屋场。从招待所到上屋场蜿蜒的山路两旁，长着很多耸天的松树和杉木，还有一些翠绿的灌木和荆棘丛中伸出白色或黄色的小花。看着这些将会结出各种甜美果实的小花，毛泽东不由想起儿时在这里放牛。那时，人家喜欢叫他石三伢子。石三伢子觉得，小伙伴一人只放一条牛是极大的浪费，就把在山冲里放牛的伙伴喊拢在一起，分成看牛、砍柴、摘野果三个组。每天傍晚，牛吃饱了，柴砍了不少，还摘了很多野果。石三伢子把柴火和野果分给大家。山上的野果让石三伢子和他的小伙伴们大饱口福。长在荆棘丛中满身是刺的"鸡桃子"，果皮很薄，没熟时很涩；"野葡萄"酸甜酸甜；"狗舌子"特别肥厚，青绿色和红色的味苦，只有那青白色的才甜；一种叫"泡"的野果熟透后比草莓还好吃；长在茶树上的"皮笋"十分香甜；毛栗子带回去炒熟了再吃，又香又粉，是最美味的零食了。

田里的禾有齐膝深了。毛泽东走在田埂上，不由记起，少年时，他曾担着粪往来于这条田埂。记得他把粪担完后，靠着树看书。父亲看见了，不分青红皂白把他大骂一顿，抢了他的书，说："要你担粪，你看书。我让你看。"说着，要烧了他的书。毛泽东说："爹，你烧我的书没道理。"父亲说：

"你事不做事,还跟我讲道理?"毛泽东说:"我看书,是因为我的活干完了。你不信,去看看。"父亲到茅厕里一看,粪果然担完了。

经过上屋场,看着多年没住过的土砖房,不由大步跨过门槛。那是父母生他养育他的地方,是他和弟妹围着父母吃年饭的地方,也是他向弟妹们第一次讲述革命道理,和弟妹决定弃家闹革命的地方……

毛泽东走到自己当年的卧室。青少年时代,一到晚上,他便要点起一盏桐油灯读书。父亲心疼烧掉的桐油,常常骂他是败家子。在他的卧室,挂着杨开慧和岸英、岸青兄弟的照片。现在想起来真遗憾,他和杨开慧结婚,没有一张合影,也没和他们母子留下一张全家福。民国十四年,他带杨开慧第一次也是唯一一次回韶山。杨开慧在夜校给乡亲们上课,晚上,就带着岸英、岸青住这间房。这间房里有个楼口,傍着梯子爬上去,有个阁楼,也就是在这个阁楼上,他和杨开慧秘密组建了中国农村基层第一个党支部。

走进大弟毛泽民居住的房间,墙上有一幅毛泽民穿西装打领带的照片。他们三兄弟,只有大弟穿过西装。毛泽东默默看着,不由想起这个弟弟双手打算盘的样子。因为他不想做米老板,父亲才把账本和算盘交给大弟。父亲万万没有想到,他指导大弟练得两手打算盘绝技,大弟却凭着这手绝技,在上海滩当上大老板,又在井冈山当上了苏维埃政府第一任银行行长。

小弟毛泽覃的房在天井的偏屋里,一张床,一张书桌,墙上挂着小弟身穿灰军服的照片。小弟是全家最受宠爱的人,也是他在井冈山和朱德部队会师的牵线人,不到而立之年,就当了师长,还担任闽赣军区司令员。这间偏屋里,还挂着泽覃的儿子楚雄的照片。楚雄剪着小平头,一双亮亮的大眼睛正望着他这个大伯父。楚雄出生后一直没见到他的爸爸,听说爸爸像大伯父,于是总想到延安见他这个大伯父。

妹妹毛泽建有个小名叫菊妹子,她的房间也挂着一张照片。菊妹子虽然是他的堂妹,闭着嘴的神态竟然有些像他。她是多么机灵可爱的妹妹呀,要过饭,胆子大,什么都拿他这大哥作样,大哥组织各界力量把军阀张敬尧赶出了湖南,她带领一帮学生把一个封建校长赶出了校门。

毛泽东看着亲人在故居留下的生活痕迹,不由又来到父母的房间。墙上的照片里,母亲慈祥地望着他。母亲的面容总是那样和蔼可亲,总是那样温暖:"石三伢子,这么多年没回来,还好吧?"父亲的目光却是冷峻严厉,看得他不由有些心怯:"回来了?怎么只你一个人?"

忽然,毛泽东大步走出故居,向上屋场右侧的山林走去。父母的坟,就在故居的后山上。爬了一阵坡,在两堆长满杂草的土堆前,毛泽东站住了。父母就葬在这里。这时,他眼前似又闪现父亲严厉冷峻的目光。

"石三伢子呀,"父亲板着脸问,"怎么只你一个人回来?泽民、泽覃呢?菊妹子呢?还有你老婆儿子呢?他们怎么没回?民国十四年,你还带他们来看过我。我那两个孙子,如今该有三十多了,他们也该成家生子了,你怎么不带他们回来?"

"他们,他们……"毛泽东面对父母,深怀愧意。是呀,三十多年前,他带着弟妹们走出韶山,民国十四年,他又带着弟妹,还有开慧母子一起来祭拜父母,而今,却只有他一个人回家上坟。他们呢?毛泽东心如刀绞,"爹,弟妹和我妻儿、侄子他们,他们……"

"他们怎么啦?长兄如父啊,我不在,你这个长兄就要尽责呀。"父亲板着脸道,"带他们出去,就要带他们回来。"

"他们……他们……"

"他们怎么啦?"

"他们……"小时候,父亲每次骂他,质问他,都被他有力地驳回去了。有一次,毛泽东估计搞不赢父亲,就跑了。三天不见人,父亲吓坏了,再不敢与这个儿子较真了。而这一次,已过花甲之年的毛泽东,敢指挥几十万人马与几百万军队的蒋介石抗衡,最后攻下辽沈,拿下平津,横渡长江,建立了一个新中国,却第一次在这个农民父亲面前嘴舌笨拙了,结巴了,面对父亲,满脸愧疚。父亲问得对,我是长兄,把弟妹们带出去,就得把他们带回来。

带弟妹们出韶山,好像就是昨天。

那年,年轻的毛泽东和蔡和森寻找救国救民的道路,确定以"革新学术,砥砺品行,改良人心风俗"为宗旨,成立新民学会。这是俄国十月革命后我国成立的一个影响最大的革命团体,它是湖南反帝反封建的核心组织。毛泽东期望有更多的同道者加入这个队伍。他忽然想起了一句民谚:"打虎亲兄弟,上阵父子兵。"我有几个弟弟妹妹,何不把他们叫来一起干。

那年冬，他回家把他的想法和弟妹们一说，弟妹们本来就很崇敬他这个大哥，马上跟他弃家走出了韶山，从打日本到解放战争，抗美援朝，妹妹、妻子、小弟、大弟、侄子、大儿子都献身了。父母曾交待他要带好妻儿和弟妹，可是，他带他们出去，没能把他们带回来，现在，只他一个人回来，此话怎样向父母说呢？

"爹，娘……"毛泽东站在坟前，默默地向父母忏悔，"爹娘啊，儿有负于您们，开慧母子，我弟妹和侄儿的尸骨已埋在异国他乡，不能回来了。"

"什么？不能回来了？你，你这个东西。"父亲不由气得瞪大眼睛，怒不可遏地骂道，"你，你不把他们带回来陪我和你娘不说，怎么还把他们葬在异国他乡？你这个大哥是怎么当的？你这个爹是怎么做的？"

"爹，娘，我也想让他们回来陪二老，可是，可是……"他们没能回来的理由各不相同，但有一点是相同的，比如毛岸英的尸骨葬在异国，那么多烈士的遗骨都在朝鲜，他毛泽东怎么能搞特殊？忽然，他脑子里想起了一首诗，遂又回复父母道，"爹，娘，青山处处埋忠骨，何须马革裹尸还。所以，我就，就没……"

"处处埋忠骨？还何须裹尸还？你，你……他们没回，你一个人怎么生还了？"父亲怒目圆睁，从门板子后面操起一根踩田棍，劈头向他打来。

"他爹，你不要责怪他，不要打他。"家中几个人的尸骨都不能回来，母亲同样痛苦不堪。她虽然拦住丈夫，却也不解，这个大儿子怎么独独一个人生还？难道是因为他有个石头干娘，命硬？难怪他当初还自谓二十八画生。他的名字有二十八画，所以他就生还？

"泽民呀，"父亲觉得再骂也没用了，不由哀泣道，"你跟我练得一手好算盘，若不跟你哥走，今日怎么也是湘潭街上的米老板呀。泽覃、菊妹子呀，你俩跟这个长兄到长沙读什么屁书？读了书，人都不见了。岸英，你和你娘只到坟上看过我一回就又跟着你爹走了，楚雄，你若不去延安见这个大伯，怎么也连尸骨都回不来呢……"

"爹，娘，你们还记得吗，那时，一些乡亲吸鸦片，搞得妻离子散，家破人亡；那时，我们家常遭土匪乱兵哄抢；我国的领土被那么多国家侵占，我们的国人被列强欺辱……开慧、泽民、泽覃、菊妹子，还有岸英、楚雄，他们是为了国人不遭外国人欺辱，为大家能过上好日子献身的。人固有一死，或重于泰山，或轻于鸿毛。泽民他们死得其所，他们虽然没回来，但没有给爹娘丢脸，没有给毛家丢脸。"

"我丢了六个亲人，要了这张脸还有什么用？"父亲老泪纵横地瞪着毛泽东，"没把他们带回来，你还有理？"

"他爹，你不要责怪他，也不要骂他。"母亲总是那么宽和慈惠，关键时候，总是站在儿子这边，她那影响了他一生的言语总是那样温柔、淡然，"润芝带着他妻儿和弟妹是做大事，是对中国人有益的大善事呀，我们生儿育女，不就是希望他们行善嘛。"

"行善？行善也不能让家里人都有去无还呀。"

"他爹，"母亲是信佛的，劝导父亲，"红尘看破了不过是浮沉；生命看破了不过是无常；婚姻看破了不过是聚散。沉浮之间，有几人能参透回头是岸？无常之间，才明白一切全是身外之物；来人聚散，悲欢离合半点不由人，世间万物，自有缘起缘灭，缘分缘散……"

毛泽东望着墓碑，就像看见了板着脸的父亲和慈祥面容的母亲。当年，蒋介石先后授意何键和白崇禧挖祖坟，以断了龙脉，剿灭井冈山的红军。一群士兵叫乡亲们说出坟墓地点，乡亲们不说。这些士兵扛着锄头背着枪，在山上刨了几堆坟，就是没有挖到毛泽东的祖坟。毛泽东祖坟的墓碑被乡亲们藏起来了。他们认为，毛泽东的龙脉就是他们这些受苦人的龙脉。那年，战士们打到奉化，要挖蒋介石的祖坟为他报仇。毛泽东坚决制止，并下令保护蒋介石的祖坟和祖屋。这不仅是毛泽东认为挖祖坟于龙脉无关，还因为他记得母亲教导他的，要记恩而不要记仇。滴水之恩，终身不忘；再大的侮辱陷害，一笑了之，绝不在意，这是修行正果的本钱。母亲说，"你要没有这个本钱，怎样苦修，也不会有正果。对于过去的恩恩怨怨不能忘记，就不能开智慧，不会有进步。"

毛泽东默默地站在墓前，他还有很多的话要和父亲、母亲说。父母为养大他们兄弟姊妹几个，吃尽苦头，却没享到儿女们一点福。现在祭拜父母，只剩他一个人回来，他怎么和父母说呢？那年国庆典礼，本是放二十一响礼炮，他对周恩来说，放二十八响吧。叶子龙不解，问周恩来，主席要放二十八响，是不是有其他含意？周恩来道，当然有，中国共产党成立到新中国建立，经历了二十八年嘛。毛泽东不由想起，党成立那年，他也二十八岁，岸英二十八岁就走了，二十八年间，为了新中国，家里六位亲人献出了生命……这些是巧合吗？他不能向他人解释，也不好对父母说。他心里装的是这个国家和人民。他立志要让这个国家强大。他要让全世界知道，中国这头东方的睡狮醒过来了，中华民族受他人的欺侮将成为历史。而他的家，他个人的一切，于一个国来说，不过是沧海一粟。

2010年4月至11月，于韶山德盛宾馆、湖南省作协捞刀河创作基地初稿。
2012年11月至2016年12月，于湘乡明月山庄、长沙润泉山庄等处修改。